或许这才是远古

古汉字承载的远古信息

静水流音 著

中国水利水电出版社
www.waterpub.com.cn

·北京·

内 容 提 要

这是一部更易读的远古史,将古汉字中承载的远古信息原汁原味地呈现出来,让您不用"肉身穿越"就能真切地触碰远古文明。

这也是一部更耐读的远古史,全书包含信息量极大,从时空观到断代史,带您领略那些从未见过的远古胜景。

这还是一部更具探索精神的远古史,用最质朴的方式还原一部可信的人的远古史,而不是不可信的神的远古史。

这本书不是对远古神怪异事的拼凑,不是对考古证据的罗列,更不是驰骋瑰丽想象的捕风捉影。而是以甲骨文为工具,用一种类似于做证明题的方式去求证出远古本来的样子。

图书在版编目(CIP)数据

或许这才是远古:古汉字承载的远古信息 / 静水流音著. —北京:中国水利水电出版社,2022.9

ISBN 978-7-5226-0794-8

Ⅰ.①或… Ⅱ.①静… Ⅲ.①中国历史－上古史－通俗读物 Ⅳ.①K210.9

中国版本图书馆CIP数据核字(2022)第110090号

书　　名	或许这才是远古:古汉字承载的远古信息 HUOXU ZHE CAI SHI YUANGU:GUHANZI CHENGZAI DE YUANGU XINXI
作　　者	静水流音 著
出版发行	中国水利水电出版社 (北京市海淀区玉渊潭南路1号D座　100038) 网址:www.waterpub.com.cn E-mail:zhiboshangshu@163.com 电话:(010)62572966-2205/2266/2201(营销中心)
经　　售	北京科水图书销售有限公司 电话:(010)68545874、63202643 全国各地新华书店和相关出版物销售网点
排　　版	北京智博尚书文化传媒有限公司
印　　刷	北京富博印刷有限公司
规　　格	160mm×240mm　16开本　22.5印张　333千字
版　　次	2022年9月第1版　2022年9月第1次印刷
印　　数	0001—3000册
定　　价	69.80元

凡购买我社图书,如有缺页、倒页、脱页的,本社营销中心负责调换

版权所有·侵权必究

序：
让我们一起重新发现远古文明

写作这本书的想法源于九年前的某个晚上，我在读某本中华史著作的时候，忽然意识到，书中很多关于远古史的记述，如盘古大神用巨斧开天辟地，如伏羲、女娲是人首蛇身，如姜嫄踩到巨人的脚印就会怀孕等，似乎不是人的历史，而是神话故事。但是，很明显，我们的远古史是人的历史，而非神话。于是我忽然有了一个想法：我要还原一部可信的人的远古史，而不是带有神话色彩的远古史。

为此，我开始在互联网上查找，在典籍里翻阅，想要还原一部逻辑严密的、可信的、人的远古史，仅凭这些资料是远远不够的。查阅的过程持续了大半年，直到我找到了新的工具——甲骨文。就如同我们小的时候喜欢用图画记下所见、所思、所想，我们的文明的"小时候"也是这样，而那些图画最后抽象成了甲骨文，透过甲骨文就能够窥见远古史的真容。于是，我决定用以甲骨文为主的古汉字证出一部远古史。

写作的过程十分艰苦。一是因为甲骨文难以辨识，大家知道，甲骨文是一种图形文字，一个图形应该表达一个确然明晰的意思，至多可以引申为一个可以联想到的非常相近的意思，而不是像今天被抽象成为符号的汉字那样，可以引申出很多种意思。因此，每个字在全书上下文中都要保持字义的统一，不能依据现代字义随便引申，这就需要抛开既有知识体系和前人对甲骨文的解释，穿越回远古人的生活环境去重新思考和理解。我常常因为解不明白一个甲骨文字形，整整一周甚至一个月一个字都写不出来,而全书用到的甲骨文有八百余字。

二是因为远古史可供参考的资料太少,并且很多史料逻辑混乱、版本众多,大多混杂着我们现在看来完全不靠谱的神话传说和后世附会,可信度太低,这就需要我们仔细甄别、小心求证、大胆颠覆,否则会"失之毫厘,谬以千里"。

刚开始动笔时,我只大致确定了前四章的内容,分别是"从时间说起:天干地支考""龙的传人:飞龙在天亦在心""数字迷云:测天工具的使用说明书"和"空间哲学:盘古有真相",这四章可以归纳为远古人的时空观,也就是远古人是如何认识和表达时空的。时间和空间是人立身处世之所,对时空的认识和表达是人类认知能力的一次飞跃,也只有具备了这种能力,我们人类才能问出哲学上那三个终极问题,也就是:"你是谁?""你从哪里来?""你要到哪里去?"。这四章最终构成了卷一的内容。

接下来的章节,则是从伏羲女娲开始一直到西周初年的余下的十七章内容。

这十七章内容分成三个部分,第一个部分就是全书的卷二,命名为"无《书》时代";第二个部分就是全书的卷三,命名为"读《书》时代";第三个部分就是全书的卷四,命名为"走向成熟"。卷二和卷三中的"《书》"指的是《尚书》。《尚书》是现存的中国第一部古典文集和最早的历史文献,相传是孔子晚年从上古至春秋的各种文字资料中汇编、筛选、整理出来的,据说是从三千篇古籍中选出了一百篇,也有说是一百二十篇,取名为"书"。正因为《尚书》是由文献选编的,因此按照孔老夫子"述而不作"的原则,其具有很高的参考价值,很多我们以春秋以来的古汉语和现代汉语的逻辑都读不通的篇目,很有可能最开始就是用甲骨文写就的。

"无《书》时代"中的篇目以人名的甲骨文解析为主线,让那些被神话了的远古先祖们恢复他们人性的光辉和真实感,包括"伏羲和女娲:'人面蛇身'成繁华""少典之变:帝出东方""黄帝和他的妃们:奇妙的部族融合之旅""黄帝和他的大臣们:我们是有组织的""统一战争:斗地主的最终结局""继承者们:谜一样的男人们""成大事者：走得更远"和"传爻者：走得更稳"八章。

"读《书》时代"共有五章。"《书》到用时方恨少：读真《书》与真读《书》"详细介绍了《尚书》的出身和坎坷经历以及怎样去读懂这部叫作"书"的书。"尧是怎样炼成的：强者的责任与担当"和"尧说：破土而出的政治智慧"将介绍尧是怎样成为尧的，并重新解读《尚书·尧典》中尧所说过的话，从中可以真切感受到当时的政治、经济、文化、军事状况，其中隐约可见中华文明的雏形，相信你会有所感悟。"舜考：最重要的是人才"介绍了一个有血有肉的舜以及他的政治纲领和作为，那可绝对不是二十四孝里描述的那个逆来顺受的孝子。"别九州：仁政的'小时候'"重点通过对《大禹谟》的甲骨文语境重新解析来还原大禹时期的政治状况和执政理念，大禹治水，治的不仅仅是水，更是生活在四方水土之上的民众，家天下的序幕正在徐徐拉开。

卷四"走向成熟"分为"家天下：华夏合体""商人的世界：玄鸟之玄""周族的崛起：生民之族的天道选择""周易降生：中华农耕文明成熟的标志"四章。讲述我们的农耕文明是如何从"蹒跚学步"到"长大成人"的。静水认为，《周易》的降生，标志着中华农耕文明已经"长大成人"，从此，我们的农耕文明找到了可以依据的文字规范，并由此衍生出各种哲思，进而奔向更广阔的天地。

这是一本书，更是一个生命体。从最开始的我写书，到后来的书写我，从一粒不知道能生长出什么的种子，逐渐生根发芽、舒枝散叶，写到后来，我更像是一个旁观者，每天看着它带来的惊喜，同时也见证了它成长过程中的坎坷和坚忍。在这本书里，我们能看到先祖们是如何一步步从蛮荒走向文明，又是如何将这些文明的种子根植在我们灵魂的深处的。

这本书不是对远古神怪异事的拼凑，也不是对考古证据的罗列，更不是驰骋瑰丽想象的捕风捉影。而是以古汉字为工具，用一种类似于做证明题的方式去求证出远古本来的样子。所以这本书的名字为《或许这才是远古：古汉字承载的远古信息》。

读了这本书，你可以拍案叫绝，也可以拍砖发飙。

读了这本书，你可以沉思冥想，也可以喜形于色。

读了这本书，你可以茅塞顿开，也可以满脸疑惑。

此外，这本书还给你提供以下福利：灵感的引子、抓狂的由头、严肃的哲思和讨论的素材。

给你一把钥匙，和静水一起重新发现远古文明。所见殊异之处，还请拨冗赐教。

静水流音

特别鸣谢

百度：可以确定，没有"度娘"，有生之年我是不可能写出这本书的，甚至都不会有写这本书的勇气。作为一个每天为了养家糊口而四处奔波的人，要想整天泡在图书馆里、文献馆里、书斋里皓首穷经，那是万万办不到的。还好有了"度娘"，让我可以在零碎的时间里，动动手指就可以搜索到那些我以前跑断腿也找不到的东西，才能让那些断断续续的思路最终汇集，编织成完整的网络，也才能让我在九年，而不是九百年就写成了这本书。

汉字叔叔：我曾经找个不休，为每个字的甲骨文、金文、篆文写法而"网海求缘"，我想最终我找到了那个缘分，而大多数的缘分都是您促成的，您的网站是我见到的同类型网站中最全、最专业的网站，没有之一。特别是您还是位来自大洋彼岸的国际友人，感谢您对汉字的热爱，感谢您用您的热爱促成了我的热爱。

宋镇豪先生及《商代史》课题组：因为现在出土的大多数的甲骨文产生于商代，而本书最重要的工具又是甲骨文，因此在写商代史时我慎之又慎，力求更全面细致地了解目前已知的考古发现和史料。由宋先生主编，《商代史》课题组著，中国社会科学出版社出版的十一卷本《商代史》给了我莫大的帮助，当揖首拜谢。

徐丛先生：在我为如何还原一部可信的人的远古史而求之不得的抓狂岁月里，有幸遇到了您所著的《周易正读》。您的以甲骨文解读《周易》的方式给了我重要的启发。有您乌金一点，我便万里无云。

罗振宇先生：从"罗辑思维"到"得到"，我都是重度用户，所以这里不仅要感谢罗老师，还要感谢罗辑思维和得到的所有工作人员和老师，感谢你们将那么多精心萃取的知识呈现在我的眼前。套用您在启发俱乐部中的开场白："九年长吗？不长，一晃眼就过去了，无非就是经历九次春夏秋冬；九年短吗？九年一点也不短，足够产生很多新的想法，让我在学习中变成另外一个人。"

最后还要感谢我所阅读过、听闻过、体验过的所有知识的创造者和传播者。虽然很多我已经忘记或者未曾接触过，但还是表示真挚的感谢。在写作的过程中，我常常有一种感觉——忽然有了一个自己也不知道从哪里冒出来的想法，而这个想法正是我要找的答案。这或许就是您在不经意间播撒到我心田里的知识的种子开出的花朵吧。

目录

引子 / 1

卷一 时空观

- 从时间说起：天干地支考 / 4
- 龙的传人：飞龙在天亦在心 / 13
- 数字迷云：测天工具的使用说明书 / 18
- 空间哲学：盘古有真相 / 27

卷二 无《书》时代

- 伏羲和女娲："人面蛇身"成繁华 / 38
- 少典之变：帝出东方 / 46
- 黄帝和他的妃们：奇妙的部族融合之旅 / 53
- 黄帝和他的大臣们：我们是有组织的 / 60
- 统一战争：斗地主的最终结局 / 67
- 继承者们：谜一样的男人们 / 74
- 成大事者：走得更远 / 80
- 传爻者：走得更稳 / 85

卷三 读《书》时代

- 《书》到用时方恨少：读真《书》与真读《书》 / 98
- 尧是怎样炼成的：强者的责任与担当 / 105
- 尧说：破土而出的政治智慧 / 129
- 舜考：最重要的是人才 / 159
- 别九州：仁政的"小时候" / 174

目录

卷四
走向成熟

- 家天下：华夏合体 / 250
- 商人的世界：玄鸟之玄 / 256
- 周族的崛起：生民之族的天道选择 / 309
- 周易降生：中华农耕文明成熟的标志 / 338

引子

伴随着清亮的哭声，又一个男孩降生了。部族里的大叔大婶们恐怕穷尽全部黄河水的想象也无法预料到这个孩子未来的成就。而此时，在这个孩子眼里，世界也陌生得如头顶斑驳陆离的星空，于是这个孩子慢慢习惯了和天空对话，芸芸星辰仿佛都在向他传达着上天的启示。后来，这个孩子渐渐长大了，做了很多了不起的事。又过了很多年，遥远的东方有一群人把他称为"人文初祖"，而这群人后来占到了世界人口的五分之一。这群人把自己称为"炎黄子孙""龙的传人"。

不错，这个孩子就是"黄帝"。不过，他并不是本书的主人公，因为那个不知天高地厚的作者不是写穿越小说的，他只能对着几千年前的甲骨文，按图索骥，试图拼出一幅远古先民生活图。

"真是难啊！"他常常一声叹息。不过每当仰望那个被灯光和雾霾污染得看不见星星的天空时，就有个声音在告诉他："好多好多年前，有人立于高山之巅，面向南方，可是看到了左青龙、右白虎、前朱雀、后玄武哟，小兄弟你还太嫩了啊！""不带这么看不起人的！"他总是想犟嘴，但是犟嘴归犟嘴，他着实也是心虚，在先人面前真的是自惭形秽。神话传说里，祖先们可是能开天辟地、驱神驭鬼、呼风唤雨、颠倒时空的啊！

他常常怀疑人类到底是进化了还是退化了，是佛祖眼里的因果使然，还是天尊口中的阴阳作用，又或许真的是上帝的一念之间。这些想法常常让人头疼，就好像是先有鸡还是先有蛋的问题，想着想着就陷入

死循环了。重启吧，纠结的时候好像只有这一种选择。

重启的效果是脑子又能转了。于是，为了不再次死机，他决定不再开那么耗CPU和内存的程序，老老实实从甲骨文开始。用现在的电脑玩扫雷，恐怕一辈子也不会死机吧。但由于水平有限，此君经常触雷身亡。还好，还能再玩一局，这个游戏是免费的。于是就这样一遍一遍地挖，也还真的有了一点小心得，将那些零星的碎片拼起来，他忽然发现远古变得可信而不神秘了，远古人也就没有那么神了。不过他还是从心里崇敬自己的祖先，尤其是在知道了自己为什么是龙的传人之后。最后，他终于鼓足勇气，在键盘上敲下了这样的题目——《或许这才是远古：古汉字承载的远古信息》。

卷一

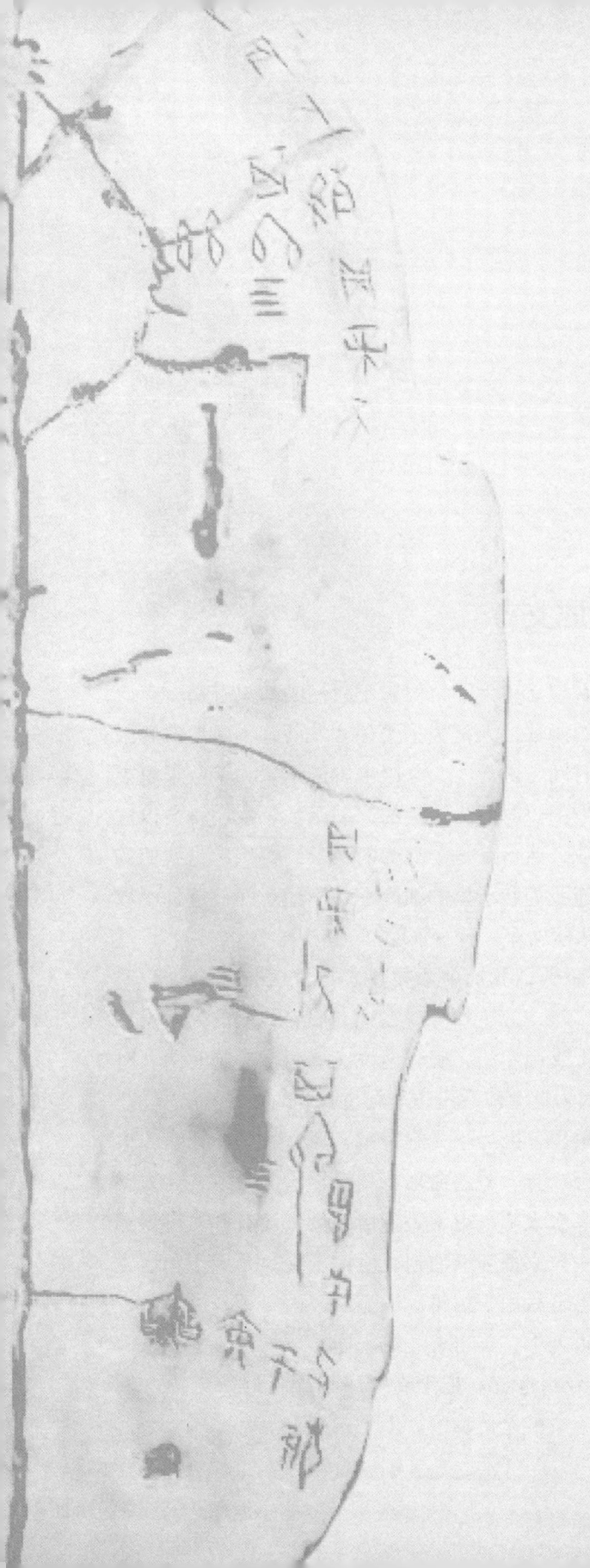

时空观

从时间说起：天干地支考

时间是种稀缺资源，看似无边无际，但属于我们的却只有那么点。世间万事万物莫不是时间的函数，人类为了生存和发展，不断地在有限的时间里求解各种事物的时间"函数"，并以求解的结果为参数求解更多的函数。比如，求解了太阳以时间为变量的运动函数，我们就会以这个函数为基础得出起居函数，然后是每个行为的函数，再然后是我们的喜怒哀乐甚至是梦境，就连我们肚子里的细菌也在不经意间被这种函数影响而产生自己的函数，林林总总，不一而足。

为了更好地求解时间函数，我们就不得不想办法去度量和标识时间，于是有了年、月、日、时、分、秒等。在这方面，我们的先人发展了一套独立的体系，叫作干支纪年法，确切地说应该叫干支纪时法，时间的时，不是小时的时，因为这套体系也用来纪过日和时辰。

谈起干支，顿时心生敬畏，因为不光纪时用，风水大师、算命先生们也用，而且他们结合五行八卦、星象命理将其讲得头头是道，让人觉得不知所云。但静水不是风水大师，也不是算命先生，没有办法讲得那么深入，所以还是先讲一些大家都知道的吧。所谓干支，是天干和地支的总称，"干"和"支"组合后用于纪年。甲、乙、丙、丁、戊、己、庚、辛、壬、癸十个符号叫天干；子、丑、寅、卯、辰、巳、午、未、申、酉、戌、亥十二个符号叫地支。把干支顺序相配正好六十为一周期，周而复始，循环记录，这就是俗称的"干支纪表"。

讲完大家都知道的，接下来讲一些大家可能不知道的。我们先从地支说起，而且还可以顺便把十二生肖也解密了。地支其实是模拟了我们农耕文明最重要的一项活动——农业生产。

"地"字的甲骨文字形未找到，金文写作"▨"，由"阝""土""▨"组成。"阝"是"阜"字的金文字形，"阜"字的甲骨文写作"▨"，金文写作"▨"，篆文写作"▨"。从字形上看，似登山的台阶，有山地、山崖、登山等义。"土"是"土"字的金文，"土"字的甲骨文写作"▨""▨"，金文写作"▨""▨"，下面一横代表地面，上面的凸起表示有东西从土地里长出，有的还在凸起上加上点作为指示，"土"字的本义是能生长出东西的土地。"▨"字形似上下两只手，中间拿着一个物体。

"地"字的造字本义应为双手拿着物体从山崖上扔下并掉落到土地上，由于重力作用，如果没有遮挡，这种情况总会发生，因此古人便用这个字表示地球表面的土壤。"支"字的甲骨文字形和金文字形都未找到，篆文写作"▨"，字形似用手抓着带有枝叶的棍子，"支"的本义应是手持并抓举。"地支"就是地所持并抓举，说得更通俗一些，就是土地所出产，这个很形象地表达了农作物与土地的关系。

"子"字的甲骨文写作"▨"，金文写作"▨"，字形似一个挥舞着双臂的婴儿，"子"对于人是孩子，对于农作物是种子。比如，"弃"字的甲骨文写作"▨"，字形似双手拿着一个簸箕状的东西向外撒种子，本义应为播撒种子或者扬糠除秕，关于"弃"字的解释我们将在"周族的崛起：生民之族的天道选择"一章中进一步讨论。农业生产首先要有种子，所以将"子"作为地支的第一个字。

"丑"字的甲骨文写作"▨"，金文写作"▨"，是在表示用手抓取的"▨"（又）基础上加上指尖弯曲的动作，也就是"扒拉"的动作，这个动作在这里表示选种的过程。所以"丑"是地支的第二个字。

"寅"字的甲骨文写作"▨"，字形似箭杆上拴着东西的箭，箭杆上拴着东西表示这支箭是用来传递信息的，也就是传递信令之箭。金文又在这支箭的左右两边各加上一只手，写作"▨"，义为双手捧着传递信令的箭，也就是接过令箭。我们的农耕文明之所以能够不断融合发展，很大程度上与我们掌握了日月五星运行的规律并进行中央授时有关，这部分将在"黄帝和他的妃们：奇妙的部族融合之旅"一章中详细讲述。"寅"字义为接到授时的令箭，准备开始耕种。

"卯"字的甲骨文写作"✸""✸"，金文写作"✸"，甲骨文前一个字形似开垦后的垄沟，两边的三角符号代表向两边分开，后一个字形似两人分开相对跪坐，因此有剖开、分开的意思。这里表示开垦土地。

"辰"字的甲骨文写作"✸""✸"，有些金文字形在下面又加上表示行走的"止"或者表示抓取的"又"，写作"✸""✸"。这些字形初看起来让人费解，有人说是手持石斧劳作，有人说是与"晨"同源。静水认为，甲骨文中的"辰"字表示的是东方苍龙七宿在春分时节的星象，也正因如此，"辰"字后来引申为日、月、星的统称。金文字形在甲骨文字形的基础上加上"止""又"，表示这个时候需要开始行动了。春分前后正是播种的季节，也是中央授时所授的最重要的时令。东方苍龙七宿还和"龙"有很大的关系，将在"龙的传人：飞龙在天亦在心"一章中进行详细讲述。"辰"所要表达的是在东方苍龙七宿呈现出这种星象时开始播种。所以"辰"代表的是播种。

"巳"字的甲骨文写作"✸"，金文写作"✸"，字形似种子开始发芽生根，上面的圆圈代表种子，下面的曲线代表刚长出来的嫩芽或根，表示播种的种子开始萌发。所以"巳"代表的是种子萌发。

"午"字的甲骨文写作"✸"，金文写作"✸"，字形似农作物破土而出的样子，上面的是新长出的叶子，下面的一点表示种子。所以"午"代表的是农作物长出。

"未"字的甲骨文写作"✸"，金文写作"✸"，字形似植物枝繁叶茂、生长茂盛的样子，上面是伸展的枝叶，下面是细密的根须。所以"未"代表的是农作物旺盛生长。

"申"字的甲骨文写作"✸"，金文写作"✸"，字形似农作物枝蔓伸展结出籽实的样子。所以"申"代表的是结出籽实。

"酉"字的甲骨文写作"✸"，金文写作"✸"，字形似一只罐子或坛子，罐子或坛子的主要作用是储物，尤以储存液体多见，甲骨文中加上三撇表示酒，金文中直接用"酉"表示酒。所以"酉"代表的是完成收获进行储存或用收获的粮食酿酒。

"戌"字的甲骨文写作"𢀖"，金文写作"戌"，字形似农作物收获后叶子、枝蔓垂落的样子。所以"戌"代表的是农作物的采收。

"亥"字的甲骨文写作"𤣩""𤣩"，金文写作"𤣩"。"戌"字中垂落的叶子已经没有，并且上面加了一横，表示主干已经折断，作物已经枯萎死亡。所以"亥"字代表的是农作物枯萎死亡。

十二地支讲完了，我们回顾一下，这不正是一幅远古先民农业生产图吗？我们的先人用寥寥数字就进行了记录和总结。从种子开始，到选种、接受授时、开垦、播种，再到作物生根发芽、生长、结实、收获、储存，直到农作物凋零死亡。刻画得脉络清晰、形象生动，而这个过程也正是经历了一年的时间，所以用它来标识时间也是非常合乎道理的。

然后解密一下生肖。生肖大家再熟悉不过了，连小孩子都会背："子鼠、丑牛、寅虎、卯兔、辰龙、巳蛇、午马、未羊、申猴、酉鸡、戌狗、亥猪。"那么为什么要用这十二个动物代表属相呢？到底生肖源于何处呢？请先看下面这幅对照图。

地支名称	地支甲骨文或金文	属相甲骨文	属相形象
子	𠂔	𤘗（鼠）	
丑	𠃎	𤓰（牛）	
寅	𡈼	𧆞（虎）	
卯	𩰬	𠃉（兔）	
辰	𦥑	𢀖（龙）	
巳	𢀖	𢀖（它，蛇）	
午	𠂇	𤉢（马）	

未	ᗷ	ᗷ（羊）	
申	ᔭ	ᔭ（猴）	
酉	酉	酉（鸡）	
戌	戌	戌（狗）	
亥	亥	亥（豕、猪）	

可看出来了什么门道？不错，子如老鼠乱窜，丑似公牛歪头，寅如虎首生威，卯似小兔乖乖，辰是龙的化身，巳如毒蛇昂首，午似战马嘶鸣，未如山羊挂角，申似灵猴攀缘，酉如公鸡怔首，戌似猎狗狂吠，亥如肥猪慵懒。

答案揭晓了，十二生肖是十二地支的象形标记法。写字在远古可是个高级活，不像现在——大笔一挥或者在键盘上敲几下就行，在远古，人们是需要拿着刻刀在龟甲、兽骨等坚硬的材质上一个一个地刻写，这种书写方式费时费力并且不利于传播。试想一下，如果在龟甲、兽骨上书写《中国大百科全书》，估计用的骨头可以去堆长城了。

所以甲骨文力求简练，往往只用一个字就表示一个或一段完整的意思，这与后世的文法存在很大的不同，在现代人看来简古深奥也就不难理解了。为了更好地记住和传播地支，古代先民把这些字对应成相似的动物，于是问题迎刃而解，只不过时间长了，人们倒把对应的真身给忘了。

脚踏实地，还要抬头看天，咱们接着说说天干。

"天"字的甲骨文写作"天""天"，金文写作"天"，字形似在正立的人头上加上一横或者方块，表示人头顶的一片天。"干"字的甲骨文写作"干""干"，金文写作"干"，字形似除去了大部分枝叶并加上横板或者某种信息标识的树干，"干"字义为带有某种信息标识的杆子，和现在的路标指示杆有点相近。"天干"就是标识着天的信息的杆子，如果再加上两个字就更容易理解了。天干就是"测天之干"，远古先民用立杆测影法来标定时节、辨明方位，后来这种方式发展成为"日晷"，一直沿用几千年。

"测天之干"被称为"桓"，后来又演化成代表权力的"华表"。现代人看时间有手表、手机，辨识方向也有指南针和其他设备，得来非常容易，容易到我们经常忽略了它们的重要性。试想一下，在荒郊野岭，既没有手表，也没有手机，还没有指南针，大地一片苍茫，你是不是迫切想知道现在是什么时间，该往哪里走？我们的先人也是这样的，所以"天干"在远古社会具有崇高的地位。但是如何立杆测影，可是个技术活。为保证观测效果，天干是建造在高高的灵台上的，这就需要动用大量的人力、物力，不可能靠一个人完成。

可以说，要通过天干测天是一个既需要知识技能又需要人力、物力保障的工作，掌握了这门技术的人，也就是掌握时间规律的人，就是大家的指路明灯，所以自然而然地就会成为部族首领。关于时间和帝王的关系我们还会在后续的章节中进行详细阐述。知道了"天干"是什么，就不难理解十个天干中的每个字的含义了，天干其实是在告诉我们如何建造这个"测天之干"。

"甲"字的甲骨文写作"十"，金文写作"⊕"，甲骨文字形似标定位置的记号，金文字形在甲骨文字形的基础上加上边框，进一步强调标定某个范围，这里指建造天干的择址工作。

这个远没有"十二地支"那么形象，况且与百度、维基百科上说的也都不一样。你能查到的天干来源大概有两种。一种认为天干和植物生长有关。《汉书·志·律历志》中说："出甲于甲，奋轧于乙，明炳于丙，大盛于丁，丰楙于戊，理纪于己，敛更于庚，悉新于辛，怀任于壬，陈揆于癸。故阴阳之施化，万物之终始，既类旅于律吕，又经历于日辰，而变化之情可见矣。"可以理解为：

甲就是"甲壳"，指破壳萌芽。

乙就是"轧"，指初出地面。

丙指就"炳"，指生长明显。

丁就是"盛"，指成长壮实。

戊就是"茂"，指生长茂盛。

己就是"纪"，指停止生长，屈曲成形。

庚就是"更"，指阴气变更万物，枯萎收敛。

辛就是"新"，指开始新的更新。

壬就是"任"或"妊"，指负担着养育万物的重任，也就是孕育。

癸就是"揆"，指可以揆度，指开始看见萌动。

由此可知，除了"甲"字外，其他十一个字都把原字置换成另一个字来解释，这颇有些偷换概念的嫌疑，而这里面有些字在已知的甲骨文字形中是有的，如果古人造天干源于此，古人为什么不用原字呢？况且看过前文地支解释的朋友都知道，地支才是讲作物生长的，这个解释明显是抢了地支的"饭碗"，估计古人也不会用两套体系讲述一个东西。

还有一种观念认为原始人类以人体部位计数、排序，下面是《说文解字》中的释义。

一曰甲，象人头。

乙承甲，象人颈。

丙承乙，象人肩。

丁承丙，象人心。

戊承丁，象人肋。

己承戊，象人腹。

庚承己，象人斋。

辛承庚，象人股。

壬承辛，象人胫。

癸承壬，象人足。

这个颇有想象力，并且看得见摸得着，但是如果古人真是那样想的，大概率会直接用那些器官的名字直接命名"天干"，根本就轮不到这十个字，叫成"人干"，而不是"天干"更为合适。

这两种说法还有一个最重要的逻辑缺陷，就是都无法呼应"天干"的造字本义。

言归正传，还是回到远古人类的生活场景，选址完后要干什么呢？

当然是对这片区域和邻近的区域进行进一步的勘探，这个就是"乙"。"乙"字的甲骨文写作"㇄"，在荒野之地前行不易，自然要蜿蜒而行，正如"乙"的字形。

"丙"字的甲骨文写作"丙"。这个字曾让静水百思不得其解，直到看到了"禸"后才恍然大悟，"禸"是"商"字的甲骨文，在金文中又演化成"商"或"商"，前一个字形是在甲骨文字形下面加上了"口"，后一个在下面加上了"贝"。"商"字上面的部分是"辛"字，"辛"在后面还会讲，是砍伐下来经过粗加工的木材，中间的部分就是"丙"，最下面的部分是"口"或者"贝"，"商"字的造字本义应为通过讨价还价买卖放在"丙"上的经过粗加工的木材，"丙"就是放置木材的台子，这个台子很形象，两边还有斜撑。

大家可能好奇古人交易木材干什么，远古时期没有锯也很少有强度比较高的金属器件，砍树并不是件容易事，经过粗加工的木材上凝结了大量的劳动价值，更重要的是，木材是生活必需品，有需求就有供给，所以交易木材就顺理成章了。那么"丙"这个台子是做什么的呢？为了保证观测"天干"的效果不受影响，"天干"都是立在一个高高的灵台上面的，修建灵台需要搭建脚手架，"丙"正是起了这个作用。

"丁"字的甲骨文写作"口""O""●""▇"，金文写作"●""▼""О""●"，从字形的演变来看，甲骨文以空心为多，而金文以实心为多，并且字形逐渐楔形化，甚至出现"▼""↑"这样的字形，越来越像现在的钉子的形状了。所以"丁"的本义是固定或者标识用的楔子。"丁"可以理解为固定"丙"。

"戊"字的甲骨文写作"戊""戊"，金文写作"戊"。字形似在一个竖立的木杆上绑上一个有枝丫的横杆，这个过程正是脚手架不断增高的过程。

"己"字的甲骨文写作"己"，金文写作"己"，虽然和"乙"字一样都是曲折的，但是横平竖直，更加规整，这个过程可以认为是"规划"，"天干"在远古时期是一项非常重要的仪式性场所，需要对其周围进行城建规划，"己"正是表示这个规划过程。

"庚"字的甲骨文写作"庚"，金文写作"庚"，字形似用双手抬着或者扶着一棵长满枝丫的树，两边是双手，中间是树，因此这个字表示选择用于建造"天干"所用的木材的过程。

"辛"字的甲骨文写作"𐅝""𐅞"，金文写作"𐅟"，是在"庚"选择的那棵树上面加上一横或两横，也就是去除树冠和枝丫的过程。在工具还不够先进的远古时期，这种工作非常艰苦，所以后来引申出辛苦的意思。"辛"表示的就是对将来要做成"干"的那棵树进行粗加工的过程。

"壬"字的甲骨文写作"工""工"，金文写作"工"，从字形上看，是把经过"辛"粗加工的"干"进行精加工，去掉所有的枝丫和根梢等不需要的部分，有的字形在中间的竖上加了一个点，义为就要这一部分。至此，一个符合标准的"干"已经加工完毕。

终于迎来了激动人心的一刻，也就是把"干"树立起来。这个过程要夯实基础，甲骨文用"癸"字表示。"癸"字的甲骨文字形写作"𐅠"，金文字形写作"𐅡"，表示打夯的过程：四只手（爪）从四面抓着四根绳子不断拉进、放下，正是打夯的过程，这个字造得太传神了。

天干也讲完了，没有一点迷信色彩吧！其实很多我们现在认为是古人迷信的东西，在产生的时候都不迷信，都是有实际用途的，甚至是当时的高科技，只是我们现在无法理解罢了。至于为什么天干偏偏是十个，等到后面讲完"数字迷云：测天工具的使用说明书"，你就知道了。

这个树立起来的天干从此走入了先人们生活的中心，它的演进物——华表虽然已经失去了原本的用途，但是作为皇权的象征，几千年后仍在诉说着远古的神圣。

天干通过日影记录着时间的脚步，地支通过作物生长的节律反映时间的痕迹，所以古人便将二者结合产生了"干支纪时法"。

下一章，我们将揭开另一个千古之谜——我们为什么是龙的传人。

龙的传人：飞龙在天亦在心

龙是一种只能活在人们想象中的海、陆、空三栖动物，因为它完全不符合物竞天择的自然法则。上天，没有翅膀，估计只能采取喷气式或者像炮弹那样被发射出去；下海，那个长着硕大鼻孔和威武双角的脑袋又实在是个累赘；至于在地上爬，只能让人想起"画蛇添足"这个成语。但它却是我们中华民族的神兽，是我们民族千百年来崇拜的图腾，我们也一直称呼自己为龙的传人。这是为什么呢？

静水不卖关子，先公布答案：龙是我们的先人根据"东方苍龙七宿"的星象勾勒出来的。大家又要质疑了，为什么是星宿？又为什么不是西方、南方、北方七宿呢？

古人为了观测日、月、五星（金、木、水、火、土）的运行，将黄道（地球绕太阳公转的轨道）和天赤道（赤道平面与天球相截所得的大圆）附近的天空划分成二十八个天区，称为二十八宿，也就是星星们的"宿舍"。由于地球的自转和公转，日、月、五星就在这些宿中周而复始并有规律地运行，为了更好地区分，古人将每七个宿组成一个"象"，于是就产生了四象，即"东方苍龙七宿""北方玄武七宿""西方白虎七宿""南方朱雀七宿"。但是问题来了，既然是周而复始地运行，又何来的东、西、南、北这四个方向呢，这就需要我们确定一个基准的观测时间点，"咔嚓"随着闪光灯一闪，画面定格了。

想要找到这个基准时间点，我们需要确定两件事：一是要找到在一天中的什么时候进行观测，因为随着地球自转，一天内不同时间星星们在天空中的位置是不一样的；二是要找到在一年中的哪一天进行观测，从而保证在那一天的那个时刻，四象正好处在它们名字所指的方向。

先说第一个问题，静水认为在刚刚日落时最为可靠，因为在计时技术还不够发达的远古时期，太阳是最好的参照物，太阳落到地平面以下是一个最容易选择的观测时间点，如果选择午夜就很麻烦了，白天有太阳可以确定正午时间，但晚上只能靠月亮，十五还行，初一、三十恐怕就够呛了，况且我们不能假设古人都是夜猫子啊。

每天的观测时间点定了，着急的读者恐怕会说："哈哈，我懂了，第二个问题就是个功夫活，只要观测一年，第二个问题就解决了！"非也！因为我们现在在同一个时间点看到的星空和古人看到的是不一样的。这又牵涉到一个天文现象——岁差。

地球的自转轴并不是不动的，而是像陀螺那样在引力的作用下逐渐漂移，追踪它摇摆的顶部，以大约26000年的周期顺时针方向扫掠过一个圆锥（从北极观测），也就是太阳的视位置在相同季节的固定时间的背景恒星会以大约每72年一度的角速率，在黄道带星座之间缓缓退行，大约每过2100年就会退行30度。如果从黄帝所处的时代（距今大约5000多年）来算，到现在，大约退行了75度。

说得更直白一些，黄帝时代的初昏时分，苍龙七宿要比现在早两个月至三个月观测到。如果以现在角宿出现的时间推算，苍龙七宿在黄帝时期的初昏时分出现规律大概是这样的：冬至过后，角宿会从地平线上升起；春分左右，苍龙七宿会完全展现在东方的夜空中；夏至前后，角宿开始隐没在地平线下；秋分左右，苍龙七宿会完全隐没在地平线下，且无法观测。

五千多年前春分前后的初昏，苍龙七宿完全展现在东部的夜空，这就是为什么会把它称为"东方"苍龙七宿，只有在这个时候，东、南、西、北四象是全部就位的。因此，我们可以比较肯定地推断，四象的观测时间点就是春分的日落时分。

那么为什么古人要选择这个时间点作为辨明四象的依据呢？还记得我们在地支中讲到的"辰"吗？"辰"字的甲骨文就是苍龙七宿的

星象，那个时节代表的就是春分，春分可以说是农耕文明中最重要的节气，天气转暖，雨水渐丰，正是播种的时节，是一年新希望的开始，人们投入新的耕作并期待迎来新的收获。

说了这么多苍龙七宿，怎么证明它和我们作为图腾崇拜的"龙"的关系呢？首先形似，这个不用多说了吧，否则也不会起这个名字，我们按东方苍龙七宿的星象完全可以勾勒出一条活灵活现的龙，详见图1-1；其次，习性相似，《说文解字》中说龙"能幽能明，能细能巨，能短能长，春分而登天，秋分而潜渊"，结合前文内容，这说的哪里是作为动物的龙啊，这分明说的是天上的"龙"，"能幽能明"形容星的明暗，"能细能巨，能短能长"形容了视野不同的观测感觉，"春分而登天，秋分而潜渊"正是形容了东方苍龙七宿春分展现、秋分隐没的运行规律。

东方苍龙七宿的运行规律和农作物的生长规律有很大的相似性，春生、夏长、秋收、冬藏，这种规律一模一样，而远古先民也正是依从这种规律进行农业生产的。先民们认为这是天道的启示，人们珍视这种启示，把它想象成活灵活现的"龙"，把它画在墙壁上、绣在旗帜上，更刻在心中进行膜拜，并且通过这种方式告诉我们这些后人要做遵从东方苍龙七宿的启示而依天道行事的人，要像东方苍龙七宿那样冬至着手准备，春分开始耕种，夏季辛勤劳作，秋季迎接收获，冬季积蓄力量。

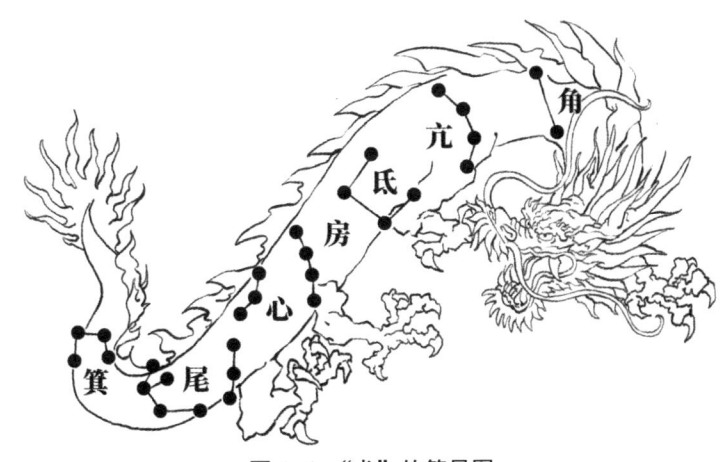

图1-1 "龙"的简易图

下面该说东方苍龙七宿的内部结构了，顾名思义，它由七个星宿组成，分别是角、亢、氐、房、心、尾、箕。传统观念认为这大致是代表了龙的器官，角代表龙角，亢代表咽喉，氐代表前足，房代表胸膛，心代表心脏，尾代表龙尾，箕没有器官对应了，勉强称为龙身后的一道烟尘吧。静水觉得太牵强了。原因很简单，四象里还有三象呢，那三象也是以动物命名的，而且比这个龙更接近现实中的动物。北方的玄武就是龟和蛇，西方的白虎就是虎，南方的朱雀也是一种鸟啊，为何它们的名字就没法和器官完全对应呢？比如北方玄武七宿的斗、牛、女、虚、危、室、壁，哪个能对应到器官？所以这种说法说不通。

静水认为二十八宿取名的依据是和四象独立的，基本上没有关系，如果有也是巧合。而实际的命名规则就是它长得像什么或者像哪个甲骨文字。先从角宿说起吧，角宿的星象是这样的：，把四周连起来就似一只竖立的角，甲骨文"角"字写作""。

亢宿的星象是这样的：，金文"亢"字写作""，似被锁链拴住双腿的人，锁链呈绷直的状态，表示在对抗、抗争，而亢的星象不正像被拴住的双腿吗？

氐宿的星象是这样的：，似在凹形容器的底部放着几颗星星，"氐"字的甲骨文写作""，是在"氐"的底部加上一个指示，表示底部边界，关于"氐"字，我们将在"黄帝和他的妃们：奇妙的部族融合之旅"一章中介绍。

房宿和心宿离得很近，星象是这样的：，心宿构成了一个心的形状，而房宿就如容纳心的房子。

尾宿的星象是这样的：，一眼就能看出似一条尾巴，甲骨文"尾"字写作""。

箕宿的星象是这样的：，甲骨文的"箕"字写作""，箕宿的星象似一个侧放簸箕。二十八宿中的其他星宿名称也可以这样找到出处，这里就不一一列举了。

最后说说龙为何长得是那个模样。按东方苍龙七宿的大致轮廓勾画是窄长盘曲的一条，不过我们的先人还要向里面进行填充，让它变得栩栩如生，于是把周边与我们生活息息相关的动物形象借鉴过来，形成了我们今天看到的样子。

龙就这样形成了，它代表着天道。中国的统治者历来强调皇权天授，从周朝开始，统治者便称自己为天子，自然，象征天道的龙也就成了帝王的专属品。但是，不管怎么说，不要忘记我们是按天道行事的人，按自然法则行事的人，因为我们是龙的传人！

数字迷云：测天工具的使用说明书

  计数是人类文明发展的必然需要和产物，不同的文明发明了不同的计数符号。咱们熟悉的有印度人创造的阿拉伯数字，有钟表上经常看到的罗马数字，有一些阿拉伯国家还在使用的阿拉伯人数字，还有很多正在使用或者早已湮灭在历史长河中的计数符号。当然，中国人最熟悉的还是"中国数字"。也就是"一""二""三""四""五""六""七""八""九""十""百""千""万""亿"这十四个汉字，其中"十""百""千""万""亿"也作为计数单位使用。

  读者可能要质疑了，"0呢？"对了，没有0，0是印度人创造的，咱们的古汉字里没有和0的意义对应的计数符号。现在咱们经常书写的"零"在甲骨文中的意思和0也毫不相干，如果有意思上接近的字恐怕就是"无"了，但很明显"无"并不是计数符号。虽然没有0，但是并不影响计数，只是不能产生像西方国家使用的那样的科学记数法。不能产生科学记数法也不能说明我们的计数方式落后，因为它们包含的信息远远不止计数这一项，现在静水就和各位聊聊数字那些事儿，拨开历史的迷雾，追溯中国数字的缘起。

  先看看这些数字在甲骨文和金文中是怎么书写的。

       甲骨文   金文

一：

二：

三：
四：
五：
六：
七：
八：
九：
十：
百：
千：
万：
亿：

再看一幅图（见图1-2）。

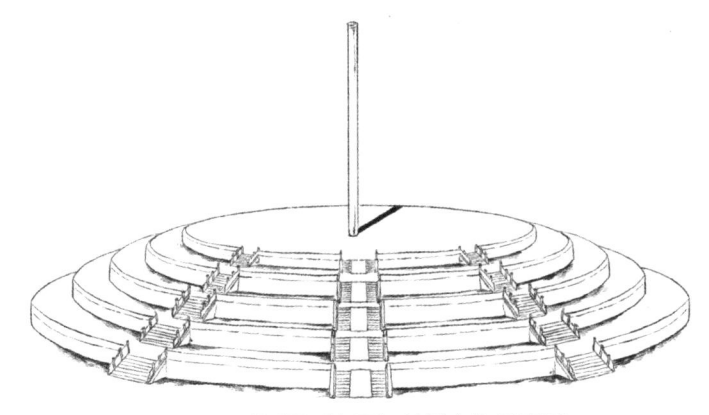

图1-2 "测天（之干）的灵台"示意图

好了，素材全了，开始干活。

一堆砖头瓦块想要盖起一栋大楼（这里的"大楼"不是寻常意义上的大楼，而是测天的灵台），需要先从地基开始，那就先从"一"开始说吧。"一"好简单啊，别说是中国人，就是外国人也能猜个八九不离十。不过静水就爱刨根问底，为什么咱们的"一"是横着写的，而罗马数字、阿拉伯数字都是竖着写的呢？

有朋友恐怕要不耐烦了，"静水你就是闲的吧！"静水不这么认为，因为这个细小的差别代表着咱们先祖造数的底层思维，这个地基打不牢，咱们后面就没法讲了。不过要讲清这个还真不容易，就如同事物在萌芽阶段很难被察觉一样，需要等到长大点才能看得清楚明白。那就再让它长大点吧，咱们再看"二""三""四"。

要看上面的甲骨文，是不是明白点了？就是渐次加上一个"一"嘛，不过看到"五"，你就又晕了吧，等到看到"六""七""八""九""十"的时候，你就更晕了吧，古人的思维跳跃性怎么那么大呢？静水刚开始也觉得很难理解，以至于一度想要终止这种格物致知式的探索，好在还是挺了过去，终于搞明白了祖先的思维逻辑。

静水对古人"造数"秉持这样两点基本假设：第一，古人"造数"时的思维是一以贯之的，也就是有一个确定清晰的思维逻辑；第二，古人"造数"的表达方式一定是便于记忆的。基于以上两点假设，静水以为，"造数"的过程一定是模仿或表现了古人某个重要的行为或活动过程，就如同第一章中说过的"天干""地支"的产生过程一样。

在第一章中，静水认为"天干"是对"测天之干"建造过程的记录；"地支"是对农作物生长过程的描述。这两个过程都同农业文明的产生和发展息息相关，同样，"数"的表达方式也摆脱不了农业文明的烙印。静水大胆推测，中国数字的表达方式其实是对"天干"的延续，也就是说，"天干"记录了测天之干的建造过程，而数字的表达方式记录了测天之干的使用过程，下面是静水给您的"使用说明书"。

回过头来看看图1-2，那是一张"测天之干"示意图，大家可以理解为在或圆或方的巨大的多层夯土台上树立的一个华表。夯土台从上到下一共五层，第一层表示成"一"，第二层又上了一个台阶，于是表示成"二"，以此类推，第三层表示成"三"，第四层表示成"三"，第五层就是顶层了，于是表示成"X"，也就是由表示边界平台的"二"和表示天干所投之日影的"X"两部分组成。

不过还有个疑问，为何金文中"三"又经常写成"四"呢？这个很好解释，咱们古代文字是竖着写的，"三"很容易就分不清楚到底是一个"四"，还是一个"一"和一个"三"，又或者是两个"二"，为了避免这种混淆，古人就又发明了"㓁"来表示"四"。"㓁"可以分为三个部分：中间的"八""〓"以及外面的边框。"八"也就是"八"，代表均分，这个在后面讲"八"字的时候还会详细说；"〓"是"二"，边框里面的部分表示均分的两个"二"，两个"二"就是四；然后再在外面加上边框，表示这两个二是在一起的。

于是问题就解决了。咱们的一到五这五个数字可不是数手指头，而是代表了一种阶层。在测天的仪式中，站在夯土台不同阶层的人也正是代表着不同的等级，也可以说，一到五对应着古代等级制度的五个爵位（周代为"公""侯""伯""子""男"），越接近"天干"的人等级越高，测天所得到的信息也正是从帝王传给公，公传给侯，侯传给伯，伯传给子，子传给男，男传给黎民百姓，从而让历法传遍天下。因此，当我们的祖先写下"一"的时候就代表着等级社会的形成，这就是"一"的另一层深意。

现在开始讲"六""七""八""九"，这四个字其实是代表着二分二至（春分、秋分、夏至、冬至）的日影形状，即"五"中的"X"所代表的形态。而这四个数字的排序正是按照所代表时令节点日影的长短来排序的。"六"代表着夏至，如果以正午作为观测时间点，夏至阳光直射北回归线，在我们先祖生活的黄河流域测得的日影长度最短；"九"代表着冬至，阳光直射南回归线，在黄河流域测得的日影长度最长；"七"代表着春分，"八"代表着秋分，这两个时节阳光直射赤道，日影长度正好处在冬至和夏至日影长度的中间值。

由于节气的具体时间点很难把握，比如2016年的春分时间是3月20日12时30分8秒，这么精确的时间在古代是很难把握的，而且日影只能在白天测定，所以错过时间点是大概率事件，而春分后日影逐渐变短，秋分后日影逐渐变长，所以在古代具体的测量中，春分测得的日影经常比秋分测得的短，因此"七"排在"八"的前面。

座次已定，现在谈谈为什么要那么写了。"六"字的甲骨文写作"介"，由两部分组成，分别是上半部分的"人"和下半部分的"八"。夏至日出于东北，日落于西北，全天的日影变化见图1-3。

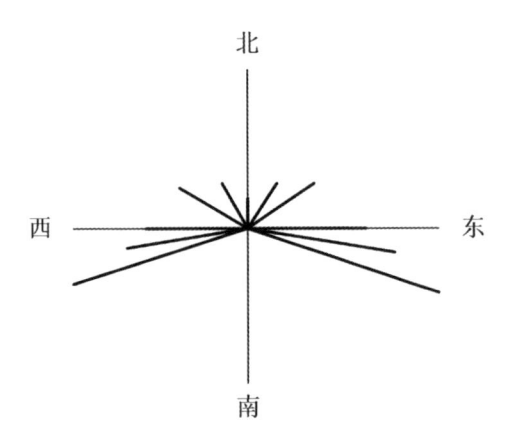

图 1-3 夏至日影变化图

注意日影变化的下边缘，也就是清晨和傍晚日影投射组成的图形，由于夏至是一年中阳光直射最北的极限，因此这两条日影组成的图形张角最大，呈明显的发散状，不正是"⼈"吗？而下面的"八"即"八"，表示分开，也就是以"⼈"种方式分开的意思。可以说，"⼈"表示的就是夏至日影变化的图形。

冬至日出于东南，日落于西南，全天日影变化见图1-4。

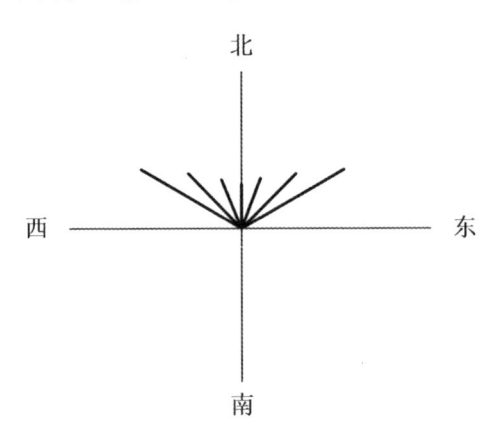

图 1-4 冬至日影变化图

注意日影边缘，也就是清晨和傍晚日影投射组成的图形，由于冬至是一年中阳光直射最南的极限，因此全天日影变化张角最小，呈明显的收敛形态，清晨和傍晚日影所组成的图形就似人弯曲的手臂，古人用

"ᠫ"来表示，"ᠫ"是屈肘的动作，"➤"表示手，"ᠸ"表示弯曲的臂弯。

春分和秋分日出于正东，日落于正西，全天日影变化见图1-5。

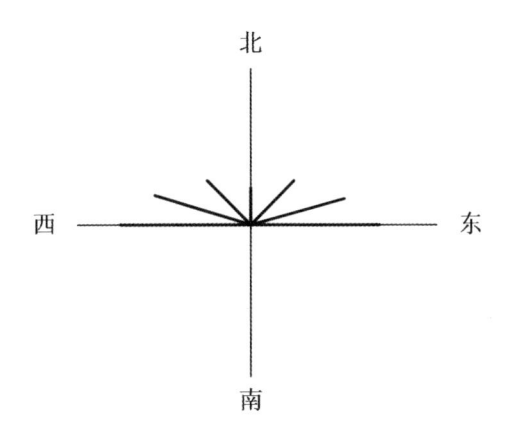

图1-5 春分、秋分日影变化图

春分和秋分全天的日影变化图有两个显著特点：一是清晨和傍晚日影投射组成的图形基本在一条直线上，呈水平均分状态；二是日影正午长度大致处于一年中正午日影最长时的一半。由于这两个时令点全天的日影变化图形是一样的，古人采用了两种均分表达方式分别来表示这两个时令。"八"取最大投射日影水平均分之义，"十"取日影（丨）在长度上均分之义。不过各位读者可别整混了啊，这里的"十"是甲骨文中的"七"，而不是"十"。

现在又产生了一个问题，为什么偏偏用"十"表示春分，而不是用"八"呢？静水认为，这是因为春分是农耕文明最重要的一个时间点，也就是播种的时候，"十"字的字形与"甲"字的字形相似，指示或标定的意味更强，因此用"十"来表示春分；而秋分后万物凋零，分别的意味更强，因此用"八"来表示。

"十"字的甲骨文写作"丨"，似一根棍子，更确切地说，就是那个立在夯土台正中的"天干"，金文字形中很多在中间加上点，写作"♦"，明确指示就是那个"天干"。因为天干立在夯土台的最高处，因此后来又引申出"数之终也，事物之极致也"的意思，比如十全十美。至于为何"十"最后变成了今天这个样子，静水认为和"十"作为计数单位的使用有关。

为表达这种计数单位的数量，古人发明了"廿""卅"等字，表示二十的"廿"，甲骨文写作"⊎"，金文中有的变体为"廾"，也就是把两个"丨"或者两个"↓"连在一起。类似的还有表示三十的"⊎""卅"。这些字的共同特点是把相应数量的"丨"连接起来，可能是为了表示方式的规范性、统一性，"十"最终演化成了现在的这个样子，也就是由"一"和"丨"组成，表示一个"丨"的意思。为防止混淆，"十"也被迫加上了"尾巴"，于是变成了今天"七"字的样子。

下面说说另外几个可以作为计数单位使用的汉字。先说说"百"字，"百"字的甲骨文写作"囿"，金文写作"囘"，很多人认为"百"是由"一"和"白"组成的。静水以为不然，因为"白"的甲骨文写作"ᓍ"，金文写作"ᑎ"，和"百"字的下半部分存在明显的不同，变成今天的样子只不过是汉字演化过程（逐渐规范化）的结果。"百"字的下半部分其实是一个柏实的象形表示。柏实是柏科植物侧柏的果实，侧柏为中国特产，除青海、新疆外，全国各地均有分布，柏实的球果近卵圆形，成熟前近肉质，蓝绿色，被白粉，形态参见图1-6。

图1-6 柏实图

细看"囿"的下半部分，它不正是一个活脱脱的柏实吗？而且柏树的结实较密，数量较多，我们的先祖正是用常见的柏树果实来表示数量比较多的"百"的含义，而"百"的读音也正是借了"柏"的读音。至于上面的那个横，也不难解释，其实就是"一"，也就是表示一百。在甲骨文和金文中还经常看见"囿""囿""囿"，这三个字分别表示"二百""五百"和"六百"。

再来看"千"字,"千"字的甲骨文写作"",金文写作"",初看不易识别到底是何物,有人说是在人的小腿部加上一个横,表示不断地行走,静水认为这种解释太牵强。甲骨文和金文的大多数"千"字字形根本就没有人的形象,比如金文的那个常见字形"",和"人"字八竿子打不着,那么到底"千"是怎么来的呢?静水认为,"千"是咱们的先祖取了身边的另一个常见物来表示比百更多的数量级。这个常见物就是松科植物的针叶。我们现在把松科植物白杆和青杆的枝干结节和针叶称作杆木,是一种中药材。白杆分布于我国华北及辽宁等地区,青杆分布于我国华北及陕西、甘肃、湖北、四川等地,这一区域正是远古先民们主要的活动场所。这种树木的叶子呈锥形,先端尖或钝尖,排列细密,横切面呈菱形,四面有气孔线。杆木针叶的形态参见图1-7。

图 1-7　杆木针叶图

""字下半部分表示枝干,下面的一横表示"一",金文中还见有"",表示三千,上半部分正是表示针叶的形态,杆木的针叶比柏实更多,我们的先祖正是借用了杆木的针叶来表示比"百"更多的"千",而"千"的读音也正是借用了杆木的读音。

该说"万"了,"万"字的甲骨文写作"",金文写作"",这个一眼就能看出来是只蝎子。试想,如果我们在山上掀起一块石头,看到密密麻麻的蝎子,第一感觉应该就是恐怖吧,古人用蝎子表达"万"也正是移情于此,也就是令人恐怖得多啊。恐怕"万"的读音也是来自那一声情不自禁"哇"的惊呼吧!

"亿"字的甲骨文字形没有查到,金文写作"",是在"辛"字下面加了两个中间有短横的"口"字。"辛"字，在讲地支的时候说过，是指去掉树干和枝丫的过程，因为在远古时代，这项工作很辛苦，所以引申出"辛苦"的意思。"口"中加上一横表示言说，在"辛"字下面加上两个"口"，就是不断辛苦地说，也就是说也说不完、不可计数的意思，所以用这个字来表示"亿"是非常恰当的，就连读音也像是来自无法计数时"咦"的一声慨叹。

另外，这个字在甲骨文中找不到，很有可能是在甲骨文的时代根本用不到"亿"这么大的数量，用到"万"已经足够了，但是到了金文产生的时代，已经开始需要用"亿"来计数了，这也正客观地反映了人类发展对"数"的不断追求。

数字迷云就这样被吹散了，下一章咱们讲讲"空间哲学"。

空间哲学：盘古有真相

哲学是门高大上的学问，远古人也有吗？有，当然有！不过哲学也有小时候，那么空间哲学小时候是什么样的呢？这样问好像不太好懂，应该问远古人感知的空间是什么样的呢？远古人的感知我不知道，不过我知道远古人是如何表达感知的。

先讲一个传说，盘古开天辟地的故事大家都耳熟能详了吧。据说盘古大神睡在一个混沌的世界里，天和地还没有分开，昏睡了十万八千年后忽然醒了，感觉这个世界太憋屈，于是抡起巨斧，一阵猛劈，天地就此便分开了，盘古大神脚踩大地，使劲举起青天，就这样累倒了。

死后他的身体产生了异变，他呼出的气息变成了风和云；他发出的声音化作了雷声；他的左眼变成了太阳，右眼变成了月亮；他的四肢五体变成了大地上的四极和五岳；他的血液变成了江河；他的肌肉变成了土地；他的头发和胡子变成了星辰；他的皮毛变成了草木；他的汗水变成了雨露。于是，那个原本混沌的世界终于变成了今天的花花世界、朗朗乾坤。

这是中国版的创世纪，是神话。如果盘古真的存在，那么他根本用不着巨斧，只要动下念头就可以了，这个念头就是三维坐标系。于是，在这个三维坐标系下，世界再也不是无法表达的混沌世界了，天地有了高下之分，山川有了俯仰之势，风水有了来源和去向，日月有了移转之灵枢，万物便都装入了人类的胸襟。这个动念之人便是盘古，这个三维坐标系就是我们现在称谓的方向，古人曾经给它起了一个更为雅致的名字，叫作六合。

六合就是东、西、南、北、上、下。这是古人对绝对方向的表达，不要跟我说，东、西、上、下都是相对的，古人可不知道地球是个球体，更不知道还是一个既会自转又会公转的球体。那时候在人类的视野里，天还是圆的，地还是方的，人类还是自豪而谦卑的。关于这六个字怎么写，我相信古人是费了一番心思的，现在请六合的甲骨文、金文登场。

	甲骨文	金文
东：	東	東
西：	甴	甴
南：	岗	岗
北：	九	九
上：	二	二上
下：	二	二下

主持人："先请东先生作自我介绍。"

东先生："大家都叫我东，就如同绝大多数人的名字不是自己起的一样，我的名字也不是，我曾经很苦恼，因为我想知道自己是怎么来的。有人说我的名字来源于'日在木中'，我觉得那样虽然看起来很美，但不是我的名字的来源，因为一轮大大的太阳隐没在丛林之后，看起来更像夕阳的感觉，而不是朝阳的感觉，我相信给我起名字的大神是不会起一个让人感觉模棱两可的名字的。还有一种解释认为我是个东西，是个装东西的东西，更确切地说我是男士肩包，认为我是古人出门远行时携带的、用布和木棍包扎成的行囊，中间是一根木棍，两边是包扎在木棍上的布。我觉得这个解释还是挺接地气的，不过我还是有一个疑问：为什么男人非要扛着根木棍当包呢？出于我自身的经验，我想是这样的：在我们那个时代，男人的主要工作是打猎，打猎就要有武器，所以那根木棍其实是武器，两边的也不是什么布，而是我们打猎后挂在或者四肢拴在木棍上的猎物，有的猎物比较大，我们还要在中间捆上几道绳子，我想这就是我名字的来历。为什么要拿我的名字表示方向呢？这与我们那个时代的人们的生活习惯有关，那时候我们还是群居的生活方式，白天男人们拿着武器出去打猎，晚上打猎归来，便将打来的猎物放在一起，我们习惯于放在东面，久而久之，便成为我们约定俗成的规矩，所以用我的名字作为东方的称谓。和我一起诞生的还有我的孪生妹妹西，下面就请西接着说吧。"

西小姐："大家好，我叫西，刚才我哥哥说了对自己名字的来源的猜测，如果大家听懂了，就比较好理解我的名字的来源了。其实，我才是一个装东西的东西，更确切地说，我是个女士包。那个时代，我们女人的主要工作不是打猎，而是采摘，所以我们的包不需要那根棍子，我们需要更大的储物空间，您可以认为那是个篓子或者筐，当然在金文的一些字形里我们是封口的，那是社会进步的结果，我们采摘的果实习惯于放在西面，不与男人打来的那些腥臊猎物放在一起，久而久之，就用我的名字作为西方的代称。还有一点很重要，就是因为我和东都是装东西的东西，所以后来人们就用我们的名字代称东西。"

主持人："讲得太好了，东西真是大有来头啊。南壮士您也有很多故事吧？"

南壮士："刚才东和西都进行了介绍，我觉得很生动，我的名字也是那个时代的产物，你们叫我壮士，我觉得不恰当，其实我是个厨子。我们那个时代，由于建造技术还不发达，摩天大楼是盖不起来的。我们中的大多数人都生活在半地上半地下的窝棚里，我们称之为穴，现在很多地方叫作地窨子。因为我们是群居的生活方式，所以吃饭都是很多人在一起吃。地窨子的空间太小，所以我们做饭是在地窨子前面支起炉灶，可以将猎物烧烤、煲汤，也可以将谷物做成饭，我就是那个炉灶，大家仔细看我，下半部分是炉灶，上半部分是支架，是不是很形象啊。为了方便采光和保暖，我们的地窨子都是面南背北的，所以我的方向就在南方，久而久之，我便成了南方的代称。"

主持人："南壮士，不，南大厨解释得真是言简意赅啊，请恕本人眼拙，下面请北登场。"

北："前面三位的解释我完全赞同，轮到我也没什么可讲的了，你看我就是两个人背靠背站着,现在有个运动品牌就是剽窃了我的创意,我的本义是背面,因为房子是面朝南方的,所以背面就是北方,久而久之我就变成了北方的代称。"

主持人:"还有两位嘉宾,上大人和下居士,请问你们谁先说啊?"

下居士:"我本性散淡,还是请上大人先说吧。"

上大人:"谢谢主持人,谢谢下居士,我的名字的来历还是比较好理解的,甲骨文字形是上短下长的两道横,金文字形有的加上了象征指示的一竖,其实就如你们所知道的,如果用现在的造字法理解,我就是一个指事字,没有东、西、南、北那么难理解,我就是上,被叫成大人还是很不好意思的。"

下居士:"同意上大人,把我看成他的倒影就行了。"

主持人:"我终于知道下居士为什么让上大人先说了。感谢六位嘉宾的分享……"

会开完了,作为与会者的静水豁然开朗,心下大悦,不过从方向的角度来看,好像还是缺了点什么,细细想来,原来是因为只邀请了绝对方向没邀请相对方向。

相对方向包括前、后、左、右、中,如果再加上距离向量,还有远和近,这七个"朋友"又是怎么来的呢?还是先请古文字们出场。

	甲骨文	金文	篆文
前:			
后(後):			
左:			
右:			
中:			
远:			
近:			

甲骨文的"前"字两边的" "代表道路,这个可以参照"道"字

的甲骨文——"𠬶";中间部分的上半部分"𦣞"是甲骨文中的"止"字,字形似脚趾的形状,通常表示行走;下半部分"凡"在甲骨文中通常代表身体,相当于现代汉字的"月";中间部分表示脚趾在身体的前面,脚趾尖向前,也就是人向前行,"前"字的甲骨文义为"人在路上前行"。金文字形省略了道路,更强调了人向前行。

"后"字和"後"字简体字都写成"后",但是在繁体字中,"后"和"後"的字义毫不相干。"后"的甲骨文写作"𠂤",金文写作"𠂤",由"𠂤"和"口"组成。"𠂤"和"彐"很相似,"彐"是"又"字的金文,表示抓取具体的物体;"𠂤"是对抓取动作的抽象,表示抓取非具象的事物;"口"是"口"字的金文,表示人口;"后"字本义是管理人口,后来演变为对高级官员或领袖的尊称,如"后稷""后羿"。而"後"字才是表示方向中的"后"。"後"字的甲骨文写作"𢓭",上半部分表示丝线或绳子,下半部分是倒着写的"止",表示在后面或向后行走,有时还加入代表道路的双人旁,进一步强调向后行走。

"左"字的甲骨文字形大家一看就明白了,似一只左手,金文字形又加上"工""口"或"言",以便与"又"字区别。

"右"字和"左"字造字思路一样,甲骨文字形似一只右手,金文字形又加上"口"字,以便与"又"字区别。

"中"字的甲骨文写作"𢆶",上下各是一面旗帜,中间用圆点或者方框标识。从字形上看,"中"字义为两面旗帜的中间地带,金文字形中,有的省略了飘扬的旗帜造型,于是就变成了今天的"中"字。

"远"字的甲骨文写作"𨓵",金文写作"𨓵",甲骨文字形左半边的上半部分是甲骨文中的"衣"字,下半部分是甲骨文中的"又"字,表示拿着衣服,右半部分代表道路,"远"字甲骨文本义为"拿着衣服行走",因为远古时期,远行才需要多带衣服,所以古人用这个字表示距离长。

"近"字没有找到相应的甲骨文和金文字形,只找到了篆文字形。从现在的字形看,"近"字由"走之旁"和"斤"字组成,"斤"字的甲骨文写作"𠂆",金文写作"𠂆",字形似一种有柄有刃的类似于斧头的工具，很有可能就是石斧。"近"字的意思是拿着石斧行走，石斧是当时一种常用的劳动工具，拿着劳动工具行走一般是在附近活动，所以用这个字表示距离近。

绝对方向和相对方向的来由我们都讲清楚了，下面我们来还原一幅远古先民生活图：他们住在面朝南方的房屋中。早晨，男人们拿起武器去打猎，女人们背起篓子去采摘。晚上，男人用木棍抬着或扛着猎物回来，并把它们放在房屋的东面，女人用篓子带来采摘的果实，并把它们放在房屋的西面。在房屋的正前方有一个锅灶，人们开始在锅灶上做饭，享受一天的收获。他们把脚趾正对的方向叫作"前"，把脚后跟对的方向叫作"后"，把左手的方向叫作"左"，把右手的方向叫作"右"，把两面旗帜间的中央地带叫作"中"，把需要带着衣服才能去的地方叫作"远"，把带着生产工具去的地方叫作"近"。

这就是我们远古人建立的三维坐标系，既有绝对方向代表的绝对三维坐标系，又有相对方向代表的相对坐标系。于是，空间观念在先人的脑海中逐渐形成。

有了生活就离哲学不远了，尤其咱们中华民族还是一个勤于思考且想象力丰富的民族。随着岁月的流逝，先民脑中的生活经验和感悟终于上升到了哲学的高度。先说几个大家耳熟能详的词吧——"五行""八卦""太极"。

五行是指木、火、土、金、水五种构成物质的基本元素。我国古代哲学家用五行理论来说明世间万物的形成及相互关系。它强调整体概念，用来描述事物的运动形式及转化关系。五行相互作用的方式遵循相生相克理论。五行相生就是：木生火、火生土、土生金、金生水；五行相克就是：木克土、土克水、水克火、火克金。

既然五行是要说明世间万物的，当然就要与万事万物产生普遍联系。比如，在中医上与五脏六腑建立对应关系；在风水上与干支、八卦建立对应关系；在时节上与五季（在春、夏、秋、冬四季的基础上加上了长夏）建立对应关系；在色彩上与五色建立对应关系；在味觉上与五味建立对应关系，林林总总，不一而足。

当然，与方向建立对应关系也是必不可少的，具体对应关系是：木对应东方、火对应南方、金对应西方、水对应北方、土坐镇中央。这种对应关系如同建立了一种平面直角坐标系：中是原点，东、西、南、北四方构成了横纵坐标轴，这就是绝对方向在中国传统哲学中的体现。之所以这么对应，静水认为没有后来讲得那么玄幻，古人就是用方位的字形与之对应的："南"字似熊熊燃烧的火炉，因此对应火；"北"字两人相背的字形似潺潺流水，因此对应水；"东"字的字形似参天之树，因此对应木；"西"字的字形更似一片金属片，因此对应金；而"土"字的字形和"中"字的字形有些相近，因此对应中。

当五行中的元素属性和方位的空间思维相结合，便产生了对山川地脉、风土人情的种种奇妙解释。

在中国的传统哲学中还有一个与方向建立对应关系的哲学概念，就是八卦。与五行比，八卦更像坐标系，只不过变成了八象限坐标系，与方位的对应关系又因先天（伏羲八卦）和后天（文王八卦）而有区别。在先天八卦中，乾在南方，兑在东南，巽在西南，离在东方，坎在西方，震在东北，艮在西北，坤在北方。在后天八卦中，乾在西北，坎在北方，艮在东北，震在东方，巽在东南，离在南方，坤在西南，兑在西方。八方与八卦对应关系的变化反映了不同时代人们视野的变化。

伏羲是中国古籍中记载最早的王，据说除了发明了八卦外，还教授人们以网捕猎、始创文字、发明陶埙琴瑟、分治政体等，可见伏羲代表的时代是人类文明萌芽的时期。从伏羲的发明推测，当时人们发明了新的工具——网，开始琢磨如何更好地记录和表达——文字，有了更高的精神追求——音乐，产生了新的管理技术——分治。

周文王时期，华夏民族的版图已经基本成型，西周出现了新的管理技术——分邦建国，并且处在春秋战国思想大爆发的前夜，更是即将产生一部划时代的作品——《周易》，周文王眼中的世界已经远远不是伏羲眼中的世界。随着眼界的拓展，伏羲所创的八卦方位已经无法用来阐释周文王的时空观，因此有了先天八卦与后天八卦的变化，这正反映了人类文明的演进。现在，人们的眼界进一步拓展，已经可以放眼宇宙了，所以如果有人再做一个后后天八卦也没有什么稀奇的。

五行和八卦更多地反映了空间观在哲学思维中的映射，而另一个哲学思维——"太极"更是直接脱胎于空间观。

提到太极，大多数人首先想到的就是太极图，据说太极图是由宋代道士陈抟传出，后来由其弟子再传给周敦颐，周敦颐著《太极图说》加以解释，我们现在看到的太极图就是周敦颐所传。《太极图说》开篇即言："无极而太极。太极动而生阳，动极而静，静而生阴，静极复动。一动一静，互为其根。分阴分阳，两仪立焉。阳变阴合，而生水火木金土。五气顺布，四时行焉。五行一阴阳也，阴阳一太极也，太极本无极也。"周敦颐认为太极源于无极，太极分为阴阳，阴阳既对立又统一，阴阳可以相互变化，相互变化的阴阳便生出五行、五气、四季等天下万物。

在《太极图说》的结尾周敦颐写道："故圣人与天地合其德，日月合其明，四时合其序，鬼神合其吉凶。君子修之，吉；小人悖之，凶。故曰：'立天之道，曰阴与阳。立地之道，曰柔与刚。立人之道，曰仁与义。'又曰：'原始反终，故知死生之说。'大哉易也，斯其至矣。"也就是说太极阴阳是宇宙的基本规律，顺之者吉，悖之者凶。

这种思想影响深远，不但道家讲，儒家也讲，周敦颐本人就是宋明理学的开山鼻祖。也正因儒道合传，太极思想深入人心。

其实，最早提出"太极"这个名词的可考人物是庄子，庄子在《庄子·大宗师》中说："大道，在太极之上而不为高；在六极之下而不为深；先天地而不为久；长于上古而不为老。"庄子是想说大道常存。在庄子之后，孔子在《易传·系辞上》中说："是故易有太极，是生两仪，两仪生四象，四象生八卦。"更是解释了太极的生生变化之道。

但是，太极到底是什么？真的如后世评价庄子哲学那样混沌吗？其实，太极毫不混沌，甚至可以说自从有了太极就不可能混沌了。太极是这样一个东西："它不是某一物，但又是万物，它其大无外、其小无内，不着一象又包罗万象。"静水也曾经对此苦求不得，直到某日在公园打太极拳，忽然顿悟：太极就是参照物啊。

为讲清楚这个结论，静水需要先作个假设。假如你的身体比蚂蚁还要小很多，因为某种意外，你落到了一块洁白得一尘不染又平整得毫无褶皱的餐布上，你举目四望，眼中除了平整的白色外无有他物。恭喜你，你已经来到了无极之境。这时，不知道谁一不小心掉落了一个米粒，你像发现了救星一样跑过去，于是你以米粒为参照物，把这片白色餐布分成前后左右、远近内外，你心下大定，不再混沌，再次恭喜你，你已经升级为太极之境。这么快就升级了？是的，只在一念之间。

这里的太极就是那个米粒，咱们先称这个米粒为太极米粒。因为这个太极米粒的存在，便产生了以它为参照物的表达，诸如前后、左右、上下，这种两两对应、辩证统一的表达，我们称之为阴阳两仪。既然阴阳有了，就有了阴阳中的阴阳，于是就产生了四象，于是再生出八卦，如此一直细分下去，无穷尽也。这就是所谓的"阴中有阴阳，阳中有阴阳"。

最后这种空间思维延展到我们感知到的各种事物和情境，于是产生了太极哲学。所以太极就是你所选定的那个参照物，太极的本义也就是最开始的那个极，这个参照物可以是有形之物，也可以是无形之物，可以浩大如宇宙，也可以渺小如尘埃，甚至只是一个念头、一种感觉，这就是为什么说它可以"其大无外、其小无内"了。

老子在《道德经》中说："道生一，一生二，二生三，三生万物。"这个"一"就是太极；太极有了就同时有了阴阳两仪，在空间上就有了上下、左右、前后，阴阳就是二；阴阳有了就同时有了三维空间，三维空间就是三；我们都在这个三维空间里，我们也都是三维的，所以三生万物。看明白了吧？不混沌了吧？世间一切皆可为太极，就看你怎么想了。

太极哲学不但可以想，而且还可以用，比如太极拳。太极拳一代宗师王宗岳在《太极拳论》中开篇说道："太极者，无极而生，动静之机，阴阳之母也。动之则分，静之则合。"这个"动静之机"就是太极。又说："虽变化万端，而理唯一贯。"这个"理"就是太极哲学的阴阳变化之理。太极拳就是要能分清楚太极点上的劲力与意念的阴阳，然后用之，遂成我顺人背、四两拨千斤之妙。《太极拳论》最后写道："本是舍己从人，多误舍近求远，所谓差之毫厘，谬之千里，学者不可不详辨焉！是为论。"静水也以此句自勉，哲学不外生活，何以玄幻鬼神求之？

卷二

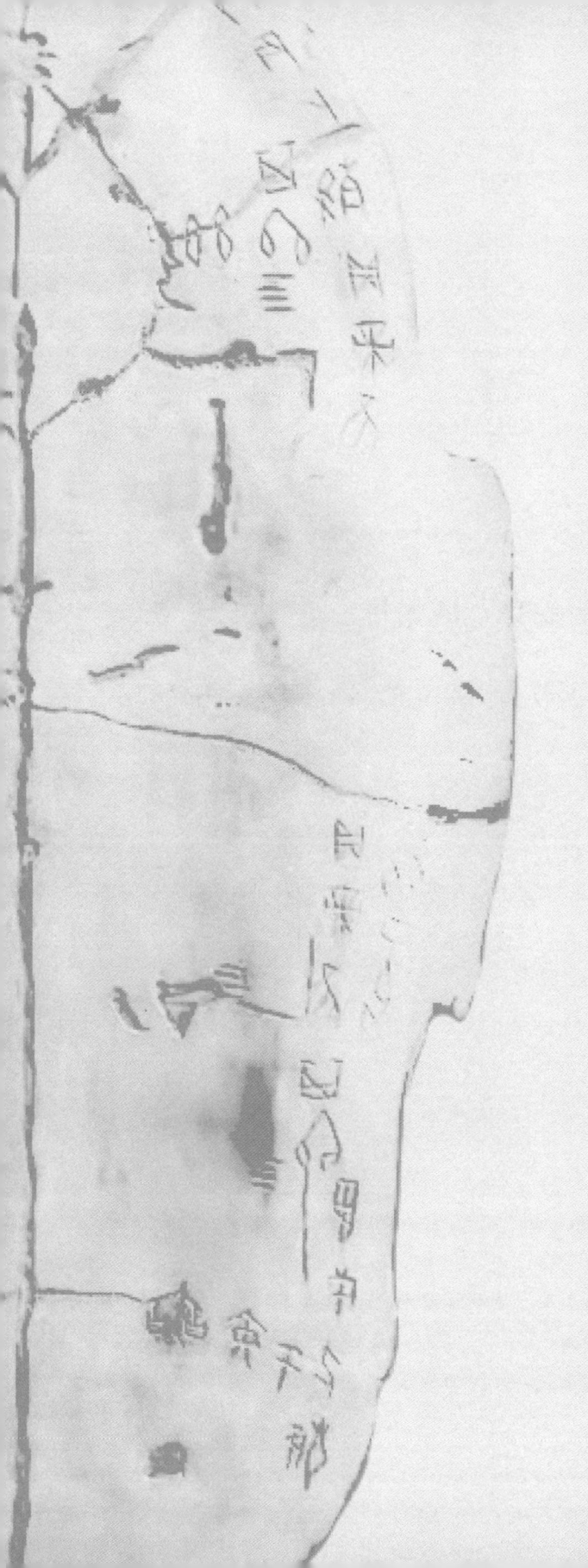

无《书》时代

伏羲和女娲："人面蛇身"成繁华

这一章咱们讲讲两位真正的"神人"，神人必有神迹，先来看看传说中神人的简历。

姓名：伏羲

别名：宓羲、庖牺、皇羲、太昊、伏牺、青帝

国籍：华胥国（上古中国）

民族：华夏

籍贯：成纪（今甘肃省天水市秦安县）

所处时代：旧石器时代中晚期

出生日期：农历三月十八

形象：人首蛇身

家庭主要成员：

  母亲：华胥氏

  父亲：燧人氏

  配偶：女娲

  姐妹：女娲

  子女：少典（待确认）、宓妃（洛神），其余不详

职业：上古时代部族首领

地位：中华民族人文始祖之一、三皇之首

陵墓：河南淮阳太昊陵

主要成就：

一、创立八卦，开启了中华民族的文化之源。

二、教民作网用于渔猎，提高了人类的生产能力，同时教民驯养野兽，这就是家畜的由来。

三、变革婚姻习俗，倡导男聘女嫁的婚俗礼节，使血缘婚改为族外婚，结束了长期以来子女只知其母不知其父的原始群婚状态。

四、始造文字用于记事，取代了以往结绳记事的形式。

五、发明陶埙、琴瑟等乐器，创作乐曲歌谣，将音乐带入人们的生活。

六、将其统治地域分而治之，并且任命官员进行社会管理，为后代治理社会提供借鉴。

再看看女娲。

姓名：女娲

别名：娲皇、灵娲、帝娲、女阴、女皇、女帝、女希氏、神女、阴皇、阴帝

国籍：华胥国（上古中国）

民族：华夏

籍贯：成纪（今甘肃省天水市秦安县）

所处时代：旧石器时代中晚期

出生日期：农历三月十五

形象：人首蛇身，一日中七十化变

家庭主要成员：

    母亲：华胥氏

    父亲：不详

    配偶：伏羲

    兄弟：伏羲

    子女：少典（待确认）、宓妃（洛神），其余不详

职业：上古时代部族首领

地位：中华民族人文始祖之一、中华民族的母亲

陵墓：山西赵城、河南周口、河南灵宝

主要成就：

一、抟土造人。

二、炼石补天。

三、建立婚姻制度。

四、创造了瑟、笙簧、埙等中国的传统乐器。

（以上资料来自百度搜索）我们在探索远古文明的时候，有一个基本逻辑，那就是：我们的祖先是人而不是神怪，我们对祖先的尊崇应该建立在人性的基础上，也只有建立在这种基础上，我们才能了解远古史的真相。我们越了解自己的祖先就越能清楚地认识自己，这是重新发现远古文明的现实意义所在。

不过，那些看似神话传说的背后是有现实依据的，只不过这些现实被演绎或者艺术加工，最后变成了今天这样。凡事都有两面性，虽然这些加工遮掩了真相，不过也留下了线索，或者说如果不这样，那段历史就不会得到流传，也就永远淹没在浩瀚的历史海洋之中了。

无疑，伏羲是伟大的。他的伟大已经永远地镌刻在他的名字中。大家不要小看名字，我们现在所知晓的远古时期领袖的名字不是一出生就有的，而是人们对其主要作为的概括总结，有很多字都是为了准确表达这些作为而创造出来的，所以这些字在后人看来很奇怪，不过也正因如此，我们才得以窥见历史的真相。从这一点看，武则天生生造了一个"曌"字来称呼自己还颇有上古之风呢。

先看"伏"字，金文写作"🐾"，字形似一个人后面带着只犬。在今天这是遛狗，而在远古则是狩猎，有隐蔽伺机出击的意思。注意，不要把后面的那只狗看成是猪，猪在远古称为"豕"，甲骨文写作"🐾"，尾巴是夹着的，犬可是翘着尾巴的。

再看"羲"字，没找到"羲"字对应的甲骨文和金文字形，六书通中的篆体"羲"字写作"羲""羲""羲"，说文解字中的篆体写作"羲"，这些字相同的部分是都有"羊"（上半部分）和"戈"（下半部分右侧），不同的是下半部分左侧有的是"豕"字，有的是"禾"+"丂"，静水认为取"豕"字比较恰当，因为从伏羲的历史功绩来看，并没有涉及农业方面，"禾"+"丂"的组合可能是汉字发展中的误传或者是后世加入了新的演变，但是教人驯养野兽并逐渐驯化成家畜却是伏羲主要功绩之一，也就是"羲"字是由"羊"+"豕"+"戈"组成的，戈是带钩刃的长柄武器，是古代战争的主要武器之一，戈在当时是尖端的武器发明，具有重要的意义。"羲"字的意思应是驯养羊、猪并发明了戈或者组建军队进行了军事行动。

伏羲的名字透露出三个信息：一是精于狩猎，二是擅长驯养动物，三是具有军事才能。据说伏羲精于用网进行捕鱼和打猎，网的使用不但提高了劳动生产力，产生了猎物剩余，而且可以给猎物造成更小的伤害，猎物饲养成活率可以因此而提高，畜牧业便由此产生。

女娲在神话传说中可比伏羲厉害多了，比如，她抟土造人，直接抢了上帝的饭碗；再如，她炼石补天，给老天当修理工，让人好生膜拜。不过这些都离现实太远了，到底女娲娘娘是个什么样的人呢？

还是按照一贯的风格，先从名字开始。"女"字的甲骨文写作"⿻"，金文写作"⿻"，从字形上看，似一个将两手交叉叠放跪坐的人。很多人认为这是个女人，静水以为不然，因为表示女人有另外一个字，就是"母"。"母"字的甲骨文写作"⿻"，金文写作"⿻"，与"女"字相比，多了两个点，代表乳房，第二性征非常明显。

跪坐是我国古代的正式居坐方式，即席地而坐，臀部放于脚踝，上身挺直，双手规矩地放于膝上，又称正坐。而现在，人们坐在凳子上，双脚垂直下来的坐法，实际上是自南北朝以后才传入的，是从当时的西域国家传来的，因此也叫"胡坐"。

在远古时期，正坐是一种恭谨文明的坐姿，表示"我是个懂规矩的文明人"或者我尊重您、顺从您。所以，"女"字的本义就是规矩人、文明人或者顺民。不要想当然地认为远古时期称为"女"的一定就是女人或者一定就是某个人，其实很多情况下它代表的是一群遵从某项制度或服从强势部族的人，这个在之后还会讲到。

那么"女"字为什么最后会成为女性的泛指呢？可能有两个原因，一是"女"字的出现和远古时期频繁的部族融合密切相关，一个部族融入另一个部族，往往会被在原有部族的名字前加上"女"，表示归顺。随着华夏民族不断壮大，疆域不断扩大，受高山、大海、荒漠等自然地理条件的影响，周边可以融合的部族越来越少，但各部族融合的程度逐渐加深，到最后已经分不清，也没有必要分清人们到底是哪个原始部族的了，"女"字的造字本义也就逐渐淡化。

二是"女"字和"母"字极其相近，只不过"母"字多了象征乳房的两个点，不突出表现乳房，正可以表示女性的整体，所以"女"字就被借用为表示女性，而"母"字就专指有过生育经历的女性，引申为对妈妈的称呼。

这种借用很早就已经出现，如妹字的甲骨文写作"㮸"，金文写作"㭘"，从字形上看，就是"㨀"+"㭕"，"㨀"是"未"字的甲骨文，在"从时间说起：天干地支考"一章中讲过，指生长茂盛但未结出果实的农作物，"㭕"就是"女"字，这里的女就是代表女性，"妹"字义为未成年的女性。再如"妇"字，甲骨文写作"㮲"，金文写作"㭙"，从字形上看，由"㨀""㭖"组成，"㨀"表示已经抽穗成熟的农作物，所以"妇"字义为成熟的女性。

"娲"字的甲骨文和金文字形都未找到，篆文写作"䘏""䘐"，也就是"女"+"呙"。"呙"字的甲骨文和金文字形也没找到，篆文写作"呙""咼""咼"。静水开始以为这个字是"锅"字的远古写法，下半部分代表炉子，上半部分代表放在炉子上的锅，现在汉字"锅"和"埚"都可以看作这个字的变体，只不过一个是金属锅一个是土锅。但是仔细想想还是觉得经不起推敲，因为从字形上看，明显上下两部分都是有一竖相连的，这个在任何锅上都不会出现。静水想破了脑袋，最后终于有了结论，这个字表示的是古陶窑。下半部分是窑室，上半部分是与窑室相连的烟囱，中间的竖代表烟道。

有的读者可能要问了，那"窑"字是干什么的？金文中的"窑"写作"窯"，篆文写作"窯"，从字形上看，外部是"穴"，内部是放在火上烤的羊，所以"窑"字的本义是烤羊的洞穴，如果还想不明白，可以想想北京烤鸭的制作工艺。所以"女娲"的意思就是懂得烧制陶器的文明人。

既然知道了女娲名字的来历，我们就能很好地解释她的两项功绩：一是抟土造人，二是炼石补天。相传女娲于正月初一创造鸡，初二创造狗，初三创造猪，初四创造羊，初五创造牛，初六创造马，初七这一天，女娲用黄土和水仿照自己的样子造出了人，所以把初七称为"人"日。

如果将这些传说与制陶技术结合起来，我们就会联想到女娲所造的"人"不是真正的人，而是陶人。既然能造出陶人，那么就能造出更多的陶制品，可见当时人们已经可以人工取火、使用火，并且初步形成了制陶业和家畜饲养业，这符合现代对新石器时代的划分方法。所以静水认为，伏羲和女娲的时代应该算新石器时代早期，而不是通常认为的旧石器时代中晚期。

女娲的另一项功绩也与制陶有关。据说随着人类的繁衍增多，社会开始动荡了，最终爆发了水神共工氏和火神祝融氏的大战，共工氏因大败而怒，头触不周山崩，于是天柱折，地维缺。女娲娘娘不忍看天下苍生受苦，于是冶炼五色石来修补苍天，砍断海中巨鳌的脚作为撑起四方的天柱，于是天下重归太平。虽然这只是个传说，但是静水还是看出了一些端倪。

让我们还原这样一幅场景：水、火、地震、山体滑坡损毁了人们的家园，女娲教导人们重新建设家园，她用柱子作为房屋的承重墙，用烧造的彩石作为房子的屋顶，新的房子与原来的地窖子相比既结实又保暖。这个彩石就相当于现在的瓦，只不过由于当时烧造技术不高，瓦的色差比较大，所以就成了彩石。这样解释是不是更合理呢？只不过苦了贾宝玉，他不再是通灵宝玉而是"通灵宝瓦"了。

女娲的两项最重要的功绩就这样接了地气，一项是发明制陶技术，另一项是改良了建造技术。大家不要小看这两项技术，在那个时代可是实用高科技，代表了人类利用自然和改造自然的能力有了很大的进步。

伏羲和女娲是兄妹吗？伏羲和女娲是夫妻吗？传说中都是，但是静水可以很负责任地告诉你，兄妹关系肯定不是，夫妻关系则有待考究。

传说中伏羲的母亲华胥女士来到一个叫雷泽的地方游玩，偶然间看到了一个巨大的脚印，便好奇地踩了一下，于是就有了身孕，后来生下一个儿子，这个儿子有蛇的身体、人的脑袋，取名为伏羲。这样的传说是不能信的，否则看一眼就让人怀孕的事也是可以有的。女娲的出生倒没有这么神奇，只说是伏羲的妹妹，为华胥走婚所生。两人就这样愉快地长大，后来二人由于种种原因结为夫妻，由于他们都是人首蛇身，所以亲密的时候像蛇交尾一样彼此缠绕交合（见图2-1）。

图2-1 伏羲女娲交媾图

这幅伏羲女娲交媾图据说是唐朝时期的画像，也不知道是唐人曲解了古人，还是今人曲解了唐人，反正这种说法是不科学的，如果真的如此，恐怕我们现在都是美人蛇造型了。

真相是伏羲和女娲的交合并不是两个人的交合，而是两个部族的融合，其远古流传的本义应该是两个部族的融合像两条蛇交尾那样亲密无间、其乐融融。以伏羲为首领的伏羲部族善于渔猎和家畜饲养，有了早期的文字和八卦哲学思维，并且有着比较强的军事实力。以女娲为首领的女娲部族精于制陶和房屋建造，两个部族融合后出现了花团锦簇、生机盎然的局面，于是就将这个部族取名为"华胥"。

这里需要说明一下，女娲部族在融合前应该不叫女娲，而是叫某呙或者呙某，之所以叫女娲是因为融合后该部族处于从属地位，加上"女"表示女娲部族是服从的文明人而不是作对的野蛮人，这种表达方式在后面还会不断提到，贯穿了中华民族早期融合的全过程。

下面咱们接着讲"华胥"，华胥在前文中说过，传说是伏羲和女娲的母亲，黄帝和炎帝的远祖，誉称为"人祖"。传说她也是人首蛇身，人首蛇身的都不是人，华胥也不例外。

咱们还是从名字说起，"华"字的金文写作"𦮙"，形似一朵盛开的花。"胥"字的甲骨文和金文字形都未找到，篆文写作"𦙃"，上半部分是"足"，下半部分是"月"，在"空间哲学：盘古有真相"一章讲过"前"字，上面是"止"，下面是"月"，也就是强调脚趾指向的方向，"胥"字把"止"变成了"足"，也就是表示用足站立着。

"华胥"表示的是如花朵般站立着，有花团锦簇的意思。这是对融合后局面的由衷赞叹和对未来的美好期许。融合后的华胥部族，主要生活在黄河流域的华山地区，后来在迁徙过程中不断地向四方扩展势力范围，形成了早期华夏民族的雏形，"华夏"中的华便是取自"华胥"的华。

回过头再看人物介绍，是不是发现伏羲、女娲有两个功绩是重复的？即建立婚姻制度和创造乐器。是的，这就是融合的有力证据，这是融合后做的事情，因为融合就要产生通婚，估计为了更好地融合，新的部族是鼓励两个部族之间的通婚的，融合后也产生了新的乐器，奏响了华胥族发展壮大的美妙乐章。同时，随着统治疆域的扩大，新的领导人伏羲实行了新的管理制度，即将其统治地域分而治之，而且任命官员进行管理。华胥文明愈发焕发出勃勃生机。

至于伏羲和女娲是不是兄妹，我只能说他们是亲如兄妹般的部族；至于他们是不是夫妻，我只能说如果女娲恰巧是位女士，要真的和伏羲结为夫妻，那可真的是天作之合；至于华胥到底是不是"人祖"，我可以告诉大家我们的祖先不是一个人，而是一群人，这群人就是华胥族。

少典之变：帝出东方

少典流传下来的故事要比他的前辈伏羲、女娲和他的后辈黄帝、炎帝都少得多。但这并不意味着他不重要，相反，既然能在漫长的远古史中留下名字就证明他很重要，因为他处在一个关键时期，在他之前，天不言道也不言命，在他之后，天既言道又言命，他处在一个天道观、天命观呼之欲出的时代。

据说少典是中国原始社会时期有熊部族的首领。因生于有熊国（今河南新郑附近），少典便被称为有熊国的国君。该部族主要活动于今中原一带。有熊国由六个部族组成，这六个部族分别称为有熊、有罴、有貔、有貅、有貙、有虎。少典娶了有蟜氏的两个女儿女登和附宝为妻，分别生下了两个儿子，就是后来的炎帝和黄帝。在他之后，黄帝部族和炎帝部族分而又合，共同构成了华夏民族的主体。

少典其人如何？还是从名字说起。先说"典"字吧，"典"字的甲骨文写作"册"，金文写作"典"，甲骨文字形似两只手（手）拿着"册"。"册"是"册"字的甲骨文，在古代是指用于书写记录的编串好的竹简，所以甲骨文的"典"字的意思就是双手持册，有的字形对双手做了简化处理。"少"字的字义比较难理解，想要弄清楚需要参考另外三个字，即"大""小"和"太"。"大"字的甲骨文写作"大"，金文写作"大"；"太"字的甲骨文字形没找到，金文写作"太"；"小"字的甲骨文写作"小"，金文写作"小""小"；"少"字的甲骨文写作"☽"，金文写作"⺌""⺌"。

　　大家看明白了吧，"太"字是在"大"字下面加上一短横，"少"字是在"小"字下面加上一点或者一短横，"太"和"少"分别脱胎于"大"和"小"。"大"字的甲骨文和金文字形似四肢张开站立的人，状如人在形容一个大的物体，在下面加上一短横表示大之始，也就是将有形之大转变为抽象之大，所以"太"字引申为过于、极端、最、高、很等义，如太乙、太虚、太极等。"小"字的甲骨文用三个点表示非常小的物体，金文为便于在金属上刻画或铸造，将点进行了延长。"少"字在"小"字下面加上点或者横表示小之始，与"太"一样也是以实化虚，是小的抽象化，表示与"太"相对应的状态，引申为数量小的、缺、不经常、短时间等义。"太"字和"少"字的字形演化显示了人类思维由具象思维向抽象思维的转化过程。

　　"太"字和"少"字很早就出现在官员的名称中，如"三公九卿"制中，三公就是太师、太傅、太保，九卿中就包括少师、少傅、少保。"太"表示最高级的，"少"表示次一级的。同样，"少典"的少字也有这样类似的意思。少典一定不是第一任持册人，而是继任持册人。册是用皮绳穿起来的竹简或木简，册上面记载的东西在当时一定很重要，很可能是权力的象征，如律例、法规等，现在统称为典章。掌握典章的人当然就是那时的部族首领。少典的名字透露出两个信息，一是在少典时代已经出现了纪事用的竹木简，二是那个时代已经制定了某种典章制度。

　　少典统领的部族叫有熊。"有"字的甲骨文写作"🖐"，金文写作"🖐"，甲骨文字形似一只抓住东西的手，金文字形在手的下面多了"肉"字，就是用手抓住肉，表示持有、拥有的意思，有熊的意思是抓住熊。估计之所以起这个名称是要彰显自己是武勇彪悍到足以抓到熊的部族。而其他五个部族有罴、有貔、有貅、有貙、有虎名字也如出一辙。可见，少典统领的部族联盟，武力还是比较强大的。武力强大的部族在冲突中就不吃亏，并且很可能兼并或者融合其他部族，所谓少典的两位夫人女登、附宝很可能就是指被融合的部族。

　　"女"字在"伏羲和女娲：'人面蛇身'成繁华"一章中讲过，

是守规矩或顺从的文明人。"登"字的甲骨文写作"&"，金文写作"&"。从字形上看，上部分是两个"止"，表示行走；下部分是两只手，表示双手持捧；中间部分是"豆"字，"豆"字的甲骨文写作"&"，金文写作"&"，似高脚盛放食物的器皿，有的字形内部或上部加上横，表示里面装满了食物。"登"字的本义是双手端着装满食物的器皿向前走。有的金文字形写作"&"，左侧加上了表示台阶或山地的"阜"字，也就是双手端着装满食物的器皿向上走，所以"登"字后来引申出丰收或者走上、爬上的意思。远古时期双手捧着装满食物的器皿向前或者向上走表示尊敬地进献，如献祭、献礼等。所以"女登"可以理解为进献食物的文明人。

再说另一位夫人附宝。"附"字的甲骨文字形未找到，金文写作"&"，篆文写作"&""&"。从金文字形看，由"&""&"构成，"&"是"付"字的金文字形，"&"是"臣"字的金文字形。"付"字由"亻"和"&"组成，"&"是"寸"字的金文，篆文写作"&"，是在手下加入一横，表示手腕下的部位，相当于寸关部位，也就是手掌根部至手腕部这个区域，"亻"是"人"字的金文，所以"付"字的本义是以手掌根部或手腕部触摸人，以这个部位触摸人自然不是抓人，而是表示一种友善或者亲切的触摸。"&"是"臣"字的金文，金文亦写作"&"，甲骨文写作"&""&"，从字形上看，似一只向下看的眼睛，有低眉顺眼、俯首屈从的意思，引申为辅佐帝王的官吏。"臣"字加在"付"字的中间就组成了"附"字，有友善而恭敬地触摸的含义，引申出另外加上、随带着、依附的意思。

"宝"字的甲骨文写作"&"，金文写作"&"。从甲骨文字形看，是将"&"和"&"放在屋子中。"&"是"贝"字的甲骨文，贝币是我国早期的实物货币之一，由于真贝的数量不够，又用仿制贝代替，有石贝、蚌制贝、骨贝、铜贝等。铜贝是金属铸币的滥觞。"&"是"朋"字的甲骨文，就是用绳子穿在一起的钱币，是古代的货币单位，据说是以五贝为一系，以两系为一朋。贝和朋都是指钱币。"宝"字就是把钱币放在屋子里，钱币当然是宝贝了。金文字形将"&"替换为"&"，并且在屋中加入了"&"。"&"是"玉"字的金文，甲骨文写作"丰""丰"，字形似用丝绳穿着的薄片，表示玉石。"🕀"是"缶"字的金文，甲骨文写作"🕀"，由"↑"和"🗗"组成。"↑"是"午"字的甲骨文，在"从时间说起：天干地支考"一章中讲过，"午"是作物破土而出刚刚长出嫩芽的样子，"🗗"表示敞口的容器，"缶"的本义是培育作物的容器。"宝"字字形的变化表明在使用金文的时代，农业已经得到了发展，并且得到了极大的重视，育苗工具已经被作为宝贝对待。

附宝就是带着宝贝前来依附的人。

少典的两位夫人一位是双手捧着装满食物的容器前来进献，另一位是带着宝贝前来依附，怎么看都不像是来成婚的新娘，而是表示臣服的部族。其中可能伴随着联姻，但联姻只是形式，绝对不是目的。当然并不是所有的部族融合都会如伏羲部和女娲部融合那样产生花团锦簇的局面，实际上融合后的少典部族很快就出现了分裂。

据说，有一天，女登在华亭游玩，忽有神龙来伴。女登便稀里糊涂地怀了孕，生了炎帝，取名榆罔。传说炎帝出生后三天能言，五天能走，七天就长全了牙齿，五岁便学会了许多种庄稼的知识。但是，因为他长得很丑，还是牛首人身，脾气又暴，少典不太喜欢他，就把他和女登母子俩养在姜水河畔，因此炎帝就以姜为姓。

炎帝姜榆罔长大之后，剽悍勇武，智慧过人，便做了部族首领，以"牛"为图腾，标记于旗帜之上。巫师说他以火德旺，所以称作炎帝。据说炎帝有一条神鞭，名叫"赭鞭"，用它抽打各种野草，野草便能显出药性，炎帝为了验证这些野草有毒无毒，是热性还是寒性，到底能治什么病，就亲自遍尝百草，试其效用，为氏族百姓防病治病。因而炎帝氏族的人个个身强力壮，迅速繁衍壮大，炎帝便率领他的部族沿渭水、黄河东迁，经河北、河南、湖北，还到过山东曲阜，打败了不少弱小部族，最后"定都于陈"，即今河南省淮阳县。

这只是个传说，但是炎帝绝对不只是个传说。这里面有几个关键词，分别是"神龙""牛首人身""姜""榆罔"。咱们在"龙的传人：飞龙在天亦在心"一章中讲到过，龙其实是人们根据"东方苍龙七宿"的星象想象出的动物形象，神龙来伴，就说明当时的人们已经通过观察发现了东方苍龙七宿的星象变化规律。由于苍龙七宿初昏完全展现在天际的时间正是那个时代的春分前后，对播种时节的判断起到重要作用，所以"神龙相伴"表明融合后的女登部已经学会或发现了苍龙七宿的变化规律。

接下来的"三天能言，五天能走，七天就长全了牙齿，五岁便学会了许多种庄稼的知识"，表明女登部进一步发展了文化、交通、农业。女登部还驯化了大型动物牛，牛和猪、羊大不一样，饲养的猪和羊主要是用来宰杀的，而牛不但可以提供食物，还可以作为交通工具和农业生产力，这么重要的功绩当然要记上一笔，于是炎帝就变成了牛首人身。

经过这么一折腾，女登部得到了巨大的发展。俗话说翅膀硬了就要飞，女登部再也不是那个乖乖捧着食物来进献的弱小部族了，脾气大了起来，开始不好管了。少典审时度势，干脆让其自治，于是在姜水河畔给女登部划出了一片自治区，为表示让迁居后的女登部享受充分自治，给他们授予了一项特权，就是"榆罔"，这就是炎帝名字的来源。

所谓"榆罔"，其实就是"逾罔"，"逾"字的金文写作"逾"。"辶"相当于现在的走之旁，表示行进；"俞"由"舟"、"亼"、"丨"三部分组成，"舟"是金文的"舟"字，"亼"和"丨"表示人撑篙或者人划桨，"逾"字的本义是人划船而行，因为在远古时期，河流通常作为地域的自然边界，所以"逾"字就有越界的意思，引申为逾越。

"罔"字的甲骨文和金文字形均未找到，篆文写作"罔""冈""圂"。"网"字的甲骨文写作"网"，金文写作"网"，篆文写作"网"，表示捕鸟兽鱼鳖的工具。"罔"和"网"是两个非常相近的字，从字形上看，两个字都和渔网很相似，但是"罔"字较"网"字更复杂些，或者说"罔"是高级的"网"，特别是有的"罔"字中间还加上了"亡"，"亡"是"亡"字的篆文，金文写作"亡"，甲骨文写作"亡""亡"，从甲骨文字形看，似人手持着挡板把自己隐藏起来，金文字形似人躲在矮墙后面，"亡"字的造字本义应为隐藏、隐匿。所以"罔"字罩住的不只是鸟兽鱼鳖，还包括人的行为，"罔"字相对于"网"字来说更具抽象意味，可以理解为规范人们行动的法网。

"逾罔"的意思就是逾越少典之法网，也就是说少典给了女登部一块法外之地，这块法外之地就是姜水河畔。但是，女登部也并未与少典彻底闹掰，这从他们的姓中就可以看出，炎帝姓姜，"姜"字的甲骨文写作"🝁"，金文写作"🝂"，上半部分是"羊"字的甲骨文，下半部分是"女"字的甲骨文，也就是文明的牧羊人或者是表示臣服的牧羊人。而不文明或不表示臣服的牧羊人就称作羌，"羌"字的甲骨文写作"🝃"，金文写作"🝄"，就是"羊"+"人"。一般情况下，姓是由自己选择的，女登部自称为文明的牧羊人也就表达了对少典的臣服。

姜水的所在地自古就有两种说法。一种说法是郦道元所说的，姜水即"岐水"，在今岐山县和扶风县的交界处；另一种说法，姜水是指今宝鸡市渭水之南的清姜河（原名清涧水）。这两种说法都有道理，很有可能这片区域都是女登部自治后的领地，也就是女登部处在关中平原的西部，相对于少典部主要控制区关中平原中东部及华北平原来说，更接近西部山区，因此也更为荒蛮。女登部到来后进行了大范围的垦荒，主要的手段就是烧荒，所以自治后的部族首领以"炎"自居，"炎"字的甲骨文写作"🝅"，金文写作"🝆"，字形似连片不断燃烧的火。

炎帝不是浪得虚名，除了垦荒，他还干了件被称为"帝"的事。"帝"字的甲骨文写作"🝇"，金文写作"🝈"，这个字有点眼熟，请看下面三个字。

	甲骨文	金文
木	¥	¥
辛	▼	▼
壬	I	I

现在将这三个字进行组合，首先将"壬"字旋转90°，然后再将三个字进行重叠，奇迹般地出现了这个字——"🝇"或"🝈"，不错，这个字就是"帝"字，"帝"字就是"木""辛"和"壬"字的组合体。咱们在"从时间说起：天干地支考"一章中讲过，"辛"和"壬"都是将木加工成天干的过程。而帝就是指主持制作天干的人，树立天干是为了准确测量时间，准确测量时间是为了指导农时，把这个字作为首领的名字充分证明了农业在当时的重要性。

与炎帝同一时期的还有一个更重要的人物，那就是黄帝。究竟黄帝是何人，我们将在下一章中详细介绍。不过这个人的名字中同样有一个"帝"字，可见"帝"已经成为炎、黄两族首领必须要掌握的本领或承担的职责。"帝"就是测天之人，从此我们的先人过上了看天吃饭的生活，天命观、天道观开始逐渐形成。

少典时代是中华民族从采猎游牧文明进入农耕文明的一个重要分水岭，部族间的分分合合正是农业文明分娩前的阵痛，随着"帝"们的呱呱坠地，历史即将沿着农耕文明的轨迹阔步向前。少典之变，天命所归，天道使然。

黄帝和他的妃们：奇妙的部族融合之旅

书接上文，传说少典的另一位儿子的出生也很有传奇色彩。有一天少典的夫人附宝到郊外游玩，忽遇暴雨，有大电光缠身，许久才离开，绕北斗而去。结果，附宝感而受孕，怀胎25个月，生下黄帝，起名叫云，黄帝长得"河目龙颜"，落地能语，性情和善，很受少典国君的喜爱，就带着他和附宝一同住在阴水河边。附宝天生丽质，非常动人，被人们呼为美姬。她常到阴水河边洗衣、淘菜，人们见多了，就把这段河叫成了姬水。黄帝长大以后，便也以姬为姓，名叫姬云。

黄帝姬云身高九尺开外，他为人敦厚朴实，仁义好施，很受部族人民的尊崇，被拥戴为部族酋长，成为有熊国的继承者。他利用姬河两岸天然的地理优势与丰富的矿产资源，鼓励部族人民发展农牧业生产，亲自教百姓播五谷，植草木，驯养猪、牛、羊、狗等牲畜，使有熊国很快富庶强盛起来，周围许多弱小部族见他好行仁义，以邻为友，能团结民众，便纷纷前来投奔、归顺，使有熊国逐渐成为中原地区最强大的部族。巫师说他"以土德王天下"，土是黄色，所以叫黄帝。

以上传说出自百度百科"少典"词条。在"黄帝"词条中还有如下叙述。

黄帝（公元前2717年—公元前2599年），古华夏部族联盟首领，中国远古时代华夏民族的共主，五帝之首，被尊为中华"人文初祖"。据说他是少典与附宝之子，本姓公孙，后改姬姓，故称姬轩辕。居轩辕之丘，号轩辕氏，建都于有熊，亦称有熊氏，也有人称之为"帝鸿氏"。史载黄帝因有土德之瑞，故号黄帝。黄帝以统一华夏部族与征服东夷、九黎族而统一中华的伟绩载入史册。黄帝在位期间，播百谷草木，大力发展生产，始制衣冠、建舟车、制音律、创医学等。

这里有两个问题需要特别考证，一是黄帝为什么叫黄帝；二是黄帝为什么是姬姓轩辕氏，亦称有熊氏、帝鸿氏。

先说第一个问题，"黄"字的甲骨文写作"🏹""🏹"，金文写作"黄"。从甲骨文的字形上看，"黄"字由"矢"和"日"或"口"组成，"矢"是"矢"字的甲骨文，"日"是"日"字的甲骨文，"黄"字就是一支穿过太阳的箭，当然箭是不能穿过太阳的，不过箭上可以携带太阳的信息，所以"黄"字义为携带太阳信息的令箭，甲骨文字形中有的为了更强调信息而把日字简化为"口"。

金文字形在甲骨文字形的基础上加入了"廿"，是"廿"字的金文，"廿"字在"数字迷云：测天工具的使用说明书"一章中讲过，就是把两个"十"连在一起。"十"是测天之干，连接在一起表示持续不断地测量，"黄"字义为携带测定的天道信息的令箭，而黄帝就是掌握这个令箭的人。

"帝"字在上一章中已经讲解过，表示建造天干测定时令。综合"黄""帝"二字，黄帝是建造天干测定时令并把这种时令信息发布四方的人。"黄帝"名字的出现表明了两点：一是黄帝作为部族联盟首领掌握着中央授时权；二是当时农业已经得到了进一步发展，农业耕种区域已经扩展到相当大的范围，这种中央授时制度将广袤的控制区域紧密地连接起来，为华夏民族的不断融合发展奠定了制度基础。

想要说清楚第二个问题，就要先说清楚什么是姓氏。"姓"字的甲骨文写作"姓"，金文写作"姓"，从甲骨文的字形上看，由"生"和"女"两部分组成。"生"是"生"字的甲骨文，"女"是"女"字的甲骨文，有人说这个字就是女人所生的意思，并因此判断产生这个字的时候是母系社会。静水认为这种说法太过武断，因为"生"并不是表示人的出生，从字形上看似植物生长的意思。人出生应该是"育"，这个字是

"育"字的甲骨文，我不说大家也看出来了，是人产子，并且子还是头朝下的，代表头部先出来，金文写作"🀄"，加了一些小点，表明有液体流出。前文说过，"女"字表示恭顺的文明人，所以"姓"字的造字本义是因农作物生长而聚在一起的文明人，也就是因农业聚居起来的人。

"氏"字的甲骨文写作"𐤉"，金文写作"𐤉"，从字形上看，上部是一条曲线，曲线中部下方接一条较为笔直的竖线。远古时期，由于交通工具落后，人们很难渡过大河或翻过高山，所以大河高山往往就成了自然的疆界。"氏"字上部的那一条曲线就代表自然疆界的大河和高山，而从远古文明多出自大河流域的实际情况来看，表示大河的可能性更大些。下部较为笔直的竖线表示的是人为划分的疆界，金文字形还在竖线上加上了点或短横进行着重强调。"氏"字的意思应该是划定边界，如果用在某类人身上应该就是按地域划分聚居在一起的人。

"姓"是因农业而聚居起来的人，"氏"是按地域划分聚居起来的人，用这种观点来解释黄帝的姓氏就很能说得通。黄帝姓姬，"姬"字的金文写作"🀄"，金文写作"🀄"，金文字形由"🀄""🀄"两部分组成。"🀄"是"颐"字的甲骨文，从字形上看，似人类臼齿附近的面颊，俗称腮帮子，这部分主要是咀嚼肌，所以形容人吃得很尽兴叫作大快朵颐。因为吃得饱，人们就保养得好，因此"颐"字又引申出保养、休养的意思，如颐养、颐神。"姬"字的左半边是"女"字，两边结合起来看，"姬"字的意思就是吃得很好的文明人，或者保养、休养得很好的文明人。以姬为姓其实是对自身生活状态的描述或者期许。姬姓人聚居地的河流自然被称为姬水，姬水也并不是因附宝天天去洗衣、淘菜而得名的。

黄帝有好几个氏，最常见的是有熊和轩辕。有熊在上一章已经讲过，是少典的本族部族，黄帝继承了这个氏，也就代表黄帝继承了少典的部族首领地位。可以想到，少典部族与附宝部族的融合要远比与女登部族的融合愉快得多，女登部族远走姜水，而附宝部族却与少典部族水乳交融。

我们说过"氏"是一种地域划分，相当于现在说某人是某个村的，黄帝虽然出生在有熊村，但是志向远大，视野很快就超出了有熊，直到建立了新的领地，这个领地就是"轩辕"。"轩"字的金文写作" "，从字形上看，似有杆的车，很可能是一种用杆支起来的有篷车。"辕"字的甲骨文和金文字形都未找到，篆文写作" "，从字形上看，似一种有棚、有帷幕的车。

轩辕在当时既是一种制造工艺复杂的交通工具，又是一种尖端武器。作为交通工具，它可以使人们更好地负重远行，从而扩大了人类的活动范围；作为战车，它比单兵作战威力要大得多。制造轩辕在当时属于尖端制造业。黄帝在扩大领土范围的时候以轩辕为氏，正是彰显了自己的强大和自信，这和用有熊彰显自己的勇武有异曲同工之妙。

还有人称黄帝为帝鸿氏。"鸿"字的甲骨文写作" "" "，从字形上看，前一个是表示河流边的大鸟，后一个如果把左半部分看作"巨"字的简化，就是表示巨大的鸟，如果把左半部分看作"壬"字，就是表示驯化的大鸟。"鸿"字的本义是指一种巨大的飞禽，我们通常认为其是指大雁，后来引申出"巨大"的意思，所以"帝鸿"应该是帝之大者的意思。

据说黄帝有四个妻子，被称作妃，元妃叫嫘祖，次妃有三个，分别叫女节、彤鱼氏、嫫母。这四个妃都大有来头，且听静水一一道来。

开讲前先要把什么是妃说清楚。有的读者要说了："'妃'有什么好讲的，不就是皇帝的老婆吗？我们看了这么多宫斗戏、穿越剧，还不知道'妃'是什么吗？"读者说得没错，不过这并不是妃的本义。"妃"字的甲骨文写作" "，金文写作" "，从字形上看，由" "和" "组成，" "是"巳"字的甲骨文，在"从时间说起：天干地支考"一章中讲过，表示种子刚刚生根发芽，很多人把" "当成了"子"字，把" "理解为女人，从而把"妃"字解释为女人抱着孩子，这是不对的。

"子"字的甲骨文写作" "，金文写作" "，比" "多了胳膊，" "的本义也不是女人，这个在前面已经一再提到。"妃"字的本义应是刚刚归化的文明人，因为在归化的过程中经常伴随着通婚，归化部族为表示服从把本部族女子送给统治者也是很正常的事情。随着时间的流逝，部族融合越来越少，"妃"字的本义弱化，"妃"就成了皇帝妻子的专称。

黄帝的元妃嫘祖据说为西陵氏之女，她发明了养蚕技术，史称嫘祖始蚕。西陵所在地有十余种观点，河南有三地：开封、荥阳、西平；湖北有四地：宜昌、远安、黄冈、浠水；四川有三地：盐亭、茂县、乐山；还有山西的夏县、山东的费县和浙江的杭州。从西陵的字面意思看，西陵应该是黄帝部族活动区域西面的山地，基本可以排除河南、山东、浙江、山西以及湖北东部的黄冈和浠水。最有可能的是位于黄帝部族活动区域西南方丘陵地区的盐亭。

"嫘"字的甲骨文、金文和篆文字形都没有找到，考虑到"女"字的功用，嫘祖叫成累祖可能更为合适。"累"字的甲骨文和金文字形也没有找到，篆文写作"畾"，从字形上看，由堆叠起来的"田"和"糸"组成，"糸"字的甲骨文写作"𢆯"，金文写作"糸"，义为丝线，所以"累"字的本义应该是从堆叠的田里产出的丝线，这个堆叠起来的田很可能就是山地桑田，因为桑树多生于丘陵、山坡、田野等处，特别是嫘祖所生活的"西陵"地区，多以山地为主，所以这个田是堆叠起来的。看来嫘祖发明了养蚕技术并非虚言。

"祖"字的甲骨文写作"且"，金文写作"且""祖"。对于这个字，主要有两种解释：一种认为这是男性生殖器，表明古人是有生殖崇拜的；另一种认为是用刀割肉，传达出了远古人的生活习惯。静水认为都不对，因为无论是生殖器说还是割肉说，都没有办法解释"组"这个字。"组"字的金文写作"组""组"，从字形上看，是将丝线捆绑或者缠绕在"祖"上，无论是手拿着丝线往男性生殖器上缠，还是手拿着丝线缠住被割开的肉，都说不通。

静水认为，"祖"字的含义没有那么复杂，其实就是祖宗的排位，通常我们在电视剧里看到的牌位大都是这个形状，中间的两横代表的是排位上刻划的图案或者字，金文字形加入了"示"，也就是"示"字，"示"字的甲骨文写作"T"或"𝝉"，表示把东西放置在高处。放在高处有两个目的：一是为了表示尊重，二是为了让大家都看得到。加上了"示"字的"祖"字就表示把祖先的排位供起来。所以"祖"字义为祖先的牌位，"组"字的意思是用丝线把祖宗的牌位进行固定或装饰。嫘祖的意思就是养蚕业的祖宗。不过这里还是要友情提示一下，嫘祖可能不是某个人的名字，而是对某个部族的称呼。

据说嫘祖发明了养蚕缫丝、纺织丝绸后，黄帝便把制衣冠的事交给了她，从此开始了孔子所言的"垂衣裳而天下治"的时代。

黄帝的次妃女节出自方雷氏，据说她发明了人类的第一把梳子。"节"字的金文写作"䇿"，由"𥫗"和"即"组成，"𥫗"是"竹"字，"即"是"即"字的金文，"即"字似人（右半部分）靠近食物（左半部分），"竹"和"即"组合起来就是人吃饭用的竹制品。因为竹子是中空的，并且隔一段就有突出的部位进行分割，如果把竹子从突出的部位截断就会成为天然的碗、杯子等餐具，所以竹子各段相连突出的部位就称作"节"。

从女节的名字判断，女节部族善于制作竹制餐具，能制作竹制餐具就很可能制作出竹梳，传说还是很有根据的。可以肯定，女节部族一定生活在竹林密布的地方，竹林密布的地方一般雨量充沛，雷雨天比较多，所以女节出自方雷氏就是很自然的事。"方"字的甲骨文写作"𠂆"，金文写作"方""方"，从甲骨文字形来看，由"工"和"刀"组成，"工"是将"壬"字或"工"字的甲骨文旋转90°，通常是指加工，"刀"是刀字的甲骨文，所以"方"字的意思就是用刀加工。"雷"字的甲骨文写作"䨻"，金文写作"䨻"，字形似在田野上方划过的闪电。所以方雷的意思就是善于用刀加工制品并且多雷雨地区的人。

黄帝的三妃叫彤鱼氏，"彤"字的金文写作"彤"，由"丹"和"彡"组成。"丹"是"丹"字的甲骨文，是在"丹"中加上一短横，表示矿井中所出产之物；"彡"表示描画，相当于"彩"字的右半部分。"彤"字的造字本义是用从矿井中采掘的矿物进行描画。早期的彩陶是在陶坯上以天然的矿物质颜料进行描绘，用赭石（氧化铁）和氧化锰等材料制作成呈色元素，然后入窑烧制。

在橙红色的胎体上呈现出赭红、黑、白等诸种颜色的图案。其中，红色颜料是赭石，黑色颜料和棕色颜料是磁铁矿和黑锰矿，白色颜料主要是石膏或方解石。估计彤鱼氏主要使用的是红色颜料，所以"彤"字后来引申为红色义。据说肜鱼氏教会了人们怎样把食物烧熟再吃，结合肜鱼的名字来看，就不难理解了。肜鱼氏善于烧制彩陶，用烧制的彩陶作为工具进行食物烹饪，并且彩陶上主要绘制的是鱼纹，这和出土的早期彩陶是吻合的。

　　黄帝的四妃嫫母，据说是位猛人，也是中国四大丑女之一，曾帮助黄帝大败炎帝、杀蚩尤，虽然相貌丑陋，但却发明了镜子。"嫫"字的甲骨文、金文、篆文字形都没有找到，考虑到"女"字的特殊用途，可以把它去掉再进行分析。"莫"字的甲骨文写作"𦰩""𦱳"，金文写作"𦱳""𦱶"，从字形上看似太阳隐没在草莽之中。"莫"字是日暮的意思。"母"字在前文讲过，就是做了母亲的女性。

　　这个真的难住静水了，难道嫫母真的是传说中的"母夜叉"？另辟蹊径吧，据说嫫母为方相氏，"相"字的甲骨文写作"𣐼""𣐽"，金文写作"𣐾"。从字形上看似一只看着树木的眼睛，可以理解为挑选或者识别树木；"方"字在前文讲过，义为用刀加工制造器物，所以"方相"的意思就是善于挑选、识别树木并加工制造器物的人。用木头可以造很多东西，估计也包括那辆轩辕战车。既然善于制造，会不会造出镜子呢？静水认为可能，不过如果那样的话，嫫母叫成磨母更为恰当。就是打磨镜子的始祖。

　　黄帝部族与这四个部族实现了融合，嫘祖带来了养蚕缫丝技术，女节带来了竹制品加工制造技术，肜鱼氏带来了彩陶烧造技术，嫫母带来了木器制造技术，估计还有很多当时看起来不是那么重要的技术。部族融合有利于生产技术的传播和改善，有利于社会生产力的提高，融合创造了灿烂的中华文明。

　　本章内容就介绍到这里，下一章接着介绍黄帝的身边人。

黄帝和他的大臣们：我们是有组织的

一个好汉三个帮，成大事者身边没几个兄弟是不行的。黄帝身边也有一众厉害的兄弟。

先从黄帝的一个梦说起。相传，黄帝在做了天子（虽然那时候还没有天子这个称谓）之后，经常为了没有能干的贤臣来辅助他而发愁。日有所思，夜有所梦。有一天，他做了一个梦，梦见有一场大风把地上的污垢刮得干干净净，接着又梦到有一个人拿着只有千钧之力的人才能拉得动的强弩，驱赶着千万头牛羊。

黄帝梦醒后觉得很奇怪，他想了很久才恍然大悟：风象征着号令，是执政者；"垢"字去掉土就是后，这就是说，有人姓风名后，能执掌国政。千钧之弩象征着有力者，驱赶牛羊千万头，是说他能够牧（治理）民行善。这就是说有人姓力名牧，可以辅助治理天下。于是黄帝立即下令寻访，终得贤臣。传说不靠谱，但是传说有线索。

黄帝的大臣中首推风后，据说风后是黄帝的宰相（虽然那时候还没有宰相这个官职），今山西省运城市解州镇东门外社东村有一块"风后故里"的大碣石和"风神庙"，芮城风陵渡有其墓并以此为地名。《史记·五帝本纪》中记载："（黄帝）举风后、力牧、常先、大鸿以治民。"裴骃集解引郑玄曰："风后，黄帝三公也。"可见风后是黄帝身边的一位非常重要的大臣。我们在"空间哲学：盘古有真相"一章中讲过，"后"和"後"是两个毫不相干的字，这里的后是前一个后，就是对领袖的尊称。

风后是一个什么样的领袖呢？这要从"风"上看，"风"字的甲骨文写作"𗀀"或"𗀁"，金文字形未找到，篆文写作"鳳""凨"，从甲骨文字形来看，似一只有冠的大鸟，因为没有金文字形的佐证，静水认为甲骨文的字形很可能与"凤"字混淆了，所以在这里暂不作参考。篆文的字形由"≋""云""∩"三部分组成，"≋"是"气"字的篆文，"云"是云字的篆文，"∩"代表鸟的双翼，这个可参照"凤"字的篆文"鳳"，所以"风"字的本义就是能够托起云和双翼的气流，有的篆文把"≋"写作"小"，更强调了托起的意思。所谓"好风凭借力，送我上青云"，风后的"风"正是取了这层意思。

黄帝姓姬名云，云高高在上，象征着黄帝崇高的地位，而能托起云的，古人认为就是风，所以风后这个称呼就代表了其是黄帝（姬云）的第一辅政大臣。据说风后发明了指南车，著有《握奇经》一卷，《风后》十三篇，图二卷，《孤虚》二十卷。

有了良相，还要有良将，良将中首推力牧。相传，黄帝得力牧于大泽，进为将，在涿鹿之战中，力牧为黄帝战胜蚩尤立了大功。"力"字的甲骨文写作"𗁂"，金文写作"𗁃"，从字形上看，似一条弯曲呈托举的手臂，似用力搬起某物的样子，"力"字的本义应为有力。"牧"字的甲骨文写作"𗁄""𗁅"，金文写作"𗁆"，从字形上看，似手里拿着棍子驱赶牛或羊，"牧"字的本义是放牧牲畜，后来引申出统治或治理的意思。力牧可以理解为强有力的统帅。据说力牧发明了车，并在车的基础上创造了打仗用的战车。战车的出现极大地提高了黄帝统治的部族的战斗能力，并在与蚩尤的大战中发挥了巨大作用。

大鸿是《史记》中记载的另一位大臣，和黄帝亦称帝鸿氏类似，大鸿就是大之大者，前一个大是大人的意思，古代经常用大人指代官员，小人指代平民，大鸿就是高层领导。大鸿又叫鬼容区或鬼臾区，"鬼"字的甲骨文写作"𗁇""𗁈"，金文写作"𗁉"，由"田"和"𗁊"或"𗁋"或"∩"组成，"田"是"田"字的甲骨文，"田"字在这里不能简单地理解为农田，就如同田猎不能理解为在农田里打猎一样，考虑到当时的生产力发展水平和社会状况，"田"字理解为野外的土地比较恰当，而农田经常用"井"字表示，也就是井田。"󰀀""󰀁"或"󰀂"是跪坐或者躬身的人的形象，也就是表示服从或者卑微的人。"鬼"字义为生活在野外的下等野蛮人。

金文中有的"鬼"字亦写作"󰀃"，表示打击"鬼"或者教化"鬼"。"容"字的甲骨文写作"󰀄"，金文写作"󰀅"，甲骨文字形由"󰀆"和"󰀇"组成，"󰀆"是"穴"字的甲骨文，"󰀇"是"口"字的甲骨文，表示人口，"容"字的本义是容纳人口的穴。"区"字的甲骨文写作"󰀈"，金文写作"󰀉"，甲骨文字形用折线表示划定的界限，折线内是三个口，代表很多人口，"区"字义为划定的人口区域，有的金文字形把折线变成连接人口的U形线，表示这部分人口的意思。

"鬼容区"从字面上理解，意思就是把生活在野外的下等人收容并对其划分区域进行管理。"奥"字的金文写作"󰀊""󰀋"，从字形上看，似双手从上收拢住人，"奥"字的造字本义为接纳人，鬼奥区义为接纳在野外生活的人并对其划分区域进行管理。传说，大鸿经常在具茨山训练黄帝的军队，后人就把他练兵的山峰称为大鸿山，屯兵的地方称为大鸿寨，这就是今河南省禹州市浅井乡的大鸿寨村和大鸿寨山。从名字上看，鬼容区的名字很可能与征兵、屯兵、练兵有关系。

《史记》中还记载了一位叫常先的大臣。"常"字的甲骨文和金文字形都未找到，篆文写作"󰀌"，由"尚"字和"巾"字组成。"尚"字的甲骨文字形未找到，金文写作"󰀍"，由"󰀎"和"󰀏"组成。"󰀎"是"向"字的金文字形，"󰀏"是"八"字的金文字形，"向"字的甲骨文写作"󰀐"，是标志了门窗朝向的房屋，"八"字表示分开，把"八"字放在"向"字的上面就是表示向某个或某些方向分开、散开，尤指在一定高度上分开、摊开、散开。

与"尚"字类似的还有"高"字，"高"字的甲骨文写作"󰀑"，金文写作"󰀒"，是在房屋上加上塔楼，就是高楼。"高"字强调的是高度，"尚"字强调的是广度，"高尚"就是又有高度又有广度。尚字头的字基本上都是取其分开、摊开、散开的意思。比如"裳"字，就是衣服散开之处，也就是古人的下装；再如"掌"字，就是把手摊开，所以指手掌；还有"赏"字，是把贝币散开，所以是赏赐的意思。

同样，"常"字是把巾展开或摊开。"巾"字的甲骨文写作"巾"，金文写作"巾"，从字形上看，似几条系挂在一起的布条或皮革。"先"字的甲骨文写作"先"，金文写作"先"，由"之"和"人"组成。"之"是"之"字的甲骨文，就是在"止"字下面加上一横，"止"字在前文中说过，表示行走；"之"字的意思就是前行。"人"是"人"字的甲骨文，"之"在"人"之上就是指前行的人，亦可作前面、前进解释，这里可理解为先行者。

从"常"字和"先"字的本义看，"常先"应该表示摊开"巾"的先行者。传说常先发明了战鼓，战鼓是把经过处理的兽皮摊开蒙覆在空腔上制作而成的，看来传说还是有一些依据的。

上面说的四位都或多或少地与政治、军事有关，下面再说几位文化名人。仓颉，相信很多人都听说过，仓颉原姓侯冈，名颉，俗称仓颉先师，又史皇氏。《说文解字》中记载仓颉是黄帝时期造字的左史官，见鸟兽的足迹受启发，分类别异，加以搜集、整理和使用，在创造汉字的过程中起到了重要作用，被尊为"造字圣人"。前文说过，在伏羲与女娲时期就已经出现了早期的象形文字，仓颉主要的贡献应该是完善文字，将文字加以规范。仓颉的功绩从他的名字上能不能看出一些端倪呢？当然能。

"仓"字的甲骨文写作"仓"，金文写作"仓"，从字形上看，似上面有盖下面有底的建筑物，有的甲骨文字形还写作"仓"，就是里面放"禾"的建筑物，所以"仓"字的本义应该是储存谷物的建筑物。当然仓里也可以放别的东西，究竟仓颉的仓里放的什么，就要分析"颉"字的由来。

"颉"字的甲骨文字形未找到，金文写作"颉"，由"吉"和"页"组成。"吉"是"吉"字的金文，"吉"字的甲骨文写作"吉"。想要弄清"吉"字的意思，又需要参照另外两个字。第一个字是"言"，"言"字的甲骨文写作"言"，金文写作"言"，由"辛"和"口"组成。"辛"是"辛"字的甲骨文，前文说过，"辛"是对树木进行粗加工，去掉树冠的过程，因为这个过程很辛苦，所以"辛"字引申为辛苦的意思；"⊌"是"口"字的甲骨文，结合起来，"言"字就是口辛苦，也就是费口舌，所以"言"字有说话的意思。

请注意不要把"⊽"当成舌头，"舌"字的甲骨文写作"⊎"。第二个字是"否"字，"否"字的甲骨文字形未找到，金文写作"否"，由"木"和"⊌"组成，"木"是"不"字的金文，注意其和"辛"字的区别。"辛"字下面的两个分叉是斜着向上的，表示的是树木的枝丫，"不"字的下面两个分叉是斜着向下的，表示的是根须，这个可以从"不"字的甲骨文得到佐证。"不"字的甲骨文写作"木""木"，字形似上面被去掉后的根须，有的金文字形又在上面加上一横，强调将根以上的部分去掉或阻隔，"不"字的本义是不要、去除或阻隔，引申为表示否定的副词。"⊌"是"口"字的甲骨文。"否"字的本义是遮住嘴，不让嘴里的话说出来，所以"否"字引申出阻隔不通的意思。

再来看"吉"字的甲骨文字形"吉"，由"△"和"⊌"组成，就是把嘴里的话表达出来。金文字形将"△"换成"士"，"士"是"士"字的金文，从字形上看，似用尖锐的武器将物体刺穿，进一步强调要把话说出来。把话说出来才能充分沟通，才能带来好处，所以"吉"字引申出好的、有利的、幸福的等义。

"页"是"页"字的金文，亦写作"页"，甲骨文写作"页"，从字形上看，似长着大脑袋的人，有头脑的人当然是聪明人，所以"页"字的本义为智者。"吉"字和"页"字组合成了"颉"字，"颉"字的意思应该是能够把话表达出来的智者。所以仓颉的仓里存的应该是那些说出来的话，"仓颉"就是既能把话表达出来又能储存起来的智者。

那个时代，人们为了将表达的意思储存起来并让大家能看得懂，可是想了不少办法，比如结绳记事。但是要表达的东西多了，绳结就不够用了，于是人类发明了文字。先人们把话语或思想表达为抽象的符号，并将这些符号重混形成了可书写的文字。文字的出现标志着人类从蛮荒岁月转向文明时代，当然，文字的出现和发展是一个漫长的过程，仓颉就是这个过程中闪亮的节点，《淮南子》中评价仓颉造字为"天雨粟，鬼夜啼"毫不过分。

黄帝的大臣中不但有能够造字的大才子，还有能够造数的"理工男"，这个人便是隶首。据说算盘和算数就是这位老人家发明的。这位老人家的名字是不是也能透露一点信息呢？当然也能。

"隶"字的甲骨文字形未找到，金文写作"󰀀"，似用手提着尾巴，用手提着尾巴就是抓住猎物、拥有猎物，所以"隶"字有隶属的意思。在"隶"字的基础上还造了"逮"字，金文写作"󰀀"，是在"隶"字的基础上加上走之旁，表示追赶并抓住。"首"字的甲骨文写作"󰀀"，金文写作"󰀀"，字形似一个有鼻子有眼的脑袋。

"数"字的造字来源就与脑袋有关，"数"字的甲骨文字形未找到，金文写作"󰀀"，上半部分由两只手捧着一个脑袋，下半部分是"言"字，也就是用手捧着脑袋并说出来，这和原始社会需要清点猎物的数量有很大关系，所以"隶首"就是掌管猎物的人，相当于黄帝的仓库保管员。当保管员就要记账，否则有进有出，几天就乱套了，估计就是在这种进进出出的过程中，隶首发明了算数。

有人造字，有人造数，还有人造乐，这个造乐人就是伶伦。《吕氏春秋·仲夏纪》里记载，伶伦是中国音乐的始祖。相传为黄帝时代的乐官，是中国古代发明律吕并据以制乐的始祖。《吕氏春秋·古乐篇》有"昔黄帝令伶伦作为律"的一段记载：伶伦模拟自然界的凤鸟鸣声，选择内腔和腔壁生长匀称的竹管，制作了十二律，暗示着"雄鸣为六"，是六个阳律，"雌鸣亦六"，是六个阴律。《古乐篇》还记载了伶伦制乐的传说。记载中对黄帝以前氏族社会的乐舞只列其内容，而名则以氏族名相称，自从伶伦作出了《咸池》，才开始有专用乐名。

"伶"字的甲骨文和金文字形都未找到，篆文写作"󰀀"，由"人"字和"令"字组成。"令"字的甲骨文写作"󰀀"，金文写作"󰀀"，从字形上看，由向下的"口"字和跪坐或者匍匐的人组成，"令"字的本义是向下传达命令使人服从。"伶"是向下传达命令的人。"伦"字的甲骨文和金文字形也都未找到，篆文写作"󰀀"，由"人"字和"仑"字组成。"仑"字的甲骨文写作"󰀀"，金文写作"󰀀"，由向下的"口"字和"册"字组成，我们在"少典之变：帝出东方"一章中讲过，"册"上很可能记载的就是典章制度，所以"仑"

字的本义是向下传达典章制度。"伦"就是传达典章制度的人。

"伶伦"从字面上理解应该是向下传达典章制度使人服从的人。这种发令用嘴而不是武器,所以是一种文治而不是武治,在传达的过程中要遵从某种等级制度,这种制度需要某种象征,所以后来产生了礼乐制度。远古时期的礼乐制度需要某种音乐形式或器物来表现,伶伦制乐是完全可能的。

还有一位文化名人,叫作大桡。传说大桡为黄帝史官,始作甲子。甲子是干支纪时法,也就是用十天干和十二地支相互配合组成的纪历符号来纪时,这部分内容已经在"从时间说起:天干地支考"一章中进行了详细论述,这里就不多言了。

"桡"字的甲骨文和金文字形都没找到,篆文写作"{字}",由"木"字和"尧"字组成。"尧"字的甲骨文写作"{字}""{字}",由"{字}"和"{字}"组成。"{字}"是肩上扛着东西,双手放在膝上蹲坐的人。"{字}"是"土"字的甲骨文,甲骨文亦写作"{字}""{字}",金文写作"{字}""{字}""{字}",字形似土地上有作物长出,本义应是能够长出东西的土地,有的甲骨文字形加上小点表示生长的东西很多,"尧"字的本义是负责让土地生长出作物的人。"桡"字的本义就是既熟悉树木又负责让土地生长出作物的人。

在"从时间说起:天干地支考"中说过,天干是对测天之干建立过程的记录,地支是对农作物生长过程的描述,读者能够理解为什么偏偏是大桡始作甲子了吧。大桡就是既熟悉树木又负责让土地生长出作物的领导。大桡亦称作"大挠",静水认为这是流传过程中产生的讹传,"挠"字的篆文写作"{字}",左半部分是"手"字的篆文,由于"手"字的篆文和"木"字的篆文很相似,所以在流传过程中误把"桡"传成"挠"也是有可能的。

黄帝和他的大臣们就讲到这里,从中我们可以窥见黄帝时代的科技、文化、军事、政治和生产力的发展状况。如果说妃们代表了融合的新鲜血液,那么大臣们就反映了核心管理机构的构成情况,正是这样一个能文能武充满创造力的领导集体,带领着黄帝部族克服千难万阻走向一个又一个成功。

统一战争：斗地主的最终结局

大战不可避免地爆发了，在人口增长以后，在农业发展以后，在小部族逐渐被大部族吞并融合以后，在黄帝、炎帝、蚩尤三位强者诞生以后。战争的起因很简单，就是为了争夺农耕民族赖以生存的适合耕种的土地。为了生存和发展，三位强者带领着各自的部族联盟满怀壮志地踏上了征途。

黄帝出发了，从关中平原的姬水河畔，东出潼关，进入了广袤的华北平原，来到了有熊国的国都（今河南新郑），代替少典成为部族联盟的首领。他的目光不再被沟壑纵横的陕北高原阻碍，不再被高大绵延的秦岭山脉阻碍，他感觉自己就是高高在上的云，天下在他眼前一览无余。他向西融合了西陵氏（嫘祖部族），向南融合了方雷氏（女节部族），向现在尚无法考证的方向融合了方相氏（嫫母部族），又将黄河中游的彤鱼氏收入囊中。

他将这些原本分散的部族重新整合成一个新的机体。在这个机体里流动着各部族文明的血液，文明的血液濡养着机体的每一个器官。而他就是手握中央授时权，可以向四方发布政令的帝，他就是这个机体的大脑，他将这个机体叫作轩辕氏。在他的手下有一众能干的大臣，风后、力牧、常先、大鸿、仓颉、隶首、伶伦、大桡……

炎帝出发了，为了部族的发展，他不得不走，狭窄的姜水两岸已经容不下增长的人口，更容不下帝者的雄心。向哪里去？姜水只是关中平原西部的一隅，三面环山，向西、向北、向南对于农耕民族都是死路一条，只有向东，向着太阳升起的方向进发……

蚩尤也出发了，其实我们不该叫他蚩尤，因为这个名字是后来的胜利者黄炎同盟对他的蔑称。"蚩"字的甲骨文写作"𠂆"，金文写作"𤉡"，甲骨文字形由"𠂆"和"𠂉"组成，"𠂆"是将"止"字的甲骨文逆时针旋转90°，表示横行的意思，"𠂉"是"蛇"字的甲骨文，两者结合就是蜿蜒前行的毒蛇。金文字形上面是表示行走的"之"字下面加上三条蛇，也表示前行的蛇。"尤"字的甲骨文写作"𠃌"，金文写作"𠃎"，字形似一只高举着棍棒的手，也就是代表野蛮人或者反叛者。所以"蚩尤"的意思是如毒蛇般阴险狠毒的反叛者。

理论上讲，那个时代的人还是比较宽容的，不是恨到极处，是不会给某人起这个名字的。比如远古华夏人对于经常侵扰他们的周边部族就不这么称呼，而是称为蛮、夷、戎、狄。

"蛮"字的甲骨文字形未找到，金文写作"𤉡"，两边是"糸"字，中间是"言"字，"糸"表示绳子，"言"就是言说，也就是用绳子捆住说教，而且这个字从字形上看很像戴着耳坠的纹面人，和南方蛮族人的样子很相似。"夷"字的甲骨文写作"𠂉"，金文写作"𠂉"，甲骨文字形似一个大人在教训小孩，金文字形似一支用绳子捆绑的箭矢，表示矫正箭矢。"夷"字的本义应为教导、矫正。金文字形看起来似背着弓箭的人，这和东夷部族以弓箭见长的特征很吻合，用这个字来表示东部不服从的部族非常生动形象。

"戎"字的甲骨文写作"𢦏"，金文写作"𢦏"，由"𢦏"和"𠂇"组成，"𢦏"是"戈"字的甲骨文，"𠂇"是"甲"字的甲骨文，在"从时间说起：天干地支考"一章中说过，"甲"字表示标定目标，"戎"字表示标定目标持戈打击或防范，引申为军队、军事。"戎"字的甲骨文字形与手持武器的人很相似，估计也是按照西戎人的样子创造的。"狄"字的甲骨文写作"𤝗"，金文写作"𤝗"，由大大的犬和小小的人组成，也就是用犬看管的人。从字形上看，"狄"字似带着狗的人，这和狄人游牧的习性很贴合。

可见，这四个字造得形意结合，相当巧妙。对于经常前来骚扰的蛮、夷、戎、狄，我们祖先的态度是严格监管、小心防范，而并不像对蚩尤那样恨之入骨。没有无缘无故的恨，都是因为战争，惨烈而血腥的大战即将拉开序幕……

蚩尤生活在黄帝部族的东面，其主要控制区在现在的山东、江苏、河南、河北、安徽一带。《初学记》卷九引《归藏·启筮》云："蚩尤出自羊水，八肱八趾疏首，登九淖以伐空桑，黄帝杀之于青丘。"意思就是："蚩尤出生在羊水，长着八只胳膊八个脚趾头，登临九淖（黄河入海口的沼泽地带）讨伐空桑（主要指今鲁西豫东地区），在青丘被黄帝杀死。"关于羊水的地点，有多种说法，有说在河南平顶山的，有说在河北涿鹿的，还有说在湖南、内蒙古、山东的，静水也没法考证，这里只能存疑。不过从"八肱八趾"的记载来看，静水严重怀疑这种记录的真实性。

蚩尤是上古时代九黎部族的首领，据说九黎是长江中下游和黄河下游一带远古部族联盟的总称。长江、黄河下游土地肥沃，物产丰富，具有得天独厚的发展条件，再加上勤劳和才智，蚩尤部族不断地发展壮大，成为雄踞东方的强大部族。"黎"字的甲骨文写作"𥟠"，金文写作"𥝢"，篆文写作"𥡆"，左半部分是"黍"字，右半部分是"刀"字，"黎"字的本义是用刀收割黍。可见当时九黎部族也进入了农耕文明时代，并且以种植黍类作物为主。

九黎部族还发明了冶炼金属的技术，制造金属武器，这在当时是了不起的发明。传说蚩尤有八十一个兄弟，个个铜头铁额，勇猛无敌，这八十一个兄弟可能就是指当时九黎部族联盟中的各个小部族，而铜头铁额，很可能是穿戴着金属制成的头盔。

战争终于到来了，最先挑起战争的是炎帝。无他，炎帝太渴望土地了，而上天也给了他一次千载难逢的机会。黄帝部族的东迁为他留下了向关中平原中东部扩展的空间，炎帝很快乘虚而入占领了整个关中平原，并东渡黄河，屯兵蒲坂（今陕西省运城市永济市），欲图与关中互为犄角，东进潼关。

黄帝冷静地观察着这一切，他很忙，相对于关中，还有更重要的事，因为蚩尤一直惦记着向西行进，不过炎帝想要进潼关的想法触碰到了黄帝的底线。于是，黄帝出兵了。实力的差距是无法忽视的，《史记》中记载："（黄帝）教熊罴貔貅䝙虎，以与炎帝战于阪泉之野。三战，然后得其志。"也就是说，黄帝带领着有熊部族联盟的有熊、有罴、有貔、有貅、有䝙、有虎部族与炎帝在坂泉的野外展开大战。经过了多次战斗，征服了炎帝。

关于坂泉的确切地点，自古就有两种观点：一种观点认为在现在的陕西省运城市解州镇；另一种观点认为在今河北省涿鹿县。静水认为坂泉之战发生在涿鹿县是不可能的，黄帝、炎帝都生活在黄河流域，不在黄河流域争夺，跑到海河流域去打不靠谱的一仗那才真是不靠谱，况且还是在蚩尤的势力范围内，他老人家也不同意啊。

之所以出现这种情况是因为解州古称涿鹿，据《解县志》记载：解梁古时曾称作涿鹿。此涿鹿非彼涿鹿，河北的涿鹿还有更大的战争等着它呢。

黄帝并没有对炎帝赶尽杀绝，有三个原因：一是炎帝认错态度好，《史记》中说"得其志"，就是炎帝彻底认栽了；二是黄帝和炎帝本就是少典时期的兄弟部族，只不过炎帝选择了自治，黄帝选择了继承，兄弟部族赶尽杀绝也下不去手啊；还有一个最为重要的原因，就是双方都不想鱼死网破，战争是为了发展，阻碍发展的战争双方都不需要，况且旁边还有一个蚩尤，兄弟相争让蚩尤渔翁得利，这样的傻事黄帝和炎帝也不会干。

于是炎帝立即向黄帝表达了深切的悔过之情，如果拍古装剧，台词可能是这样的："尊敬的黄帝陛下，您的臣民姜榆罔诚挚地向您致歉，先前发生的冲突都是我的无心之过。您也知道，敝族人多地少，原本我只想向您借道去攻打蚩尤，扩展我轩辕大族的领土，不想会产生这样的冲突，都怪我语拙，未能与陛下沟通，请陛下原谅我这个愚蠢的人吧。"

黄帝也适时地表现出了领导者的大度与宽容，悠然答道："你我本是兄弟之族，我继承了少典之位，你非但不支持拱卫，反倒与我为敌，虽情有可原，但错已铸成，你将如何赎罪呢？"

炎帝立即答道："承蒙陛下对小臣的宽容，小臣将痛改前非，为陛下驱使，如蒙恩准，就请让小臣戴罪立功，绕道攻打蚩尤，解决陛下的后顾之忧吧。"

黄帝轻轻颔首，一丝不易察觉的笑容在嘴角泛起……

事情就这样解决了，当然，这只是静水的情景模拟。不过结果还是比较愉快的，炎帝带着部族放弃了南下东进的打算，在肥沃的汾河谷地修整后，继续北上，穿过恒山与五台山之间的隘口，越走地势越平缓，炎帝知道自己终于来到了梦想中的平原。

但是这里已经有人了，蚩尤早就来到了这里。有一种观点认为蚩尤出生地羊水就是现在河北省张家口市的洋河，然后南下进入华北平原，静水认为这种可能性是存在的。还有一种观点认为蚩尤出生在河南或山东，然后东进、北上、南下，占据华北平原东部，静水认为也是可能的。但是不管怎么说，炎帝还是来到了蚩尤的地盘。

炎帝来了，蚩尤很生气，手下的八十一个兄弟也很生气，必须彻底消灭敌人。于是，蚩尤立即带着八十一个兄弟南下御敌。炎帝傻眼了，这些敌人都是些什么样的人啊，比黄帝的军队还生猛。铜头铁额，刀枪不入，手里拿的都是金属武器，又坚固又锋利。打不过，真的打不过。炎帝想起了黄帝，于是决定求援。

黄帝收到了炎帝发出的求援信号，其实在炎帝出发那天他就想到了这个结果。好人还是要做的，和蚩尤终有一战，就在当下。黄帝加入了战团，三方玩起了"斗地主"，地主就是蚩尤，因为是在他的地盘上打。敢当地主，手里的牌自然不错，蚩尤手里有两张王牌，一张是熟悉地理气候，据说，蚩尤会放雾气，经常利用雾气的掩护把黄帝和炎帝联军杀得溃不成军；还有一张就是武器精良，那个时代的金属兵器可是高级武器，比石木武器强多了。靠着雾气和武器，蚩尤屡战屡胜。但是黄帝没有慌乱，既然在沿海平原打不过，那就换地方打，找一个对自己有利的地方决战。

决战战场最后选在了涿鹿，也就是现在的河北省涿鹿县附近。涿鹿地处桑干河下游与洋河的交汇处，燕山运动形成了涿鹿县地貌的基本轮廓，大地构造属燕山沉降带，山势由南向西北延伸，是南、西、北三面环山的丘陵地貌。境内有山脉、丘陵、盆地、河滩、阶地等多种类型，海拔高度460～2882米。

决战开始了，战事非常胶着。与坂泉之战不同，这是一场你死我活的战争，双方都动用了全部的力量。后世有很多传说，比如蚩尤作大雾弥漫三天三夜，黄帝之臣风后在北斗星座的启示下，发明了指南车，才冲出大雾；又比如黄帝呼唤有翼的应龙蓄水，以便淹没蚩尤军队，蚩尤也请风伯、雨师相助，黄帝军队再次陷入困境，黄帝只得请下天女旱魃阻止风雨，天气晴霁，黄帝乘机挥军掩杀，取得胜利；还有在玄女的帮助下，常先制作了八十面夔皮鼓，夔是东海中的神兽，黄帝用其皮蒙鼓，用雷兽之骨作鼓槌，《山海经》中记载，这种鼓敲起来"声闻五百里，以威天下"。

结合在"黄帝和他的大臣们：我们是有组织的"一章中讲述的内容，战争可能是这样的：常先擂起了战鼓，力牧指挥着他的战车部队和大鸿训练的精锐之师，在风后发明的指南车的指引下与蚩尤统领的军队展开激战，在战争中双方都充分利用了地势和气候，最终黄帝取得了胜利。

涿鹿之战后，黄炎联军又在冀州一带与蚩尤进行了一系列的战斗，终于彻底击溃了蚩尤军队，蚩尤在战争中被擒杀，蚩尤部族联盟的八十一个兄弟死的死、跑的跑、降的降，黄炎联军顺势追击，将蚩尤的残余势力彻底赶出了中原地带和华北平原。投降的蚩尤部族与黄炎部族融合形成了新的东夷部族。炎帝部族也在战争中彻底与黄帝部族融合，构成了华夏民族的主体。

平定蚩尤后，黄帝乘胜东进，一直进抵泰山附近，在那里举行"封泰山"仪式后方才凯旋。周围其他一些小的部族也纷纷归顺黄帝，尊奉黄帝为共主。黄帝则乘战胜之余威，继续对四方进行征讨，《史记·五帝本纪》上说："天下有不顺者，黄帝从而征之，平者去之。"《史记·五帝本纪》上还记载黄帝的势力范围："东至于海，登丸山，及岱宗。西至于空桐，登鸡头。南至于江，登熊、湘。北逐荤粥（xūn yù），合符釜山，而邑于涿鹿之阿。"

翻译成白话文就是：黄帝向东到达海边，登上了丸山和泰山。向西到达空桐，登上了鸡头山。向南到达长江，登上了熊山和湘山。向北驱逐了荤粥部族，来到釜山与诸侯合验了符契，就在涿鹿山的山脚下建起了都邑。至此，在中华大地上生活的各部族实现了认同上的统一。

统一后，黄帝进行了一系列政治、经济和军事改革。《史记·五帝本纪》记载："迁徙往来无常处，以师兵为营卫。官名皆以云命，为云师。置左右大监，监于万国。万国和，而鬼神山川封禅与为多焉。获宝鼎，迎日推筴。举风后、力牧、常先、大鸿以治民。顺天地之纪，幽明之占，死生之说，存亡之难。时播百谷草木，淳化鸟兽虫蛾，旁罗日月星辰水波土石金玉，劳勤心力耳目，节用水火材物。"

翻译成白话文就是：（黄帝）四处迁徙，没有固定的住处，带兵走到哪里，就在哪里设置军营以自卫。黄帝所封官职都用云来命名，军队号称云师。他设置了左右大监，由他们督察各诸侯国。这时，万国安定，因此，自古以来，祭祀鬼神山川的要数黄帝时最多。黄帝得到宝鼎，于是观测太阳的运行，推算历法，预知节气日辰。他任用风后、力牧、常先、大鸿等人治理民众。黄帝顺应天地四时的规律，推测阴阳的变化，讲解生死的道理，论述存与亡的原因，按照季节播种百谷草木，驯养鸟兽蚕虫，测定日月星辰以定历法，收取土石金玉以供民用，身心耳目饱受辛劳，有节度地使用水、火、木材及各种财物。

黄帝在整体战力不占优势的情况下取得了最终的胜利，总结起来，除了战略、战术层面上的因素，静水认为还有更深层的玄机。这个玄机就在黄帝的名字上，在"少典之变：帝出东行"一章中说过，"黄帝"是建造天干测定时令并把这种时令信息发布四方的人，为保证中央授时政令的有效发布，就需要建立从上至下的管理体制，这种体制将各部族紧密地团结起来，进而形成一个有机的整体。这就是黄帝部族虽然在战争初期屡战屡败，却始终保持着高昂斗志的原因。

反观蚩尤的部族联盟，是以松散的八十一个兄弟的形式体现的。虽然蚩尤在战争初期占据优势，但这种松散的联盟并不能适应持续的消耗战，随着战事的推进，联盟之间的连接就越来越不稳固，蚩尤也就不可避免地陷入了被动。涿鹿一败，部族联盟土崩瓦解，就再也没有了战斗能力，原来的兄弟也各自选择了不同的道路。

涿鹿之战是一场制度和文化的胜利。从此揭开了中华文明崭新的篇章。

继承者们：谜一样的男人们

他是"谜"一样的男人，即使翻遍所有典籍，我也无法窥见他的真容。

我问司马迁："您知道少昊吗？"

司马迁答道："我没写，我不说。"

我问皇甫谧："您知道少昊吗？"

皇甫谧答道："我好像知道。少昊帝名挚，字青阳，姬姓也。母曰女节，黄帝时有大星如虹，下流华渚，女节梦接意感，生少昊，是为玄嚣。降居江水，邑于穷桑，以登帝位，都曲阜，故或谓之穷桑帝。地在鲁城北。"

我赶紧跑回去问司马迁："您认识青阳或者玄嚣吗？"

司马迁答道："黄帝居轩辕之丘，而娶于西陵之女，是为嫘祖。嫘祖为黄帝正妃，生二子，其后皆有天下：其一曰玄嚣，是为青阳，青阳降居江水；其二曰昌意，降居若水。昌意娶蜀山氏女，曰昌仆，生高阳，高阳有圣德焉。黄帝崩，葬桥山。其孙昌意之子高阳立，是为帝颛顼（zhuān xū）也。"

我又问："皇甫谧说少昊、青阳、玄嚣是同一个人。"

司马迁答道："我不知道。"

我追问："皇甫谧说玄嚣是女节生的，您刚才说玄嚣是嫘祖生的，他到底是谁生的？"

司马迁哂然一笑，答道："都是妈生的。"

我也会心一笑，接着问道："老人家，问您最后一个问题。您说玄嚣和昌意都没有继承帝位，皇甫谧说玄嚣继承了帝位，所以到底是继承了还是没继承呢？"

司马迁白了我一眼，道："那小子比我晚出生360多年，你说该信谁？"

拜别了两位先人，我喟然长叹："这官司我没法断，不过你们比传说中的少昊可晚出生了两千多年呢！我还是去问甲骨文吧！"

"昊"字的甲骨文字形未找到，金文写作"𣆶"，从字形上看，似肩上披着斗篷的大人，最明显的特征是脑袋是个"日"字。"昊"字义为脑袋里装着太阳的领袖。"少"字在"少典之变：帝出东方"一章中讲过，在这里可以理解为继任者，少昊就是脑袋里装着太阳的领袖继任者。黄帝是竖立天干测定时节并将时令信息发布天下的人，当然也是脑袋里装着太阳的人。少昊就是这种意志的继承者。

虽然从名字上看，少昊和黄帝可能存在着传承关系，但是由于历史文献对其记载较少且说法不一，少昊的形象一直显得扑朔迷离。比如，司马迁在《史记·五帝本纪》中并未提及少昊，而在《吕氏春秋》《资治通鉴外记》《尚书序》中都将其列在五帝之中。而且少昊还是我国古代神话传说中五方上帝之一，被称为白帝，即西方上帝。

从现存的历史记载来看，少昊应该是介于黄帝和颛顼之间的历史人物。黄帝和颛顼在历史中的帝位都无可动摇，为何少昊就存在争议呢？静水认为，少昊确实是当时的部族领袖，但不是统一部族的唯一最高领袖。在黄帝之后、颛顼之前，有一段东西共治的时期，这种共治的局面是如何形成的，对后世又有什么影响，且听静水慢慢道来。

话说黄帝统一天下以后，管理成了大问题，摊子一大，原有的管理方式就显得力不从心了，特别是以九黎部族为代表的新加入的部族总是让人感觉不放心。黄帝知道靠武力解决不了问题，只有让他们从心底里认同这个新的共同体才能保障统一局面的持续。于是，黄帝做了一次重大的体制改革，《史记·五帝本纪》中所载"其一曰玄嚣，是为青阳，青阳降居江水；其二曰昌意，降居若水"，就是记录这一过程。黄帝派自己的两个儿子玄嚣和昌意分别居住在江水和若水，并给予一定的自治权，玄嚣和昌意分别是东部自治区和西部自治区的首领。

"江"字在中国早期文献中特指今鲁西地区的东平湖—南阳湖—独山湖—昭阳湖—微山湖一线的河湖系统，也就是今山东济宁、菏泽一带。这一带正是原蚩尤部族和黄帝部族控制区域的交接地带。黄帝派玄嚣驻于江水，正是让他去统管东部的原蚩尤控制区，这一地区的主要居民应该是归顺的九黎部族、炎帝部族以及从黄帝部族迁居来的人口。玄嚣降居江水以后做了什么呢？这还要从他的名字说起。

"玄"字的甲骨文字形未找到，金文写作"8"，篆文写作"含"，想要理解"玄"字的造字本义，可以参照"丝"字。"丝"字的金文写作"88"，篆文写作"丝"，从字形上看，似两条在下面打结或编织的丝线，而"玄"字却是两条缠绕后在上面打结的丝线，似染丝的丝结。所以"玄"字表示的并不是丝线编织的过程，而是将丝线或布匹染色的过程，因为染色过程中颜色会不断地变化，所以又引申为变化的意思。

"嚣"字的甲骨文字形未找到，金文写作"嚣"，由"页"字和分布在四周的"口"字组成，在"黄帝和他的大臣们：我们是有组织的"一章中说过，"页"字表示智者，在智者周围加上四个"口"，表示向四方发话或者善于言说的智者。所以从名字上看，"玄嚣"有两个特征，一是发明或者传播了染丝技术；二是善于与人沟通并向四方发话。

皇甫谧说玄嚣和少昊是同一个人，静水认为是可信的，基于以下三个原因：一是生活时代相同，都是介于黄帝和颛顼之间；二是活动的地域相同，据说少昊少年时即被黄帝送到东夷部族联盟里最大的部族——凤鸿氏进行历练，并娶凤鸿氏之女为妻，成为凤鸿部族的首领，后又成为整个东夷部族的首领，主要活动于今山东菏泽一带，后建都于今曲阜，这与其"降居江水"非常吻合；三是主要功绩相同，相传少昊设置了管理手工业和农业的官，其中手工业主要包括木工、漆工、陶工、染工、皮工五个工种，而"玄嚣"中的"玄"字正是代表染织业。

那么玄嚣为什么又变成了少昊呢？这就和黄帝既叫有熊氏又叫轩辕氏一样，玄嚣和少昊也是同一个人在不同时期的不同称谓，"玄嚣"是其在黄帝主政时期的称谓，"少昊"是其在玄嚣、昌意共治时期的称谓。至于为何要改名,咱们将在后文详述。

玄嚣是个非常英明的领袖。从名字看,他对东部不安定区域并未采取高压统治,而是很好地贯彻了黄帝既定的部族和平融合的方针,通过说服教育和推进先进技术的方式实现了东部地区的安定和发展。相传少昊建立了一套奇异的制度:以各种各样的鸟儿作为文武百官。具体的分工则是根据不同鸟类的特点决定,如用凤凰总管百鸟,燕子掌管春天,伯劳掌管夏天,鹦雀掌管秋天,锦鸡掌管冬天,鹁鸪掌管教育,鸷鸟掌管军事,布谷掌管建筑,雄鹰掌管法律,斑鸠掌管言论等。

另外有九种扈鸟掌管农业,五种野鸡掌管手工业。在他的部族里诞生了原始的凤文化。少昊这种以鸟为官名的管理体制形象地反映了其名字所代表的天之意志继任者的意义,在天空中飞翔的鸟儿不正是传达天意的媒介吗?

东部自治区的首领大家清楚了,那西部自治区首领昌意又是一个什么样的人物呢?"昌"字的甲骨文字形未找到,金文写作"𣆶""𣆸",从字形上看,由"日"字和"口"字组成,有的"口"字中间加上一横,表示口中言说的内容,所以"昌"字造字的本义就是言说太阳。"意"字的甲骨文、金文字形未找到,篆文写作"𢝆",上部分是"辛"字,中间部分是在"口"字中加入一横,表示口中说的话,下部分是"心"字,综合起来,"意"字义为将心里的话辛苦地说出来。从名字上看,"昌意"表示用心不断讲述太阳运行规律的人。

据载,昌意是黄帝和嫘祖所生的第二个儿子,黄帝二十九年,嫘祖于若水生昌意,黄帝七十七年令昌意降居于若水。关于若水的位置,有人说是现在的雅砻江,也有人说是现在的青衣江。雅砻江是金沙江最大的支流,发源于巴颜喀拉山南麓,经青海省流入四川省,于攀枝花市三堆子入金沙江。全长1571千米,雅砻江流域位于青藏高原南部,是典型的高山峡谷型河流。

青衣江是长江支流岷江支流大渡河的支流,发源于邛崃山脉巴朗山与夹金山之间的蜀西营,于四川省乐山市草鞋渡汇入大渡河,全长276千米,是大渡河下游最大的支流。干流上游河道穿行于高山峡谷之中,中、下游河流迂行于低山丘陵间。青衣江流域位于四川盆地西南缘，在它的东北部是肥沃的四川盆地，西南部则是地势复杂的高山丘壑。

从两条河流的地理位置来看，青衣江位于宜耕种区和山地交界处，而雅砻江处于高山峡谷之中，从农耕文明的发展考虑，静水更倾向于昌意所居之若水为青衣江流域，但不排除其控制范围达到了雅砻江流域。

有考证认为昌意出生于青衣江流域的四川雅安，静水认为是可信的。在"黄帝和他的妃们：奇妙的部族融合之旅"一章中说过嫘祖部族主要活动区域就在四川盆地，昌意作为黄帝部族和嫘祖部族的结晶扼守四川盆地西南，防御游牧部族的侵扰再适合不过，而让昌意去不适合农耕的高原丘壑地带驻守显然不符合黄帝的利益诉求，这一点从"若"字的造字本义也能得到印证。

"若"字的甲骨文写作""，金文写作""，从字形上看，似一个用手在头部捧着一株生长作物的跪坐着的人。"若"字的造字本义应为信奉农耕的文明人或者文明人信奉农耕，引申为顺、善的意思。很明显，青衣江流域比雅砻江流域更适合农耕。

昌意降居若水和玄嚣降居江水的目的差不多，都是为了边远地区的稳定，采取的方式也都差不多，都是通过说服教育和推广新技术来促进新融入部族的发展。只不过玄嚣在农耕文明已经很发达的东部沿海推广的是先进的手工业，而昌意在农业发展比较滞后的西南地区通过"说日"的方式推广农业。这让静水想起了我国在"一带一路"建设中秉持的"亲、诚、惠、容"理念，五千年前咱们的祖先不正是秉持着这种理念一步步走出蛮荒，走向文明的吗？

黄帝的体制改革取得了巨大的成效，疆域内各部族和谐共处、互通有无。黄帝的时令之箭飞过高山大河，指导着各地的农业耕种，土地爆发出前所未有的能量，供养着不断增长的人口。但是，谁都有老的时候，黄帝也不例外，如何选择接班人成了黄帝心中的头等大事。他想起了与炎帝的手足相残，想起了与蚩尤的惊心一战，他的理想实现了，他不想看到新的分裂、新的战火。

环顾四方，他看到了东部的玄嚣，看到了西部的昌意，他感到很欣慰，也很苦恼。欣慰是因为玄嚣和昌意都是那么出色，苦恼是因为出色得让他无法取舍，选择任何一个人作为继承者都有可能产生新的分裂。黄帝做出了最后一次政治体制设计，这个设计影响了其后几代领导人的产生，进而影响了几千年的华夏文明进程。

还记得本章开头司马迁和皇甫谧关于黄帝帝位继承者的分歧吗？司马迁认为："黄帝崩，葬桥山。其孙昌意之子高阳立，是为帝颛顼也。"皇甫谧认为："（玄嚣）邑于穷桑，以登帝位，都曲阜，故或谓之穷桑帝。"静水认为二者的说法其实并不矛盾，"黄帝崩"和"高阳立"并不是发生在同一时间，在二者之间就是玄嚣、昌意共治时期，在这段时间里，因为玄嚣所在的地理位置更接近于黄帝所在地——新郑，所以玄嚣实际上成为包括时令信息在内的政令的发布者，因此也被称为少昊，也就是太阳意志的继承者，因此皇甫谧说"（玄嚣）以登帝位"。但是由于其并不是唯一的最高领袖，不符合司马迁对"帝"的理解，所以司马迁并未将其列入帝的范围。

黄帝意识到在当时的环境下想要找到一个东、西部部族都认可的继承者存在极大的政治风险，需要有一代人的缓冲，于是他做出了这样的设计：首先由玄嚣、昌意共治，因玄嚣更近于中原，因此以玄嚣为主，昌意为辅，同时在西部部族中挑选适合的人选，到东部部族协助玄嚣理政，这样，这个人选便会成为东西部部族都能接受的继承者人选，这个人就是昌意的儿子，后来的颛顼帝。

这种东西部部族轮流主政的制度又向下延伸了一代，颛顼将帝位传给了玄嚣的孙子帝喾（kù）。于是，玄嚣便成为名义上的"帝"责继承者，因此被称为少昊。经过三代人的努力，一个在地域上和意识上都得到统一的华夏民族雏形终于成型。

玄嚣和昌意都是华夏农耕文明的早期开拓者，他们将先进的农耕文明远播四方，他们都是黄帝意志的伟大继承者。至于少昊到底是谁生的，咱们也不必纠结了。

成大事者：走得更远

颛顼是一个能成大事的人，这一点从他的名字就能看出来。"颛"字的甲骨文和金文字形都未找到，篆文写作"🙾"，由"耑"字和"页"字组成。

"耑"字的甲骨文写作"🙾""🙾"，金文写作"🙾"，从甲骨文字形看，上半部分不是"山"字，而是由四周带着点点的"止"字组成，"止"字表示行走。下半部分也不是"而"字，"而"字的甲骨文写作"🙾"，表示下巴下面的胡须，"耑"字的下半部分似湍急的流水。综合起来看，"耑"字的本义应为涉过湍急的流水，或者逆水前行；"止"字周围的点点就是溅起的水花；"页"字是智者的意思；所以"颛"字的造字本义应该是涉过湍急流水的智者，或者逆水前行的智者。

由于在远古时期涉水往往是很危险的事情，尤其是在激流险滩，这种难度更大，《周易》中就经常用"涉大川"来比喻克服重大的困难或者做重大的事情。"颛"字也正是使用了这个含义，在这里"颛"字可以理解为克服困难做成大事的智者。

"项"字的甲骨文和金文字形也未找到，篆文写作"🙾"，由"王"字和"页"字组成。"王"字的甲骨文写作"🙾"，金文写作"🙾""🙾"。关于"王"字的造字来源一般有两种观点：一种观点认为，"王"字是象形字，为斧钺之形，斧钺为礼器，象征王者之神圣；

还有一种观点来自东汉许慎在《说文解字》中引用董仲舒的话："古之造文者，三画而连其中谓之王。三者天地人也。而参通者，王也。"董仲舒的说法明显掺杂了太多的儒家观念，甲骨文的字形一点也看不出"三画而连其中"的影子，因此这种说法并不靠谱。

关于"王"字为斧钺之形的观点，静水认为也太牵强，虽然甲骨文字形可以看作斧钺，但是金文字形就越来越不像了。静水认为"王"字的造字本义应该是指尺规一类的量具，甲骨文字形更像是规，也就是咱们现在说的圆规，这个大家一眼就能看出来。金文的字形是在"工"或"工"靠近上部的位置加上一横，"工"或"工"是"工"字的甲骨文，"工"字的本义是对树木进行加工，在靠近上部的位置加上一横，就是表示度量并进行适当的再加工，使之更合乎尺寸，所以金文的"王"字更接近于"尺"或"矩"的意思。

结合甲骨文和金文字形，"王"字的本义可以理解为规矩或者立规矩。"顼"字的意思是立规矩的智者。立规矩这事自然不是每个人都能做的，否则天下就没规矩了，立规矩的人应该是领袖或中央政权，所以后来用"王"字来表示君主。"颛顼"就表示订立规矩并带领大家克服困难成就事业的智者。

那么颛顼订立了哪些规矩，克服了哪些困难，又成就了哪些事业呢？咱们先从《史记·五帝本纪》中的记述讲起吧。

《史记·五帝本纪》中记载："帝颛顼高阳者，黄帝之孙而昌意之子也。静渊以有谋，疏通而知事；养材以任地，载时以象天，依鬼神以制义，治气以教化，絜诚以祭祀。北至于幽陵，南至于交阯，西至于流沙，东至于蟠木。动静之物，大小之神，日月所照，莫不砥属。"司马迁首先介绍了颛顼的出身，帝颛顼（号）高阳（氏），是黄帝的孙子，昌意的儿子。这里颛顼多了一个称谓叫作高阳，其实高阳才是他原本的称呼，颛顼是其为帝后的称呼，是对其功业的总结性概括。

高阳即今河北省高阳县，据说是颛顼的初建国地，地处华北平原，位于河北省保定市东南部，属温带大陆性季风气候，海拔高度在123~563米，平均海拔457米。这个海拔不高的地方之所以称为高阳，静水认为和颛顼初迁于此有关。

颛顼是昌意的儿子，昌意是西部自治区的首领，居于若水，也就是现在四川盆地西南缘，那里高山林立，最高的山峰海拔超过5000米，那里才是真正可以称为"高阳"的地方。

"高"字的甲骨文在"黄帝和他的大臣们：我们是有组织的"一章中讲过，字形似在房屋上加上塔楼，引申为现在高的意思。"阳"字的甲骨文写作"𝌆"，金文写作"𝌇"，甲骨文字形由"𝌅"和"𝌄"组成。"𝌅"是"阜"字的甲骨文，表示山地，"𝌄"是"昜"字的甲骨文，从字形上看，"昜"字由"日"字和"示"字组成，"示"字在"黄帝和他的妃们：奇妙的部族融合之旅"一章中讲过，就是把东西置于高处，放在高处有两个目的，一是为了表示尊重，二是让大家都看得到。因此"昜"字的本义是表示能看到太阳、对太阳关注或者是对太阳尊崇，加上表示山地的"阜"字，就是表示山地受光的南坡。"高阳"的意思就是阳光照射的高山南坡，这和若水附近的地理环境非常吻合。颛顼将东迁的定居地取名为高阳正是表达了对故土的怀念吧。

司马迁接着对颛顼作出评价，说他沉静稳练而有计谋，通达而知事理。表现在他养殖牲畜、种植庄稼以充分利用地力，推算四时节令以顺应自然，依托鬼神以制定礼义，理顺社会风气以教化万民，规范表达诚意的方式以祭祀鬼神。

这里要注意，"絜诚以祭祀"中的"絜"字，通常翻译为"洁"，也就是洁净的意思，静水认为这里应取度量、规范之义，也就是应该读成xié，而不是jié。当"絜"字读成xié的时候表示矩，也就是画直角或方形用的尺子，引申为法度、规则。后来儒家以"絜矩"来象征道德上的规范。

从上下文来看，载、依、治的对象都是第三者，也就是说这一段文字是写颛顼对于社会和民众的功绩的，那么絜的对象也应该是民众，而不是自身，所以静水把这段译为"规范表达诚意的方式以祭祀鬼神"，而不是传统上翻译的"洁身诚意以祭祀鬼神"。

司马迁认为颛顼的功绩主要有五项：一是大力发展农牧业；二是准确推算时令；三是制定礼义；四是整顿社会风气；五是规范祭祀活动。前两项功绩是为"帝"者的基本责任，后三项都是立规矩的事，这正体现了"顼"字的含义。

相传，黄帝执政末期，九黎信奉巫教，宠信鬼神而废弃人事，一切都靠占卜来决定，人们不再虔诚地祭祀上天，也不再安于农业生产。颛顼执政以后决定解决这一问题。他祭祀天地祖宗，为万民做出榜样；又任命南正重负责祭天，以和洽神灵；任命北正黎负责民政，以抚慰万民，劝导百姓遵循自然的规律从事农业生产，鼓励人们开垦田地；禁绝民间以占卜通人神的活动，使社会恢复正常秩序。这正是定礼义、正风气、规祭祀。

然后，司马迁描述了颛顼的统治版图，他往北到过幽陵，往南到过交阯，往西到过流沙，往东到过蟠木。各种动物植物，大神小神，凡是日月照临的地方，全都平定了，没有不归服的。与黄帝治下版图相比，颛顼时期的版图向南拓展得比较多，从今湖南一带扩展到广东、广西以及越南的北部。这一带雨水充沛，河湖密布，开拓的过程中可谓跋山涉水，这也正是体现了"颛"字的含义。

最后司马迁介绍了颛顼帝的后继传承，颛顼帝生的儿子叫穷蝉。颛顼死后，玄嚣的孙子高辛即位，这就是帝喾。

司马迁用寥寥百余字为我们勾勒了颛顼帝的大致轮廓，静水想再添加点血肉，让他老人家看起来更鲜活些。承接前一章，颛顼帝少年时期便作为继承未来帝位的候选人被从遥远的西部派到东部协助少昊理政，那个时代的迁徙不像现在坐着高铁、飞机睡一觉就到了，而是要翻山越岭，甚至深入不毛，尤其从蜀地进入中原，其间高山大川不可胜数，野兽蛮族也不在少数，所以为了安全考虑，迁徙往往不是一个人，而是一群族人，特别是对于颛顼这样的帝位候选人，护送队伍的规模可想而知。

或许是少昊的安排，或许是颛顼自己的决定，这群人初迁定居于华北平原西缘，并将其命名为高阳，高阳离少昊的核心控制区不远不近，算是对双方都安全的距离。少年颛顼协助少昊理政时表现得非常出色，据说二十岁便在穷桑（今山东省曲阜市，也就是少昊的都城）登上了帝位，后迁都于帝丘（今河南省濮阳市），在位七十八年，九十八岁逝世，葬于濮阳。

颛顼的妃子记载较多的是胜濆（pēn）氏，也叫胜坟氏或胜奔氏。如前所述，远古时期的妃往往是部族融合或联合的产物。"胜"字的甲骨文字形未找到，金文写作"▨"，由"▨"和"▨"组成。"▨"是"朕"字的金文，甲骨文写作"▨"，从字形上看，似舟和双手扶着的舵，"朕"字的本义应为掌舵行舟，在"朕"字的下面加上"▨"（"力"字），强调了能够有力地掌舵行舟。

名字中的另一个字有三种说法，濆、坟或奔，这三个字的甲骨文、金文字形都未找到，篆文分别写作"▨""▨""▨"，三个字的共同点是都有"▨"，所以这个字很可能是同一个字在流传过程中误传的结果。综合这三个字，静水认为应取"濆"，也就是奔流之水的意思，而且濆也有奔走、快跑的意思。胜濆是能够在奔腾的流水中掌舵行舟的意思。胜濆氏很可能就是很善于驾舟航行的部族，想想在那个时代颛顼深入险地向南跋涉的艰辛，是不是需要胜濆氏这样精于驭舟的左膀右臂呢？

颛顼还可能有另一位妃，叫邹屠氏。不过也有说邹屠氏是帝喾的妃，据说邹屠氏是臣服于黄帝的蚩尤部族，如其所然，颛顼帝与邹屠氏的联合将非常有利于对原蚩尤部族的控制。

关于颛顼还有一个最著名的传说，叫作"共工怒触不周山"，出自《淮南子》，原文写道："昔者，共工与颛顼争为帝，怒而触不周之山，天柱折，地维绝。天倾西北，故日月星辰移焉；地不满东南，故水潦尘埃归焉。"好让人头疼啊，女娲补天不是都撞了一回不周山吗？怎么又来一次？这次谁来收拾残局啊？没人来收拾，因为这次事故造成的结果是天倾西北、地不满东南，天没被撞出大洞，所以不用补，也因此现在咱们每天还能看到日月东升西落，江河日夜东流。

至于战争的起源，说法则不一，有说是因共工贤能，颛顼感觉到威胁而主动挑起战争的；有说是共工心怀不轨意欲颠覆颛顼政权的，反正双方是大打出手，最后以颛顼的胜利而告终。据说这个共工是炎帝的后裔，与炎帝一样，善于发展农业，并且精于治水，所以其虽败犹荣，被后世敬奉为水神。

颛顼没有辜负人们对他的称谓，他拓疆域、立规矩、正风气、平战乱，他是真正的成大事者。

传夋者：走得更稳

帝喾是黄帝的曾孙，玄嚣的孙子，蟜极的儿子，颛顼的侄子，姓姬，名夋（qūn），号高辛氏，和颛顼一样，也是五帝之一。司马迁在《史记》中说："高辛生而神灵，自言其名。"传说帝喾降生的时候并不是哇哇大哭，而是发出"夋夋"的声音，相当于现在的"吱吱"声或者啾啾鸟鸣之音，所以就给他取名叫"夋"，这也是所谓"自言其名"的由来。

帝喾也和颛顼一样，少年时期便当上了帝的助理，三十岁便接替了帝位，后迁都于亳（今河南省商丘市），在位七十余年，天下大治，人民安居乐业，死后葬于故地高辛，传位于其子挚。帝喾还有几个非常有名的儿子，分别是尧、弃和契，这些大人物都是有故事的人，留待后表。

帝喾的即位依然遵循了黄帝时期定下的东西轮流主政的传承制度，但是在其选择新的接班人时却没有遵循这种制度，而是传给了儿子。当然大家也不要认为这里的儿子就一定是遗传学上的儿子，就如同大家不要真的把妃当成妻子一样，子往往是部族或部族分支的后任领袖。

但有一点可以肯定，帝喾打破了东西轮流主政的帝位传承制度。静水认为，这并不是帝喾道德水准不高，而是经过少昊、颛顼、帝喾三代人的苦心经营，各部族得到了充分的融合，东西部族作为政治分割区域的意识已经很弱，帝位候选人的产生已经没有必要遵循这一规则了。

帝喾出生在一个叫高辛的地方，所以帝喾叫作高辛氏。"高辛"从字面上理解，就是高大的经过粗加工的木材，大家知道，将树木粗加工是竖立天干的一道工序，所以高辛的得名很可能是因为此地出产高大的树木，或者曾经作为选择竖立天干之材的地方。高辛就是现在的河南省商丘市睢阳区高辛镇。

帝喾代颛顼为帝，迁都于亳，亳位于今河南省商丘市梁园区和虞城县一带，帝喾迁都于此据说与水患有关。颛顼的都城濮阳因位于濮水之阳而得名，濮水是黄河与济水的支流，后因黄河泛滥淤没。从现在的地理位置来看，濮阳位于黄河的北岸，紧挨着黄河，很容易因黄河泛滥受灾，而商丘位于黄河之南，与黄河之间还隔着菏泽市，相比较更不易遭受洪水之灾。

商丘东临淮北、宿州，西扼开封，北接菏泽，南襟亳州、鹿邑，平原面积占全市总面积的99.24%；山丘面积约占总面积的0.76%。地貌按其成因和形态类型的特征，分为黄河冲积平原、淮河冲积平原、剥蚀残丘三大类型区，主要为黄河冲积平原区。地势呈西北高、东南低的微倾平面，西北部最高点海拔69.5米，东南部最低点海拔30.3米，平均海拔不足50米。

商丘市东陲有一片独山群，面积16平方千米，史载北为芒山，南为砀山，今通称芒砀山，主峰海拔156.8米，为全区最高点。从地理位置和地貌特征来看，商丘非常适合发展农业生产，素有"豫东粮仓"之称。既能避免水灾之患（即使有水患，也可以进入芒砀山高处暂避），又适合发展农业生产，最重要的是离帝喾的老家特别近，帝喾选择这个地方作为都城也就顺理成章了。

《史记·五帝本纪》中是这样评价帝喾的："普施利物，不于其身。聪以知远，明以察微。顺天之义，知民之急。仁而威，惠而信，修身而天下服。取地之财而节用之，抚教万民而利诲之，历日月而迎送之，明鬼神而敬事之。其色郁郁，其德嶷嶷。其动也时，其服也士。帝喾溉执中而遍天下，日月所照，风雨所至，莫不从服。"

翻译成白话文就是：（帝喾）普遍施予恩泽于众人而不及其自身。他耳聪目明，可以了解远处的情况，可以洞察细微的事理。他顺应上天的旨意，了解下民之所急。仁德而且威严，予人恩惠而且守信，修养自身，天下归服。他收取土地上的物产，节俭地使用；他抚爱教化万民，把各种有益的事教给他们；他推算日月的运行以定岁时节气，恭敬地迎送日月的出入；他明识鬼神，慎重地加以侍奉。他仪表堂堂，道德高尚。他行动合乎时宜，服用如同士人。帝喾治民，如雨水浇灌农田一样不偏不倚，遍及天下，凡是日月照耀的地方，风雨所到的地方，没有人不顺从归服。

想想上一章中颛顼的形象，大家能看出在司马迁眼中二者之间的差别吧。不错，颛顼是一位开疆拓土立规矩的开创者形象，而帝喾是一位集英俊、智慧、仁厚于一身而且深谙治世之道的明君形象。用后来评价皇帝的标准来看，二者都是文治武功、天下咸服，但是颛顼更偏于武功，而帝喾更偏于文治。

那么帝喾又有哪些文治之功呢？

首先就是定立节气。据说，在帝喾以前，人们虽有一年四季的概念，但只是日出而作，日落而息，从事农耕畜牧没有一个科学的时辰顺序，严重制约了农业的发展和人们生活质量的提高。帝喾较前代更精确地掌握了时间"函数"，并据此指导人们按照节令从事农畜活动，极大地促进了社会生产力的发展，使华夏农业出现一次伟大的革命，农耕文明走进了一个崭新的时代。

因此，《大戴礼·五帝德》说他"爻策占验推算历法，穷极变化，颁告天下"，又言"夜观北斗，尽观日，作历弦、望、晦、朔、迎日推策"，或言"观北斗四时指向，以定节气；观天干以定周天历度"。其实帝喾的名字也正来源于他对时令信息更准确地把握和传播。

"喾"字的甲骨文和金文字形都未找到，篆文写作"𠴹"，由"学"字和"告"字组成。"学"字的甲骨文写作"𦥑""𦥑"，金文写作"𦧇"，从甲骨文的字形看，大部分字形分成两个部分，也就是"⚡"和"⌒"，少部分在"⚡"的两边加上"𠂆𠃜"。"⚡"虽然看起来简单，但是表示的意思可不一般，在"数字迷云：测天工具的使用说明书"一章中讲过"五"字，甲骨文写作"⚡"，当时解释为取象于灵台顶层天干所投之日影，对了，这里的"⚡"，就是"五"中的那个

"ㄨ",是抽象的日影。

"学"字中的"∧"是"六"字的甲骨文,这个字在"数字迷云:测天工具的使用说明书"一章中也讲过,"六"取象于夏至日日影,也就是一年中日影变化角度最大的那一天的日影形象,上半部分代表日影变化角度的边界,下半部分是"八"字的甲骨文,"六"字的造字本义是以"八"种方式分开。"𠬞"是两只相对的手,代表用手分开。所以甲骨文的"学"字的本义是区分开日影代表的含义。金文的"学"字下面加上"子"字,表示孩子学习区分日影所代表的含义。金文字形还有一个变化,就是将甲骨文中的一个"ㄨ"变为两个"ㄨ",进一步强调了区分不同日影的含义。"爻"字正是"爻"字的甲骨文。

关于"爻"字的来源,百度百科上查到的大概有七种,一是刘珏提出的圭表记录日影说,也就是将日出到日落的日景轨迹分为三个阶段——旦、午、昏,这就类似天气预报中的上午、中午、下午,日景轨迹在晴天时以粗实线画出,而在阴天无影或影像不清时以两条细实线表示,粗实线为阳爻,细实线为阴爻,如此把分别表示旦、午、昏的三个爻重叠成卦,代表一天天气的记录图形。

二是竹节蓍草说,认为阴阳爻为占筮所用竹节或蓍草的符号化,一节之竹或一根蓍草为"—",两节之竹或断开蓍草为"- -"。高亨《周易古经今注》等主此说。

三是龟兆说,认为古代占卜,烧灼龟甲,依其兆纹定出吉凶,阴爻、阳爻即归纳总结龟甲兆纹而形成。屈万里《易卦源于龟卜考》、余永梁《易卦爻辞的时代及其作者》、日本本田成之《作易年代考》等持此观点。

四是结绳说,《周易·系辞下》称伏羲氏"结绳而为网罟,以佃以渔,盖取诸离"。"上古结绳而治,后世圣人易之以书契;百官以治,万民以察,盖取诸夬。"东汉郑玄猜想上古之时记大事打一大结,记小事打一小结。李镜池等认为阳爻"—"和阴爻"- -"是古代结绳没有打结和打结的反映,或以为"—"为一大结。李镜池《周易探源》、范文渊《易经概论》、陈道生《重论八卦的起源》持此观点。

五是日月星象说,《史记集解》引孟康云:"五星之精,散为六十四，记不尽。"近代科学易派多以为阳爻"—"源于日象，阴爻"- -"源于月象。

六是男女生殖器说。认为阳爻"—"象征男根，阴爻"- -"象征女阴，章太炎《易论》、钱玄同《答顾颉刚先生书》、郭沫若《中国古代社会研究》等持此观点。

七是算筹说，认为爻是古人用的筹的形状，阳爻代表五，阴爻代表一，类似罗马数字，以五为基础加减而成。西方学者巴德认为八卦起源于古代的计算工具算筹，爻就是算筹的形状。日本三上义夫《中国算学之特色》也主此说。

静水认为前三种说法的错误之处在于把爻看成了卦象或者占卜的专用字。"爻"字的本义应为日影的不同形态，后来引申为一种事物的不同表现形态，把组成卦符的基本符号称为爻正是取了这层意思。而后三种说法多为意会揣度，星象说、生殖器说都没有摆脱后世阴阳学说的影响，算筹说亦未摆脱爻是"- -"和"—"合成的窠臼，此六种说法都缺少"爻"字造字字形的支持。第四种结绳记事法虽然在"爻"字的字形上也解释得通，但是缺少其他字形的支持。如果说"学"字学的是打绳结，恐怕就太低估我们先人的智慧了，因为结绳记事是在文字发明前采取的一种记事方法，为何文字都发明了还要专门造一个字来表示学习打绳结呢？

《大戴礼·五帝德》中说"爻策占验推算历法"，推算历法是要靠实地观测和经验积累才能做到的，不是靠算卦占卜来的，其中"爻策"就是实地观测的过程，"占验"就是用经验推演和验证的过程，至于"夜观北斗，尽观日，作历弦、望、晦、朔、迎日推策"中的"夜观北斗"和"作历弦、望、晦、朔"，是指通过对月亮运行规律的观测来推演时间的方法，我们将在讲述帝喾次妃简狄时细加解说。

"喾"字的下半部分是"告"字，"告"字的甲骨文写作"𠥝"，金文写作"𠥑"，从字形上看，上半部分是"牛"字，下半部分是"口"字，不要以为"口"字放在"牛"字下面就是吹牛，正好相反，"告"可是一个非常庄严的举动。我国古代祭祀活动经常要用动物献祭，越是重要的祭祀活动献祭的动物就越大，以表示诚意，古代经常用牛、羊、猪、犬等动物献祭，其中牛是最大的，也是最庄重的。所以"告"字的本义就是庄重地祷告、庄重地言说，后来引申为对人诉说、宣布以及向公众通知情况、时间、规定等书面形式、请求等义。

综合"学"字和"告"字，"誉"字的本义应为分辨日影所表达的含义并庄严地宣布。看来《大戴礼·五帝德》所言不虚，帝誉确实是一位伟大的"传爻者"。

帝誉文治的第二项功绩体现在用人上，据说他知人善任，羿的射箭技术高超，帝誉便选拔他担任射官，赐给他彤弓和蒿矢。羿也不负帝誉深望，当白难反叛时，他一举将其平定。咸黑、柞卜长于音乐和制作乐器，帝誉便命他们为乐官，创作出《九招》之乐和鼙鼓、答、管、埙、帝等新乐器。

帝誉文治的结果就是缔造了上古时期难得的太平盛世，后世评价他的治国方略是："德莫高于博爱于人，政莫高于博利于人。政莫大于信，治莫大于仁。"强调以诚信、仁德使天下治，特别在诚信为政方面深受后世景仰。

传说犬戎房王作乱，帝誉征而不胜，便告文天下，凡取房王首级者，可得千金，封万户，赐帝女为妻。后来，一个头状如狗头的人叫盘瓠，以自己的勇猛和智慧取房王首级，帝誉即履行诺言，嫁女封邑于盘瓠犬。这就是著名的嫁女盘瓠的故事。帝誉时代的战事不多，流传下来的只有房王叛乱和共工余部反抗等几个不大的战事。

帝誉有四位妃子，元妃叫姜嫄，次妃叫简狄，三妃叫庆都，四妃叫常仪。这四位妃子都不是简单的人物（虽然她们可能不是作为个体的人），因为她们各有一个厉害的儿子。姜嫄的儿子叫弃，也叫作后稷，是周族的祖先；简狄的儿子叫契，是商族的祖先；庆都的儿子叫尧，后来接受挚的禅让，成为新的帝，也是历史上的五帝之一；常仪的儿子叫挚，是帝誉帝位的继承者。这四位到底什么来头，且听静水慢慢讲解。

姜嫄也作姜原，有邰氏。"姜"字在"少典之变：帝出东方"一章中讲过，是炎帝的姓，意思是文明的牧羊人或者归化的牧羊人。"原"字的甲骨文写作"⌒"，金文写作"⌒"，甲骨文字形似有水流出的泉眼，金文字形在甲骨文字形的基础上加上了象征崖壁的"厂"，"原"

字的本义是水流出来的地方,也就是源头的意思,加上"女"字表明其为文明人。所以"姜嫄"的意思就是文明牧羊人的源头,或者是最先归化的牧羊人,姜嫄部族很有可能是最先归化帝喾的游牧部族,并且是归化的游牧部族的领族。姜嫄部族主要活动于今关中平原西部的陕西省咸阳市武功县一带,这一带正是炎帝部族最初的活动区域,所以姜嫄很可能是留守在故土的炎帝部族后裔。

"邰"字的甲骨文和金文字形都未找到,篆文写作"邰",由"台"字和"邑"字组成,"台"字的甲骨文字形未找到,金文写作"台",上半部分是"以"字。"以"字的甲骨文写作"以",金文写作"以",字形似远古时期就有的一种农具——犁铧。犁铧是一种以人力或畜力牵引的耕地工具,从出土的商代文物来看,应有木身石铧和木身铜铧两种。江西新干大洋洲镇出土的商代青铜铧为三角形,两侧薄刃,正面中部拱起,形成截面为钝角三角形的銎部,銎内应接有用于扶持和牵拉的木质构件。

犁铧的劳动效率要比单人使用耒耜高得多,当时应是一种先进的农具,因此用于代指先进的耕作方式。由于"以"的使用价值,因此引申出用、使用之义。

下半部分是"口"字,表示人口。"台"字的本义应为从事农耕的人口。"邑"字的甲骨文写作"邑",金文写作"邑",上半部分表示有围墙的区域,下半部分是跪坐的人,表示人居住的城邑。"邰"字的本义是从事农耕者的城邑。"有邰"就是拥有这样的城邑。姜嫄部族以有邰为氏正是对自己身份的再次强调。

传说姜嫄生育的过程也很传奇,和很多先前提到的伟大母亲一样,也是踩到了巨人的脚印而怀孕的。帝喾和有邰氏(或者说姜嫄部族)的联合既有利于西部地区的安定,又可以利用其影响力对原炎帝部族后裔进行更好的控制,别忘了,共工就是炎帝部族的后裔,余党尚在,不得不防啊。

简狄又称娀简,有娀氏。"简"字的甲骨文字形未找到,金文写作"简",从字形上看,由"竹"字和"间"字组成,"间"字的金文写作"间",由"门"字和"月"字组成,"间"字的造字本义应为像门的开合一样有圆缺变化的月亮,因为这种圆缺变化是按一定时间间隔循环的,所以"间"字后来引申为在一定时间或空间内的意思。"竹"字加上"间"字就是以竹记录月亮圆缺变化规律的意思,这种记录很可能是刻在竹片上的,所以后来将削制成狭长的用于书写记录的竹片称为简。

"狄"字在"统一战争:斗地主的最终结局"一章中讲过,是对北方部族(主要是未归化部族)的称呼。所以"简狄"的意思就是用竹片记录月亮圆缺变化的狄族部族。简狄又叫有娀氏,前文不止一次讲过,在一个字前加上"女"字通常是表示文明的、顺从的、归化的等意思,这里也不例外,"戎"字在"统一战争:斗地主的最终结局"一章中也讲过,是对西方部族(主要是未归化部族)的称呼,"有戎"的意思和"有熊"差不多,就是能够抓住戎族的意思,估计简狄部族曾经击败过或者俘获过戎族部族的人,并以此彰显自己的勇武。

据说简狄的儿子叫作契(这里读xiè),甲骨文写作"𠧘",金文字形未找到,篆文写作"契"。甲骨文字形由"丰"和"刀"组成,"刀"是"刀"字的甲骨文,"丰"很容易理解为"丰"字,其实不然,"丰"字的甲骨文写作"丰",本义是土垠上高耸的树木,而"丰"是表示刻画的三横一竖的图形,这个图形很可能就是横着写的"卅"字,"卅"是三十的意思,刻画三十其实代表记录月亮圆缺变化周期(三十天)。所以"契"字的本义应为用刀刻画记录月亮的运行周期,篆文在下面加上"大"字,表示刻画记录月亮运行周期的大人(领袖)。

契就是那个掌握测月技能或者主持测月活动的人,他是简狄部族的首领,也是简狄部族的儿子,这就像我们说某某伟人是中华民族优秀的儿子一样。顺便说一下,传说中简狄生契的过程也很传奇,是吃了玄鸟的蛋怀孕的,咱们这里不详谈,等讲到商族的时候再细说。

简狄部族据说活动于今山西省永济市,在"统一战争:斗地主的最终结局"一章中讲过,在坂泉之战中,炎帝就驻扎在蒲坂,也就是现在的永济市,那里扼蒲津关口,当秦晋要道,具有重要的战略价值,帝喾与简狄部族联姻的目的就不言自明了。与简狄部族的联姻还为帝喾带来了一项新的时间测度技术,那就是测月。皓月当空,圆缺有时,只要不是盲人都能看见，比立竿见影更容易推广，我们现在还用月亮的一个圆缺变化的周期来标志时间，叫作一个月。因此，才有《大戴礼·五帝德》中所言的帝喾"夜观北斗""作历弦、望、晦、朔"。永济市自古盛产竹子，现在还在种植竹子，这也为简狄之所以叫简狄提供了现实依据。

庆都是陈锋氏人，"庆"字的甲骨文写作"夤"，金文写作"蓍"。从甲骨文字形来看，"庆"字由"𦫳""心"组成，"𦫳"似一个眉开眼笑的人，"心"是一个倒着写的"心"字或者"贝"字，金文字形中间的都是心，所以静水在这里取"心"字解，"庆"字的本义是一个眉开眼笑、心花怒放的人。"都"字的甲骨文字形未找到，金文写作"𣊫""𣊬""𣊭"。"𤳳""𤳴""𤳵"是"者"字的金文，"𠬝""𠬞""𠬟"是邑字的金文。"邑"字前文说过，是有围墙的人类聚居区。

关于"者"字的来源有多种解释：一种解释认为"者"字从"耂"从"日"，"耂"字从"土"从"丿"，读为"不土"，义为"不耕土"；"日"指"日子""每天"，"耂"与"日"联合起来表示"全天从事非农生产""工商专业户"。另一种解释认为"者"字是"蔗"字的本义，上半部分是表示流着汁液的甘蔗，下半部分是"口"。

第一种解释显然得不到金文字形的支持，第二种解释放在这里明显说不通，而且用此义解释诸如"赌""箸""诸""煮"等由"者"字组成的字也很难解释得通。静水认为"者"字造字的本义是围在火堆旁进食或说话的人，从其金文字形上看，上半部分表示燃烧的木材，线条表示木材，木材周围的点表示燃烧的火焰，下半部分的"口"字表示进食或者说话，有些字形在"口"字上面加上表示分开的"八"字，更强调了张开口的意思。

正因为"者"字表示的是聚拢在火堆周围的人，所以引申出某一类人的意思。这就很容易解释含有"者"字的造字由来，比如"煮"字就是在火堆上烧水煮东西，"赌"字就是拿着贝围拢在一起赌博，"箸"字就是用竹制的筷子在火堆旁夹东西吃，"诸"字就是围在一起的人说话。"者"字与"邑"字一起组成"都"字，进一步强调了人口的聚集，所以可以理解为人口众多的邑，相当于现在的大城市。所以庆都的意思是令人眉开眼笑、心花怒放的大城市。

"陈"字的甲骨文字形未找到，金文写作"㙒"，由"𠂤""土""東"三部分组成。"𠂤"是"阜"字的金文，表示山地；"土"是"土"字的金文，"土"字在"从时间说起：天干地支考"一章中讲过，是指能生长出东西的土地；"東"是"东"字的甲骨文，"东"字在"空间哲学：盘古有真相"一章中讲过，义为男子打猎时扛着的捆绑猎物的木棍，后引申为东方的意思。"陈"字的本义应为有山地、耕地并适于狩猎的地方。

陈锋氏主要活动于今河北省保定市望都县，望都县地势呈西南高，东北低，山峦丘陵约占望都县面积的3/4。"陈"字正是对其生存地的描述。"锋"字的甲骨文和金文字形都未找到，篆文写作"鋒"，由"金"字和"夆"字组成。

"夆"字的金文写作"夆"或"夆"，上半部分是倒写的"止"字，下半部分是"丰"字，"止"字的本义表示行走，倒着写在这里表示向后或向下行走，这里表示已到最顶端。"丰"字在本章前文讲过，是栽种在土埂上的树木。"夆"字的本义应为高大树木的最顶端，后来引申为"锋"字的意思，在"夆"字旁边加上"金"字就表示用金属制成的武器顶端，如刀锋、枪锋等。

另外，"夆"字还引申为逆、抵触、相遇、相逢等义，这是因为"丰"字所表示的栽种在土埂上的树木在古代用于标志不同国家的疆界，"丰"是"封"的本字，后来在旁边加上"手"字，写作"封"，所以分封土地的疆界称为封疆。而在边界行走，既可能是两军对垒，也可能是两军会谈，因此引申为此义。"陈锋"的意思就是居住在有山地、耕地的地方，善于狩猎，并且有锋利武器的部族。

庆都的儿子尧后来成为新帝，真是一件值得庆贺的事，尧不是直接继承帝喾的帝位，而是接受了兄长帝挚的禅让，个中原委将在讲述尧的时候细说。

常仪是娵訾（jū zī）氏人。"常"字在"黄帝和他的大臣们：我们是有组织的"一章中讲过，义为展开或摊开的布匹或皮革，很可能代表了当时的某种制造工艺。"仪"字的甲骨文字形未找到，金文写作"䕨"，篆文写作"儀"。金文字形上半部分"羊"是"羊"字的金文，下半部分"我"是"我"字的金文。"我"字的甲骨文写作"𢦒"，金文亦写作"我"，从字形上看，是一种有齿长柄的工具，对于这种工具，《说文解字》中认为是一种武器——戌，并解释道："手持大戌，呐喊示威。我，古杀字。"静水认为这种说法讲不通，首先，咱们在"从时间说起：天干地支考"一章中讲过，"戌"并不是一种武器，"戌"字的甲骨文写作"𢦏"，是表示农作物收获后叶子、枝蔓折断后的样子；再者，"戌"字与"我"字的甲骨文字形有明显的差别，二者不可通用。

观字形，"我"其实就是耙子，耙子是一种归拢散开谷物、柴草或平整土地用的农具，柄长，装有木、竹或铁制的齿，在远古时代，齿很可能是由竹、木制成的。这种形状的工具是不适合做兵器使用的，有齿的武器其齿的尖端应该朝上，这样更易给对手造成杀伤，如叉、戟，使用耙子做武器的恐怕只有二师兄（猪八戒）这样的"另类"了吧。

正因为"我"是一种常用的农具，所以我们从事农耕的先人们用"我"来表示同类人，甲骨文中的"我"经常作为第一人称表示集体的代词使用，后来进一步演化为自己的意思。

"羊"字在甲骨文中经常用于表示畜牧或者祭祀中的牺牲，所以"仪"字的本义应为畜牧和农耕。后来演化为同类人进行祭祀的仪式，篆文字形在甲骨文和金文字形的基础上加上"人"字，更强调了参加仪式的人。"常仪"的本义应为（精通）制造业、农业、畜牧业（的人或部族）。

在解释"娵"字的意思时，我们可以先把"女"字去掉。"取"字的甲骨文写作"𠂇"，金文写作"取"，从字形上看，是用手抓住耳朵，这是对远古时期抓住猎物或者俘虏情形的描述，所以"取"字应为获取的意思，在这里是表示强悍。

"訾"字的甲骨文、金文字形都未找到，篆文写作"訾"，由"此"字和"言"字组成。"此"字的甲骨文写作"𣥐"，金文写作"𣥓"，"止"字表示行走，加上"人"字，表示行走的人或者人走来。"訾"字的造字本义应为四处行走并言说，人四处行走并言说有指导、指挥的意思，所以"訾"就表示有地位人的言说。

"娵訾"的意思应为能够获取并四处言说的文明人（或部族），即表示强悍并有地位的文明人（或部族）。史料上并未发现有娵訾氏在帝喾时期活动区域的记载，从娵訾的意思来看，娵訾氏是处于统治地位的部族，很可能就是帝喾的本族。这就不难理解为什么帝喾将帝位传给了挚。

显然，相对于远在西北人丁兴旺的炎帝旧部有邰氏、精通月历曾经击败过戎族的狄族部族有娀氏、生活在丘陵山地以捕猎见长并拥有锋利兵器的陈锋氏来说，选择精通农业、畜牧业、制造业并且强悍勇武处于统治地位的娵訾氏人作为自己帝位的继承者是一种最为适合的选择。

帝喾前承黄帝、少昊、颛顼三代，后启尧、舜、禹三代，在位期间经济发展繁荣、社会安定，是一位承上启下、继往开来的英明领袖。但是，人算不如天算，伟人也有看走眼的时候，新的为天下各部族都认可的领袖呼之欲出，他不是继承了帝位的挚，而是尧。

卷三 读《书》时代

《书》到用时方恨少：读真《书》与真读《书》

古人云："书到用时方恨少，事非经过不知难。"静水深以为然，尤其是对于那部名字叫作《书》的书。此书现在被称为《尚书》，据说刚刚产生的时候就叫《书》。《书》可谓出身高贵、命运多舛，即使现在流传下来的版本也往往被加上"伪"字，以示对其真实性存疑。但是这部书又是研究中国远古史无法回避的著作，它是现存的中国第一部古典文集和最早的历史文献，没有了它，尧、舜、禹只是传说，夏、商、周也失去了很多颜色。

说《书》出身高贵，是因为它出自圣人孔子之手。孔子晚年集中精力整理古籍，将从上古至春秋的各种文字资料汇集在一起，经过认真选编，选出一百篇，也有说是一百二十篇，取名为《书》，这就是《书》的由来。据说孔子曾经把它当作教育学生的教材，孔子的弟子们读书还真的是在读《书》。但是有人不喜欢读《书》，也不让别人读《书》，这个人就是秦始皇，焚书坑儒，一把火把包括《书》在内的书烧了个八九不离十，还把想读书的儒生们也活埋了一大批。

不过胆子大的人还是有的，孔孟之乡的山东就有一位叫伏生的儒生，此君曾为秦博士。博士可是高级知识分子，当时的秦国也才七十个。伏生一看大事不妙，博士也不当了，把《书》往自家墙壁中一藏，然后溜之乎也。再以后就是群雄并起，天下大乱，秦国灭亡，楚汉相争，天下归汉。伏生终于可以回家了，从墙壁里取出书，遗憾的是，只剩下二十八篇能看清楚了。伏生就以这二十八篇为教材，在齐鲁之间开办私学，这是《尚书》的第一次劫难。

及至汉文帝时，重新重视儒学，欲招伏生进朝，但此时他已年逾九十，不能出行，汉文帝便派时任太常掌故的晁错到伏生家中学习。伏生年迈，口齿不清，便由其女儿转述，晁错将伏生所传之《尚书》记录下来，立于官学。到了汉武帝时，民间得《太誓》一篇（一说是汉宣帝时河内女子坏老屋所得），加上伏生所传的二十八篇共二十九篇，故《史记》《汉书》中都说《尚书》为二十九篇。因为此书是用当时流行的汉隶书写，故称《今文尚书》。

汉武帝末年，封于齐鲁之地的鲁共王在拆除孔子古宅的一段墙壁时，发现了一部用古文大篆书写的《尚书》，据说这部《尚书》被发现时书名不叫《尚书》而叫《虞夏商周书》，所以人们开始怀疑伏生所藏《尚书》的"尚"字是伏生后加上的。静水认为也不能那样武断，有可能"尚书"的名字早就有了，甚至一开始对此书就有这样的称呼，"虞夏商周书"都叫得，为何"尚书"就叫不得？而且"尚"字很符合孔子编撰此书的本意，这是后话，咱们后文再说。

这部书后经孔子的十一世孙孔安国参照伏生所传《今文尚书》进行解读，用汉隶写定古文，即所谓"隶古定"，比《今文尚书》多出二十五篇。由于被发现时，这部书是用先秦古文书写的，因此世称《古文尚书》。孔安国将经过"隶古定"的篇目和无法辨识的文简全部呈献朝廷。朝廷诏令孔安国作传，但到传成之时，恰逢巫蛊之祸，因此就没有再将《传》文上奏朝廷，只将它传给了子孙后世。这些《传》文就是现在的《尚书序》，除了有在书首介绍《尚书》来源的序文外，每篇篇首也各有序文，介绍各篇写作的缘由。

汉代是《今文尚书》的天下，逐渐形成了欧阳（高）、大夏侯（胜）、小夏侯（建）三个分支，三家之学并列于官学，盛行两汉。另一部《古文尚书》由于没有列入官学，只能习于民间，故在两汉时的影响较小。

西晋永嘉五年（311年），匈奴攻陷洛阳、掳走晋怀帝司马炽，王室藏书流失，古、今文《尚书》再次失传。这是《尚书》的第二次劫难。

东晋初年，豫章内史梅赜向汉元帝刘奭献上了一部《孔传古文尚书》，说是魏末晋初学者郑冲传下来的，并号称是当年孔安国整理注解的本子。这部书共五十八篇，包括《今文尚书》三十三篇（从原先二十八篇中析出五篇）、《古文尚书》二十五篇。由于后来得到朝廷的认可，梅赜所献尚书得到正统地位。在唐代，唐玄宗命卫包将这部《孔传古文尚书》的很多古体字改成楷书，在开成二年（837年）刻石，即"唐石经"，也叫"开成石经"，成为后世版本的祖先。后代流传的都是这部书。

但到了宋代，以朱熹、吴棫、蔡沈为代表的学者开始质疑这部书的真实性，主要理由是此书部分篇章文体和文风与古文存在很大差别，文从字顺，并不佶屈聱牙。元、明、清这种质疑之声更甚，清代阎若璩在《古文尚书疏证》中甚至详列了一百多条证据，质疑《孔传古文尚书》的真实性。近现代学界大多沿袭了朱熹等人的观点，所以给梅赜版的《孔传古文尚书》加了个"伪"字，称为《伪孔传古文尚书》。2005年中华书局出版了顾颉刚、刘起釪的《尚书校释译论》，对《今文尚书》二十八篇进行了校译和翻译，是当今通释尚书代表性著作。

2008年7月，赵伟国向母校清华大学捐赠了2388枚战国竹简（简称"清华简"）。经碳14测定证实，清华简是战国中晚期文物，文字风格主要是楚国的，清华简在秦之前就被埋入地下，未受到"焚书坑儒"的影响，所以能够最大限度地展现先秦古籍的原貌。在清华简中发现了多篇与《尚书》有关的内容。《金滕》《康诰》《顾命》等部分篇目有传世本，但文句多有差异，甚至篇题都不相同，更多的是前所未见的篇章。例如，《尚书》中的名篇《傅说之命》，即先秦文献引用的《说命》，和传世《伪孔传古文尚书》就不相同。经过认证，专家认为这批清华简中有失传多年的真正的《尚书》，并以此判断现今传世两千多年的《古文尚书》确系"伪书"。

静水认为这种推论逻辑并不严谨，因为这种观点存在的先决条件是对同一事件的记述只能有一个版本，但很明显，这种观点站不住脚，同一事件会被不同的人在不同时期记录、解读甚至杜撰，即使是先秦典籍也不例外，更何况战国时期还是个百家争鸣的时代。

以上是《尚书》的坎坷身世，《尚书》的传承本身就是一幅跌宕起伏的历史画卷，其间描摹出的自春秋以来中华大地的兴衰更迭更令人唏嘘不已。静水无意去考证《古文尚书》的真伪，悠悠千古，谁也没看见孔子所著之原书，也没有人见过《今文尚书》和《古文尚书》，谁又真的有一双慧眼能辨清哪个是真哪个是假？传承过程中偶有增减亦属正常。孔子当年不也是在几千篇"书"中只取百篇吗？即使梅赜真献了伪书，我们也要感谢其对真实部分的传承之功，全盘否定、大肆指责纯属"站着说话不嫌腰疼"。

不考证《古文尚书》的真伪并不等于不对《尚书》的内容进行考证。对《尚书》的内容进行考证时，最大的难点在于确定各篇文章产生的年代，由于《尚书》是孔子对在其之前两千多年文献的选编，并不是孔子的直接创作，所以各篇文章的书写方式和风格存在很大的差异。这些差异体现在以下几点：一是书写文字经历了从甲骨文、金文到籀文、篆文的演变；二是文字字义经历了从造字本义向引申义的转变；三是书写风格经历了从行文简练、字字表意向文风畅达、实词虚化的演变；四是书写工具经历了从兽骨、刻刀、青铜器到竹木简、丝帛、毛笔的演变。

不辨明这些差异，试图理解《尚书》就会"驴唇不对马嘴"。例如，对于一篇产生于尧舜时代用甲骨文书写的作品，我们以春秋时期"之乎者也"的方式去理解就会觉得无从下手，这也是读不懂《尚书》的主要原因。因此，读懂《尚书》首先就要把它放到正确的时代背景和语境下去理解。

那么我们如何去判断一篇文章产生的年代呢？静水认为，最重要也最直观的方式就是分析行文风格，甲骨文由于受书写工具的限制，行文极其简练，很少使用虚词，每一个字都表示具体的含义，并多用造字的本义，也很少会出现固定的词组，文义多体现为字义的直接叠加。及至春秋时期，书写已经方便了很多，出于易读的需求和对美的本能追求，文章开始变得丰满晓畅，出现了各种修辞手法，副词、介词、连词、助词、叹词等虚词被广泛使用，代词的种类也变得更加丰富，固定的词组开始出现。

与此同时，汉字也经历了从不规范向规范，从表意图形向标准笔画，从粗朴向精美的发展阶段。甲骨文大小不一、同一个字往往有多种写法，注重实物的特征，而笔画多少、正反向背却不统一，由于是用刀刻在较硬的兽骨或竹木简上，所以笔画较细，方笔居多。金文基本保留了甲骨文的字形，但书写更加规整美观。

籀文（大篆）进一步线条化和规范化，早期粗细不匀的线条变得均匀柔和、简练生动，字形结构趋向整齐，逐渐离开了图画的原形，奠定了方块字的基础。小篆产生于秦代，相对于籀文更加规整、简明，笔势圆整，偏旁也在一定程度上发生了变异和合并，图画性进一步减弱，汉字结构进一步固定。

隶书是汉字史上的一次里程碑式变革，被称为隶变，是古汉字向现代汉字演变的起点，回转的线条变为方折的笔画，横、竖、撇、捺、点、折等笔画成了构成汉字的基本元素，汉字结构基本固定下来。由于孔子是春秋时期人，所以其所编撰的《尚书》的原始文字应为甲骨文、金文、籀文。

据说《尚书》是孔子在三千多篇古文献中选编出来的，这些书包括《三坟》《五典》《八索》《九丘》，等等。孔安国在《尚书序》中说，《三坟》就是有关伏羲、神农、黄帝的书，《五典》就是关于少昊、颛顼、高辛、唐尧、虞舜的书，《八索》就是有关八卦之说的书，《九丘》就是九州之书，主要讲当时的行政区划、风土人情、地理物产等内容。

孔子的素材很多，静水也不知道他老人家选择的标准，不过不合乎他老人家三观的东西相信是不会入选的。辗转流传，最终我们这些晚辈们就只能看到这么多了。

写了这么多，忘了一个关键问题——到底什么是"书"。"书"字的甲骨文写作"𦘠"，金文写作"𦘠"，从字形上看，上半部分是一只手握着笔，下半部分是"口"字，金文字形在笔的下面还多了些线条和点表示书写的内容，"书"字的本义应是用笔记录口中言说的内容。《尚书》以"书"为名正是用了"书"的本义。

《书》可以认为是一部记言体史书，它的内容主要是记录帝王和大臣们的话，孔子把它取名叫"书"正是对其体例的反映。明白这一点，对我们理解《尚书》非常重要，至少在很多地方不会断错句。我们还可以知道，"书"是一种泛称，孔子选编以后，很可能是起了一个区别于其他书的名字，"尚书"就是一个很可能的名字。"尚"字咱们在"黄帝和他的大臣们：我们是有组织的"一章中讲过，是散开、摊开，尤指在一定高度散开、摊开的意思。所以，"尚"代表了一种广度，在这里可以解释为广采博取。想想孔子在三千多部书中的艰难选择，我们就能理解了。传统观念认为"尚"就是"上"，因此将《尚书》说成是上古之书、君上之书、尊崇之书，静水认为是不恰当的，否则的话直接写成"上书"不就好了，何必这么费事。

在《尚书》中我们经常在句首看到"曰若稽古"四个字，"曰若"这两个字在古代又被说是"粤若""越若""雩若"，并据此说"曰""粤""越""雩"在古代通用。静水认为这种说法有点牵强附会，这四个字从字形上看就不相关，充其量也就是读音相似。但或许正是这种不相关的附会让人无法理解了，所以我们现在看到对"曰若"的解释就是"句首发语词，无意义"。无意义？古人为什么要在甲骨上辛辛苦苦刻画两个无意义的字呢？即使现在的会议记录也不会把领导说的"嗯""啊""这个""那个"这些所谓的句首发语词记录下来吧。

我们还是回到甲骨文上进行理解，"曰"字的甲骨文写作"ᗺ""ᗽ"，金文写作"ᗺ"，从字形上看，是在"口"字上加一短横，表示用嘴出，因此有说、言说的意思。"若"字在"继承者们：谜一样的男人们"一章中讲过，造字本义为信奉农耕的文明人或者文明人信奉农耕。所以"曰若"的意思应为言说信奉农耕的文明人。

那为什么要讲述文明人呢？这就要看"稽古"两个字了。"稽"字的甲骨文字形未找到，金文写作"𩒹"，从字形上看，左半部分的上部是一个弯着腰的人，下部是"口"字，右半部分是"页"字的金文，"页"字之前讲过，是智者的意思，所以"稽"字的本义应为向智者恭敬地说话，相当于稽首的意思。"古"字的甲骨文写作"ᗄ"，金文写作"ᗄ""ᗄ"，上半部分是"十"字，下半部分是"口"字，"十"字在"数字迷云：测天工具的使用说明书"一章中讲过，是灵台之上的那个"测天之干","古"字的本义应为天干所言。

"稽古"的意思应为尊奉天干所言,说得更文雅一些就是尊奉天道。再把"曰若"两个字加上,这四个字的意思就是:讲述信奉农耕的文明人(如何)敬稽天道。

可见,用甲骨文、金文解释,原本看起来无关紧要的四个字竟然是开篇的点睛之笔,静水的心池也被这四个字激起了层层涟漪。

尧是怎样炼成的：强者的责任与担当

终于到了选择接班人的时候了，看着治下之地欣欣向荣的景象，帝喾品味着这个幸福的烦恼。他知道随着各部族的迁徙融合以及疆域的扩张，继承者的选择不能再沿用东西轮流主政的制度了，正如"传爻者：走得更稳"一章中提到的，帝喾最终选择了出自精通农业、畜牧业、制造业并且强悍勇武处于统治地位的姬訾部族人——挚，作为自己的接班人。这个选择在当时看来无疑是英明的，但是仅仅九年之后，尧就取代了挚成为天下共主，并被后世奉为帝王的楷模，尧究竟是怎样炼成的呢？

相传，尧是接受了挚的禅让而登上帝位的。《史记·五帝本纪》载："帝喾崩，而挚代立。帝挚立，不善，而帝放勋立，是为帝尧。"《帝王世纪》载："帝挚之母，于四人中，班最下。而挚于兄弟最长，得登帝位。封异母弟放勋为唐侯。挚在位九年，政微弱。而唐侯德盛，诸侯归之。挚服其义，乃率群臣造唐而致禅。唐侯自知有天命，乃受禅，乃封挚于高辛。" 大致意思都是挚登上帝位后做得并不好，自知德行能力不够，于是把帝位禅让给了尧。

至于这种禅让是自愿还是无奈，咱们还是要从他的名字说起。"挚"字的甲骨文写作"📜"，由"📜""📜""📜"三部分组成，"📜"是两支相背的箭的形状，咱们在讲黄帝的时候曾经说过，"黄"字就是表示携带天道信息的令箭，所以这种令箭本身就是权力的象征；"😀"似一个躬身屈膝双手呈奉的人，"🖐"代表着用手抓住，从字形上看，"挚"字义为被人用手从后面抓住恭敬地交出权力。特别要注意这个"🖐"字，代表着强制执行，所以从挚的名字来看，这种政权的交接并不似后世流传的禅让那样温情脉脉，而是出自某种强制。这里需要重申，"挚"是后来人对挚的称呼，并不是挚的本名，至少不是挚在帝位时的称呼。

那么又为什么把尧称为"尧"呢？"尧"字的字义在"黄帝和他的大臣们：我们是有组织的"一章中讲过，是肩负让土地生长出作物之责的人。尧，据说名放勋，这主要出自《尚书·尧典》开头的"曰若稽古帝尧曰放勋"，传统的断句方式是"曰若稽古帝尧，曰放勋"，翻译成白话文就是"查得古时候有个帝尧，名叫放勋"。那么问题来了，"曰若稽古"在"《书》到用时方恨少：读真《书》与真读《书》"一章中讲过，义为"讲述信奉农耕的文明人（如何）敬稽天道"，是篇首的点题之句，是一个完整的句子，如果和"帝尧"放在一起则解释不通，应该和后面的"帝尧曰放勋"分开。

那么"帝尧曰放勋"应该怎么断句呢？别忘了，《尚书》是一部书，书是用笔记录言语的意思，《尚书》是一部记言体史书，从后面的各篇内容看也确实如此。如果把"帝尧曰放勋"作为一个整句看，后面内容的断句一般认为是"钦、明、文、思、安安，允恭克让，光被四表，格于上下。克明俊德，以亲九族。九族既睦，平章百姓。百姓昭明，协和万邦。黎民于变时雍"。

这样第一段就变成了对尧的赞颂之语，这不但和"曰若稽古"无法衔接，而且也不太符合"书"的体例。因此，正确的断句方式应该为"帝尧曰：放勋钦明，文思安安……"于是《尚书·尧典》的第一段就是记录尧说的话。而这段话正是尧关于"若稽古"的总纲，这一点将在后文中详述。

分析了这么久，我只想说明一点——司马迁他们都错了，尧根本就不叫放勋。之所以出现这种误读，是因为很久以来人们并不是用甲骨文的语境去解读《尚书·尧典》的。

尧又被称作唐尧或者陶唐氏。这两个称谓的得来和尧的经历密切相关。关于尧的活动区域，学术界存在较大争议，主要有"河北唐县说""山东说""晋南说"，其实这些地方都是尧到过的地方。

尧出生于今河北省保定市唐县，与望都县毗邻，这一带是陈锋氏的核心活动区域，尧出生在这里应该是一种很合理的说法。据说尧少年时期辅佐挚理政并受封于陶，陶位于今山东省菏泽市定陶区，这里位于少昊、颛顼、帝喾三代的核心控制区，"辅政说"也应确有其事。但是尧在中央政权辅政的时间并不长，仅仅两年以后就改封于唐地，也就是尧的出生地。静水认为此地的得名很可能和尧的辅政经历有关。

"唐"字的甲骨文写作"🅒"，金文写作"🅓"，上半部分是"庚"字，下半部分是"口"字。"庚"字在"从时间说起：天干地支考"一章中讲过，是"天干"的选材过程，"唐"字的本义应为言说天干（如何）选材，天干在远古时期是帝权的象征，主持这种选材过程的人一定是领导集体的重要人物。至于为什么尧会离开陶，我们不得而知，可能是尧自己的选择，也可能是挚感受到了尧的威胁，而将其排挤出核心政权。

尧回到出生地后，并没有安坐家中不问世事，而是进行了一系列的迁徙活动，当然也可以称为扩张。首先从唐地向西，穿过太行峡谷，进入今山西境内，并沿滹沱河支流乌河、温川河，汾河支流杨兴河，继续向西南跋涉，来到了汾河中游的河谷地带，即今太原盆地，并初都于晋阳，建唐城。然后顺汾河南下，进入平阳（今临汾市），并迁都于此。

尧所经过的地区并不是无人居住的蛮荒之地，其迁徙过程必然伴随着融合和战争，《逸周书·史记》中记载："昔者西夏，性仁非兵，城郭不修，武士无位，惠而好赏，财屈而无以赏。唐氏伐之，城郭不守，武士不用，西夏以亡。"爱好和平的西夏部族被尧无情地灭掉了，而西夏所居之地据说就是尧后来的建都地——平阳。经过一系列扩张，尧部族的实力和尧的能力得到了很多部族的认可，自然也就"唐侯盛德，诸侯归之"了。

关于尧迁徙的原因主要有两种说法：一种说法认为，当时海河流域水患猖獗，尧是为了躲避水患才迁徙的；另一种说法认为，尧是为了避免东夷部族的侵扰而迁徙的。静水认为前一种说法虽然有可能，但绝对不是主因，因为陈锋氏活动的区域本就是山峦丘陵地带，受水患的影响应该较平原地区弱。后一种说法好像更说不通，陈锋氏本就以武力见长，而且还有曾在中央政权担任过要职的尧当领袖，逃跑恐怕不是他们的性格。真正的原因可能是以尧为领袖的陈锋氏部族逐渐壮大，而唐地山多地少，无法满足部族的需要，因此必须走出去。当然走也不能瞎走，比如向帝挚的核心控制区扩张就不太可能，最后尧选择了向西，进入山西。

正因为尧生于河北唐县，辅政于山东定陶，建都于山西晋阳，因此三地都认为尧与己有关。也因此尧又被称作唐尧或陶唐氏。

此消彼长，尧的日子过得风生水起，帝挚的影响力却直线下降，日子过得一天不如一天，终于过不下去了，于是所谓的"禅让"便发生了。帝挚就这样退出了历史舞台。

接受禅让的尧压力很大，天下"诸侯"眼巴巴地看着，没两把"刷子"如何服众？于是尧开始进行政治改革，改革和测算推演历法同时进行。中国对于历法的测算主要基于对日月五星等天体的观测，而不是基于对精确的天体运行几何模型的探索，没有精准的几何模型就很难算准，算不准就得靠观测去修正。古代的平民百姓很难有这种观测条件，所以这种对"天道"的观测就成为皇家的专利，历朝历代概莫如此。

《尚书·尧典》中是这样描述尧这种通过测算历法而进行的政治改革的："乃命羲和钦若昊天历象日月星辰敬授民时分命羲仲宅嵎夷曰旸谷寅宾出日平秩东作日中星鸟以殷仲春厥民析鸟兽孳尾申命羲叔宅南交平秩南讹敬致日永星火以正仲夏厥民因鸟兽希革分命和仲宅西曰昧谷寅饯纳日平秩西成宵中星虚以殷仲秋厥民夷鸟兽毛毨申命和叔宅朔方曰幽都平在朔易日短星昴以正仲冬厥民隩鸟兽氄毛帝曰咨汝羲暨和期三百有六旬有六日以闰月定四时成岁允厘百工庶绩咸熙"。是不是读晕了呀？静水故意没有断句，因为断句是个"技术活"，下面开始。

第一句"乃命羲和钦若昊天历象日月星辰敬授民时"，传统断句方式将其断句为"乃命羲和，钦若昊天，历象日月星辰，敬授民时"，这很明显不符合"书"字记言的本义，所以静水将其断句为"乃命羲和：

'钦若昊天，历象日月星辰，敬授民时。'"

"乃"字的甲骨文写作"㇆""ᠵ"，金文写作"ᠵ""ᠵ"，一般解释为"于是"，这里将"乃命"解释为"于是（尧）命令"，"乃"在这里作连接词使用。静水认为这与甲骨文的写作方式不符，甲骨文字字达义，是不需要连词的。从"乃"字的甲骨文和金文字形上看，很像一段弯曲的绳子或套索，由于绳子有把东西捆在一起的功能，所以"乃"字引申为一起、共同、总、全的意思。

这就能和后面的"分命"对应上。"分"字的甲骨文写作"⑾"，金文写作"⑾"，由"刀"字和"八"字组成，是用刀分开的意思，可解释为"分别、另外"。所以"分命"是另外命的意思，"乃命"是总命的意思。"命"字的甲骨文写作"⑪"，金文写作"⑯"。上半部分是一个向下的"口"字，就是向下说话，下半部分是一个跪坐的人，金文又在人旁加上一个"口"字，表示接受命令，"命"字的本义为命令。

"羲"字在"伏羲和女娲：'人面蛇身'成繁华"一章中讲过，代表畜牧业和军事。"和"字的甲骨文字形未找到，金文写作"⑭""⑭"，由"木"字或"禾"字与"口"字组成，可以理解为言说农作物或宣传农作物种植的意思。从后文的内容来看，羲、和应该是尧时代两个重要的官职，羲主管畜牧和军事，和主管农业。

"钦"字的金文写作"⑱"，左边是"金"字，右边是一个张大嘴巴的人。"金"字的甲骨文字形未找到，金文写作"⑯""⑯"，上半部分是开口向下的"口"，表示包含，下半部分是"土"，周围还有一些点状物，表示土里的矿物颗粒，"金"字的本义应为包含在土里的矿物颗粒，因此有金属的意思。张大嘴巴表示大声说话，"钦"字的字面意思是用金属（制品）大声说话，由于在远古时期，金属经常被用来制造乐器、礼器或武器，因此可以把"钦"字理解为大力宣扬。

"若"字在前文中讲过，本义为信奉农耕的文明人。"钦若"的意思就是向信奉农耕的文明人大力宣扬。"昊"字是脑子里装着"日"的大人。"天"字表示天空。"昊天"的意思就是把天道的观念装在大人的脑袋里，"大人"一般指领袖或者官员。

"历"字的繁体字有四种写法，分别是"歷""歷""曆""曆"。

"歷"和"曆"的甲骨文写作"&"、"&",金文写作"&",从甲骨文的字形上看,上半部分是两个禾或木,表示农作物或丛林,下半部分是"止"字,表示行走,"歷"字和"曆"字的甲骨文可以理解为穿过丛林或农田。金文在甲骨文字形的基础上加上厂字头,表示山崖,"歷"字和"曆"字的金文义为经过山崖、丛林或农田。所以"历"字有经过的意思。

"曆"和"曆"字的甲骨文字形未找到,金文写作"&",将"&"下面的"止"字替换为"日"字,可以理解为太阳所经过的地方,后来引申为推算年、月、日和节气的方法,称为历法。结合后面的"象日月星辰","历"字在这里应取历法的意思。

"象"字的甲骨文写作"&",金文写作"&",很明显,这就是一头大象,因为大象体型庞大,颇有震撼力,所以古人以象来指代万物之形,引申出形状、样子的意思。日指太阳,月指月亮,星指星星。"辰"字在"从时间说起:天干地支考"一章中讲过,本义是指东方苍龙七宿在春分时节的星象,由于东方苍龙七宿的重要性,因此"辰"字又用来指代星宿,现在又用作对日、月、星的总称,这里应取星宿之义。"历象日月星辰"可以解释为:按照太阳、月亮、星星和星宿的天象来编制历法。

"敬"字的甲骨文字形未找到,金文写作"&""&"。"&"是"羌"字的甲骨文,在"少典之变:帝出东方"一章中讲过,"羌"是不文明或者不臣服的牧羊人。"&"似手拿短棍,通常表示管教、指导。有的字形加上"口"字,表示言说。"敬"字的本义应为指导、管教、劝导还未归化的游牧部族的人。

"授"字的甲骨文写作"&",金文写作"&",甲骨文字形由"&"和"&"组成,"&"是"舟"字的甲骨文,"&"是两只手,金文字形继承了甲骨文字形,"授"字的本义应为交接用船运送来的货物,引申为给予或接受的意思。

"民"字的甲骨文写作"&",金文写作"&",从字形上看,就是一只盯着"|"的眼睛,"|"是"十"字的金文,在"数字迷云:测天工具的使用说明书"一章中讲过,"十"代表测天之干,"民"字的本

义应为关注时令的人，因为远古时期这种时令信息来自"中央"，所以"民"又有服从中央命令的意思。

"时"字的甲骨文写作"𣅊"，上半部分是"之"字，下半部分是"日"字，"时"字本义应为太阳的运行，引申为时间。"敬授民时"可以解释为：教导未归化的游牧部族，向关注时令的人们传达时间的信息。

于是，"乃命羲和：'钦若昊天，历象日月星辰，敬授民时。'"可以解释为"总命令羲和们：'（你们要）大力宣扬农耕，把天道的观念装进官员和部族领袖的脑子里，按照太阳、月亮、星星和星宿的天象来编制历法，教导未归化的游牧部族，向关注时令的人们传达时间的信息。'"尧先向羲和们交代了整体工作，下面要进行具体分工了。

"分命羲仲宅嵎夷曰旸谷寅宾出日平秩东作日中星鸟以殷仲春厥民析鸟兽孳尾"，断句为"分命羲仲：'宅嵎夷，曰旸谷，寅宾出日，平秩东作。日中星鸟，以殷仲春。厥民析，鸟兽孳尾。'"

先解释什么是"羲仲"，前文说过"羲"是官名，不仅有正职，而且还有副职，"仲"字的甲骨文写作"中"，金文写作"中"，很明显就是标识一个棍子的中间部位，在表示排序的时候，伯或孟通常表示老大，仲经常接在伯或孟的后面，表示老二，"羲仲"就是第一副羲。

"宅"字的甲骨文写作"𠂎"，金文写作"𠂎"。上半部分是"六"字，在"数字迷云：测天工具的使用说明书"一章中讲过，是夏至时节日影的形状，因为这种形状和远古时期房屋的样子很相似，所以也代表房屋，这里理解为"观测天象的建筑"似乎更合适。下半部分是"七"字，代表春分时节的日影，由于春分是进行农业生产的最重要的节令，因此用"七"来代表农时，"宅"字可以理解为修建建筑以测定农时，后来引申为住所、房子、居、住等义。

"嵎"字的甲骨文和金文字形都未找到。"禺"字的金文写作"𩲊"，由"鬼"字和"又"字组成。"鬼"字在"黄帝和他的大臣们：我们是有组织的"一章中讲过，是指生活在野外的未开化的人，加上"又"字就是指抓住未开化的人。"嵎"字在"禺"字的基础上加上"山"字，表示生活在山区，"嵎"字应指生活在山区的未开化的人。

"夷"字在"统一战争：斗地主的最终结局"一章中讲过，本义是矫正箭矢，后来代指生活在东部的未归化部族。"宅嵎夷"可以解释为：在东部夷族地区修建用于观测天象的建筑、测定时令，教导未开化的夷族民众。

"曰"字在前文中提到过，是说出的意思。"旸"字的甲骨文和金文字形都未找到，从简体字字形上看，"旸"字从"日"，从"𠃓"。"𠃓"的繁体字一般写作"昜"。"昜"字的甲骨文写作"旱"，金文写作"𠃓"或"𠃓"。从字形上看，"昜"字由"日"字和"示"字组成，"示"字在"黄帝和他的妃们：奇妙的部族融合之旅"一章中讲过，是把东西置于高处，放在高处有两个目的，一是表示尊重，二是为了让大家都看得到。因此"昜"字的本义是表示能看到太阳、关注太阳或尊崇太阳。

有的金文将下面的"示"字写作"𠃓"，"𠃓"字是"勿"字的甲骨文变体。"勿"字的甲骨文写作"𠃓"，金文写作"𠃓"，从字形上看，似一面两幅三游的旗帜。《说文解字》中记载："州里所建旗，象其柄，有三游，杂帛，幅半异。所以趣民，故遽称勿勿。""勿"是远古时期的一种旗帜，主要用于召集群众，相当于现在的信号旗，引申为聚众的意思。"日"放在"勿"上面就是召集大家关注太阳所传达的信息的意思，太阳所传达的信息用在农业生产上就是农时。

"谷"字的甲骨文写作"𠔼"，金文写作"𠔼"。下半部分是"口"字，上半部分的"𠔼"是谷穗的形状，表示谷穗，"谷"字的本义是人所吃的谷物，也就是粮食。因远古时期谷物多生长于河谷地带，所以"谷"字后来引申为两山间的夹道或流水道的意思。"日旸谷"可以解释为：告诉（大家）要关注太阳所传达的信息来进行农业生产。

"寅"字在"从时间说起：天干地支考"一章中讲过，是接受中央授时令箭的意思。"宾"字的甲骨文写作"𠖗""𠖗"，金文写作"𠖗""𠖗"，由"𠆢"和"𠃓"组成，有的还在下面加上代表行走的"止"字或者代表财物的"贝"字。"𠆢"代表用于观测天象的建筑，"𠃓"是在人字上加上一横，表示垂首的人，垂首表示恭敬，加上"止"字表示走入，注意这里的"止"字的脚尖方向是向上的，也就是走入"𠆢"，加上"贝"表示带着财物来，进一步强调恭敬。"宾"字可以理解为恭敬地来到观测天象的建筑，因此"宾"字后来引申为客人的意思。

"出"字的甲骨文写作"㞢"，金文写作"㞢"。从字形上看，由倒着写的"∩"和"止"字组成，也就是脚尖向着"∩"的外面，因此表示离开观测天象的建筑，引申为从里面到外面、离开等义。"寅宾出日"可以解释为：接受中央授时的令箭，恭敬地来到观测天象的建筑前，（然后）走出去（传达）太阳所示的信息。

"平"字的甲骨文字形未找到，金文写作"乎"，由"七"字、"八"字和上面的一横组成，"七""八"分别表示春分和秋分时的日影，加上一横表示校准或者平复历法。不要小看了平复历法的作用，以远古时期的观测水平，不及时进行校准，要不了多少年就会产生很大的偏差，用这种不准确的历法指导农时会出大问题的，所以后面接了"秩"字。

"秩"字的甲骨文和金文字形都未找到，从简体字字形上看，从"禾"，从"失"。"失"字的甲骨文字形未找到，金文写作"𠦪""𠦪"，左上角是"手"字的甲骨文，右下角与手连接的竖表示从手中掉落，"失"的本义应为失去、丢失。加上"禾"字就是丢失禾，"禾"字义为农作物，"秩"字的意思就是失去农作物。"平秩"的意思是平复导致农作物减产或绝产的不当历法。

"东"字在"空间哲学：盘古有真相"一章中讲过，是挂着猎物的木棍，泛指物资，后来被用来表示方向。"作"字的甲骨文写作"𠂉"，金文写作"𠂉""𠂉"，从字形上看，很像犁地用的蹚头或者铧，有的金文字形加上戈状物和"又"字，表示犁地的动作，"作"字的本义是耕地，引申为劳作、制造、进行某种活动等义。"东作"的意思是东部的农业生产。"平秩东作"可以解释为：平复导致农作物减产或者绝产的不当历法，指导东部的农业生产。

那么要怎样"平秩"呢？尧首先说了四个字"日中星鸟"。古代用立竿测影法测定时节，这里的"日中"，以及后文的"日永""宵中""日短"都是指日影变化的图形。在"数字迷云：测天工具的使用说明书"一章中讲过，春分、秋分一天日影变化图有两个显著特点：一是清晨和傍晚日影的投射组成的图形基本在一条直线上，呈水平均分状态；二是日影在正午的长度大致处于一年中正午日影最长时的一半。

因此从理论上讲，春分日和秋分日都可以称为日中，但还是有区别的：春分日后，白天越来越长，也就是看见太阳的日子越来越长；秋分日后，天气转凉，雨水渐少。这里正是根据这个规律，把春分日日影图称为日中，而把秋分日日影图称为霄中，"霄"字将在后文讲述。

下面说说"星鸟"，关于星鸟是什么星，历代说法不一，如东汉学者郑玄、马融认为它应是南方朱雀七宿中的某个星宿，而唐代的孔颖达则认为是指整个南方朱雀七宿。从后文的"星虚""星昴"来看，分别指北方玄武七宿中的第四宿虚宿和西方白虎七宿中的第四宿昴宿。静水认为郑玄、马融的说法似乎更恰当，并且很可能就是南方朱雀七宿的第四宿星宿。

在"龙的传人：飞龙在天亦在心"一章中大致讲过四象和二十八宿的由来，南方七宿被称为"朱雀"，状如一只大鸟，包括井、鬼、柳、星、张、翼、轸七个星宿。其中"星"宿共有七颗星，也被称为七星，最亮的是星宿一，是一颗二等星，是南方朱雀七宿中比较亮的一颗星，因此也较适宜观察。所以"星鸟"就是观察南方朱雀七宿的位置。

"日中"指的是春分日白天观测的对象，"星鸟"是指晚上观察的对象。这样昼夜结合，才能较为准确地校准时令。

"以"字在"传爻者：走得更稳"一章中讲过，本义是一种农具——犁铧，因犁铧的劳动效率要比单人使用耒耜高得多，当时是一种先进的农具，因此又代指先进的耕作方式。由于"以"的使用价值，因此引申出用、使用之义。

"殷"字的甲骨文写作"𣪍"，金文写作"𣪘""𣪘"。从甲骨文字形上看，一边是腹部隆起的人，另一边是拿着带有指向箭头的棍状物的手，箭头明确地指向肚子，表示手触摸的部位。"殷"字的造字来源应为用手抚摸隆起的腹部，有的金文在上面加上"冖"，表示在屋内抚摸。隆起的腹部通常表示怀孕，金文字形在腹部加上一点，表示里面孕育着胎儿，抚摸表示对胎儿的保护和关爱，保护胎儿是为了使其顺利降生，有深切关爱的意思。这里正是使用"殷"字的这层意思来表示对"仲春"节令的殷切关注之情。仲春就是春天的中间，代表春分。"以殷仲春"可以解释为：用来殷切关注春分节令的时间。

"厥"字的甲骨文和金文字形都未找到，篆文写作"厥"。由"厂""屰""欠"三部分组成。"厂"一般表示山崖，"屰"参照"朔"字的甲骨文，写作"屰"，是一个倒着写的"大"字，表示不服从的大人，也就是逆行者的领袖。"欠"是"欠"字，似一个大大张着嘴巴的人，表示大声说话。"厥"字的本义是生活在山崖下并大声咆哮的不服从者。"民"字在本章前文讲过，指关注时令信息的人或服从中央命令的人。

"厥"和"民"是两个相对的字，"厥"是指未归化的生活在山崖下的野蛮人，"民"是指归化的服从中央命令并从事农业生产的人。"析"字的甲骨文写作"析"，金文写作"析"，左边是"木"字，右边是"斤"字。"斤"是一种类似于斧头的砍凿工具，"析"字的本义是用"斤"砍树，引申为分开的意思。"厥民析"可以解释为：分清不服从的野蛮人和服从的文明人，从而实现从"厥"向"民"的转化。

"鸟"字的甲骨文写作"鸟"，金文写作"鸟"，是飞鸟的意思。"兽"字的甲骨文写作"兽"，金文写作"兽"，从字形上看，似一只爬在树干上的四足有尾的动物。有的解释认为"兽"字原来是一个动词，左面是打猎用的投弹器，右面是犬，就是带着狗打猎的意思。

静水认为不妥，原因有三：一是与甲骨文字形不符；二是甲骨文中有"猎"字代表打猎；三是"单"字也不表示投弹器，投弹器在甲骨文中用"弹"表示，也就是现在的"弹"字，这个是不是更形象啊！"兽"字的本义就是现在所说的走兽。

"孳"字的甲骨文字形未找到，金文写作"孳"，中间是"子"字，两边用丝拴着，表示与生子有关，与生子有关就是繁殖的意思。"尾"字是尾巴的意思，因为飞鸟和走兽的生殖器官多在尾部附近，所以"尾"又可引申为交配的动作，如交尾。"鸟兽孳尾"可以解释为：飞鸟和走兽（开始）交配繁殖。这是描述春分前后动物的行为。

于是，"分命羲仲：'宅嵎夷，曰旸谷，寅宾出日，平秩东作。日中星鸟，以殷仲春。厥民析，鸟兽孳尾。'"可以解释为"另外命令羲仲：'（你要）在东部夷族地区修建用于观测天象的建筑、测定时令。教导未开化的民众接受中央授时的令箭，恭敬地来到观测天象的建筑前，然后走出去传达太阳所示的信息。平复导致农作物减产或者绝产的不当历法，指导东部的农业生产，通过观察日影居中的日象以及南方朱雀七宿在天空中的位置，来确定春分的准确时间。分清蒙昧和文明，使其从不服从中央命令的蒙昧部族转化为服从中央命令并从事农耕生产的文明部族。春分时节，飞鸟和走兽开始交配繁殖。'"

"申命羲叔宅南交曰明都平秩南讹敬致日永星火以正仲夏厥民因鸟兽希革"，断句为"申命羲叔：'宅南交。平秩南讹，敬致。日永星火，以正仲夏。厥民因，鸟兽希革。'"

"申"字在"从时间说起：天干地支考"一章中说过，似农作物枝蔓伸展，开始结出果实的样子，因其伸展的样子，这里引申为进一步、再的意思。"叔"字的甲骨文字形未找到，金文写作"㞢"。从字形上看，似用手提起薯类植物，一株薯类植物上通常长着几个块状茎，"叔"和"仲"一样，也是表示排序的字，因为数量多，所以排在仲的后面表示老三。表示排序的字还有季，"季"字的甲骨文写作"季"，由"禾"字和"子"字组成，也就是禾的种子，禾的种子数量更多，所以成为对老四或者老幺的称呼。"申命羲叔"可以解释为：接着命令第二副羲。

"交"字的甲骨文写作"交"，金文写作"交"，从字形上看，似两腿相交的人，这很容易让人想到跷着二郎腿，一脸不服的样子。从上文"嵎夷"是对东方夷族人的称谓来看，"南交"应该是对南方未归化部族的称呼。"宅南交"可以解释为：在南方未开化部族地区修建用于观测天象的建筑，测定时令，教导民众。

"讹"字的甲骨文和金文字形都未找到，篆文写作"䚯"，由"言"字和"化"字组成。"化"字的甲骨文写作"化"，金文写作"化"，由背对背的一个头朝下一个头朝上的人组成，表示不同状态的变化，因此"化"字是变化的意思。"讹"就是言说变化。"平秩南讹"可以解释为：根据南方的（气候）变化情况平复历法。

"敬"字在本章前文讲过，本义为指导、管教、劝导还未归化的游牧部族人。"致"字的甲骨文写作"致"，金文写作"致"，由"至"字和"人"字组成，金文字形在"人"字下面加上了"止"，表示行走。

"至"字上半部分是一支箭镞朝下的箭，下半部分是一横，表示箭已射到目标，有"到"的意思。"致"表示人来到。"敬致"可以解释为：教导未归化的游牧部族人，让他们接受文明的生活方式。

"永"字的甲骨文写作"𣱛"，金文写作"𠄖"，从字形上看，似人在河水中顺流而游，引申为持续不断、长、久远等义。"日永"就是白天最长的日子，也就是夏至日。"星火"是指东方苍龙七宿中的心宿二，又被称为大火星，我们常说的"七月流火"中的"火"就是这颗星。中国古代也曾以大火星在不同时间出现在天空中不同地方的规律，制定过历法，称火历纪时。

"七月流火"就表示七月大火星开始逐渐向西方滑落、下坠，天气开始转凉，这是出自《诗经·国风·豳风·七月》中的一句话，豳是周族在商朝时期的迁居地，比尧时期至少晚了一千年，由于岁差，尧时期大概"流火"的时间要比《诗经·国风·豳风·七月》中"流火"的时间早半个月左右。

"日永星火"可以解释为：根据一年中白天最长的时间以及大火星在夜空中的变化情况来确定夏至日。

"正"字的甲骨文写作"𠙵"，金文写作"𤴓""𤴓""𤴓"。甲骨文字形上面的方框一般代表城邑，下面的"止"字代表行走，金文字形将上面的方框实体化或者改为一横、两横，更强调方向。"正"字的本义是向着目标行进，引申为正确、纠正，这里可视为校正。"仲夏"在这里指夏至。"以正仲夏"可以解释为：用以校正夏至日的准确时间。

"因"字的甲骨文写作"囚"，金文写作"囚"，从字形上看，里面是大字，外面是闭合的方框，也就是大人被围困、约束之意。"厥民因"可以解释为：约束南交部族首领的行为，从而使其从不服从中央命令的蒙昧状态转变为服从中央命令并从事农耕生产的文明状态。

"希"字的甲骨文和金文字形都未找到，篆文写作"希"，上面是两个叉，表示交错，下面是"巾"字。"巾"字在"黄帝和他的大臣们：我们是有组织的"一章中讲过，是几条系挂在一起的布条或皮革。"希"字的造字本义为如巾那样稀疏交错着。

"革"字的甲骨文字形未找到，金文写作"革"，从字形上看，两边的"㇇"表示双手，代表剥兽皮的动作，中间的"𦣻"代表动物的头、躯干和尾巴，"革"字的本义为剥兽皮，由于其整体字形又如一张剥下来的兽皮，也用来表示用动物的皮制成的皮革。"希革"义为皮革上覆盖着稀疏的羽毛，也就是羽毛稀疏的意思。"鸟兽希革"可以解释为：飞鸟和走兽羽毛稀疏。

于是，"申命羲叔：'宅南交。平秩南讹，敬致。日永星火，以正仲夏。厥民因，鸟兽希革。'"可以解释为"再命令羲叔：'（你要）在南方未开化部族地区修建用于观测天象的建筑，测定时令，教导民众。根据南方的气候的变化情况平复历法。让未归化的游牧部族接受文明的生活方式，根据一年中白天最长的时间以及大火星在夜空中的变化情况来确定夏至的准确时间。约束南交部族的行为，使其从不服从中央命令的蒙昧部族转化为服从中央命令并从事农耕生产的文明部族。夏至的时候，飞鸟和走兽的羽毛都很稀疏。'"

"分命和仲宅西曰昧谷寅饯纳日平秩西成宵中星虚以殷仲秋厥民夷鸟兽毛毨"断句为"分命和仲：'宅西，曰昧谷。寅饯纳日，平秩西成。宵中星虚，以殷仲秋。厥民夷，鸟兽毛毨。'"

有了前面的基础，这一段就容易解释多了。"分命和仲"就是另外命令第二副和。"宅西"就是在西部修建用于观测天象的建筑，测定时令。这里有一点要注意，"西"的后面没有接类似于"交"和"夷"这样称呼未归化部族的字，很可能是因为西部的关中平原本就是农耕文明的发源地，那里是自己人。

"昧"字的甲骨文字形未找到，金文写作"𣅱"，从字形上看，上面是"未"字，下面是"日"字。"未"字在"从时间说起：天干地支考"中讲过，是农作物生长茂盛的样子，下面接"日"字，表示太阳与农作物生长的关系。"曰昧谷"可以解释为：告诉他们太阳和农作物生长的关系，以生产粮食。

"饯"字的甲骨文和金文字形都未找到，篆文写作"䬷"，左面是"食"字，右边是两个"戈"字，又有食物，又有武器，就是既富又强的意思。"纳"字的甲骨文字形未找到，金文写作"内"，这个字和"宾"字的甲骨文字形很相似，只不过"宾"字里面的人是侧身垂首状，而"纳"字里面的人是正面站立的。看看，对于西部自己人和东部、南部外人的称谓都不一样。"寅饯纳日"可以解释为：接受中央授时的令箭，使自己变得更加富强，来到观测天象的建筑前接受太阳所示的信息。

"成"字的甲骨文写作"㦵"，金文写作"成"。甲骨文字形由"戌"字和代表城池的方框组成。"戌"字在"从时间说起：天干地支考"中讲过，是指农作物收获后的状态。收获后就会有粮食，"成"字的本义是指收获了粮食的城邑，金文中"戌"字更明显，将方框作了简化，强调收获粮食，也就是获得收成。后来引申为做好、做完的意思。"平秩西成"可以解释为：平复使农业绝产或减产的历法，让西部的城邑获得好的收成。

"霄"字的甲骨文和金文字形都未找到，篆文写作"霄"。上半部分是"雨"字，下半部分是"肖"字。"肖"字的甲骨文字形未找到，金文写作"肖"。由"小"字和"肉"字组成，本义是小的肉块或将肉切成小块。"霄"应为雨变小，也就是雨水变得稀少的意思。"中"与"日中"的用法相似，表示白天和夜晚的时间一样长，秋分日后雨水变少，故用"霄中"表示秋分日。"星虚"是指北方玄武七宿的第四宿——虚宿。"霄中星虚"可以解释为：观察日影居中的日象以及虚宿在天空中的位置。

"以殷仲秋"可以解释为：用以判定秋分时令的准确时间。

前文说过"夷"字的本义是矫正箭矢，这里指矫正不服从的行为。"厥民夷"可以解释为：矫正不服从者的行为，使其从不服从中央命令的蒙昧状态向服从中央命令并从事农耕生产的文明状态转化。

"毪"字的甲骨文和金文字形均未找到，篆文写作"毪"。由"毛"字和"先"字组成，"先"字在"黄帝和他的大臣们：我们是有组织的"一章中讲过，指前面或者前进，毛前进就是毛生长。"鸟兽毛毪"可以解释为：飞鸟和走兽的羽毛开始生长。鸟兽为了冬季御寒，会在秋季长出新毛，"毛毪"就是指这个过程。

于是，"分命和仲：'宅西，曰昧谷。寅饯纳日，平秩西成。霄中星虚，以殷仲秋。厥民夷，鸟兽毛毪。'"可以解释为"另外命令和仲：'（你要）在西部修建用于观测天象的建筑，测定时令，告诉他们太阳和农作物生长的关系，以生产粮食。接受中央授时的令箭，使自己变得更加富强，并来到观测天象的建筑前接受太阳所示的信息。平复使农业绝产或减产的不准确历法，让西部城邑获得好的收成，通过观察日影居中的日象以及虚宿在天空中的位置，来确定秋分的准确时间。矫正不服从者的行为，使其从未开化的蒙昧状态转变为文明状态。秋分的时候，飞鸟和走兽的羽毛开始生长。'"

"申命和叔宅朔方曰幽都平在朔易日短星昴以正仲冬厥民隩鸟兽氄毛"断句为"申命和叔：'宅朔方，曰幽都。平在朔易。日短星昴，以正仲冬。厥民隩，鸟兽氄毛。'"

"申命和叔"释为再命令第二副和。"朔"字的甲骨文字形未找到，金文写作"𣍶"。左边是一个倒着的箭矢形状，表示逆、回来。右边是"月"字，表示月亮。月有阴晴圆缺，古代用朔、望、晦来表示这种圆缺变化。将农历的每月初一称为朔日，十五称为望日，每月最后一天称为晦日。之所以称初一为朔日，就是取其月亮回来之义。"方"字在"黄帝和他的妃们：奇妙的部族融合之旅"一章中讲过，本义是用刀加工器物，引申为一边、方向等义。

这里用"朔方"来称呼北方部族都是用的引申义：朔日月光昏暗，但是后面会逐渐变亮，这里用来比喻北方部族虽然现在还未开化但是发展方向是好的；"方"字用来表示北方部族还需要加工雕琢。"宅朔方"可以解释为：北方部族虽然还未开化，但是正在向好的方向发展，还需要进一步雕琢，在他们的区域修建用于观测天象的建筑，以测定时令。

"幽"字的甲骨文写作"𢆶"，金文写作"𢆶"，从字形上看，下面是"火"字，上面是"丝"字，当然也可以理解为两个"幺"字。"火"字上面加"丝"字，表示火苗，因为火苗忽隐忽现而且亮度也比阳光低很多，所以后来引申出隐藏、不公开、光线暗等义。这里用火苗本义，表示取暖或者保暖的意思。北方冬季寒冷，如何保暖是关系到生存的大事。"曰幽都"可以解释为：教导他们如何修建能够保暖的城邑。

"在"字的甲骨文写作"✝"，金文写作"✝"，甲骨文字形似一根高高竖立的、上面固定着横木的杆子，横木用于悬挂旗幡，古代这种旗幡十分常见。金文在甲骨文字形的基础上加上了"士"字，"士"字的字义在"黄帝和他的大臣们：我们是有组织的"一章中讲过，是一种直刺的武器。旗幡和直刺的武器其实是在宣示存在感，就是表明这里已经有人了，并且很厉害。"在"字的本义应为存、居，后来引申为存留于某地点、关于某方面等义。

"朔"字在前文讲过，是农历的每月初一，这里代指观察月亮的圆缺变化。"昜"字的甲骨文写作"𦅚"，金文写作"𦅚""𦅚"。注意，不要把"昜"字和"易"字混淆，虽然在现代汉字中这两个字非常像，但是在甲骨文和金文中，这两个字的差别很大。"昜"字的一边是一只张开翅膀的鸟，甲骨文将这只鸟刻画得比较抽象，只保留了头部和张开的翅膀；金文有些字形就比较具象，一眼就能看出来是只鸟。另一边向下的三撇表示脱落的羽毛，"昜"字的本义为鸟换羽毛，因为鸟换羽毛非常有规律，所以"昜"字又引申出变化规律的意思。《周易》中的"易"字正是取了这层意思，关于《周易》，我们将在后文中详述。"平在朔易"可以解释为：通过观察月亮的圆缺变化和鸟类换羽毛的规律来平复不准确的历法。

"日短"指一年中白天最短的时候，即冬至。"星昴"是指西方白虎七宿中的第四宿——昴宿。"日短星昴，以正仲冬"可以解释为：观察一年中白天时间最短的时间以及昴宿在天空中的位置，来确定冬至的准确时间。

"隩"字的甲骨文和金文字形都未找到，篆文写作"𨻶"，左半部分是"阜"字，右半部分是"奥"字。"阜"字在"从时间说起：天干地支考"一章中讲过，本义为登山的台阶，后来引申为山地、登山等义。"奥"字的甲骨文和金文字形都未找到，篆文写作"𡪰"，"𠆢"是"六"字的甲骨文，造字来源于夏至日日影分开的形状，这一点在"数字迷云：测天工具的使用说明书"一章中讲过，"六"字也有分开的意思。"✳"字是测定日影之义，可参见"少典之变：帝出东方"一章中对"帝"字的解释。"𠬞"是两只上举的手，表示共同的意思。

"奥"字的本义应为共同测定并分清日影所示的信息的含义。加上"阜"字则表示这个过程的艰难。"厥民隩"可以解释为：通过共同测定并分清日影所示信息的含义的艰难过程来实现从不服从命令的蒙昧部族向接受中央命令并从事农耕生产的文明部族的转变。

"氄"字的甲骨文和金文字形都未找到，篆文写作"㲻"，由"矞"字和"毛"字组成。"矞"字由"矛"字和"冏"字组成，"矛"字的甲骨文字形未找到，金文写作"🜉"，由于这个字是孤字，字形又比较难解，我们需要其他字的佐证，如"敄"。"敄"字的金文写作"🜊"，左半部分的"矛"字是在"刀"字的上半部分加上两个半圆。"矛"是一种用来刺杀的有刃进攻型武器，在矛头的末端通常栓有枪缨，上部分的半圆应表示枪缨。"矛"字的金文字形正是这样一把有刃、有缨的武器。"冏"字的甲骨文写作"🜋"，是"穴"或者是"丙"字下面加上"口"，"丙"是台子，"穴"是洞穴，又作远古人的居所。"冏"字的本义是台子或者洞穴的开口。

"矞"字的造字本义应为从台子或者洞穴的开口处伸出的矛，因此有伸出、刺出的意思。人们把一种嘴、脚很长，常在水边或田野中捕食小鱼、小虫、贝类的鸟称为鹬，正是因为其捕食时颈部和头部不断伸出的动作。"氄"字就是毛伸出，形容羽毛长而厚密的样子。"鸟兽氄毛"可以解释为：鸟兽长着长而厚密的羽毛。

于是，"申命和叔：'宅朔方，曰幽都。平在朔易。日短星昴，以正仲冬。厥民隩，鸟兽氄毛。'"可以解释为"再命令和叔：'（你要）在目前虽然还未开化但是发展方向较好并需进一步雕琢的北方部族区域修建用于观测天象的建筑，测定时令。教导他们如何修建能够保暖的城邑。观察月亮圆缺变化和鸟类换羽毛的规律来平复不准确的历法，观察一年中白天最短的时间以及昴宿在天空中的位置，来确定冬至日的准确时间。通过共同测定并分清日影所示信息含义的艰难过程来实现其从不服从命令的蒙昧部族向接受中央命令并从事农耕生产的文明部族的转变。冬至时节，鸟兽都长着长而厚密的羽毛。'"

"帝曰咨汝羲暨和期三百有六旬有六日以闰月定四时成岁允厘百工庶绩咸熙"断句为"帝曰：'咨汝羲暨和，期三百有六旬有六日，以闰月定四时，成岁。允厘百工，庶绩咸熙。'"。

"帝"在这里指帝尧。"咨"字的甲骨文字形未找到，金文写作"㓜"，由"次"字和"口"字组成。"次"字的甲骨文写作"㓜""㓜"，金文写作"㓜"，从字形上看，一边是张大嘴巴的人，另一边是两个或者三个点，这是人打喷嚏的动作，人打喷嚏通常表示生病，所以"次"字后来引申出"差"的意思。"次"字加上"口"字，就是对生病的人说话，对病人说话往往是关切、殷切的，所以"咨"字的本义应为关切地说、殷切地说。

"汝"字的甲骨文写作"㓜"，金文写作"㓜"，左边是"水"字，右边是"女"字，这里千万不要把"女"字理解为女人，甲骨文的"女"字是指顺服的人或文明人，与水结合，"汝"字的造字本义就是生活在水边的文明人。因在远古时期无论是农业还是畜牧业，都离不开水，有水的生活才会富足，所以生活在水边的文明人其实是指富足的文明人，也可作为对某人或某类人的尊称，多用于第二人称，因此引申出"你"的意思。

"暨"字的甲骨文和金文字形都未找到，篆文字形比较多，写作"㓜""㓜""㓜""㓜"等，现代汉字中的"暨"字来源于"㓜"，"㓜"是《说文解字》中的字形，和其他字形有着较大差异，静水认为它不适合用来追溯甲骨文或金文字形。其他三个字的共同特点是上半部分都是一个装满东西的器皿，下半部分有的是三个人，有的是"㓜"，"㓜"可理解为共同托举。"暨"字的造字来源应为多人共同托举装满东西的器皿，因此"暨"字有共同的意思。"咨汝羲暨和"可以解释为：（我）殷切地嘱咐你们这些羲、和们。

"期"字的甲骨文字形未找到，金文写作"㓜"，由"日"字和"其"字组成。"其"字的甲骨文写作"㓜"，金文写作"㓜""㓜"。"其"字是"箕"字的本字，也就是簸箕，簸箕是用竹篾或柳条制作的，扬谷去秕、扬米去糠的器具，扬谷去秕和扬米去糠是农作物生产过程中最后的工序，因此"其"字又表示一个完整周期或预期的意思。"其"字加上"日"字，指太阳运行的完整周期，也就是一年。

"旬"字的甲骨文写作"㓜"，金文写作"㓜"，甲骨文字形由螺旋线加上一竖组成，在"数字迷云：测天工具的使用说明书"一章中讲过，甲骨文中的一竖表示十，加上螺旋线就表示循环的十，金文在甲骨文的基础上加上了"日"字，进一步明确是循环的十日，也就是现在一旬的概念。"期三百有六旬有六日"可以解释为：一年有三百六十六天。

"闰"字的甲骨文和金文字形都未找到，篆文写作"閏"，由"门"字和"王"字组成。"王"字在"成大事者：走得更远"一章中讲过，甲骨文是指尺或规一类的量具，金文在中偏上的部分加上一横，表示用尺规测量后的再加工。"闰"字的造字来源应为用尺规测量门并进行再加工，引申为"修正"的意思。闰月就是用来修正（历法）的月份，这与现在的意义是一样的，闰月特指农历每逢闰年增加的一个月，用以协调回归年与农历年的矛盾，防止农历年与回归年及四季脱节，古代曾采用19年置7闰的闰周，到唐代的《麟德历》时废除了固定闰周，采用无节令月置闰，因此是该闰时置闰。

"定"字的甲骨文字形未找到，金文写作"⌂""⌂"，由"∩"和"⾜"组成。"∩"代表房屋，"⾜"是"足"字的金文，足在房屋里，表示不动、不变，这里可理解为确定。"时"字在本章前文讲过，是太阳的运行，四时指四季。"成"字在本章前文也讲过，本义是获得收成，引申为做好、做完的意思，可以解释为"成为"。

"岁"字的甲骨文写作"𢦏""𢦏"，金文写作"𢦏"，从字形上看，似一株挂满籽实的作物，我们的先祖们在土地上辛勤劳作，不就是为了这个结果吗？远古时期，人们一年收获一季，所以"岁"可以理解为农耕民族的一年，也就是现在所说的农历年。"以闰月定四时，成岁"可以解释为：用闰月（修正月）的办法来确定四季，（从而）成为一个完整的农历年。

"允"字的甲骨文写作"𠃌"，金文写作"𠃌"，上半部分是"以"字，下半部分是"人"字。"以"字在本章前文讲过，是远古时期的一种农具，加上"人"字，义为使用农具的人。"厘"字的繁体字写作"釐"，甲骨文字形未找到，金文写作"釐""釐""釐"。上半部分是"禾"字或者手持禾，下半部分是"里"字。"里"字的甲骨文字形未找到，金文写作"⚊"，上面是"田"字，下面是"土"字，"土"字在"传爻者：走得更稳"一章中讲过，指能长出东西的土地，"田"字在"黄帝和他的大臣们：我们是有组织的"一章中讲过，是田野或田地的意思，"里"字的本义是能长出作物的田地。

"厘"字的本义应为在田地里栽种农作物。"百工"是指制造各种器物。"允厘百工"可以解释为：使用农具的人在田地里栽种农作物，制造各种器物。

"庶"字的甲骨文写作"⚊""⚊""⚊"，金文写作"⚊"，从"石"，从"火"。"石"字的甲骨文写作"⚊"，金文写作"⚊"，表示石崖以及下面的石块。"石"字加上"火"字，就是以火烧石，是指在石灶上生火做饭，有的甲骨文字形在外面加上"六"，表示在房屋中的石灶上生火做饭，后来用来引申为在石灶上生火做饭的平民百姓，这里用本义。

"绩"字的甲骨文字形未找到，金文写作"⚊"，由"幺"字和"责"字组成。"责"字的甲骨文写作"⚊"，金文写作"⚊"，由"⚊"和"⚊"组成。"⚊"是"束"字的金文，"⚊"是"贝"字的金文。从字形上看，"⚊"似顶端和四周都长满尖刺的荆棘。"责"字造字本义是从荆棘中获取钱财，也就是克服困难获取钱财。"绩"字在"责"字的基础上加丝线，就是克服困难获取钱财和丝线。丝线在当时是贵重物品，贝币是当时的主要货币之一，"绩"字义为克服困难获取财物。

"咸"字的甲骨文写作"⚊"，金文写作"⚊"，从"戌"，从"口"。要想理解"咸"字的意思，需要参考"成"字，"成"字在本章前文讲过，甲骨文写作"⚊"，金文写作"⚊"。注意"咸"字和"成"字的甲骨文字形的差异，"咸"字下面是"口"字，而"成"字是代表城池的方框。"口"字两侧是向上出头的，代表嘴角，在甲骨文中，"口"字也经常表示人口，也就是一群人。

"戌"字在本章前文讲过，是指农作物收获后的样子。"咸"字本义应指收获了粮食的一群人。由于收获粮食是将田地里的农作物全部进行收割，同时，相对于采猎来说，能够解决更多人的食物来源问题，因此"咸"字引申出普遍、都的意思。又由于人们辛苦一年，收获粮食后，就会很有感触，因此，"咸"字又引申为感想、感情的意思，这里的"咸"字用本义。

"熙"字的甲骨文字形未找到，金文写作"𤋮"，从"颐"，从"巳"。"颐"字在"黄帝和他的妃们：奇妙的部族融合之旅"一章中讲过，是人类臼齿附近的面颊，俗称腮帮子，这部分主要是咀嚼肌，"颐"字表示咀嚼。"巳"字在"从时间说起：天干地支考"中讲过，是刚刚生根发芽的种子，生根发芽才会生长成熟，才会产生更多的粮食，所以这里是指连续不断的粮食。两个字合起来就是不断地有粮食吃，这里可引申为生存和发展。"庶绩咸熙"可以解释为：（我们才能）生火做饭、获取财物，民众获得收获就可以实现长久的生存和发展。

于是，"咨汝羲暨和，期三百有六旬有六日，以闰月定四时，成岁。允厘百工，庶绩咸熙。"可以解释为：（我）殷切地嘱咐你们这些羲、和们，一年有三百六十六天，要用闰月（修正月）的办法来确定四季，（从而）产生一个完整的农历年。使用农具的人在田地里栽种作物，制造各种器物，（我们才能）生火做饭、获取财物，民众获得收获就可以实现长久的生存和发展。

我们再把这一段总结一下。

（尧）总命令羲和："（你们要）大力宣扬农耕，把天道的观念装进官员和部族领袖的脑子里，按照太阳、月亮、星星和星宿的天象来编制历法，教导未归化的游牧部族，向关注时令的人们传达时间的信息。"

另外命令羲仲："（你要）在东部夷族地区修建用于观测天象的建筑、测定时令。教导未开化的民众接受中央授时的令箭，恭敬地来到观测天象的建筑前，然后走出去传达太阳所示的信息。平复导致农作物减产或者绝产的不当历法，指导东部的农业生产，通过观察日影居中的日象以及南方朱雀七宿在天空中的位置，来确定春分的准确时间。分清蒙昧和文明，使其从不服从中央命令的蒙昧部族转化为服从中央命令并从事农耕生产的文明部族。春分时节，飞鸟和走兽开始交配繁殖。"

再命令羲叔:"(你要)在南方未开化部族地区修建用于观测天象的建筑,测定时令,教导民众。根据南方的气候的变化情况平复历法。让未归化的游牧部族接受文明的生活方式,根据一年中白天最长的时间以及大火星在夜空中的变化情况来确定夏至的准确时间。约束南交部族的行为,使其从不服从中央命令的蒙昧部族转化为服从中央命令并从事农耕生产的文明部族。夏至的时候,飞鸟和走兽的羽毛都很稀疏。"

另外命令和仲:"(你要)在西部修建用于观测天象的建筑,测定时令,告诉他们太阳和农作物生长的关系,以生产粮食。接受中央授时的令箭,使自己变得更加富强,并来到观测天象的建筑前接受太阳所示的信息。平复使农业绝产或减产的不准确历法,让西部城邑获得好的收成,通过观察日影居中的日象以及虚宿在天空中的位置,来确定秋分的准确时间。矫正不服从者的行为,使其从未开化的蒙昧状态转变为文明状态。秋分的时候,飞鸟和走兽的羽毛开始生长。"

再命令和叔:"(你要)在目前虽然还未开化但是发展方向较好并需进一步雕琢的北方部族地区修建用于观测天象的建筑,测定时令。教导他们如何修建能够保暖的城邑。观察月亮圆缺变化和鸟类换羽毛的规律来平复不准确的历法,观察一年中白天最短的时间以及昴宿在天空中的位置,来确定冬至的准确时间。通过共同测定并分清日影所示信息含义的艰难过程来实现其从不服从命令的蒙昧部族向接受中央命令并从事农耕生产的文明部族的转变。冬至时节,鸟兽都长着长而厚密的羽毛。"

尧说:"(我)殷切地嘱咐你们这些羲、和们,一年有三百六十六天,要用闰月(修正月)的办法来确定四季,(从而)产生一个完整的农历年。使用农具的人在田地里栽种作物,制造各种器物,(我们才能)生火做饭、获取财物,民众获得收获就可以实现长久的生存和发展。"

这就是当时的民族政策和"科学发展观"。既有指导思想,又有执行策略。首先,从指导思想上,尧所推行的并不是武力征服,而是共同发展,是要将先进的生产方式和科学技术推行到边远地区,用共同发展来代替彼此敌视。

其次，从用人上看，尧选择了"羲""和"作为具体执行人，把掌管武力的"羲"（包括羲仲与羲叔）派到了不安定的东部和南部，为"科学发展观"的推进保驾护航；把精通农业的"和"（包括和仲与和叔）派到了相对安定的西部和北部，进一步提高当地的农业生产水平。这种安排可谓是知人善任。

再次，从推行方式上看，尧可谓是因地制宜。在东部地区，"宅嵎夷，曰旸谷。寅宾出日，平秩东作"。通过提高民众对时令关注度的方式，实现民族团结。在南部地区，"宅南交。平秩南讹，敬致"。就是要指导他们如何修建城邑，提高其文明程度，通过灵活的政策，促使其转化。在西部地区，"宅西，曰昧谷。寅饯纳日，平秩西成"。对于自己人，就是要进一步提高生活水平，促进发展。在北部地区，"宅朔方，曰幽都。平在朔易"。对于已经向好的方向发展但是文明程度还不高、气候寒冷的北部部族，要指导他们如何建造更温暖的房子，如何更好地观察月相。

接着，尧传授羲、和具体的观测时令的技术，这种技术既包括日象和星象的"天象"，也包括鸟兽羽毛和习性变化的"地象"。东、南、西、北四方重点观测的时间点不一样，东方在春分，南方在夏至，西方在秋分，北方在冬至，这是由四方的地理条件决定的：春分时节苍龙当空，万物复苏，鸟兽交配，在东方最易观测到；夏至时节天气炎热，七月（因为岁差，当时应该在农历五月到六月之间）流火，鸟兽换上夏装，在南方最易观测到；秋分时节寒风骤起，虚宿当空，鸟兽开始换上冬装，西部是最好的观测地；冬季寒风凛冽，昴宿当空，鸟兽披着厚厚的羽毛，在北方最易观测到。

然后，尧殷切地嘱咐羲、和，要用闰月的办法修正历法。最后，尧强调了农业的重要性，把农业生产与发展提高到保障生存和发展的基础地位。

尧是有能力的，而且能力还很强，请看下一章"尧说：破土而出的政治智慧"。

尧说：破土而出的政治智慧

本章题目也可以叫作"帝尧语录"，因为本章中的主要内容是对《尚书·尧典》中记述尧所言的解释。尧的语录真实地反映了当时的政治、经济、文化、军事状况，其中隐约可见中华文明的雏形，相信各位读者能够有所感悟。

基于在上一章中对《尚书·尧典》的断句，"曰若稽古，帝尧曰"后面接的是尧所说的话，第一段话是"放勋钦明文思安安允恭克让光被四表格于上下克明俊德以亲九族九族既睦平章百姓百姓昭明协和万邦黎民于变时雍"。静水将其断句为"放勋钦明，文思安安，允恭克让，光被四表，格于上下，克明俊德。以亲九族，九族既睦。平章百姓，百姓昭明。协和万邦，黎民于变，时雍"。

"放"字的甲骨文字形未找到，金文写作"󰀀"。"󰀁"是"方"字的金文，"󰀂"在前文中已屡次提到，是手持木棍或教鞭，通常有教导、打击、驱赶等义，这里取教导之义。"󰀃"字的本义是用刀加工，加工的目的是使被加工的对象成为可用的器物或者更合乎规矩。"放"字的本义可以解释为规范和教导。

"勋"字的甲骨文和金文字形都未找到，篆文写作"󰀄"，由"员"字和"力"字组成。"员"字的甲骨文写作"󰀅"，金文写作"󰀆"，从字形上看，是在"鼎"字上加上一个圆圈，表示有圆口的鼎或者鼎的圆口。"力"字在"黄帝和他的大臣们：我们是有组织的"一章中讲过，是一条弯曲呈托举的手臂，似用力搬起物体的样子，"力"字的本义是有力。"勋"字的本义是能够搬起鼎或者持鼎者。

鼎是古代烹煮用的一种器物，一般为三足两耳，后来上升为礼器，成为国家政权中君主、大臣等权力的象征，到夏、商、周时期更是发展出以鼎的数目代表权力高低的制度。所以持鼎者就是掌握权力的人，可以是帝王、诸侯、部族首领、大臣等。"放勋"可以解释为：规范和教导掌握权力的勋贵。

"钦"字在上一章中讲过，是大力宣扬的意思。"明"字也在上一章中讲过，表示日月的光辉。"钦明"可以解释为：大力宣扬日月的光辉。"放勋钦明"可以解释为：（要）规范和教导掌握权力的勋贵们，（让他们去）大力宣扬日月的光辉。

"文"字的甲骨文写作"𠂇""𠂆""𠂊"，金文写作"𠂉""𠂈""𠂇"。从字形上看，是一个正面直立的人，"大"字也是正面直立的人，二者的区别在于"大"字的躯干部分只用一竖表示，而"文"字的躯干部分由一个近似于菱形的图形来表示，有的字形还在胸口处加上"𠂇""𠂈""𠂇"" · "来进一步说明，"𠂈""𠂇"是"心"字，"𠂇""·"是标识符号，表示胸口处的心脏部位，所以"文"字的本义是有心人。由于心脏在远古时期经常被当作思考的器官，所以有心人就是指懂得思考的人，也就是所谓的"劳心者"，远古时期的"劳心者"主要是指具有一定管理职责的官员。

"思"字的甲骨文和金文字形都未找到，篆文写作"𢘽"。上半部分是"囟"字，下半部分是"心"字。"囟"字的甲骨文和金文字形都未找到，篆文写作"𠙞"，现在的意思是指连合胎儿或新生儿颅顶盖各骨间的膜质部分，也就是我们常说的囟门，婴儿在刚出生的时候，左右顶骨与颅盖各骨间的结合并不紧密，中间形成间隙，一般在半岁至两岁间闭合。但是，静水认为囟门并不是"囟"字的本义。"囟"字的下半部分是表示测定日影的观象台，上面的一竖表示天干，"囟"字的本义应为通过立竿测影的方式观测太阳的运行规律。"思"字的本义应为将天道装在心里。

"安"字的甲骨文写作"𠕁"，金文写作"𠕋"，从"宀"，从

"女"。"六"字的本义是夏至日的日影，后来引申为测天象的建筑，再引申指代房屋。"女"字是指顺从的人。"安"字义为顺从历法或者顺应天道，顺应天道就会诸事平安，因此"安"字后来引申为平静、稳定、没有危险等义。两个"安"字放在一起表示要不断地顺应天道。"文思安安"可以解释为：各级官员要把天道装进心里，始终顺应天道行事。

"允"字在上一章中讲过，本义是使用农具的人，也就是从事农业生产的人。"恭"字的甲骨文写作"㠭"，金文写作"㠭"，上面是"龙"字，下面是两只张开的手。"龙"字代表的是东方苍龙七宿，张开的双手表示恭迎，"恭"字的本义是恭迎苍龙七宿。

"克"字的甲骨文写作"㠭"，金文写作"㠭"，由"㠭""㠭""㠭"组成。"㠭"是一个双手抱在胸前的人，似抱拳礼，表示尊敬、虔诚。"㠭"是一张向上大张的口，表示抬头仰望。"㠭"是"十"字，代表天干。人双手抱在胸前仰望天干，表示虔诚地接受天道。

"让"字的甲骨文和金文字形都未找到，篆文写作"㠭"，由"言"字和"襄"字组成，"襄"字的甲骨文写作"㠭""㠭"，金文写作"㠭""㠭"。甲骨文字形的下半部分是"人"字，上半部分是一个向上开口的篓子，有的字形在篓子中和篓子下面画上点，"襄"字和"允"字的结构相似，只不过"允"字上面是表示农具的"以"，而"襄"字上面是篓子，这个篓子其实是播种用的盛器，点是表示播下的种子。金文字形在甲骨文字形上进行了繁化，有的加上了"爪"，有的加上了"土"，有的加上了"衣"，表示具体的播种过程。"襄"字和"言"字放在一起，就是告诉（人们）去播种的意思。"允恭克让"可以解释为：使用先进农具的民众恭迎苍龙七宿的到来，虔诚地接受天道的启示，开始进行播种。

"光"字的甲骨文写作"㠭"，金文写作"㠭"。下面是一个跪坐的"人"，跪坐表示顺从。上面是"火"字，头上长火，既不是上火也不是发火，而是脑袋里装着火。火在人类发展的早期起到了巨大作用，从钻木取火到刀耕火种，人类用火来照明、取暖、加热食物、开垦，逐渐成为地球上具有统治地位的物种。但是随着社会的发展、生产力的进步，脑袋里还只装着火未免就太落后了，所以脑袋里装着火的人就是指那些生产力发展还很落后的人，这些人顺从地跪坐着，表示顺服的生产力发展落后的人，也就是和"允"相对的人。对于这些人，尧说了三个字"被四表"。

"被"字的甲骨文字形未找到，金文写作"䘸"，从"衣"，从"皮"。"皮"字的甲骨文字形未找到，金文写作"𰀀"，在本章前文讲"克"字的时候说过"𰀀"，似一个恭敬仰望的人，下面加上表示抓取的"𠂇"，表示触摸或抓着这些恭敬地仰望着的人，再加上"衣"字，意思就是让这些虔诚仰望的人穿上衣服，这些人就是指前面所提到的"光"人。蛮荒时期或者丛林里某些原始部族的人，一般都是袒胸露背，身上穿的衣服很少。所以"光"字后来就引申出"露着"的意思，如"光着膀子"，而触摸这些不穿衣服的人可以直接摸到皮肤，所以"皮"字又引申出皮肤的意思。"被"字的本义是让顺服者穿上衣服。大家不要小看穿衣服这件事，在我国有"垂衣裳而天下治"，穿衣代表着人类文明的重要发展阶段。

"表"字的甲骨文写作"𰀀"，金文字形未找到，似兽毛朝外的皮衣，本义应为毛皮的外表，"四表"指周身上下。"光被四表"可以解释为：（让）顺服但是落后的人周身上下都穿上衣服。

静水查到的"格"字的甲骨文写作"𰀀"，金文写作"𰀀"。对于甲骨文字形，静水存疑了，"𰀀"应该为"各"字的甲骨文。也就是一只脚的脚尖朝向入口，"各"字的本义应为进入，和上一章中提到的"出"字是相对的。在"各"字的基础上加上"木"字，就是金文"格"字的字形，是指木头进入，木头进入会形成隔断，这种隔断可能是木格也可能是篱笆，因此"格"字引申出阻隔、区隔、区分的意思。

"于"字的甲骨文写作"𰀀"，金文写作"𰀀"，字形表示我国古代建筑、家具及其他器械的主要结构方式——榫卯结构，就是在两个构件上采用凹凸部位相结合的一种连接方式，所以"于"字引申出连接或者适合的意思。"上下"在这里指社会各阶层人士。"格于上下"可以解释为：对于社会各阶层人士，既要进行适当区隔又要保持紧密联系。

"克"字在本章前文中讲过，义为虔诚地接受天道。"明"是日月的光辉，引申为光明、明白、明智、清明等义。"俊"字的甲骨文和金文字形都未找到，篆文写作"𠊱"，从"人"，从"夋"。"夋"字由"厶""八""夂"组成。"厶"是"以"字的篆文，表示先进的农具；"八"是"八"字的篆文，义为分开；"夂"是一个倒写的"止"字，表示向后走或者落在后面。"夋"的本义是分开先进和落后。在"夋"字的基础上加上"人"字就表示能够分清先进和落后的人。

"德"字的甲骨文写作"𢓊""𢔟"，金文写作"𢛳""德"，甲骨文字形由表示路口的"彳"或"亍"以及"直"组成。"直"是在"目"字上加上一刺状物，表示眼睛所看的方向。"德"字的甲骨文义为在路口选择正确的方向，金文字形在甲骨文字形的基础上加上"心"字，就是在心里选择正确的方向。"克明俊德"可以解释为：（让他们）虔诚地接受天道，明白日月光辉的意义，能够分清先进和落后，知道如何选择正确的方向。

尧将社会分成四个阶层，即勋、文、允、光，也就是权贵、官员、先进的农耕人民和落后的顺从者。对于这四个阶层，尧采取了不同的管理方式。对"勋"，要进行规范和教导，使他们成为日月运行所揭示天道规律的宣扬者；对"文"，要将日月运行规律装进他们的脑子里，并让他们不断地遵从天道行事；对"允"，要让他们恭迎节令信息并进行耕种；对"光"，要让他们穿上衣服，走向文明。然后尧用"格于上下"来表明对四个阶层关系的处理，那就是：既要保持适当区隔，又要保持紧密联系。最后用"克明俊德"来表明要达到的效果，就是要让民众们虔诚地接受并了解天道，分清先进和落后，知道如何选择方向。

"以"字在上一章中讲过，是古代的一种先进的农具，也引申为使用之义。"亲"字的甲骨文字形未找到，金文写作"𣁋"。左边是"辛"字，右边是一个瞪着大大眼睛的人。"辛"字在"从时间说起：天干地支考"一章中讲过，是经过粗加工的树木。一个远古人看着自己辛辛苦苦去掉树冠和主要枝丫的树木，心里很高兴，想不亲都不行，所以"亲"字的本义是看见劳动成果，后来引申为看见劳动成果的感觉。

"九"在这里是个概数词，可以解释为"各"。"族"字的甲骨文写作"𣃛"，金文写作"𣃦"。甲骨文字形由飘扬的旗帜和"矢"字组成，表示将箭矢射向旗帜。旗帜是用来召集民众、宣示存在、传递信号的工具，不同的部族为了相互区别，通常悬挂画有不同图案的旗帜，这一点和现在使用国旗的目的相似。旗帜这里代指聚集在同一旗帜下的同部族人。金文字形在甲骨文字形的基础上进行了改变，加上了代表去往目标的"⊐"，也就是远古时期的靶子，这一点可以参考"侯"字。

"侯"字的甲骨文写作"![]"，金文写作"![]"，似一支箭射向靶子，代指接受令箭的人，也就是接受带有时令信息的令箭的部族首领，再后来发展为古代五等爵位之一。同样，"族"字是指直接接受中央时令信息的部族，这些部族应该是当时的核心部族。"以亲九族"可以解释为：用先进的耕作方式使各核心部族关注共同的劳动成果。

"既"字的甲骨文写作"![]"，金文写作"![]"，左半部分是一个盛满饭的容器，右半部分是一个头扭向后面跪坐的人，头扭向后面表示已经吃饱，不想再吃了，引申为"已经"的意思。与"既"字相对的是"即"字，"即"字的甲骨文写作"![]"，金文写作"![]"，表示人正在进食，引申为当时、靠近等义。

"睦"字的甲骨文字形未找到，金文写作"![]"，似人睁着大大的眼睛看着三株植物，注意这三株植物下面是"六"字，"六"代表夏至，夏至是植物生长最旺盛的时节，看着生长旺盛的庄稼，心里就会生出亲近、平和的感觉，所以"睦"字引申为亲近、平和之义。"九族既睦"可以解释为：各部族就会彼此亲睦。

"平"字在上一章中讲过，是平复历法的意思。"章"字的甲骨文字形未找到，金文写作"![]"，是"辛"字穿过"日"字。在"从时间说起：天干地支考"一章中说过，"辛"是制作天干重要的步骤，是将树木去除树冠和枝丫的加工过程，加上"日"字，表示对"日"所代表的历法进行修订，"章"字可以解释为修订历法。"百"字在这里是概数词，可以解释为广大。"姓"字在"黄帝和他的妃们：奇妙的部族融合之旅"一章中讲过，是因农业生产而聚居起来的人。"平章百姓"可以解释为：（要）为广大从事农耕的民众不断地平复并修订历法。

"昭"字的甲骨文字形未找到，金文写作"![]" "![]"，左边是"召"字，右边是一个俯首听命的人，有的字形还在中间加上"日"

字。"召"字的甲骨文写作"🔲",金文写作"🔲""🔲"。甲骨文字形表示从酒坛子里打酒并用双手递出的动作,金文字形基本延续了甲骨文字形,但进行了简化。"召"字加上俯首听命的人,就是顺从地接受馈赠,有的加上"日"字,就是顺从地接受太阳的馈赠。"百姓昭明"可以解释为:广大从事农耕的民众顺从地接受太阳的馈赠,明白日月运行的规律。

"协"字的甲骨文写作"🔲""🔲",金文写作"🔲"。"🔲"字形似三个"力"字叠在一起,表示一起用力,有的字形又在下面加上"口",表示人口,进一步强调了很多人在一起。金文字形在甲骨文字形的基础上加上三个"犬"字,表示众人和猎犬一起围猎,"协"字的本义是协同、协助。

"和"字在上一章中讲过,是言说农作物或指导农作物种植的意思。"万"字在这里做概数词,表示极多。"邦"字的甲骨文写作"🔲",金文写作"🔲"。甲骨文字形由"丰"字和"田"字组成,"丰"字在"传爻者:走得更稳"一章中讲过,是土埂上高耸的树木,古时用封土植树的方式标定国界,被称为"封树"。"田"字加上"丰"字是指野外标定国界的封树。金文字形在甲骨文字形的基础上进行了改变,将"田"字改为了"邑"字,即城邑边的封树,这反映了远古时期城邦的兴起。"邦"字在这里可以解释为邦国。"协和万邦"可以解释为:(要)齐心协力向各个邦国宣扬农作物的种植方法。

"黎"字在"统一战争:斗地主的最终结局"一章中讲过,是收割黍的人。"民"字在上一章中讲过,是关注时令的人。"黎民"指从事农耕的全体民众。"于"字在本章前文中讲过,是紧密连接、适合、适应的意思。"变"字的甲骨文字形未找到,金文写作"🔲",由"🔲""🔲""🔲"组成,"🔲"是手拿教鞭,表示教导,"🔲"是"曰""八"加上教鞭,表示开口说教,"🔲"是"章"字,前文讲过,表示修订历法,所以"变"字的本义是修订历法并言传身教。修订历法是对原有历法进行不断更改的过程,"变"就是将这种变化传授给大家,因此引申为变化的意思。"黎民于变"可以解释为:全体从事农耕的民众与不断被修订并教授的历法相适应。

"时"字在上一章中讲过，本义是指太阳的运行规律，由于太阳的运行规律代表了天道，这里可以解释为按天道行事。"雍"字的甲骨文字形未找到，金文写作"雝""雝"，由"水""○""隹"组成，"水"是"水"字，"○"表示城邑，有的金文字形用"吕"表示多座城邑。"隹"是"隹"字的金文，金文亦写作"隹"，似一只展开翅膀的鸟，与"鸟"（"鸟"字的甲骨文字形）相比更强调展翅的动作。

那么"隹"到底是什么鸟呢？这就要参考另外两个字了。"维"字的金文写作"维"，似一只被绳拴着的"隹"；"唯"字的金文写作"唯"，似一只鸣叫的"隹"。"维"和"唯"其实都是驯化鸟的过程，"维"是用绳子拴着鸟，便于对鸟进行控制，所以"维"字引申为拴、系的意思；"唯"是与鸟沟通时鸟的应答声，所以"唯"字引申为应答的声音或应答的意思。"隹"表示人类驯化的鸟，可能是鸡、鸭、鹅，也可能是猎鹰。三个字合在一起就是"流水、小城、青鸟"，有水源代表吃穿不愁，有城邑代表生活安稳，有驯化的鸟代表娱乐生活丰富，这就是远古时期的"小康"生活吧。"雍"字在这里可以解释为：和谐安稳的生活。"时雍"可以解释为：按天道行事，（就会过上）和谐安稳的生活。

于是，"放勋钦明，文思安安，允恭克让，光被四表，格于上下。克明俊德，以亲九族。九族既睦，平章百姓。百姓昭明，协和万邦。黎民于变，时雍。"可以解释为：

（要）规范和教导掌握权力的勋贵们，（让他们去）大力宣扬日月的光辉。各级官员要把天道装进心里，始终顺应天道行事。使用先进农具的民众恭迎苍龙七宿的到来，虔诚地接受天道的启示，开始进行播种。（让）顺服但是落后的人周身上下都穿上衣服。对于社会各阶层人士，既要进行适当区隔又要保持紧密联系，（让他们）虔诚地接受天道，明白日月光辉的意义，能够分清先进和落后，知道如何选择正确的方向。用先进的耕作方式使各核心部族关注共同的劳动成果，各部族就会彼此亲睦。（要）为广大从事农耕的民众不断地平复并修订历法，他们就会顺从地接受太阳的馈赠，明白日月运行的规律。（要）齐心协力向各个邦国宣扬农作物的种植方法，全体从事农耕的民众要与不断被修订并教授的历法相适应。按天道行事，（就会过上）和谐安稳的生活。

这一段包含了尧建设"小康社会"的路线图。首先是"以亲九族"，统一核心部族的观念，让一部分人先富起来；然后是"平章百姓"，把天道观推广到所有农耕部族；接着是"协和万邦"，将农业种植推广到各个邦国；最后，尧指出"黎民于变，时雍"，实现全体人民的共同发展、共同富裕。

为实现这一伟大路线，尧做了周密的部署，就是在上一章中讲过的"乃命羲和钦若昊天历象日月星辰敬授民时……允厘百工庶绩咸熙"一段的内容。

尧在部署完农业推广政策以后，话锋一转，开始谈论中央政权的建设问题，这个谈论是在开核心成员会议时进行的，与会人员包括尧、放齐、驩兜、金、岳。

"帝曰畴咨若时登庸"断句为"帝曰：'畴咨若，时、登、庸？'""畴"字的甲骨文写作"𤰞""𤰞"，金文字形未找到。从字形上看，"畴"字是用一条曲线将人口或者田地分开，"畴"字的本义是划分人口或者田地，这里指分工。"咨"字在上一章中讲过，是关切地说或者殷切地说，这里可以解释为深切关注。"若"字在"继承者们：谜一样的男人们"一章中讲过，是信奉农耕的文明人。"畴咨若"可以解释为：对我们深切关注的使民众信奉农耕的问题进行分工。

尧时期还处在采猎文明向农耕文明的过渡期，由于农业生产是看天吃饭，收成并不稳定，一定会出现很多观念上的反复，因此让民众始终保持对农耕的信奉是尧面临的重大问题。

那么尧都对哪些事项进行了分工呢？他先说了三件事，分别是时、登、庸。"时"就是授时，这是头等大事。"登"字在"少典之变：帝出东方"一章中讲过，本义是双手捧着装满食物的容器向上或向前走，引申为进献的意思。种庄稼最终是为了收获，有了收获才能国泰民安，才能保障政府用度，"登"就是将收获的粮食进献上来的过程。

"庸"字的甲骨文写作"𠂤"，金文写作"𠂤"，从"庚"，从

"用"。"庚"字在"从时间说起：天干地支考"一章中讲过，义为抬着或者扶着一棵长满枝丫的树，也就是选择适合的木材并经过砍伐抬回来的过程。"用"字的甲骨文写作"⊞""⊞"，金文写作"⊞""⊞"，从字形上看，似用木板箍成的木桶，有的木桶上还画上了提梁。不要小看箍木桶，想箍出经久耐用、不散不漏的木桶绝对是个技术活，既要选择不易变形的木材，又要有精湛的技艺，代表了当时最高的木器制作水平，所以"用"后来就泛化成使用的意思。"庸"字造字来源于选择木材修造木桶的过程，这里指高端工具的制造。

"帝曰：'畴咨若，时、登、庸？'"可以解释为"尧说：'（让我们对）最令人关切的如何使民众信奉农耕的问题进行分工吧，（谁来分管）授时、收获和工具制造呢？'"

放齐首先进行了回答，他说："胤子朱启明"。先说放齐这个人吧，"放"字在上一章中讲过，是规范和教导的意思；"齐"字的甲骨文写作"❦"，金文写作"❦❦""❦"，字形似整齐生长的禾苗或谷穗，"齐"字的本义是农作物整齐一致地生长。这个"放齐"分明就是促进农业共同发展委员会的主任。

"胤"字甲骨文字形未找到，金文写作"❦"，由"❦""❦""❦"组成。"❦"是"幺"字，表示丝线或联系；"❦"是"肉"字；"❦"是"八"字，表示分开，"胤"字义为分开用丝线拴着的肉。这样挺难理解的，如果这个拴着肉的不是丝线而是脐带，是不是就很好理解了？"胤"字其实是指剪断脐带的过程。子女都是母亲身上掉下来的肉，所以"胤"字引申为亲生的、后代等义。"胤子"就是亲儿子。

"朱"字的甲骨文写作"❦"，金文写作"❦"，是在"木"字的树干正中加上一点，"朱"字的本义是树木的主干。这里是指尧的儿子丹朱。关于丹朱咱们后文还会讲到。"启"字的甲骨文写作"❦"，金文写作"❦"，甲骨文字形似以手推门，所以"启"字的本义应为开门、开启，金文字形在甲骨文字形的基础上加上"口"字，表示用口开启，有启发教育的意思。"明"字本义是日月的光辉，引申为光明。"胤子朱启明"可以解释为：您的亲儿子丹朱可以开启光明之门。

帝曰："吁！嚚讼，可乎。"

这是一句争议很大的话，传统上多将这句话解释为："唉，他说话虚妄，又好争辩，可以吗？"这可真是冤枉了丹朱。"吁"字的甲骨文字形未找到，金文写作"𠙵"，从"口"，从"于"，"于"字在本章前文中讲过，是榫卯结构，引申为联系或者适合的意思。"于"字加上"口"字，就是用口说适合，表示同意，这里可以解释为"很适合、很恰当"。

"嚚"字在"继承者们：谜一样的男人们"一章中讲过，表示智者向四方发话或者善于言说的智者。"讼"字的甲骨文字形未找到，金文写作"𧥛"，从"言"，从"公"。"公"字从"八"，从"口"，"八"表示平分，"公"字的本义是说话公正，引申为公正，后来也泛指朝中职高掌权者。"公"字加上"言"字，更强调了言语，表示言辞公正。

"可"字的甲骨文写作"𠙵"，金文写作"可"，从"乃"，从"口"。"乃"字在上一章中讲过，是一起、共同、总的意思。"口"在这里表示人口，"可"是大众的意思。"乎"字的甲骨文写作"𠂤"，金文写作"𠂤"，在代表号角的"丁"上加上三点，表示吹奏号角发出响亮的声音，吹响号角是要引起人们的注意。"可乎"可以解释为：唤起大众。"吁！嚚讼，可乎。"可以解释为：很适合啊！（丹朱）充满智慧、善于沟通、言辞公正，（可以承担起）唤起大众（的重任）。

怎么样？各位读者明白了吧？尧根本就不是嫌弃丹朱，而是对丹朱欣赏有加。自己的儿子能不爱吗？况且还是这么优秀的儿子，"朱"字本身就表示树干，也就是栋梁之材。

确定了"时、登、庸"的分管领导，尧接着问："畴咨若，予、采？""予"字的甲骨文写作"𠂤"，金文字形未找到，篆文写作"𠂤"，字形似一只梭子和另一只带着线的梭子相交的样子，"予"字表示织网时梭子反复穿过的动作，因此有穿过、经过之义，如"豫"字，就表示如同大象经过那样安稳的样子，这里用本义。网是远古时期进行渔猎的重要工具，这里用织网来指代渔猎。

"采"字的甲骨文写作"𠂤"，金文写作"𠂤"，字形似用手采摘树上的果实，"采"字是采摘的意思。"予、采"就是渔猎和采摘。

"畴咨若，予、采？"可以解释为：（我们继续对）最令人关切的如何使民众信奉农耕的问题进行分工吧，（谁来分管）渔猎和采摘？

驩兜曰："都共工方鸠僝功。"这个驩兜又是干什么的呢？接下来分析一下。"驩"的甲骨文和金文字形都未找到，篆文写作"驩"，从"马"，从"雚"。"雚"字的甲骨文写作"雚"，金文写作"雚""雚"，似一只长着大眼睛和耳朵的鸟，也就是一只猎鹰。"兜"字的甲骨文和金文字形都未找到，篆文写作"兜"，从字形上看，是在"皃"（"貌"字）的两边各加个半圆，表示把头包起来，因此有头盔的意思。骑在高头大马上，扛着鹰，戴着头盔，一看就是个勇武的将领。

"都"字是人口聚集的都市，在这里指尧和众位大臣们开会所在的城邑，也就是都城。"共"字的甲骨文字形未找到，金文写作"共""共"，上半部分是两个"十"字，下半部分是两只张开的手，"十"字表示天干，手抓着天干表示对天道的遵从，"共"字就是共同对天道遵从，引申为共同的意思。"工"字的本义是加工制造。"共工"这里指人名，意思是公认的能工巧匠。"方"字的本义是用刀加工，引申为修整、规范和教导等义。

"鸠"字的甲骨文和金文字形都未找到，篆文写作"鸠"，从"九"，从"鸟"。"九"在"数字迷云：测天工具的使用说明书"一章中讲过，是指人手臂弯曲抓取物体的样子，因与冬至日日影的形态相近，而用来借指为数词"九"。"鸠"的本义应为用手抓鸟。"僝"字的甲骨文、金文、篆文字形都未找到，从简体字字形上看，从"人"，从"孱"。"孱"字的甲骨文字形未找到，金文写作"孱"，字形似一个人产下很多孩子，表示多产，加上"人"，就表示多产的人，远古时期对生育非常重视，这里用多产指代多能。

"功"字的甲骨文字形未找到，金文多同"工"，篆文写作"功"，在"工"的基础上加上"力"，表示加工制造过程中付出的努力，引申为功绩、成绩、功效、本领等义。"都共工方鸠僝功"可以解释为：都城里的共工擅长制造器物、捕捉猎物、多能而且很有功绩。

帝曰："吁！静言庸违，象恭滔天。"

"吁"字在前文中讲过，是很适合的意思。"静"字的甲骨文字形未找到，金文写作"㛗"，从"生"，从"井"，从"争"。"生"字的字形似刚刚从土里生长出来的农作物。"井"字和现在的"井"字很相似，有的字形在中间加上一点，用于指示，是一种从地表下取水的装置。春秋以前，实行的土地公有制称为"井田制度"，即将土地划分为很多方块，形似"井"字，中间一块为公田，周围八块为私田，公田由八家共耕以作税赋。

"争"字的字形似两只手各执绳子的一端，注意，在"静"字中这条绳子并不是直的，而是半围着"生"和"井"的。也就是说这个"争"并不是像现在的拔河一样两端用力地拉着绳子，而是用绳子分割开"井"和"生"，进一步说，就是划分生长着农作物的井田（土地）。"静"本义是指划分土地的过程，因为土地得到了划分，人们就不再产生争执，所以"静"字后来引申为安静的意思。

"言"字就是言语。"庸"字在本章前文中讲过，指高端工具的制造，这里借指具有极高的技巧。"违"字的甲骨文字形未找到，金文写作"違"，"言"是"𧰨"的简写，表示在城邑的四周驻守防卫。"彳"表示道路。"止"是"止"字的金文，表示行走。"违"字的本义是围绕着城池行走，这里指围绕中心点行动，可以解释为按原则行事。"违"字的本义与现在的字义正好相反，可见汉字在流传和发展过程中发生了多么大的变化，这也正是我们读不懂用甲骨文和金文书写的文章的原因。"静言庸违"可以解释为：划分土地时言辞很有技巧并且坚定地按原则行事。

"象"字在上一章中讲过，表示大象，因为大象体型庞大，颇有震撼力，所以古人以象来指代万物之形，引申出形状、样子的意思。"恭"字在本章前文中讲过，本义是恭迎苍龙七宿。"滔"字的甲骨文和金文字形都未找到，篆文写作"𣽎"，从"水"，从"舀"。"舀"字的金文写作"𦥔"，表示伸手从坑洞中掏东西。"𣽎"字就是水从坑洞中被掏出来，也就是水涌起的样子。"天"字就是天空。"象恭滔天"可以解释为：迎接苍龙七宿时，对天道的恭敬如滔滔江水。

从尧对解决"若"问题所进行的工作划分上我们能够看出尧的政治智慧。首先，尧将职责分为两部分：一部分是时、登、庸所代表的农耕业；另一部分是予、采所代表的渔猎和采摘业。前文说过，当时还处在农耕文明的早期，还有很大一部分人从事渔猎和采摘业，所以要解决"若"的问题，就不能忽视这部分人，要团结并促使其转变。

然后，从举荐人的选择上，丹朱的举荐人是"促进农业共同发展委员会主任"放齐，共工的举荐人是"大将军"驩兜，都是对口单位的领导，外人是说不出什么的。

最后，从对候选人素质的要求上，相对于专业素质，尧更看重管理沟通能力和政治立场，他认为：丹朱充满智慧、善于沟通、言辞公正，因此适合；共工言辞很有技巧并且能够坚守原则，对天道也非常恭敬，因此适合。这就是尧的领导艺术和眼界。

解决了"畴咨若"后，"常委会"开始谈论下一个议题（当然也可能不在同一次会议上）。

帝曰："咨四岳，汤汤洪水方割，荡荡怀山襄陵，浩浩滔天。下民其咨，有能俾乂？"

佥曰："於鲧哉。"

帝曰："吁，咈哉。方命圮族。"

岳曰："异哉！试可，乃已。"

帝曰："往，钦哉！"

九载，绩用弗成。

这一段很有意思，"汤汤""荡荡""浩浩"读起来朗朗上口，而且还涉及一个大人物的父亲——鲧，这个大人物叫大禹，传说中是一个治水的英雄，还是夏朝开创者——启的父亲。不过传说中的鲧很不幸，治水还没成功就去世了。传说归传说，看完这段你会发现有些传说真的不靠谱。

"岳"字的甲骨文和金文字形都未找到，篆文写作"岳"，上半部表示山峰，下半部分是"山"字，本义应为山的主峰，这里表示对四方首领的称呼。"咨四岳"可以解释为：（我）殷切地对你们这些地方首领说。

"汤"字的甲骨文字形未找到，金文写作"𝌀"，从"水"，从"易"。"易"字在上一章中讲过，义为召集大家关注并尊崇太阳所传达的信息，加上"水"字，就是表示要像关注太阳那样关注水，"汤汤"就是不断地像关注太阳那样关注水。"洪"字的甲骨文和金文字形都未找到，篆文写作"𝌀"，从"水"，从"共"，"共"字在本章前文中讲过，是共同的意思。"洪"字的本义为共同的水。

"方"字的本义是用刀加工，引申为规范和教导、管理的意思。"割"字的甲骨文字形未找到，金文写作"𝌀""𝌀"，从"害"，从"刀"。"害"字的甲骨文字形未找到，金文写作"𝌀"，字形似在伸出的舌头上割了一刀，应为古代的一种割舌刑罚。"害"字加上"刀"字则表示分割。"汤汤洪水方割"可以解释为：我们要像关注太阳那样去关注共用水源，要进行合理的管理和分配。

"荡"字的甲骨文和金文字形都未找到，篆文写作"𝌀"，从"草"，从"水"，从"易"。上面说过，"汤"是像关注太阳一样去关注水，那么"荡"字就可以解释为像关注太阳和水那样去关注生长的农作物。"荡"字叠用强调一再或者不断关注，用来修饰后面的"怀山"。"怀"字的甲骨文字形未找到，金文写作"𝌀"，从"衣"，从"眔"。"眔"字的甲骨文写作"𝌀"，金文写作"𝌀"，似一只流泪的眼睛。衣服里装着流泪的眼睛，表示想念、怀念。

"襄"字在本章前文中讲过，是开始播种的意思。"陵"字的甲骨文写作"𝌀"，金文写作"𝌀""𝌀"。甲骨文字形很容易识别，似人在向上攀登，有的金文字形在甲骨文字形的基础上，加上了"土"，在人的头顶加上了"生"，"土"是能生长出农作物的土地，"生"表示农作物的生长，进一步强调登上高地去种植农作物。"荡荡怀山襄陵"可以解释为：我们还要像关注太阳和水那样去关注如何在山地丘陵地区进行耕种。

"浩"字的甲骨文字形未找到，金文写作"𝌀"，从"水"，从"告"。"告"字在"传爻者：走得更稳"一章中讲过，义为庄重地言说。"浩"字义为庄重地言说水，"浩浩"强调一再、不断地言说水。为什么要说水呢？因为前面的"汤汤洪水方割""荡荡怀山襄陵"。

"汤汤洪水方割"说的是如何分配水，"荡荡怀山襄陵"说的是如何解决山地灌溉的问题，随着农业种植的推广，耕作面积的扩大，水成了农业发展中一个迫切要解决的问题，这种现象即使在今天也无法回避。"浩浩"可以解释为：解决水源问题的呼声。"滔天"在本章前文中讲过，可以解释为：滔滔江水。"浩浩滔天"可以解释为：解决水源问题的呼声如同滔滔江水。

"下"字是下面的意思；"民"字就是民众的意思；"其"字在上一章中讲过，表示农业生产中的最后一个过程——扬谷去秕。"咨"字在前文中一再提到，就是关切地说。"下民其咨"可以解释为：（这正是）下面的民众为完成一个完整的农业生产过程所关注的问题。

上面这些话，提到了农业生产过程中必不可少的三个要素：阳光、水和土壤。

"有"字在"少典之变：帝出东方"一章中讲过，表示用手抓住肉，是持有、拥有的意思。"能"字的甲骨文字形未找到，金文写作"𧰼""𧰼"，由"𠂆""夕""𠬜"组成，"𠂆"是"以"字的金文，在上一章中讲过，是一种当时先进的农业生产工具；"夕"表示肉；"𠬜"是两只下垂的手，表示扶犁或拎着东西的动作。"能"字的本义应为既能使用先进农具耕种又能获取猎物，引申为本事、本领的意思。

"俾"字的甲骨文和金文字形都未找到，篆文写作"𤰞"，从"人"，从"卑"。"卑"字金文写作"𤰞"，由"田"和"攴"组成，"田"是"田"字的金文，表示田野或者田地；"攴"在前文多次提到，表示教化，教化田地就是将荒地变成可耕地的过程。"俾"字在"卑"字的基础上加上"人"字，应为将荒地变为可耕地的人，也就是垦荒者。"乂"字的甲骨文写作"X"，金文字形未找到。"X"在"传爻者：走得更稳"一章中讲过，是抽象的日影，这里指分清日影。"有能俾乂"可以解释为：有同时懂得捕猎、使用先进农具、将荒地变为可耕地和观察日影的人吗？

佥曰："於鲧哉。"

"佥"字的甲骨文字形未找到，金文写作"𠓛""𠓛"，篆文写作"僉"。这个字很难理解，从篆文的字形上看，可以理解为将两个

"人"字和两个"合"字放在一起，姑且可以理解为众人的意思，但是金文字形明显不支持这种解释，中部不是"人"字，而是将两具剥了皮的兽骨（参见"革"字）捆束在一起，最上面也不是"合"字，而是"立"字，最下面是两个连在一起的"以"字。"以"是远古时期的一种用来起土的农具，"以"和剥了皮的兽骨的共同点在于下端都是尖锐的，想要竖立起来都需要捆束在一起，所以"佥"字的本义应为将兽骨或农具一类下端尖锐的物体捆束后竖立起来。很多由"佥"字组成的字都用这个意思，如"险"字，从"阜"，从"佥"，就是指直立的山壁；再如"签"字，就是指下端尖锐的竹片；类似的还有"剑""脸"等。"佥"字在这里可以解释为：大家一起站起来。

"於"字的甲骨文字形未找到，金文写作"㣇"，由"㐨"和"㐧"组成。"㐨"是"人"字的金文，"㐧"是"河"字的金文。"於"字的本义应为生活在河边的人。"鲧"字的甲骨文字形未找到，金文写作"䰾"，这个很直观，就是手里拿着用丝线拴着的鱼，鲧一定是一个捕鱼达人或者主管渔业的官员，所以才被大家叫作"鲧"。

"哉"字的甲骨文字形未找到，金文写作"㦰""㦱"，由"十""戈"组成，有的还加上"口"。"十"是"七"字的金文，代表春分时的日影，这里代指时令。"戈"是"戈"字的金文，这里表示武力、强力。"口"是"口"字的金文，这里表示言说、宣传。"哉"字的本义是用武力强力推行和宣传时令。"於鲧哉"可以解释为：河边的鲧可以（承担）强力推行和宣传时令（的责任）。

帝曰："吁，咈哉。方命圮族。"

"吁"字在本章前文中已经讲过，是很适合的意思。"咈"字的甲骨文和金文字形都未找到，篆文写作"㗊"，从"口"，从"弗"。"弗"字的甲骨文写作"弗"，金文写作"弗"，从字形上看，似将两根棍子用绳子捆起来，有约束、矫正、团结的意思，这里是指将对"水、土"问题关注的民众约束和团结起来，加上"口"字就表示用语言来团结和约束民众。相对于"哉"的使用武力强力推进，"咈"是一种更为缓和的方式。"哉"字在本章前文中讲过，是用武力强力推进和宣传时令的意思。"吁，咈哉"可以解释为：很适合啊，要通过说教团结和约束民众，要用武力强力推行时令。

"圮"字的甲骨文和金文字形都未找到，篆文写作"圮"，从"土"，从"己"。"己"字在"从时间说起：天干地支考"一章中讲过，表示城建规划的过程。"圮"字表示对土地进行规划。"族"字在本章前文中讲过，义为接受中央时令信息的部族。"方命圮族"可以解释为：对接受中央时令信息的部族进行管理、命令和规划土地。

岳曰："异哉，试可，乃已。"

"异"字的甲骨文和金文字形都未找到，篆文写作"异"。"以"是"以"字的篆文，表示先进的农具。"异"表示两只手抓取，这里表示共同使用，"异"字义为共同使用先进的农具。"异哉"可以解释为："共同使用先进的农具，用武力强力推进时令。"

"试"字的甲骨文和金文字形都未找到，篆文写作"试"，从"言"，从"式"。"式"字的甲骨文和金文字形也未找到，篆文写作"式"，从"工"，从"弋"。"弋"字的金文写作"弋"，似还有枝丫未除去的木材。"工"字和"壬"字的甲骨文为同一个字，在"从时间说起：天干地支考"一章中讲过，是将木材除去枝丫、精加工的过程。"式"字的本义应为将粗加工的木材加工成所需要的样式，这里用来指人们从不守规矩向守规矩转变，加上"言"字就是用语言来促成这种转变。"可"字在本章前文中说过，是大众的意思。"试可"可以解释为：用语言教化大众，促使其从不守规矩向守规矩转变。

"乃"字在上一章中讲过，是一起、总的意思。"已"字的甲骨文和金文字形都未找到，篆文写作"已"，由于缺少甲骨文和金文字形，想要搞清意思，则需要借助其相似字，如"巳"字的篆文写作"巳"，与"已"的区别在于，"已"字上面的圆圈是开口的，而"巳"字是封口的。"巳"字在"从时间说起：天干地支考"一章中讲过，是种子发芽生根的意思，种子是不长嘴的，但是胎儿是长嘴的，"已"字的本义应为胎儿已经形成，这里是指顺民的产生。"乃已"可以解释为：总体来说，这样就可以产生顺民了。

帝曰："往，钦哉！"

"往"字的甲骨文写作"往"，金文写作"往"，甲骨文字形由正写的"止"字和"王"字组成，正写的"止"表示向前行走，"王"字在"成大事者：走得更远"一章中讲过，本义为规矩。金文字形在甲骨文字形的基础上加上了代表道路的"彳"，进一步强调了行走。"往"字的本义是带着规矩前往，规矩是掌权者定的，这里可理解为按既定的规矩去办。"钦"字在上一章中讲过，是大力宣扬的意思。"哉"是用武力大力推进的意思。"往，钦哉"可以解释为：按既定的规矩去办，大力宣扬并以武力推进。

九载，绩用弗成。

"九"这里作概数词用，表示几年或一些年。"载"字的甲骨文字形未找到，金文写作"𢦐"，由"㞢""弋""車"组成，"㞢"是"在"字的金文，字形似旗幡，"弋"是"戈"字的金文，"車"是"车"字的金文。旗幡、戈、车，很可能是当时进行阅兵时使用的装备。尧舜时，这种阅兵仪式很可能是一年举行一次，因此被借用为纪年单位使用，《尔雅·释天》中说："夏曰岁，商曰祀，周曰年，唐虞曰载。"又因为这种仪式是以载物或者人的车为主要用具，因此引申为装载、承载的意思。

"绩"字在上一章中讲过，本义是克服困难获取财物，引申为成绩的意思。"用"字在本章前文中讲过，本义是木桶，因为在尧时期，木桶是日常使用的高档用具，所以引申为效用的意思。"弗"字也在本章前文中讲过，本义是将木棍用绳子捆束起来，引申为团结或约束起来的意思。"成"字在上一章中也讲过，本义为收获了粮食的城邑，引申为做好、完成的意思。"九载，绩用弗成"可以解释为：几年后，获得了成绩和效用，民众得到了约束和团结。

从这一段对话中，我们可以看出鲧的选拔过程与丹朱和共工的选拔过程的不同之处：其一是推荐方式不同，丹朱和共工都是在尧未指明推荐人的情况下，由对口部门的领导进行推荐的，而鲧的推荐却是尧直接询问四岳的意见，由四岳共同进行推荐；其二是对被选拔人的要求不同，对丹朱和共工的要求是政治立场正确、管理沟通能力强，对鲧的要求是具备"能、俾、乂"这样的专业能力。这两点不同之处说明丹朱和共工是在中央辅政的要员，而鲧却是要到地方去解决问题并直接和四岳打交道的专业型官员。

从这段对话中我们还能看出另外一个玄机，那就是鲧治理的水并不是咱们通常认为的洪水，而是共同水源的管理和山区的灌溉问题。尧对鲧提出的要求是软硬兼施，既要宣传教育又要武力推进。鲧的治水成效如何，现在的说法是鲧采取了"堵"的办法，最终因治水不力，被舜治罪，被舜治罪的还有共工、驩兜、三苗。三苗是丹朱的部族，鲧、共工、驩兜、三苗一起被称作"四凶"或者"四罪"。这"四凶"可都是尧的股肱之臣啊，各位读者是不是似乎明白了些什么呢？

接下来这一段是讲述尧是如何选拔接班人的，从"朕在位七十载"看和上几段的对话应该相距好多年了。

帝曰："咨四岳，朕在位七十载，汝能庸命，巽朕位？"
岳曰："否德，忝帝位。"
曰："明明扬侧陋。"
师锡帝曰："有鳏在下，曰：'虞舜。'"
帝曰："俞予闻，如何？"
岳曰："瞽子，父顽，母嚚，象傲，克谐。以孝烝烝，乂不格奸。"
帝曰："我其试哉，女于时，观厥刑于二女厘，降二女于妫。"
汭嫔于虞。
帝曰："钦哉！"

让我们逐句解读。

帝曰："咨四岳，朕在位七十载，汝能庸命，巽朕位？"

"朕"字在"成大事者：走得更远"一章中讲过，本义是掌舵行舟，尧作为部族联盟的领袖，称呼自己为掌舵人再适合不过了。"在"字在上一章中讲过，是存在的意思。"位"字的甲骨文写作"𠆢"，金文写作"𠆢"，在"大"字下面加一长横，表示大人站立的位置，因此有位置的意思。"载"字在前文中讲过，是年的意思。

"汝"字在上一章中也中讲过，是第二人称敬称，从尧的口中说出来，相当于后来帝王们经常说的"诸位爱卿"。"能"字在本章前文的讲过，本义是既能使用先进农具耕种又能获取猎物，引申为很有能力的意思。"庸"字在本章前文中也讲过，指高端工具的制造，这里引申为很有技巧。

"巽"字的甲骨文和金文字形都未找到，篆文写作"𠨎"，从字形上看，似两人躬身跪坐于高台之上。躬身跪坐表示恭敬地接受命令，高台表示朝堂，"巽"字的本义是在朝堂上恭敬地接受命令。

"帝曰：'咨四岳，朕在位七十载，汝能庸命，巽朕位？'"可以解释为"尧说：'四岳啊，我怀着殷切的心情对你们说，我在掌舵人的位置已经干了七十年了，各位爱卿很有能力且很有技巧地执行了我的命令，现在谁愿意接受掌舵人的位置啊？'"

岳曰："否德，忝帝位。"

"否"字在"黄帝和他的大臣们：我们是有组织的"一章中讲过，本义是遮住嘴，不让嘴里的话说出来，引申为阻塞不通的意思。"德"字在本章前文中讲过，似在路口有一只大大的眼睛上伸出一个长长的指向符号，本义是在路口选择正确的方向。"否德"就是阻塞的德，也就是目光短浅无法选择正确的方向。"忝"字的甲骨文和金文字形都未找到，篆文写作"忝"，从"天"，从"心"，是心怀天道的意思。

"岳曰：'否德，忝帝位。'"可以解释为"四岳们说：'我们目光短浅，无法选择正确的方向，只有心怀天道的人才能继承帝位。'"

曰："明明扬侧陋。"

这里在"曰"前省略了主语，从这段尧和四岳的问答来看，这句话应该是尧所说。"明"字的本义是日月运行，后来泛指光明，引申为明了、明白的意思，这里取光明的意思。"明"字叠用，表示一再光明，也就是光明正大。

"扬"字的甲骨文写作"𣉝"，金文写作"𣉝""𣉝""𣉝""𣉝"。甲骨文字形通"易"，"易"字在上一章中讲过，是对太阳关注或尊崇的意思，金文字形似双手向上扬起的人托举着"易""日""王"，或者兼而有之。"日"代表太阳，"王"代表规矩，所以"扬"字的本义是宣扬太阳或规矩，引申为宣扬、推举等义。

"侧"字的甲骨文字形未找到，金文写作"○"，从字形上看，似两人分别站在鼎的两边。鼎在远古是权力的象征，在鼎的两边也就是在权力阶层周围的意思。

"陋"字的甲骨文和金文字形都未找到，篆文写作"○""○"。"○"表示划定界限，有区隔的意思，"○"是内字的篆文，"内"字的金文写作"○"，字形似人在屋内，表示里面的意思。"陋"字的本义是区隔于内，有的篆文字形在旁边加上"阜"字表示山区，这里指偏远闭塞的地方。

"曰：'明明扬侧陋。'"可以解释为"（尧）说：'（那就）光明正大地从权力阶层周边和偏远闭塞的地方举荐吧。'"

师锡帝曰："有鳏在下，曰：'虞舜。'"

"师"字的甲骨文写作"○"，金文写作"○""○"。"○""○"似连在一起的籽实的形状，"○"似剪下的植物的枝条。"师"字的本义是成串生长、整齐排列的籽实，因为军队也是聚在一起整齐排列，所以后来引申为军队的意思。"锡"字的甲骨文字形未找到，金文写作"○""○"。金文字形有的通"易"，有的在"易"上加上金字。"易"在上一章中讲过，是变化规律的意思，"锡"就是金属变化的规律。"师锡"可能是人名也可能是职位名，应是指掌管军队兵器制造或排兵布阵的官员。"师锡"也为四岳之一。

"鳏"字的甲骨文字形未找到，金文写作"○"，由"○"和"○"组成。"○"是"罒"字的金文，前文讲过，似一只流泪的眼睛；"○"是"鱼"字的金文，"鳏"字就是会流泪的鱼。"虞"字的甲骨文写作"○""○"，金文写作"○""○"。甲骨文字形看起来有些熟悉，大家回想一下上一章中提到的"挚"，"挚"字的甲骨文写作"○"，是一个被人用手从后面抓住跪着恭敬地交出代表"帝位"的时令之箭的人。而"虞"字的字形却是一个站立的人，双手接过代表"帝位"的时令之箭。"虞"字的本义应为继承帝位的人或者承接帝令的人。

"虞"字的金文字形和甲骨文字形差别很大，由"○""○""○"组成，"○"是"虎"字的上半部分，代表虎头；"○"是"大"字，代表领袖；"㕣"是"口"字，代表发声。"虞"字金文的意思可以理解为如老虎怒吼一样充满威严的高级官员或领袖，这种演变应与承接帝令的人多为高级官员或者部族领袖有关。这里取甲骨文本义，综合上下文的意思，应该理解为"继承帝位的人"。舜就是舜的名字，至于为什么要取这个名字，将在下一章中进行介绍，不过这个名字可是大有学问的，尧一听就知道这个人可能是自己的接班人。

师锡帝曰："有鳏在下，曰：'虞舜。'"这句话可以解释为：师锡对尧说："在下面有一条会流泪的鱼说：'继承帝位的是舜。'"

这一句的传统断句为"有鳏在下曰虞舜"，可以解释为："在下面有一个穷困的平民百姓，名叫虞舜。"静水认为不妥，其一是因为"曰"字不能当"叫作"理解，就如同我们不能把"帝尧曰放勋"中的"曰"当"叫作"理解一样；其二是因为"鳏"字无论怎样都看不出穷苦百姓的意思。从后面四岳对舜的介绍来看，舜的父母都是智者，更不可能是穷苦百姓。各位读者可能要质疑了，鱼会说话、会流泪也不靠谱啊！对了，就是这种不靠谱的事才能引起人的注意。这种手法在古代用得太多了，如祥瑞、神迹，都是给人一种天命如此的感觉。

帝曰："俞予闻，如何？"

"俞"字的甲骨文写作"㕣"，金文写作"㣇"，由"舟"字和带着箭头的水波组成，本义为顺水行舟，顺水行舟就会很轻松，行船速度也快，这里可理解为"赶快"，如果在前面加上"心"字，就变成了"愉"字，"愉"字的本义就是内心轻松。"予"字在本章前文中讲过，是经过、穿过的意思。

"闻"字的甲骨文写作"㗊"，金文写作"䎽"，甲骨文字形似把手举起来放在耳畔仔细听的样子，尤其突出了大大的耳朵，金文字形左边是一个张口说话的人，右边是一只耳朵，表示听人说话。"闻"字的本义是听闻。

"如"字的甲骨文写作"㚩"，金文写作"㚩"，从"女"，从"口"，就是对顺从者说话，这里是听从命令的意思。"何"字的甲骨文写作"何"，金文写作"何"，是人挑着担子的样子，也就是担负、承担的意思。

"帝曰：'俞予闻，如何？'"可以解释为"尧说：'那就赶快把听闻的告诉我吧，他是否能服从命令并承担责任？'"

岳曰："瞽子，父顽，母嚚，象傲，克谐。以孝烝烝，乂不格奸。"

"瞽"字的甲骨文和金文字形都未找到，篆文写作"瞽"，从"鼓"，从"目"。"鼓"字的甲骨文写作"🥁""🥁"，金文写作"🥁"，从甲骨文字形上看，由"ψ""豆""🥁"组成，"ψ"是"牛"字，"豆"是"豆"字，表示远古时期的一种盛器，"🥁"是手持鼓槌的样子，所以"鼓"字是手拿鼓槌敲击蒙着牛皮的豆形器物的意思，也就是现在的打击乐器——鼓。"瞽"字义为像鼓一样被蒙上的眼睛，很可能是得了白内障的眼睛，所以是盲人的意思。"瞽子"就是盲人的儿子。

"父"字的甲骨文写作"🪓"，金文写作"🪓"，似手拿石斧劳动的样子，由于远古时期砍、砸这样的劳动主要由有力气的男人进行，所以后来"父"字被作为对男子的尊称，再后来引申为父亲的意思。"顽"字的甲骨文和金文字形都未找到，篆文写作"顽"，从"元"，从"页"。"页"字在"继承者们：谜一样的男人们"一章中讲过，是智者的意思。"元"字的甲骨文写作"元"，金文写作"元""元""元"，"元"字下半部分不是"人"字，而是表示根须，上面的一横表示地面，有的字形上面还有一短横表示地面上还有东西，所以"元"有基础、初始、最的意思。"顽"字义为最聪明的智者。"父顽"可以解释为：父亲是最聪明的智者。

"母"字的甲骨文写作"母"，金文写作"母"，字形似长着乳房的女性，后来引申为母亲。"嚚"字在"继承者们：谜一样的男人们"一章中讲过，是善于言说的智者。"母嚚"可以解释为：母亲是能言善道的智者。

"象"字在本章前文中讲过，是样子的意思，这里指舜的特长。传统翻译将"象"当作舜的弟弟，很大一部分原因在于《史记·五帝本纪》中写的是"弟傲"，静水认为这是对《尚书·尧典》的误读，《尚书·尧典》中并未提到尧有个叫象的弟弟。"傲"字的甲骨文和金文字形都未找到，篆文写作"傲"，从"人"，从"敖"。"敖"字的甲骨文字形未找到，金文写作"犭"，由"𠂉""人""𠂊"组成，"𠂉"表示一株抽穗的农作物，"人"是"人"字，"𠂊"表示教化。脑袋上顶着抽穗作物的人，就表示成熟的农耕民，"敖"字的意思应为教化成熟的农耕民。"傲"字的意思就是教化成熟的农耕民的人。"象傲"可以解释为：以教化成熟的农耕民见长。

传统观念认为舜的父亲心术不正，后母说话不诚，弟弟象傲慢无礼，并且编出了很多不太科学故事，这可真冤枉了舜的父亲、母亲和那个可能根本不存在的弟弟，这些咱们还是在讲舜的时候再说吧。

"克"字在本章前文中讲过，义为虔诚地接受天道。"谐"字的甲骨文和金文字形都未找到，篆文写作"龤"，从"言"，从"皆"。"皆"字的甲骨文字形未找到，金文写作"皆"，从"比"，从"曰"。"比"是两个人肩并肩站着，表示平等。"皆"就是平等地说。"谐"字进一步加强了言语，也就是言语平等公正。"克谐"可以解释为：虔诚地接受天道，言辞公平、公正。

"以"字表示先进的农具，引申为用、通过。"孝"字的甲骨文写作"𡥝"，金文写作"孝"，甲骨文字形由"未"字和"子"字组成，"未"字表示茁壮成长的农作物。"孝"的本义是脑袋里装着茁壮成长的农作物的孩子。金文字形将"未"字改为"敖"字的上半部，也就是成熟农耕民的孩子。

"烝"字的甲骨文字形未找到，金文写作"烝"，从"米"，从"豆"，字形似在一口锅上蒸煮米饭，因此有蒸煮的意思。"烝"字叠用，表示事业蒸蒸日上的样子。"以孝烝烝"可以解释为：能通过使孩子们信奉农耕来保证事业蒸蒸日上。教育要从孩子抓起，农耕更是如此，孩子是未来的希望，只有教育好孩子才能让农业持续发展。

"乂"字是抽象的日影，表示分清日影，引申为分清的意思。"不"字在"黄帝和他的大臣们：我们是有组织的"一章中讲过，这里用去除的意思。"格"字在本章前文中讲过，是分隔、阻隔的意思。"奸"字的甲骨文和金文字形都未找到，篆文写作"奸"，由"女"字和倒着写的"大"字组成，在上一章中讲过，倒着写的"大"字表示不服从的首领。"女"字表示服从人，也就是顺民。"奸"字的本义是服从的人中带头造反的人。"乂不格奸"可以解释为：能够分清、去除、分隔那些顺民中带头造反的人。

"岳曰：'瞽子，父顽，母嚚，象傲，克谐。以孝烝烝，乂不格奸。'"可以解释为"四岳们说：'舜是盲人的儿子，他的父亲是最聪明的智者，母亲是能言善道的智者，舜本人以教化成熟农耕民见长，他虔诚地接受天道，言辞公平、公正。他能通过使孩子们信奉农耕来保证事业蒸蒸日上，能够分清、去除、分隔那些顺民中带头造反的人。'"

帝曰："我其试哉，女于时。观厥刑于二女厘，降二女于妫。"

"我"字在"传爻者：走得更稳"一章中讲过，本义是类似于耙子的长柄农具，后来作为从事农耕民众的第一人称称谓，这里可以解释为"我们"。"其"字在这里指完成完整的农业生产过程。"试"字指用语言来促成从不守规矩向守规矩的转变。"哉"字指用武力强力推行时令。"我其试哉"可以解释为：我们要完成农业生产，需要教导民众变得更守规矩，需要强力推行时令。

"女"字指顺民。"于"字表示紧密联系或相适应。"时"指时令。"女于时"可以解释为：顺民和时令要相适应。

"观"字的甲骨文写作"𮥻"，金文写作"𮥻""𮥻"。这个字的甲骨文字形和金文字形与前面讲到的"𮥻"字很相似，都是一只长着大眼睛和耳朵的鸟，也就是猎鹰，不同之处在于有的金文字形在"𮥻"的基础上加上了"见"字，进一步强调"𮥻"之所见，由于猎鹰有敏锐的视觉，因此引申为观察的意思。"厥"字在上一章中讲过，指不服从者。

"刑"字的甲骨文字形未找到，金文写作"𮥻""𮥻"，从"井"，从"刀"，从"土"，本义应为划分田地。"于"字表示紧密联系或相适应。"二女"不要理解成两个女儿，而是"二等顺民"，也就是差一些的顺民。"厘"字在上一章中也讲过，是在田地里栽种农作物的意思。"观厥刑于二女厘"可以解释为：观察他能否为生活困顿落后的不服从者划分田地，使其与差一些的顺民耕种水平相当。

"降"字的甲骨文写作"𮥻"，金文写作"𮥻"，由表示山地的"阜"字和两个脚趾尖向下的"止"字组成，表示由高处向下走，引申为下落、减低、下一步等义。"妫"字的甲骨文字形未找到，金文写作

"妫"，由"女"和"为"组成，"为"是"为"字的金文，甲骨文写作"🐘"，从字形上看，似用手牵着大象。抓住大象当然是大作为，所以"为"字引申为作为的意思，"妫"就是有作为的顺民。"降二女于妫"可以解释为：接下来再将那些次一些的顺民转化为有所作为的顺民。

汭嫔于虞。

"汭"字的甲骨文和金文字形都未找到，篆文写作"汭"，从"水"，从"内"，本义为如同水一样流入。"嫔"字的甲骨文写作"𡚾""𡚾"，金文字形未找到。从甲骨文字形上看，就是一个人（𠂉）走进（𠂇）屋内（∩）参见另一个人（𠃌）。"于"字是密切联系的意思。"虞"这里指继承帝位的人。"于虞"就是和帝位的继承者产生紧密联系。

"汭嫔于虞"可以解释为：（人们）如同流水涌入一样去参见继承帝位的人。

帝曰："钦哉！"

"钦"字是大力宣扬的意思。"哉"是大力推进的意思。"帝曰：'钦哉。'"可以解释为"尧说：'大力宣扬并努力推进吧。'"

《尚书·尧典》的介绍就到此为止了，虽然有些意犹未尽，但是依然给我们刻画了一个栩栩如生的尧，他的执政纲领、实施细则、用人标准、政治智慧等都跃然纸上。让我们完整地整理一下《尚书·尧典》的内容吧。

本篇讲述信奉农耕的文明人如何敬稽天道。

尧说："（要）规范和教导掌握权力的勋贵们，（让他们去）大力宣扬日月的光辉。各级官员要把天道装进心里，始终顺应天道行事。使用先进农具的民众恭迎苍龙七宿的到来，虔诚地接受天道的启示，开始进行播种。（让）顺服但是落后的人周身上下都穿上衣服。对于社会各阶层人士，既要进行适当区隔又要保持紧密联系，（让他们）虔诚地接受天道，明白日月光辉的意义，能够分清先进和落后，知道如何选择正确的方向。用先进的耕作方式使各核心部族关注共同的劳动成果，各部族就会彼此亲睦。（要）为广大从事农耕的民众不断地平复并修订历法，他们就会顺从地接受太阳的馈赠，明白日月运行的规律。（要）齐心协力向各个邦国宣扬农作物的种植方法，全体从事农耕的民众要与不断被修订并教授的历法相适应。按天道行事，（就会过上）和谐安稳的生活。"

（尧）总命令羲和："（你们要）大力宣扬农耕，把天道的观念装进官员和部族领袖的脑子里，按照太阳、月亮、星星和星宿的天象来编制历法，教导未归化的游牧部族，向关注时令的人们传达时间的信息。"

另外命令羲仲："（你要）在东部夷族地区修建用于观测天象的建筑、测定时令。教导未开化的民众接受中央授时的令箭，恭敬地来到观测天象的建筑前，然后走出去传达太阳所示的信息。平复导致农作物减产或者绝产的不当历法，指导东部的农业生产。通过观察日影居中的日象以及南方朱雀七宿在天空中的位置，来确定春分的准确时间。分清蒙昧和文明，使其从不服从中央命令的蒙昧部族转化为服从中央命令并从事农耕生产的文明部族。春分时节，飞鸟和走兽开始交配繁殖。"

再命令羲叔："（你要）在南方未开化部族地区修建用于观测天象的建筑，测定时令，教导民众。根据南方的气候的变化情况平复历法。让未归化的游牧部族接受文明的生活方式，根据一年中白天最长的时间以及大火星在夜空中的变化情况来确定夏至的准确时间。约束南交部族的行为，使其从不服从中央命令的蒙昧部族转化为服从中央命令并从事农耕生产的文明部族。夏至的时候，飞鸟和走兽的羽毛都很稀疏。"

另外命令和仲："（你要）在西部修建用于观测天象的建筑，测定时令，告诉他们太阳和农作物生长的关系，以生产粮食。接受中央授时的令箭，使自己变得更加富强，来到观测天象的建筑前接受太阳所示的信息。平复使农业绝产或减产的不准确历法，让西部城邑获得好的收成，通过观察日影居中的日象以及虚宿在天空中的位置，来确定秋分的准确时间。矫正不服从者的行为，使其从未开化的蒙昧状态转变为文明状态。秋分的时候，飞鸟和走兽的羽毛开始生长。"

再命令和叔："（你要）在目前虽然还未开化但是发展方向较好并

需进一步雕琢的北方部族地区修建用于观测天象的建筑，测定时令。教导他们如何修建能够保暖的城邑。观察月亮圆缺变化和鸟类换羽毛的规律来平复不准确的历法，观察一年中白天最短的时间以及昴宿在天空中的位置，来确定冬至的准确时间。通过共同测定并分清日影所示信息含义的艰难过程来实现其从不服从命令的蒙昧部族向接受中央命令并从事农耕生产的文明部族的转变。冬至时节，鸟兽都长着长而厚密的羽毛。"

尧说："（我）殷切地嘱咐你们这些羲、和们，一年有三百六十六天，要用闰月（修正月）的办法来确定四季，（从而）产生一个完整的农历年。使用农具的人在田地里栽种作物，制造各种器物，我们才能生火做饭、获取财物，民众获得收获就可以实现长久的生存和发展。"

尧说："（让我们）对最令人关切的如何使民众信奉农耕的问题进行分工吧，（谁来分管）授时、收获和工具制造呢？"

放齐说："您的亲儿子丹朱可以开启光明之门。"

尧说："很适合啊！（丹朱）充满智慧、善于沟通、言辞公正，（可以承担起）唤起大众（的重任）。"

尧说："（我们继续对）最令人关切的如何使民众信奉农耕的问题进行分工吧，（谁来分管）渔猎和采摘？"

驩兜说："都城里的共工擅长制造器物、捕捉猎物、多能而且很有功绩。"

尧说："很合适啊！共工划分土地时言辞很有技巧并且坚定地按原则行事。迎接苍龙七宿时，对天道的恭敬如滔滔江水。"

尧说："（我）殷切地对你们这些地方首领说：'我们要像关注太阳那样去关注共用水源，要进行合理的管理和分配，我们还要像关注太阳和水那样去关注如何在山地丘陵地区进行耕种，解决水源问题的呼声如同滔滔江水，（这正是）下面的民众为完成一个完整的农业生产过程所关注的问题。有同时懂得捕猎、使用先进农具、将荒地变为可耕地和观察日影的人吗？'"

大家一起站起来说："河边的鲧可以（承担）强力推行和宣传时令（的责任）。"

尧说:"很合适啊,要通过说教团结和约束民众,要用武力强力推行时令。对接受中央时令信息的部族进行管理、命令和规划土地。"

四岳们说:"共同使用先进的农具,用武力强力推行时令,用语言教化大众,促使其从不守规矩向守规矩转变,总体来说,这样就可以产生顺民了。"

尧说:"按既定的规矩去办,大力宣扬并以武力推进。"

几年后,获得了成绩和效用,民众得到了约束和团结。

尧说:"四岳啊,我怀着殷切的心情对你们说,我在掌舵人的位置已经干七十年了,各位爱卿很有能力且很有技巧地执行了我的命令,现在谁愿意接受掌舵人的位置啊?"

四岳们说:"我们目光短浅,无法选择正确的方向,只有心怀天道的人才能继承帝位。"

尧说:"(那就)光明正大地从权力阶层周边和偏远闭塞的地方举荐吧。"

师锡对尧说:"在下面有一条会流泪的鱼说:'继承帝位的是舜。'"

尧说:"那就赶快把听闻的告诉我吧,他是否能服从命令并承担责任?"

四岳们说:"舜是盲人的儿子,他的父亲是最聪明的智者,母亲是能言善道的智者,舜本人以教化成熟的农耕民见长,他虔诚地接受天道,言辞公平、公正。他能通过使孩子们信奉农耕来保证事业蒸蒸日上,他能够分清、去除、分隔那些顺民中带头造反的人。"

尧说:"我们要完成农业生产,需要教导民众变得更守规矩,需要强力推行时令,顺民和时令要相适应。观察他能否为生活困顿落后的不服从者划分田地,使其与差一些的顺民耕种水平相当,接下来再将那些次一些的顺民转化为有所作为的顺民。"

(人们)如同流水涌入一样去参见继承帝位的人。

尧说:"大力宣扬并努力推进吧。"

舜考：最重要的是人才

舜是一个有故事的人，《二十四孝》里的第一个故事就是关于他的，这个故事的名字叫作"孝感动天"。相传他的父亲瞽叟（gǔ sǒu）及继母、异母弟象多次想害死他：让舜修补谷仓仓顶时，在谷仓下纵火，舜手持两个斗笠跳下逃脱；让舜掘井时，瞽叟与象却用土填井，舜掘地道逃脱。事后舜毫不嫉恨，仍对父亲恭顺，对弟弟慈爱。他的孝行感动了天帝。舜在历山耕种，大象替他耕地，鸟代他锄草。

尧听说舜非常孝顺，有处理政事的才干，于是将两个女儿娥皇和女英嫁给他；经过多年的观察和考验，选定舜做他的继承者。舜登帝位后，去看望父亲，仍然恭恭敬敬，并封象为诸侯。这明显是一个故事会风格的故事，可信度非常低。

在上一章中讲过，舜的父母都是智者，像《二十四孝》所述的故事这么离谱的事估计是干不出来的。而且这个故事为了增加效果也编得很夸张。父亲为了害孝顺儿子竟然要烧谷仓、填水井，这也太没人性了；儿子为了逃生竟然能手持斗笠滑翔，还能够在上面有人填土的情况下掘地道逃生，这也很不科学。结局的可信度也很低：感动天帝，大象替他耕地，鸟儿代他除草，还娶了尧的两个女儿，最后接替了老丈人的班。对于这个故事大家还是别太当真，要理解其中深邃的精神内涵，不要像我一样只肤浅地看故事情节。

那么舜到底是个什么样的人呢？还是老规矩，先看"舜"字怎么写。"舜"字的甲骨文和金文字形都未找到，篆文写作"䑞"，上半部分是被半包围的两个"火"字，下半部分是脚趾分别指向左右两边的两只脚。如果单看篆文字形，我们很容易就联想到人们在火炉边乱走，舜难道是一个烧锅炉的？明显不是！那么就是对这个字的理解有问题。

想要搞清楚"舜"字的意思，我们要借助"粦"。"粦"是"燐"字的篆文，和"䑞"只差了上面半包围的框。"粦"字的甲骨文写作"𤆃"，金文写作"𦥑"。从甲骨文的字形上看，是在"大"字四周加上四个点，表示忙碌得汗流浃背的大人，金文字形在"大"字下面加上分别朝向两边的脚，表示四处奔走。"粦"字的本义应为四处奔忙的大人，"大"字在前文中讲过，是指官员或者部族首领。

那么在"𤆃"的外面加上"匚"又代表什么意思呢？咱们在"黄帝和他的大臣们：我们是有组织的"一章中讲过"区"字，外面的"匚"表示划定的界限，含有区分、约束、管理的意思。"舜"字透露出两层意思：一是区分、约束、管理忙碌的大人；二是四处奔走。用这个字称呼舜再贴切不过了。从现存典籍的记载来看，舜的主要功绩就是举贤任能、惩戒不服和四方巡守。

有证据吗？有！

《古文尚书·舜典》中起始的二十八个字就是最好的例证。各位读者要注意，是《古文尚书》，而不是《今文尚书》。《今文尚书》中没有这二十八个字，甚至也没有单独的《舜典》，对舜的记述是和《尧典》放在一起的，从"慎徽五典，五典克从"开始直接放在《尧典》的后面。

那么问题来了，从"慎徽五典，五典克从"开始的写作风格和《尧典》前面的风格大不一样，主要体现在三个方面：一是实词虚化，如"于""乃""而"这样的词已经完全作为虚词使用；二是字义多用秦汉以来的字义，很少用甲骨文的造字本义；三是行文风格晓畅，已经完全没有了甲骨文那种简古晦涩的感觉。

静水有一个大胆的猜想，在《尚书》的第一次劫难后，由伏生保存下来的《尚书》残卷很可能没有《舜典》的内容，但是舜又是儒家推崇的古代圣贤，没有确实说不过去，于是伏生或者伏生的学生就根据自己的理解，并参照《大禹谟》《皋陶谟》《益稷》等文献，在《尧典》后续写了关于舜的内容。而《古文尚书》在发现时，却有一部分的《舜典》内容，也就是现在《尚书·舜典》中开篇的二十八个字。

后来梅赜在整理《古文尚书》时，就将这二十八个字和《今文尚书》中有关舜的部分单独析出，成为今天看到的《尚书·舜典》。这就直接造成了一个问题，无论是以甲骨文的语境还是以秦汉以来的古文语境去读《尚书·舜典》都读不通，只有将这两部分分别用甲骨文和秦汉古文的语境去读才能读得通。若真如此，那真要感谢梅赜将这二十八个字忠实地保留下来，为今人留下了宝贵的研究资料。

这二十八个字就是："曰若稽古帝舜曰重华协于帝濬哲文明温恭允塞玄德升闻乃命以位"。静水将其断句为：

曰若稽古。帝舜曰："重华协于帝，濬哲文明，温恭允塞，玄德升闻，乃命以位。"

"曰若稽古"可以解释为：本篇讲述信奉农耕的文明人如何敬稽天道。是篇首的点题语。

"帝舜曰"可以解释为：舜说。

"重"字的甲骨文字形未找到，金文写作"𤴎"，由"𠂉"和"東"组成。"𠂉"是"人"字的金文。"東"是"东"字的金文。咱们在"空间哲学：盘古有真相"一章中讲过，"东"字的本义是男人扛着的绑着猎物的木棒。因此"重"的本义是负重的人，这里是指承担重任的人。

"华"字在"伏羲和女娲：'人面蛇身'成繁华"一章中讲过，是花朵的意思，由于花朵是植物最艳丽的部分，因此引申为精华的意思，这里指精英。

"协"字在上一章中讲过，是协同、协助的意思。

"于"字在上一章中讲过，是紧密联系或者相适应的意思。

"重华协于帝"可以解释为：承担重任的精英们要与帝紧密协同。

"濬"字的甲骨文和金文字形都未找到，篆文写作"濬"，从

"水",从"夋"。"夋"字在上一章中讲过,本义是分开先进和落后,引申为分清。加上"水"字,就是分清水情的意思。

"哲"字的甲骨文字形未找到,金文写作"卐""卐""卐",上半部分是"折"字的各种变体,下半部分是"心"字或者"言"字。"折"字的甲骨文写作"卐",金文多写作"卐",右半部分的"卐""卐"是"斤"字,"斤"是一种类似于斧的砍砸工具。左半部分的"卐"是分开的木头,"折"字的本义是用短斧将树木砍成两段,引申为分开的意思。下面加上"口"字或者"心"字,就是分开人心和言语,也就是明辨人心和人言的意思。

"文"字在上一章中讲过,指的是劳心者,也就是各级官吏。

"明"字在"尧是怎样炼成的:强者的责任与担当"中讲过,本义是日月的光辉,引申为光明、明白、明智、清明等意思,这里用明智、清明的意思。

"浚哲文明"可以解释为:分清水情、明辨人心,各级官吏就会保持清明。

"温"字的甲骨文和金文字形都未找到,篆文写作"卐""卐",从"皿",从"囚",从"水"。"皿"字的甲骨文写作"卐",金文写作"卐",似一个敞口的盛器。"囚"字的甲骨文写作"卐",金文写作"卐",是人被围在封闭空间里的意思。"温"字的本义是人在浴盆内用温水洗澡,引申为温和的意思。

"恭"字在上一章中讲过,是虔诚地迎接天道的意思。

"允"字在"尧是怎样炼成的:强者的责任和担当"一章中讲过,是指从事农业生产的人。

"塞"字的甲骨文写作"卐",金文写作"卐",由"∩""工""又"组成。"∩"表示远古人居住的房屋;"工"是"工"字或"壬"字,表示经过加工除去枝丫的木材;"又"是"又"字,表示用手抓取。"塞"字的本义是用双手将经过加工的木材抬进屋内。为更好地理解这个字代表的含义,我们再看"蹇"字。"蹇"字的甲骨文和金文字形都未找到,篆文写作"卐"。注意看两个字双手托举物的差别:"塞"字是经过加工的木材,而"蹇"字是未经过加工带着枝杈的木材。将未加工的带着枝杈的木材搬进屋内非常困难，所以"塞"字引申为难行的意思。"塞"字与其对应就引申为易行，也就有顺遂的意思。

"温恭允塞"可以解释为：温和而虔诚地迎接天道，农民们就会所行顺遂。

"玄"字在"继承者们：谜一样的男人们"一章中讲过，本义是将布匹染色的过程，因为染色过程中颜色会不断地变化，引申为变化的意思。

"德"字在上一章中讲过，义为选择正确的方向。

"升"字的甲骨文写作"𓏙"，金文写作"𓏚"，字形似用长柄勺盛着液体提起，引申为提升的意思。

"闻"字在上一章中讲过，是听闻的意思。

"玄德升闻"可以解释为：在变化的环境中选择正确的方向，提升自己的见闻。

"乃"字在"尧是怎样炼成的：强者的责任与担当"一章中讲过，是总、一起、共同的意思。

"命"字在"尧是怎样炼成的：强者的责任与担当"一章中讲过，是任命、命令的意思。

"以"字在"尧是怎样炼成的：强者的责任与担当"一章中讲过，是古代一种先进的农具，这里代指先进农业。

"位"字在上一章中讲过，本义是大人站立的位置，引申为位置、职位的意思。

"乃命以位"可以解释为：总体来说就可以任命为承担发展先进农业的职位了。

咱们来总结一下这二十八个字：

本篇讲述信奉农耕的文明人如何敬稽天道。舜说："承担重任的精英们要与帝紧密协同，分清水情、明辨人心，各级官员就会保持清明，温和而虔诚地迎接天道，农民们就会所行顺遂，在变化的环境中选择正确的方向，提升自己的见闻。这样，总体来说就可以任命为承担发展先进农业的职位了。"

这段虽然只有区区二十八个字，但是已经明确地表达了舜对官员们的要求和选拔官员的标准，他们要和帝保持一致，要能够分清水情、明辨人心、教民天道、站稳立场、提升见闻。作为《尚书·舜典》的开篇语，这二十八个字具有重要的意义，就如同《尚书·尧典》开篇讲的是如何对待和团结各阶层人民一样，这是舜的主要政治纲领和头等大事。可惜这段文字太少了，《尚书·舜典》真正的原文可能就只剩下这二十八个字了。不过从现今流传下来的《尚书·舜典》中，我们依然可以看到舜对官员选任和管理的重视。原文如下：

舜曰："咨，四岳！有能奋庸熙帝之载，使宅百揆，亮采惠畴？"佥曰："伯禹作司空。"帝曰："俞，咨！禹，汝平水土，惟时懋哉！"禹拜稽首，让于稷、契暨皋陶。帝曰："俞，汝往哉！"

帝曰："弃，黎民阻饥，汝后稷，播时百谷。"

帝曰："契，百姓不亲，五品不逊。汝作司徒。敬敷五教，在宽。"

帝曰："皋陶，蛮夷猾夏，寇贼奸宄。汝作士。五刑有服，五服三就。五流有宅，五宅三居。惟明克允！"

帝曰："畴若予工？"佥曰："垂哉！"帝曰："俞，咨！垂，汝共工。"垂拜稽首，让于殳斨暨伯与。帝曰："俞，往哉！汝谐。"

帝曰："畴若予上下草木鸟兽？"佥曰："益哉！"帝曰："俞，咨！益，汝作朕虞。"益拜稽首，让于朱虎、熊罴。帝曰："俞，往哉！汝谐。"

帝曰："咨！四岳，有能典朕三礼？"佥曰："伯夷！"帝曰："俞，咨！伯，汝作秩宗。夙夜惟寅，直哉惟清。"伯拜稽首，让于夔、龙。帝曰："俞，往，钦哉！"

帝曰："夔！命汝典乐，教胄子。直而温，宽而栗，刚而无虐，简而无傲。诗言志，歌永言，声依永，律和声。八音克谐，无相夺伦，神人以和。"夔曰："於！予击石拊石，百兽率舞。"

帝曰："龙，朕堲谗说殄行，震惊朕师。命汝作纳言，夙夜出纳朕命，惟允！"

帝曰："咨！汝二十有二人，钦哉！惟时亮天功。"

三载考绩，三考黜陟幽明，庶绩咸熙。分北三苗。

这一部分占了整个《尚书·舜典》百分之六十以上的篇幅，主要讲述了舜任命官员的过程。

命禹作司空，居百揆之官辅佐政事，相当于首辅。

命弃（即后稷）播时百谷，主持农业，相当于农业部部长。

命契作司徒，主管教育和人事，相当于教育部部长和人事部部长。

命皋陶作士，主管司法，相当于最高法院院长、最高检察院检察长和公安部部长。

命垂掌管百工，相当于工业部部长和建设部部长。

命益作虞，掌管草木鸟兽，相当于国家林业局局长。朱虎、熊罴（pí）随往。

命伯夷作掌管祭祀的礼官，主持祭祀天神、地祇、人鬼的三礼。夔（kuí）、龙随往。

命夔作典乐的官，相当于文化部部长。

命龙作纳言，传达帝命，传递下情。

舜还制定了官员考核办法：每三年考察一次政绩，考察三次后，罢免昏庸的官员，提拔贤明的官员。

这是尧去世以后的事，是舜独立组建的内阁。其实在舜刚刚接受禅让，尧还在世的时候，舜就进行了一系列的人事调整。这种调整是和司法改革同步进行的。《尚书·舜典》的原文如下：

象以典刑，流宥五刑，鞭作官刑，扑作教刑，金作赎刑。眚（shěng）灾肆赦，怙终贼刑。钦哉，钦哉，惟刑之恤哉！流共工于幽州，放驩（huān）兜于崇山，窜三苗于三危殛（jí）鲧于羽山，四罪而天下咸服。

这一部分又占了《尚书·舜典》将近百分之十的篇幅，关于官员任用和管理一共占了《尚书·舜典》近百分之七十的篇幅。这段翻译成白话文如下：

舜又在器物上刻画五种常用的刑罚。用流放的办法宽恕犯了五刑的罪人，用鞭打作为官的刑罚，用木条打作为教育的刑罚，用铜作为赎罪的刑罚。因灾害造成过失，就赦免他；有所依仗不知悔改，就要施加刑罚。谨慎啊，谨慎啊，刑罚要谨慎啊！

于是把共工流放到幽州，把驩兜流放到崇山，把三苗驱逐到三危，把鲧流放到羽山。这四个人受到了处罚，天下的人都心悦诚服。

为何要在处罚"四罪"前先进行司法改革呢？因为这四个人杀不得！不但杀不得，就连治罪都成问题。共工、驩兜、鲧在上一章中都提到过，那可都是尧领导集体的核心成员。那三苗又是谁呢？静水认为很可能就是尧的儿子朱，相传其因被封于丹水而得名，而丹水正是尧与三苗曾经作战的地方，尧击败三苗后，很可能将三苗部族赐给朱作属族，因此朱也叫丹朱，因为获得了三苗，所以朱也称为"有苗"。

舜刚刚摄政，治理不好是要出大问题的。况且，那时尧还在，真要把这四个人杀了，尧也不会同意。所以舜才重整刑典，用流放的办法宽恕犯了五刑的罪人，也就是说，要在法理上给"四罪"一条活路，然后把他们赶出中央，为自己稳固帝位扫清障碍。难怪后世对于舜的即位，除禅让说外还有其他的说法。例如，《竹书纪年》中记载："昔尧德衰，为舜所囚也。舜囚尧于平阳，取之帝位。舜放尧于平阳。舜囚尧，复偃塞丹朱，使不与父相见也。"再如，《韩非子·说疑》中记载："舜逼尧，禹逼舜，汤放桀，武王伐纣。此四王者，人臣弑其君者也，而天下誉之。"究竟如何，静水也不得而知，不过确实是对舜的政治智慧顶礼膜拜。

除《尚书·舜典》记录的内容之外，舜在摄政期间很有可能还进行了更多的人事安排，《史记·五帝本纪》中还有这样的记载：

昔高阳氏有才子八人，世得其利，谓之"八恺"。高辛氏有才子八人，世谓之"八元"。此十六族者，世济其美，不陨其名。至于尧，尧未能举。舜举八恺，使主后土，以揆百事，莫不时序。举八元，使布五教于四方，父义，母慈，兄友，弟恭，子孝，内平外成。

昔帝鸿氏有不才子，掩义隐贼，好行凶慝（tè），天下谓之浑沌。少暤氏有不才子，毁信恶忠，崇饰恶言，天下谓之穷奇。颛顼氏有不才子，不可教训，不知话言，天下谓之梼杌。此三族世忧之。至于尧，尧未能去。缙云氏有不才子，贪于饮食，冒于货贿，天下谓之饕餮。天下恶之，比之三凶。舜宾于四门，乃流四凶族，迁于四裔，以御螭魅，于是四门辟，言毋凶人也。

也就是启用高阳氏、高辛氏的才子，放逐帝鸿氏、少暤氏、颛顼氏、缙云氏不才子。这些部族的名字大家大多不陌生吧，估计在当时都是很有实力的部族，这种安排不仅是出于个人因素，更重要的是政治斗争的结果。舜要求"协于帝"，那些不能"协于帝"的要么转变要么被清除。

当然，这种斗争不会随着一两次人事安排而结束，真正的斗争才刚刚开始。驩兜、共工、丹朱就不愿接受被流放的命运，与舜爆发过激烈的冲突，一直是舜的一块心病。《尚书·舜典》的最后一句话是"分北三苗"，就是分别对三苗之族作安置。前文说过，三苗很可能就是丹朱旧部，被流放的驩兜、共工与丹朱联合，对抗舜，成为舜承帝位时期最不稳定的因素。

有对抗的，也有合作的，被放逐到羽山的鲧选择了与舜合作的道路，鲧在尧时期负责管理四方水土，与驩兜、共工、丹朱三位中央要员不同，属于在基层工作，有群众基础的人物。从政治因素考量，舜应该很愿意与这样的人合作。鲧的儿子禹被任命为司空，居百揆之官，辅佐政事，很可能就是这种政治妥协的结果。

舜的另一项功绩是巡守。《尚书·舜典》是这样记载的：

岁二月，东巡守，至于岱宗，柴，望秩于山川，肆觐东后。协时月正日，同律度量衡。修五礼、五玉、三帛、二生、一死贽，如五器，卒乃复。五月南巡守，至于南岳，如岱礼。八月西巡守，至于西岳，如初。十有一月朔巡守，至于北岳，如西礼。归，格于艺祖，用特。五载一巡守，群后四朝。敷奏以言，明试以功，车服以庸。

肇十有二州，封十有二山，浚川。

翻译成白话文就是：

这年二月，舜到东方巡视，到达泰山，举行了柴祭。对于其他山川，都按地位尊卑依次举行了祭祀，然后，接受了东方诸侯君长的朝见。协调春、夏、秋、冬四时的月份，确定天数，统一音律、度、量、衡。制定了公侯伯子男朝聘的礼节、五种瑞玉、三种不同颜色的丝绸、活羊羔、活雁、死野鸡，分别作为诸侯、卿大夫和士朝见时的贡物。而五种瑞玉，朝见完毕，仍然还给诸侯。五月，舜到南方巡视，到达南岳，所行的礼节同在泰山时一样。八月，舜到西方巡视，到达西岳，所行的礼节同当初一样。十一月，舜到北方巡视，所行的礼节同在西岳一样。回来后，到尧的太庙祭祀，用一头牛作为祭品。以后，每五年巡视一次，诸侯在四岳朝见。使他们报告政务，然后考察他们的政绩，赏赐车马、衣物作为酬劳。

舜划定十二州的疆界，在十二州的名山上封土为坛举行祭祀，又疏通了河道。

这里的"年"是指舜接受尧禅让的那一年。亲政第一年，舜便四处巡视，体现了其对巡视工作的高度重视，既向四方昭示帝位，又了解各地情况，可谓一举两得。舜还把这种巡视工作常态化，规定每五年巡视一次，并且作为考察地方政绩的重要方法。事实上，舜把这种制度坚持得很好，据《史记·五帝本纪》载："践帝位三十九年，南巡守，崩于苍梧之野。葬于江南九疑，是为零陵。"也就是：舜履行帝位三十九年，到南方巡视，在南方苍梧的郊野逝世。埋葬在长江南岸的九嶷山，这就是零陵。舜的帝位始于巡守也终于巡守。

下面说一说舜的身世。首先是家庭成员。综合各种史书，大致归拢如下：

父亲：瞽叟

生母：握登氏

继母：姓氏不详

妻子：娥皇、女英

儿子：商均

兄弟：象（异母弟）

岳父：尧

  还是回到最开始的那个故事，其实这个故事的出处并不简单，而是出自《史记·五帝本纪》，司马迁热情地讴歌了舜的高贵品质和聪明才智——"舜顺适不失子道，兄弟孝慈。欲杀，不可得；即求，尝在侧。"这样的人不做儒家道德楷模，谁还有资格做啊？

  静水不知司马迁是如何考证的，很可能是来自秦汉以来对《尚书·尧典》的误读。《尚书·尧典》中记载："父顽，母嚚，象傲"，本来是说舜的父母都是智者，本人也很有专长，但是用汉代古文字义去理解，就变成了：父亲心术不正，继母说话不诚，弟弟象傲慢无礼。不但玷污了舜的父母，还为舜凭空造出了一个弟弟，再说人家也没说是继母啊。现在咱们要把舜的家庭成员改一下，把兄弟一栏改为不详，把继母一栏划去，生母叫什么也无处可考，也只好也改为不详了。

  那么舜的两个妻子又是真的吗？

  《史记·五帝本纪》中记载："于是尧乃以二女妻舜以观其内，使九男与处以观其外。舜居妫汭，内行弥谨。尧二女不敢以贵骄事舜亲戚，甚有妇道。"也就是释为：于是尧把两个女儿嫁给了舜来观察他在家的德行，让九个儿子和他共处来观察他在外的为人。舜居住在妫水岸边，他在家里做事更加谨慎。尧的两个女儿不敢因为自己出身高贵就傲慢地对待舜的亲属，很讲究为妇之道。

  这一段明显与《尚书·尧典》中的"帝曰我其试哉女于时观厥刑于二女厘降二女于妫汭嫔于虞"一句有关系，传统断句为"帝曰：'我其试哉！女于时，观厥刑于二女。'厘降二女于妫汭，嫔于虞。"翻译成白话文就是，帝尧说："我试试吧！把我的两个女儿嫁给舜，从两个女儿那里观察舜的德行。"于是命令两个女儿去到妫水湾，嫁给虞舜。

小的时候，每次读到这一段，静水总是觉得很气愤：帝尧也太不像话了，竟然用两个女儿的幸福冒险，去试探一个不知道到底是什么样子的穷小子，这也太不像个父亲了。再说了，舍弃女儿就能试出舜的德行了？这不是想得美吗？写了上一章的内容以后，静水发现自己可真是误会尧了，尧说的都是国家大事，那些鸡毛蒜皮、家长里短的事，尧才不屑说呢！

在上一章中说过，"女"在甲骨文中并不是指女儿，而是指顺民。"二女"也不是两个女儿，而是指"二等顺民"。所以上面这句话应该断句为："帝曰：'我其试哉，女于时。观厥刑于二女厘，降二女于妫。'汭嫔于虞。"翻译成白话文如下：

尧说："我们要完成农业生产，需要教导民众变得更守规矩，需要强力推行时令，顺民和时令要相适应。观察他能否为生活困顿落后的不服从者划分土地，使其与差一些的顺民耕种水平相当，接下来再将那些次一些的顺民转化为有所作为的顺民。"（人们）如同流水涌入一样去参见继承帝位的人。

这才像个帝的样子嘛！咱们尊崇的尧可不是一个没有人性的糊涂父亲。

传说中，帝尧的两个女儿是有名字的，大女儿叫娥皇，二女儿叫女英。二人在舜死后悲痛万分，一直哭了九天九夜，她们把眼睛哭肿了，嗓子哭哑了，眼泪流干了。最后，哭出血泪来，也死在了舜的旁边。娥皇和女英的眼泪，洒在了九嶷山的竹子上，竹子上便呈现出点点泪斑，有紫色的，有雪白的，还有血红血红的，这便是"湘妃竹"。这又是一个凄婉感人的故事会风格的故事，各位读者莫要当真。现在静水又要改动一下舜的家庭成员表，把妻子一栏也改为不详。既然妻子都不详了，岳父自然也不详了。

《史记·五帝本纪》中还有这样一段记述："舜子商均亦不肖，舜乃豫荐禹于天。"就是说，舜的儿子商均也不成材，舜就事先把帝位传给了禹。商均在《尚书·舜典》中未提及，静水无法考证真假，这里就暂且当真吧。

再看一下舜的家庭成员表。

父亲：瞽叟
母亲：不详
妻子：不详
儿子：商均
兄弟：不详
岳父：不详

谈完了舜的家庭，咱们还要介绍一下舜的成长经历。鉴于舜被举荐前的"悲惨"经历都已经在前文中介绍过了，咱们还是从被举荐后说起吧。

《尚书·舜典》中的记述比较简单，原文如下：

慎徽五典，五典克从；纳于百揆，百揆时叙；宾于四门，四门穆穆。纳于大麓，烈风雷雨弗迷。帝曰："格！汝舜。询事考言，乃言底可绩，三载。汝陟帝位。"舜让于德，弗嗣。

正月上日，受终于文祖。在璿玑玉衡，以齐七政。肆类于上帝，禋于六宗，望于山川，遍于群神。辑五瑞，既月，乃日觐四岳群牧，班瑞于群后。

……

舜生三十征庸，三十在位，五十载，陟方乃死。

翻译成白话文就是：

舜总理百官，百官都能承顺。舜在明堂四门迎接四方宾客，四方宾客都肃然起敬。舜担任守山林的官，在暴风雷雨的恶劣天气也不迷路。

尧说："来吧！舜啊。我同你谋划政事，又考察你的言论，你提的建议一定可以成功，已经三年了，你登上帝位吧！"舜要让给有德的人，不肯继承。

正月的一个吉日，舜在尧的太庙接受了禅让的册命。他观察了北斗七星，列出了七项政事。于是向天帝报告继承帝位的事，又祭祀了天地四时，祭祀了山川和群神。又聚敛了诸侯的五种圭玉，选择吉月吉日，接受四方诸侯君长的朝见，把圭玉颁发给各位君长。

……

舜三十岁时被征召，施政三十年，在帝位五十年，在巡视南方时才逝世。

《史记·五帝本纪》中还有很多补充说明。原文如下：

舜年二十以孝闻。三十而帝尧问可用者，四岳咸荐虞舜，曰可。

……

舜耕历山，历山之人皆让畔；渔雷泽，雷泽上人皆让居；陶河滨，河滨器皆不苦窳（yǔ）。一年而所居成聚，二年成邑，三年成都。

……

舜入于大麓，烈风雷雨不迷，尧乃知舜之足授天下。尧老，使舜摄行天子政，巡狩。舜得举用事二十年，而尧使摄政。摄政八年而尧崩。三年丧毕，让丹朱，天下归舜。

……

舜年二十以孝闻，年三十尧举之，年五十摄行天子事，年五十八尧崩，年六十一代尧践帝位。践帝位三十九年，南巡狩，崩于苍梧之野。

翻译成白话文就是：

舜二十岁时，就因为孝顺出了名。三十岁时，尧帝问谁可以治理天下，四岳全都推荐虞舜，说这个人可以。

……

舜在历山耕作，历山的人都能互相推让地界；在雷泽捕鱼，雷泽的人都能推让便于捕鱼的位置；在黄河岸边制作陶器，那里就完全没有次品了。一年的工夫，他住的地方就变成了一个村落，两年就变成了一个小城镇，三年就变成了大都市。

……

舜进入山林的时候，遇到暴风雷雨也不会迷路误事，于是尧才知道凭着舜的才能是可以把天下传授给他的。尧年纪大了，让舜代行天子之政，到四方去巡视。舜被举用掌管政事二十年，尧让他代行天子的政务。代行政务八年，尧逝世了。服丧三年完毕，舜让位给丹朱，可是天下人都来归服于舜。

……

舜二十岁时因为孝顺而闻名，三十岁时被尧举用，五十岁时代理天子政务，五十八岁时尧逝世，六十一岁时接替尧登临天子之位。登位三十九年，到南方巡视，在南方苍梧的郊野逝世。

关于舜，史学界还有诸多争议。即使如出生地、建都地、陵寝所在地这样重要的信息也有诸多说法。由于缺乏考古证据，静水就不在这里多讲了。

最后，静水也"咨"（殷切地嘱咐）一下各位读者，舜不叫"重华"，就如同尧不叫"放勋"一样，都是对《尚书》的误读。大家不要再因为这个"重华"而误以为舜是"重瞳子"了。

别九州：仁政的"小时候"

中国的别称又叫九州，这个名字源自古代典籍中所记载的夏、商、周时代的地域区划，见于《尚书·禹贡》。《尚书·禹贡》的第一句话便是"禹别九州"，翻译成白话文就是：禹划分出九个州。这一章就来说说这个划分出九州的禹。

"禹"字的甲骨文字形未找到，金文写作"　""　"，字形似用手抓住蛇。大禹莫不是一个捕蛇高手？有可能是，不过还有更深层的意思。咱们在"统一战争：斗地主的最终结局"一章中讲过一个大反派，名字叫作蚩尤。"蚩"字的甲骨文字义就是蜿蜒前行的毒蛇，"尤"字的甲骨文字义是野蛮人或者反叛者，蚩尤就是如同毒蛇一样阴险狠毒的反叛者。可见，"蛇"字在远古时期经常和阴险狠毒的坏人联系在一起，这里用的正是这层意思。"禹"字就是抓住阴险狠毒的坏人。人们用这个字称呼大禹，可见他是个狠角色。

《尚书》中有两篇题目中含有"禹"字的作品，一篇是《禹贡》，另一篇是《大禹谟》。《禹贡》在《今文尚书》和《古文尚书》中都有，《大禹谟》只在《古文尚书》中有。因为很多人质疑现传《古文尚书》的真实性，所以《大禹谟》的真伪也就存疑了。

静水认为《大禹谟》不是伪作，不但不是伪作，而且是比《禹贡》产生年代要早得多的作品。原因很简单，《大禹谟》是一篇能用甲骨文字义读通的作品，因此产生年代应不晚于西周初年。反观《禹贡》，行文方式完全是春秋以后的古文的风格，产生年代应不早于春秋时期。从真伪性的角度来看，静水认为《禹贡》更应该存疑。当然，也不能只因为产生年代就断定《禹贡》是伪作，也有可能是春秋时期的作品，被孔子辑录在《尚书》中。

不过，如果真是那样的话，孔子还真破了一次例。咱们在"《书》到用时方恨少：读真《书》与真读《书》"一章中说过，"书"字的本义是用笔记录下口中所言，因此《尚书》中的绝大多数内容是记录对话、命令、文告的，体现在文字上就是"某某曰"，但是《禹贡》中没有一个"曰"字，不太符合《书》的体例。

综上，静水认为现存《禹贡》篇很有可能不是孔子所辑录的原文，至少是经过后人加工整理了的，至多可就不好说了。至于这个"后"有多"后"，战国时期和西汉时期的可能性比较大。这里要声明一点：静水所说的真伪，是指相对于孔子辑录原文的真伪，并不是历史事件的真伪，就像用古文和白话文都可以记述同一件事一样。

下面咱们先通过《大禹谟》来了解一下禹。

"曰若稽古大禹曰文命敷于四海祗承于帝曰后克艰厥后臣克艰厥臣政乃乂黎民敏德"断句为：

曰若稽古。大禹曰："文命敷于四海，祗承于帝。"曰："后克艰厥后，臣克艰厥臣，政乃乂，黎民敏德。"

"曰若稽古"在介绍尧和舜时都说过，可以解释为：本篇讲述信奉农耕的文明人如何敬稽天道。

"大禹曰"可以解释为：大禹说。

"文"字和"命"字在前面的章节中都讲过，"文"是指各级官吏，"命"在这里是任命的意思。

"敷"字的甲骨文和金文字形都未找到，篆文写作"&#xfffd;""&#xfffd;"，从"甫"，从"寸"，有的字形还加上"&#xfffd;"。"甫"字的甲骨文写作"&#xfffd;""&#xfffd;"，金文写作"&#xfffd;"。从甲骨文字形上看，似从田里或者类似花盆的器皿里长出的"&#xfffd;"，"&#xfffd;"是"草"字的甲骨文。金文字形将下半部分换成"用"字,"用"在"尧说:破土而出的政治智慧"一章中讲过,本义是用木板箍成的木桶,后来泛化为使用的意思。"甫"字造字本义应为在田地、花盆或木桶中栽植的花草或草本农作物,也就是人工种植的花草或草本农作物。"寸"字在"少典之变:帝出东方"一章中讲过,本义是指寸关部位,以对寸关部位的触摸表示一种友善的爱抚。"敷"字的本义是用手抚摸人工种植花草的动作,引申为爱抚、散布的意思,有的字形加上"攵",表示如抚摸花草那样去教化。

"于"字在"尧说:破土而出的政治智慧"一章中讲过,是用榫卯结构表示联系或者适合的意思。

"四"字作数词用,和现在的字义相同。

"海"字的甲骨文字形未找到,金文写作"𣴴",从"水",从"每"。"每"字的金文写作"𣎆",是在"母"字的头上加上一株生长的植物。"母"字在"伏羲和女娲:'人面蛇身'成繁华"一章中讲过,本义是指成熟女性,后来专指生育了的女性,引申为对母亲的称呼,这里用母亲义。"每"字是用植物生长的母亲来指事物产生的本源或总体,后来引申为特定范围内的任何一个或一组。"海"字的本义是水的本源或总体,也就是最大或者最多的水,最大的水是大海,所以"海"字就是大海的意思。由于海是远古时期人们无法逾越的天然屏障,是人类活动的自然边界之一,"四海"也就指管理的所有区域,相当于现在的全国各地。"文命敷于四海"可以解释为:官员的任命要能够安抚全国各地。

这里要注意,有人说大禹也叫文命,就是源于这句话,其实这与把尧称为放勋,把舜称为重华一样,是因为没读懂《尚书》而产生的断句错误。

"祗"字的甲骨文字形未找到,金文写作"𢎥""𢎦"。从字形上看,似很多只手从两端和中间共同抬着一根木棍,应有共同担负的意思。

"承"字的甲骨文写作"𠃚",金文写作"𠬝"。从字形上看,由跪坐的人和两只向上托举的手组成,跪坐表示顺从,两只向上托举的手表示承接,"承"字义为承接命令的顺从者。

"祗承于帝"可以解释为：要共同担负起与帝保持紧密联系的责任。

这是《大禹谟》中大禹说的第一句话。接着又出现一个"曰"字，应该还是大禹说的话，只不过这两句话应该不是同时说的，中间有间隔，这里可以解释为：又说。

"后"字在"空间哲学：盘古有真相"一章中讲过，是指高级官员或者领袖。

"克"字在"尧说：破土而出的政治智慧"一章中讲过，义为虔诚地接受天道。

"艰"字的甲骨文写作"𦰩"，金文写作"𦰩"。甲骨文字形是将"鼓"字右边用手拿着的鼓槌变成了"黄"字。"鼓"字在"尧说：破土而出的政治智慧"一章中讲过，是一种中空蒙着牛皮的打击乐器。"黄"字在"黄帝和他的妃们：奇妙的部族融合之旅"一章中讲过，是携带天道信息的命令，颁布这种命令是帝的专有权力，因此也可理解为帝的命令（即帝令）。"艰"就是用鼓传达帝令，由于鼓是一种声音很大的打击乐器，所以"艰"字有大声传达的意思，为何要大声传达呢？因为传达的对象不是"女"而是"厥"，这些人要么是听不懂，要么是不想听，传达起来非常费劲，所以金文字形在下面加上"口"字和"火"字，"口"代表言说，"火"代表燃烧，就是不但要说而且还要点把火，让他们烧起来。

"厥"字在"尧是怎样炼成的：强者的责任与担当"一章中讲过，是指蒙昧的不服从者。

"后克艰厥后"可发解释为：领袖们要虔诚地接受天道并向落后的不服从者的领袖们大声传达帝令。

"臣"字在"少典之变：帝出东方"一章中讲过，字形似一只向下看的眼睛，表示低眉顺眼。这里指"后"下面的大臣。

"臣克艰厥臣"可以解释为：大臣们要虔诚地接受天道并向落后的不服从者的大臣们大声传达帝令。

"政"字的甲骨文写作"𣥂"，金文写作"政"。"𣥂"是"正"字的金文，"正"字在"尧是怎样炼成的：强者的责任与担当"一章中讲过,本义是向着目标前进,引申为正确、纠正等义。加上"攴",表示教化人们向目标行进,后来引申为治理国家事务的意思。

"乃"字在"尧是怎样炼成的:强者的责任与担当"一章中讲过,是一起、共同、总、全的意思。这里可以解释为:总体上。

"乂"字在"尧说:破土而出的政治智慧"一章中讲过,是抽象的日影,表示分清日影,引申为分清的意思。

"政乃乂"可以解释为:(这样)教民众行正道的责任总体上就能够分清了。

"黎""民"在"尧说:破土而出的政治智慧"一章中讲过,泛指从事农耕的民众。

"敏"字的甲骨文写作" ",金文写作" ",从字形上看,就是用手抓住"每","每"在本章前文中讲过,是指事物的本源或总体。"敏"字的本义就是抓住本源,引申为快速灵活的意思。

"德"字在"尧说:破土而出的政治智慧"一章中讲过,是指选择正确的方向。

"黎民敏德"可以解释为:全体民众就能够抓住根本,从而选择正确的方向。

因此,第一段可以解释为:

本篇讲述信奉农耕的文明人如何敬稽天道。大禹说:"官员的任命要能够安抚全国各地,要共同担负起与帝保持紧密联系的责任。"又说:"领袖们要虔诚地接受天道并向落后的不服从者的领袖们大声传达帝令,大臣们要虔诚地接受天道并向落后的不服从者的大臣们大声传达帝令,这样教民众行正道的责任总体上就能够分清了,全体民众就能够抓住根本,从而选择正确的方向。"

这段话是大禹对舜的建言。中心思想是:为政要以帝为中心,上下同欲、分工合作,实现全体民众的共同进步。大禹的建言很有高度,体现了大禹的政治素养和诉求。下面一段是舜对大禹建言的答词。

"帝曰俞允若兹嘉言罔攸伏野无遗贤万邦咸宁稽于众舍己从人不虐

无告不废困穷惟帝时克"断句为：

帝曰："俞允若，兹嘉言，罔攸伏，野无遗贤，万邦咸宁。稽于众，舍己从人，不虐无告，不废困穷，惟帝时克。"

"俞"字在"尧说：破土而出的政治智慧"一章中讲过，本义是顺水行舟，引申为轻松、速度快等义。

"允"字本义为使用农具的人，指从事农业生产的人。"若"字本义为信奉农耕的文明人或文明人信奉农耕。

"俞允若"可以解释为：让民众易于保持对农耕的信奉。

"兹"字的甲骨文写作"⸺"，金文写作"⸺"，由两个"玄"字组成。"玄"字在"继承者们：谜一样的男人们"一章中讲过，是指将丝线或布匹染色的过程，两个"玄"字放在一起进一步强调染色后的丝线的各种颜色，染色后的丝线看起来更加养眼，"兹"就是表示这种斑斓绚丽的样子。在这里可解释为润色或让某物更有感染力。

"嘉"字的甲骨文字形未找到，金文写作"⸺""⸺"，由"⸺""⸺""⸺"组成。"⸺"是在豆状容器中盛着"禾"，表示丰收的景象。"⸺"在"尧说：破土而出的政治智慧"一章中讲过，是两只手各执弯曲的绳子的一端，表示用绳子划分。"⸺"是"口"字，这里表示人口。"嘉"字本义应为人们分配农业收获，因为这个过程充满喜悦，因此引申为美、善、吉庆、喜庆等义。

"兹嘉言"可以解释为：让分配收获时吉庆溢美的言辞更有感染力。

"罔"字在"少典之变：帝出东方"一章中讲过，是指规范人们行动的法网。

"攸"字的甲骨文写作"⸺"，金文写作"⸺""⸺"。甲骨文字形由"⸺"和"⸺"组成，"⸺"是"人"字，"⸺"表示规范和教导或者教化。"攸"字的甲骨文字义应为接受教化的人，也就是受教者。金文字形在甲骨文字形的基础上加上三个点，表示人从背后流下的汗水，流下汗水表示非常努力，也就是非常努力的受教者。接受教化，人就会变得平和安宁，所以"攸"字又引申出平和安宁的意思，这里用本义。

"伏"字在"伏羲和女娲：'人面蛇身'成繁华"一章中讲过，是带着猎犬进行狩猎，有隐蔽伺机出击的意思。

"罔攸伏"可以解释为：让受教者的狩猎行为得到法律约束。从这句话中可以看出，教化的对象主要指还在从事狩猎的人。

"野"字的甲骨文写作"🌿"，金文写作"🌿"，从"林"，从"土"，指长着树林的土地，那时候植被保护得好，人们的居住地大多是人工开垦出来的，没开垦的地方长满了林木，所以"野"字也就是野外的意思。这里指朝野之外。

"无"字的甲骨文和金文字形都未找到，篆文写作"🌿"，这个字和"元"字很像，和"元"字不同的是长横和短横之间是连接的，也就是在接近地面的地方将植物的上部除去，除去就是没有了，所以"无"字就是没有的意思。

"遗"字的甲骨文字形未找到，金文写作"🌿"，由"🌿""🌿""🌿"组成，"🌿"是双手捧着东西，"🌿"是"小"字，指剩下的一点东西，"🌿"表示行走。"遗"字的本义是拿走东西以后剩下的东西，因此有遗留的意思。

"贤"字的甲骨文字形未找到，金文写作"🌿"，由"🌿""🌿""🌿"组成。"🌿"是"臣"字，义为大臣。"🌿"是"贝"字，就是贝币，代表财富。"🌿"是"又"字，代表抓取、获取。"贤"字的本义应为能获取财富的大臣，能够获取财富自然就是贤能之士。

"野无遗贤"可以解释为：朝野之外没有遗漏的贤能之臣。

"万邦"在"尧说：破土而出的政治智慧"一章中讲过，可以解释为各个邦国。

"咸"字在"尧是怎样炼成的：强者的责任与担当"一章中讲过，是指收获了粮食的一群人，由于收获粮食是将田地里的农作物进行全部收割，同时，相对于采猎来说也能解决更多人的食物来源，因此"咸"字引申出全部、都的意思。

"宁"字的甲骨文写作"🌿"，金文写作"🌿"。甲骨文字形由"🌿""🌿""🌿"组成。"🌿"表示房屋；"🌿"表示器皿；"🌿"

是"示"字的甲骨文,这个字在"黄帝和他的妃们:奇妙的部族融合之旅"一章中讲过,表示将物品置于高处。将器皿放在房间里的高处,就不易碰到,所以"宁"字就有平安、安定、安宁的意思。金文字形又在中间加上"心"字,表示内心的安宁。

"万邦咸宁"可以解释为:各个邦国就都会安宁。

"稽"字在"《书》到用时方恨少:读真《书》与真读《书》"一章中讲过,本义为恭敬地向智者说话,相当于现在稽首的意思。

"众"字的甲骨文写作"𠂂""𠂂",金文写作"𠂂"。甲骨文字形是共同生活在太阳下(日)或城邑中(囗)的人。有的金文字形将上半部分变成一只大眼睛,也就是表示共同关注的一群人。"众"字的本义应为众人、大众。

"稽于众"可以解释为:恭敬地与大众保持密切联系。

"舍"字的甲骨文字形未找到,金文写作"舍",由"余""口"组成。"余"是"余"字的甲骨文,表示用柱子支撑的房屋。加上口字,表示人口,也就是人居住的房屋。

"己"字在"从时间说起:天干地支考"一章中讲过,是城建归化的过程。

"从"字的甲骨文写作"从",金文写作"从"。从字形上看似两个人前后而行,"从"字应为跟从的意思。

"舍己从人"可以解释为:对房舍的规划要遵从人们的意愿。

"不"字在"黄帝和他的大臣们:我们是有组织的"一章中讲过,是不要、去除、阻隔的意思。

"虐"字的甲骨文写作"虐",金文写作"虐",从"人",从"虎",从字形上看似老虎吃人,因此引申为残害、虐待、惩处的意思。

"告"字在"传爻者:走得更稳"一章中讲过,本义是庄重地祷告或言说,后来引申为对人诉说、宣布以及向公众通知情况、时间、规定等书面形式等义,这里指正式地表达。

"不虐无告"可以解释为:不要惩处没有进行正式表达的人。

"废"字的甲骨文和金文字形都未找到,篆文写作"废",由广字头和"发"字组成。"发"字的甲骨文写作"𢍏","金文写作"𢂦"。甲骨文字形上半部分是两个脚趾尖朝上的"止"字，表示双脚向前行走，下半部分是一只拿着棍子上扬的手，表示投掷的动作。金文字形在甲骨文字形的基础上加上了"乃"字，"乃"在"尧是怎样炼成的：强者的责任与担当"一章中讲过，是套索的形状。"发"字的本义应为双足向前奔跑投掷标枪或套索，引申为放、射、散开、开始动作等义。广字头经常写作"厂""广""宀""冂"，表示开放空间的某个方向。"废"字就是标枪投掷的方向，也就是标枪的投掷目标，被投掷的目标通常会被伤害，所以引申出没有用的、失去效用的、荒芜、衰败等义。

"困"字的甲骨文字形未找到，金文写作"囗""𣏂"。这两个字形存在较大的差异，"囗"更接近于现用的字形，从字形上看，是四周被围起来的树木，表示树木被限制生长。"𣏂"上半部分是"止"字，下半部分是树根的形状，表示被羁绊而无法前行。"困"字这里可以解释为困顿。

"穷"字的甲骨文字形未找到，金文写作"𤲂"，从"穴"，从"躬"。"躬"字从"身"，从"吕"。"身"字的甲骨文写作"𠂤"，金文写作"𠂤"，从字形上看，似一个挺着大肚子的孕妇，后来泛指人的身体。"吕"字的甲骨文写作"吕"，金文写作"吕""𠀎"，从字形上看似人的脊椎骨。人露出脊椎骨，就表示躬身。在"穴"里躬身是指空间狭小，不得伸展。

"不废困穷"可以解释为：不要伤害困顿和不得伸展的人。

"惟"字的甲骨文字形未找到，金文写作"𢢸"。从字形上看，是在"唯"字的基础上加上"心"字。"唯"字在"尧说：破土而出的政治智慧"一章中讲过，是鸟的应答声。与心应答，就是和心意呼应的意思，这里可以解释为响应、契合、与某物一致。

"惟帝时克"可以解释为：要响应帝所颁布的时令信息并虔诚地迎接天道。

我们再来总结一下这段话：

舜说："让民众易于保持对农耕的信奉，让分配收获时吉庆溢美的言辞更有感染力，让受教者的狩猎行为得到法律约束，让朝野之外没有遗漏的贤能之臣，这样各个邦国就都会安宁。恭敬地与大众保持密切联系，对房舍的规划要遵从人们的意愿，不要惩处没有进行正式表达的人，不要伤害困顿和不得伸展的人，要响应帝所颁布的时令并虔诚地迎接天道。"

这段话是舜对大禹所提建议的答语，阐述了其治国理政的理念。概括起来就是：农耕为本，重视教化，招纳贤才，宽厚待民，遵从天道。这容易使人联想到孔孟提出的"仁政"思想。没错，一切思想都不是凭空出现的，从这段话中我们似乎看到了"仁政"的"小时候"。

接着又出现了一个叫"益"的人。

"益"字的甲骨文写作"", 金文写作""。甲骨文字形似盛满水的容器，金文将容器中的"水"变成"八"，也就是"尚"字金文字形的上半部分，在讲"尚"字的时候说过，这个表示摊开、散开。在容器上摊开、散开，也就是溢出的意思。用这个字作名字，应该是说明这个人很有水平，才华横溢。

"益曰都帝德广运乃圣乃神乃武乃文皇天眷命奄有四海为天下君"断句为：

益曰："都帝德广，运乃圣、乃神、乃武、乃文，皇天眷命，奄有四海，为天下君。"

"都"字在"传爻者：走得更稳"一章中讲过，是大都市的意思，这里可以解释为都城。

"德"字在"尧说：破土而出的政治智慧"一章中讲过，义为选择正确的方向。

"广"字的甲骨文字形未找到，金文写作""，由""和""组成。""在本章前文中说过，表示开放空间的某个方向。""是"黄"字，表示帝颁布的传达时令的命令。"广"字的本义应为帝令所达的方向，由于帝令颁布于天下，无所不达，后来就引申为面积、范围宽阔义。

"都帝德广"可以解释为：都城里的帝选择正确的方向并将命令颁布于天下。

"运"字的甲骨文和金文字形都未找到，篆文写作"㠰"，由"彳"和"軍"组成。"彳"表示行走。"軍"是"军"字的篆文，金文写作"軍""軍""軍"，从字形上看，似用弯曲的手臂围拢起来的车，这个弯曲的手臂通常指一定范围，如"勻"字，金文写作"勻"，表示一定在范围内均匀分布的意思。"军"字的金文字形在"勻"字的基础上加上"车"字，表示在一定范围内均匀、整齐地分布着的车。车在古代除作为运输工具外，也用作军事作战，因此"军"字后来引申出军队的意思。"运"字的造字本义是行进的车队，因车的主要功能还是装载货物或人，"运"字也有运输、运送的意思，这里指帝令的传播。

"乃"字表示总、一起、全部。

"圣"字和"聖"字在合并以前是两个字，这种合并从唐宋以来就存在，《汉字简化方案》以"圣"合并"聖"。"圣"字的甲骨文写作"圣""圣"，金文写作"圣"，从字形上看，似双手或者单手抟土，应该是指制陶的过程。"聖"字的甲骨文写作"聖""聖"，金文写作"聖"，从"人"，从"耳"，从"口"，指能言善闻的人或者人的所听所言，后来人们把知行完备、至善之人称为圣人。从后面的"神""武""文"来看，静水认为这里的"圣"应为"聖"，这里可以解释为人的所听所言。

"神"字的甲骨文字形未找到，金文写作"神"，从"示"，从"申"。"申"字在"从时间说起：天干地支考"一章中讲过，是农作物枝蔓伸展开始结出果实的样子。"示"字是为表示尊重或为将物品置于高处。"神"字表示对能使作物结出果实的生生之力的崇拜。后来引申为造物者、神灵、神奇的意思。这里是指对神的祭祀活动。

"武"字的甲骨文写作"武"，金文写作"武"，从"戈"，从"止"，本义为持戈前行，也就是军事行动。

"文"字在前面讲过，是指各级官吏，这里指官吏的管理活动。

"运乃圣、乃神、乃武、乃文"可以解释为：通过所有的言说和听闻、所有对生生之力的祭祀活动、所有的军事行动、所有官员的管理活动将帝令进行传播。

"皇"字的甲骨文字形未找到，金文写作"㞷"，从"十"，从"曰"，从"王"。"十"字曾反复提到，指测天之干，引申为天道。"曰"字是讲、说出的意思。"王"字在"成大事者：走得更远"一章中讲过，是指建立规矩。"皇"字的本义是说出天道并建立规矩。"帝"是建立测天之干的意思。这两项都是最高统治者的特权，因此后来将"皇帝"作为对最高统治者的称谓。

"天"字是上天的意思。

"眷"字的甲骨文和金文字形都未找到，篆文写作"䀇"。下半部分比较好理解，是双手放在"目"的上面，上半部分比较难理解，这就要参考相近字来理解。"豢"字的甲骨文写作"𢃇""𢆶"，金文字形未找到，篆文写作"豢"。从甲骨文字形上看，两边是两只手，中间是"豕"字，有的"豕"字中间还加上"子"字，也就是怀了孕的猪。"豢"字的本义应为照料猪，后来引申为喂养的意思。从"豢"字的甲骨文字形到篆文字形的演变来看，上半部分很可能是篆文在固化偏旁部首时产生的变化。"眷"字可以解释为双手放在眼睛上，也就是手搭在凉棚上，仔细观看，这个动作表示关注，因此引申出留恋、顾念的意思。

"命"字是命令的意思，这里指帝令。

"皇天眷命"可以解释为：（帝王）言说天道并建立规矩，上天都会关注帝令。

"奄"字的甲骨文字形未找到，金文写作"𢉖"，上半部分是"申"字，下半部分是"大"字。"申"字表示能使作物长出果实的生生之力。"大"字表示领袖。"奄"字的本义是掌握了生生之力的领袖。

"为"字在"尧说：破土而出的政治智慧"一章中讲过，是作为的意思。

"君"字的甲骨文写作"𠮛"，金文写作"𠱭"。这个字和"书"字很相似（"书"字的字形参见"《书》到用时方恨少：读真《书》与真读《书》"一章），只不过"书"字手中拿着的是"笔"，而"君"字手中拿着的是棍子，整个意思就变了。"君"字的下半部分的"口"字表示人口，手里拿着棍子表示管理。"君"字的本义是管理者，后来成为对帝王、诸侯的称呼。

"奄有四海，为天下君"可以解释为：掌握了生生之力的领袖就能够拥有四海，成为天下的管理者。

因此，"益曰：'都帝德广，运乃圣、乃神、乃武、乃文，皇天眷命，奄有四海，为天下君。'"可以解释为：

益说："都城里的帝选择正确的方向并将命令颁布于天下，通过所有的言说和听闻、所有对生生之力的祭祀活动、所有的军事行动、所有官员的管理活动将帝令进行传播。帝王言说天道并建立规矩，上天都会关注帝令，掌握了生生之力的领袖就能够拥有四海，成为天下的管理者。"

这一段中，益阐述了帝令的传达对于国家管理的重要性。接着大禹说："惠迪吉，从逆凶，惟影响。"

"惠"字的甲骨文字形未找到，金文写作"🙾"，从"叀"，从"心"。"叀"字的甲骨文写作"🙾"，金文写作"🙾"，是指古代的一种纺织用具——纺砖，成语"弄瓦之喜"中的"瓦"就是指纺砖。"弄瓦之喜"是我国民间对生女孩的古称，古人把纺砖给女孩玩，希望她们将来能胜任女工。

现在很多人将纺砖解释为纺锤，其实不然，纺锤的形状与"瓦"并不沾边，商代纺砖器的形状见图3-1和图3-2，使用时通过将器柄捆绑于木桩等坚固物体上进行固定，并用卡口或楔子将器身卡死，器身固定后，将几股丝线从器身小孔穿入，线绳呈V字形，V字形的一端可通过嘴咬或借助他人、他物固定，另一段用双手搓捻扭股或用纺轮旋转进行扭股，然后绞合成线绳。由于这个过程需要全神贯注，因此"叀"字引申为注意力集中、目标集中、独一、独自占有等意思，是"专"字的本字。"惠"字就是心里有纺砖，是懂得纺纱织布的意思，也就是聪明、心灵手巧。

图 3-1　纺砖正视图　　　　　图 3-2　纺砖侧视图

"迪"字的甲骨文和金文字形都未找到，篆文写作"䢌"，由走之旁和"由"字组成。走之旁表示行走，"由"字的甲骨文写作"🮲"，金文写作"🮲"，从字形上看，很似水滴从瓶口滴入。如同水滴从瓶口滴入一样地行走，就是很顺利地经过或者进入的意思。这里指按帝令行事的样子。

"吉"字在"黄帝和他的大臣们：我们是有组织的"一章中讲过，本义是不受阻碍地说出，因为如果能够把话表达充分，就能充分沟通，就会带来好处，所以吉字引申出好的、有利的、幸福的等意思。

"惠迪吉"可以解释为：聪明地按照帝令行事就会有好的结果。

"从"字是跟从的意思。

"逆"字的甲骨文写作"🮲"，金文写作"🮲"，由"🮲""🮲"组成。"🮲"是倒写的"大"字，表示叛逆者的领袖。"🮲"表示行走。"逆"字的本义应为叛逆者领袖的行径。引申为方向相反、抵触、不顺从等意思。

"凶"字的甲骨文和金文字形都未找到，篆文写作"凶"。从字形上看，似布满交错的刺的陷阱，所以有凶险的意思。

"从逆凶"可以解释为：跟从叛逆者领袖的行径就会遭遇凶险。

"惟"字是响应、呼应的意思。

"影"字的甲骨文、金文、篆文字形都未找到。从现在的字形上看，由"景"字和三撇组成。"景"字的金文写作"🀄"，从"日"，从"京"。"京"字的甲骨文写作"🀄"，金文写作"🀄"，似有塔楼样屋顶的高耸建筑物。"景"是日光照在高耸建筑物上的样子。"影"字就是日光照在高耸建筑物上留下的阴影，也就是影子。

"惟"字在"尧说：破土而出的政治智慧"一章中讲过，有应答的意思。

"响"字的甲骨文和金文字形都未找到，篆文写作"🀄"，从"乡"，从"音"。"乡"字的金文写作"🀄"，似两人面对面吃饭。"音"字的甲骨文写作"🀄"，金文写作"🀄"。甲骨文字形是在"言"字上加上三点，金文字形是在"言"字的口中加上一点，表示言语的声音。"响"字的本义是两人相对而坐吃饭时有来有往的问答声，引申为回声的意思。

"惟影响"可以解释为：如影子和回声对形体和声音那样相互呼应。

因此，"禹曰：'惠迪吉，从逆凶，惟影响。'"可以解释为：

大禹说："聪明地按照帝令行事就会有好的结果，跟从叛逆者领袖的行径就会遭遇凶险，这就如影子和回声对形体和声音那样相互呼应。"

从这段话中，可以看出大禹是个狠角色。

"益曰吁戒哉儆戒无虞罔失法度罔游于逸罔淫于乐任贤勿贰去邪勿疑疑谋勿成百志惟熙罔违道以干百姓之誉罔咈百姓以从己之欲无怠无荒四夷来王"断句为：

益曰："吁！戒哉，儆戒无虞。罔失法度，罔游于逸，罔淫于乐。任贤勿贰，去邪勿疑，疑谋勿成。百志惟熙。罔违道，以干百姓之誉。罔咈百姓，以从己之欲。无怠无荒，四夷来王。"

"吁"字在"尧说：破土而出的政治智慧"一章中讲过，是很适合、很恰当的意思。

"戒"字的甲骨文字形未找到，金文写作"🔲"，从字形上看，似双手持戈，表示警戒。

"哉"字在"尧说：破土而出的政治智慧"一章中讲过，是用武力强力推行和宣传时令的意思。

"吁！戒哉。"可以解释为：很恰当啊！要保持武装警戒并强力推行和宣传时令。

"儆"字的甲骨文和金文字形都未找到，篆文写作"🔲"，从"人"，从"敬"。"敬"字在"尧是怎样炼成的：强者的责任与担当"一章中讲过，义为教化未归化的游牧部族。"儆"字就是教化未归化的游牧部族的人。

"虞"字在"尧说：破土而出的政治智慧"一章中讲过，是指承接帝令的部族领袖或高级官员。"无虞"指首领还没有接受帝令的部族。

"儆戒无虞"可以解释为：负责教化未归化游牧部族者要对领袖还没有接受帝令的部族保持武装警戒。

"罔"字指约束人行动的法网。

"失"字在"尧是怎样炼成的：强者的责任与担当"一章中讲过，是失去、丢失的意思。

"法"字的甲骨文字形未找到，金文写作"🔲"，由"🔲""🔲""🔲""🔲"组成，"🔲"是"水"字，"🔲"是"鹿"字，"🔲"是"大"字，"🔲"是"口"字。"水"表示如水一样公平。"鹿"字的甲骨文写作"🔲"，似一头长着大鹿角的鹿，长着大鹿角看起来很有威严，这里就表示如同长着大鹿角的鹿一样有威严。"大"就是大人，表示领袖或官员。"口"表示言说。"法"字的造字本义应为大人所说的公平而有威严的话，这些话是人们行为的标准和规范，因此"法"字就有标准、规范的意思。

"度"字的甲骨文和金文字形都未找到，篆文写作"🔲"。研究这个字的造字来源，需要参考"庶"字，"庶"字在"尧是怎样炼成的：强者的责任与担当"一章中讲过，造字来源于以火烧石的行为，也就是在石灶上生火做饭。篆文中的"🔲"是"石"字的变体，"🔲"是"又"字，表示抓取。"度"字的造字来源应为用手抓着石块，也就是掂量石块，因此有度量的意思。

"罔失法度"可以解释为：要用法律规范失去法度的行为。

"游"字的甲骨文写作"🅐"，金文写作"🅑""🅒"。从甲骨文的字形上看，似"子"在长着长长树枝的树下玩耍，金文的字形更加形象，加上抓住树干的手部动作和脚下的攀爬动作，也就是小孩子爬树玩耍，因此"游"字有游戏、游玩的意思。

"于"字是相联系、相适合的意思。

"逸"字的甲骨文写作"🅐"，金文写作"🅑"。甲骨文字形是在"兔"后面加上"止"，表示追赶兔子的意思，金文字形将"止"变为走之旁，也是追赶兔子的意思。"逸"字本义是指捕捉兔子一类的小动物的活动。

"罔游于逸"可以解释为：要用法律规范捕捉小动物那样的游玩活动。从这句话可以看出，益对抓兔子这样的游戏不怎么鼓励，原因可能是这种获得食物的方式效率很低，为了一点点肉跑半天，还不知道能不能抓到，哪有养殖和农耕来得有保证啊。

"淫"字的甲骨文字形未找到，金文写作"🅐"，从"水"，从"又"，从"壬"。"壬"字在"从时间说起：天干地支考"一章中讲过，是指将树枝去除后的木材。"淫"字造字本义应为将去除树枝后的木材放入水中。木头用水浸泡有两个原因：一是木头饱含水分便于加工，加工出来的制品细腻光滑；二是浸泡后木头树脂和胶质都被分解了，加工出来的制品不容易开裂。"淫"字的本义应为浸泡，引申为沉迷的意思。

"乐"字的甲骨文写作"🅐"，金文写作"🅑""🅒"。从甲骨文字形上看，是将丝线拴在木架上，也就是类似古琴一样的弹奏乐器。金文有的字形又加上了"🅐"字，表示编钟一类的打击乐器。"乐"字的本义是演奏乐器。

"罔淫于乐"可以解释为：要用法律规范演奏乐器一类的使人沉迷其中的活动。

"任"字的甲骨文写作"🅐"，金文写作"🅑"，从"人"，从"工"，就是对人的加工和使用，可以解释为任用。

“贤”字在本章前文中讲过，造字本义为能够获取财物的大臣，也就是有能力的大臣。

“勿”字在“尧是怎样炼成的：强者的责任与担当”一章中讲过，本义为召集群众的旗帜，引申为聚众的意思。

“贰”字的甲骨文字形未找到，金文写作“”，由“”“”“”组成。“”是“戌”字的金文，在“从时间说起：天干地支考”一章中讲过，表示农作物收获后叶子、枝蔓折断后的样子。“”是“贝”字的金文，表示财富。“”字是“二”字的金文，这里表示次一些的，相当于在“尧说：破土而出的政治智慧”一章中讲过的“二女”中的“二”。“贰”字的本义为收成和财富不足。

“任贤勿贰”可以解释为：任用贤能的大臣去团结那些收成和财富不足的人。

“去”字的甲骨文写作“”，金文写作“”，是在“大”下面加上“口”，“大”代表大人（官员或者领袖），“口”代表人口。“去”字的本义应为大人管理人口。由于管理活动需要对另一方采取具体的行动，后来引申为从自己一方到另一方行动的意思。

“邪”字的甲骨文和金文字形都未找到，篆文写作“”，从“牙”，从“邑”。“牙”字的甲骨文未找到，金文写作“”，字形似交错的臼齿，“牙”字应表示牙齿。“邪”字是房屋如牙齿一样交错的城邑，也就是规划混乱的城邑。

“疑”字的甲骨文写作“”，金文写作“”。甲骨文字形似一个拄着拐杖、嘴巴朝向另一边的人；金文字形似手牵着牛、嘴巴朝向另一边并在路口行走的人，表示左顾右盼不知如何行走，因此有迟疑、疑惑，不知所往的意思。

“去邪勿疑”可以解释为：在管理混乱的城邑中要聚集起那些迟疑、不知所往的人。

“谋”字的甲骨文字形未找到，金文写作“”，从“言”，从“某”。“某”字的甲骨文字形未找到，金文写作“”，从“甘”，从“木”。“甘”字的甲骨文写作“”，金文写作“”，在口字中加上短横，表示用舌头品尝美味。“某”字义为结着美味果子的树。

"谋"字的意思就是在结着美味果子的树下说话，商量如何获得果实。引申为设法求得的意思。

"成"字在"尧是怎样炼成的：强者的责任与担当"一章中讲过，本义是获得收成。引申为做好、做完的意思。

"疑谋勿成"可以解释为：那些迟疑的人为求取利益就会聚在一起把事情做好。

"百"这里作概数词，可以解释为"各种"。

"志"字的甲骨文字形未找到，金文写作"𢖻"，从"之"，从"心"，心所行的方向就是志向。

"惟"字在本章前文中讲过，是响应的意思。

"熙"字在"尧是怎样炼成的：强者的责任与担当"一章中讲过，造字来源为不断有粮食吃，引申为生存和发展的意思。

"百志惟熙"可以解释为：我们的各种志向都要从生存和发展的角度出发。

"违"字在"尧说：破土而出的政治智慧"一章中讲过，本义是围绕城池行走，也就是围绕中心点行动的意思。

"道"字的甲骨文字形未找到，金文写作"䢔""道"，由"彳""首""止"或"又"组成。"彳"是"行"字的金文，字形似四通八达的路口。"首"是"首"字的金文，似一个人的脑袋，表示思考或者选择。"止"是"止"字的金文，表示行走。"又"是"又"字的甲骨文，表示抓、持。"道"字的造字本义应为在路口选择行走的方向或者引领他人选择方向。这里指路线方针的选择。

"违道"就是围绕路线方针选择所进行的行动，也就是如何进行路线方针的选择。

"罔违道"可以解释为：要用法律规范如何进行路线方针的选择。

"以"字在"尧是怎样炼成的：强者的责任与担当"一章中讲过，本义是当时一种先进的农具，又指先进的耕作方式。这里指先进的耕作方式。

"干"字在"从时间说起：天干地支考"一章中讲过，本义是带有某种信息标识的杆子，和现在的路标指示杆的作用相近。这里用作动词，表示指引。

"百"在这里作概数词，可以解释为"各个"。"姓"字本义是因农业聚居起来的人。"百姓"就是指各个部族。

"之"字在"黄帝和他的大臣们：我们是有组织的"一章中讲过，是前行的意思。

"誉"字的甲骨文字形未找到，金文写作"㇇"，由"㇇"和"㇇"组成。"㇇"是"與"字的金文，也写作"㇇""㇇"。中间是两只握在一起的手，周围是四只簇拥着的手，这么多手放在一起，让静水想起了球队上场前围圈加油鼓劲的动作。"與"字的本义应为密切合作或者一起、共同。"㇇"是"言"字的金文。"誉"字就是密切合作的语言或者共同的语言。

"以干百姓之誉"可以解释为：先进的耕作方式是指导各部族密切合作的共同语言。

"咈"字在"尧说：破土而出的政治智慧"一章中讲过，是用语言团结和约束的意思。

"罔咈百姓"可以解释为：要用法律规范、团结和约束各部族的行动。

"己"字在这里指规划、既定计划。

"欲"字的甲骨文字形未找到，金文写作"㇇"。左边是"谷"字，在"尧是怎样炼成的：强者的责任与担当"一章中讲过，"谷"是粮食的总称。右边是一个张大嘴巴的人，张大嘴巴看着谷物表示对粮食的欲求，引申为需求、欲望。

"以从己之欲"可以解释为：先进的耕作方式是按既定计划前行的需要。

"怠"字的甲骨文字形未找到，金文写作"㇇"，由"㇇""㇇""㇇"组成。"㇇"是一个坐着的人，关于这个坐着的人的解释还可以参考"仁"字。"仁"字的甲骨文写作"㇇"，金文写作"㇇"，从字形上看，似人坐在座位上，所以"仁"字的本义应为安坐在座位上，也就是安其位。

孔子所说的"仁"正是取这层意思，"仁爱"是有远近亲疏的爱，是有立场的爱；"仁政"是分表里内外的政，是有立场的政。孔子想要的是人人安守本分、恪尽职守的有序社会，并用"君君臣臣父父子子"进行了高度概括，即做国君的要像国君，做臣子的要像臣子，做父亲的要像父亲，做子女的要像子女。

"仁"是一个大话题，就不展开讲了，总之，"仁爱"不是泛滥的爱。"㠯"是"以"字的金文，本义是远古的一种农具，这里指农耕。"心"是"心"字的金文。"怠"字的造字本义为心里想着"以"但就是坐着不动，引申为懒惰、松懈、轻慢等义。

"荒"字的甲骨文字形未找到，金文写作"荒"，由"亡""川""屮屮"组成。"亡"是"亡"字的金文，在"少典之变：帝出东方"一章中讲过，造字本义应为隐藏、隐匿。"川"是"川"字的金文，甲骨文写作"川"，从字形上看，左右是岸，中间是流水，指有水流动的河流。"屮屮"是草字的金文。"荒"字的造字本义应为河流边被草覆盖的土地。被草覆盖就是没有被开垦耕种的土地，本来河边的土地应该是最适宜耕种的，但是偏偏长满了野草，这里指能够开垦却被荒废的土地。

"无怠无荒"可以解释为：没有想去耕种却不去行动的人，没有能够耕种却被荒废的土地。

"夷"字在"统一战争：斗地主的最终结局"一章中讲过，本义是教导、矫正，也指需要教导和矫正的部族。

"来"字的甲骨文写作"来""来"，金文写作"来"，从字形上看，是一株植物，要弄明白这株植物是何物，需要参照"禾"字、"粟"字和"黍"字。"禾"字的甲骨文写作"禾"，金文写作"禾"，是一种垂穗的农作物；"粟"字的甲骨文写作"粟""粟"，是在"禾"字的周围加上表示谷粒的小点，"粟"表示谷子，籽实去壳后，就是我们经常说的小米；类似的还有"黍"字，甲骨文写作"黍"，就是我们现在说的糜子，北方又称为黄米或大黄米，也是一种垂穗作物，与粟的主要区别是穗头形状不同，黍的穗头是散而下垂的，而粟的穗头不是散开的。

我国远古时期的禾本科农作物多是这种垂穗的，"粟"和"黍"是具体的作物，"禾"是对这类垂穗禾本科农作物的通称。但是"来"不同，"来"的穗和"禾"的穗明显不同，甚至有的字形都没把穗画出来，这和小麦的植株非常相似，我们可以参考下面小米植株（图3-3）、水稻植株（图3-4）、小麦植株（图3-5）的对照图来理解。"来"字的本义正是指麦，"麦"是一种外来的农作物，"麦"字的甲骨文写作"𣏟"，金文写作"𣏟"，从字形上看，是在"来"字下面加上一个倒写的"止"字，倒写的"止"字表示向后行走或者由外向内行走，这里指由外向内行走，也就是外来，"麦"字就是外来的麦子。

图3-3　小米植株　　图3-4　水稻植株　　图3-5　小麦植株

为什么"来"字演变成了今天的字义呢？这就要从小麦的传播史说起。小麦是新石器时代的人类对其野生祖先进行驯化的产物，栽培历史已有1万年以上。两河流域是世界上最早栽培小麦的地区，其后，从西亚、近东一带传入欧洲和非洲，并向东传入印度、阿富汗和中国。从目前的考古证据来看，我国的小麦种植不晚于公元前2000年，这个时期正是甲骨文逐渐形成的时期，于是古人就根据小麦植株的样子创造了"来"字，因为小麦是外来作物，人们用"来"字借指外来，而另造"麦"字来表示小麦。

"王"字在这里指规矩。

"四夷来王"可以解释为：四方需要教导的部族都会来接受规矩的约束。

因此，这一段可以解释为：

益说："很恰当啊！要保持武装警戒并强力推行和宣传时令，负责教化游牧部族者要对领袖还没有接受帝令的部族保持武装警戒。要用法律规范失去法度的行为，要用法律规范捕捉小动物那样的游玩活动，要用法律规范演奏乐器一类的使人沉迷其中的活动。任用贤能的大臣去团结那些收成和财富不足的人，在管理混乱的城邑中聚集起那些迟疑、不知所往的人，那些迟疑的人为求取利益就会聚在一起把事情做好。我们的各种志向都要从生存和发展的角度出发。要用法律规范如何进行路线方针的选择，先进的耕作方式是指导各部族密切合作的共同语言。要用法律规范、团结和约束各部族的行动，先进的耕作方式是按既定计划前行的需要。没有想去耕种却不去行动的人，没有能够耕种却被荒废的土地，四方需要教导的部族都会来接受规矩的约束。"

这一段中，益先是接着禹的话，说了对未完全顺服的部族保持武力警戒的重要性；然后阐发了具体的管理办法，包括建立健全法度、限制过度游乐、团结弱势群体、指导迟疑民众；接着表达了这些行动要遵循的原则，那就是要从生存和发展的角度出发，大力推进先进的耕作方式；最后是要达到的效果，即要使天下无怠惰之人，无荒废之地，四方部族莫不率服。

"禹曰於帝念哉德惟善政政在养民水火金木土谷惟修正德利用厚生惟和九功惟叙九叙惟歌戒之用休董之用威劝之以九歌俾勿坏"断句为：

禹曰："於帝念哉。德惟善政，政在养民。水、火、金、木、土、谷惟修；正德、利用、厚生惟和。九功惟叙，九叙惟歌。戒之用休，董之用威，劝之以九歌，俾勿坏。"

"於"字在"尧说：破土而出的政治智慧"一章中讲过，本义是生活在河边的人。远古文明多发源于河边，如古埃及发源于尼罗河流域，古巴比伦发源于两河流域，古印度发源于印度河、恒河流域，中国发源于长江、黄河流域。河流既为远古人提供了饮用水源，又为农业发展提供了灌溉水源，河边的土地较早地成为可耕地，这里指河边宜耕区。

"念"字的甲骨文字形未找到，金文写作"🔲""🔲""🔲"。上半部分是"今"字的金文，就是一个倒着写的"曰"字，也就是向下说；下半部分是"心"字的金文。"念"字的本义应为口对心说或者说出心里话，引申为心中的想法、惦记、常常想等义。

"哉"字本义是强力推进和宣传时令，也就是强力推进和宣传农业耕种。前文中说过，帝居住在河边的宜耕区，这里应该是指帝从宜耕区向广大地区推广农业耕种。

"於帝念哉"可以解释为：生活在河边宜耕区的帝常常说起如何向广大地区大力推广农业耕种的问题。

"德"字是指选择正确的方向，这里指农业推广过程中选择的正确方针。

"惟"字本义是和心意呼应，引申为"和……相呼应"的意思。

"善"字的甲骨文字形未找到，金文写作"🔲"，从"羊"，从"言"。羊是人类驯养的一种温顺的动物，在远古时期经常和美好的事物联系在一起。例如"祥"字，甲骨文写作"🔲"，是一只长着大大眼睛的羊；再如"鲜"字，金文写作"🔲"，由羊和鱼组成。两个"言"字表示不断地言说，如同羊那样温顺和气地言说，表示友好、和好。

"政"字在本章前文中讲过，本义是教化人们向目标行进，后来引申为治理国家事务的意思。

"德惟善政"可以解释为：正确方向的选择和友善的政治治理方式是相呼应的。可以更直白地解释为：想要在这个过程中选择正确的方向，就必须采取友善的政治治理方式。

"在"字在"尧是怎样炼成的：强者的责任与担当"一章中讲过，本义是存、居，引申为存留于某地点、关于某方面等义。

"养"字的甲骨文写作"🔲"，金文写作"🔲"，从字形上看，似手里拿着棍子牧羊，"养"字的本义是牧羊，引申为饲养动物、教育、培训等义。

"政在养民"可以解释为：为政的立足点在于教养民众。

"水、火、金、木、土、谷"是远古人常用的六种生活和生产物资。

"修"字的甲骨文和金文字形都未找到，篆文写作"脩"，是"攸"字加上三撇。"攸"字在本章前文中讲过，是受教者的意思。三撇表示表面的色彩、花纹等义，这里可理解为表现。"修"字的本义是受教者的表现。

　　"水、火、金、木、土、谷惟修"可以解释为：水、火、金、木、土、谷六种物资要依据受教民众的行为表现来使用。

　　"正"字在"尧是怎样炼成的：强者的责任与担当"一章中讲过，本义是向着目标行走，引申为正确、纠正、校正等义。

　　"正德"可以解释为：校正选择的方向。

　　"利"字的甲骨文写作"𥝢"，金文写作"𥝢"，左面是"禾"字，右面是"刀"字，"利"就是用刀收割禾，引申为获取利益。

　　"用"字本义是用木板箍成的木桶，后来泛化为使用的意思。

　　"利用"可以解释为：使用获取的利益。

　　"厚"字的甲骨文写作"𠪲"，金文写作"𠪲"，由"厂"和"𦎫"组成。"厂"表示去往的目标。"𦎫"是一个倒着写的"享"字，"享"字的甲骨文写作"倉"，金文写作"㐭"，上半部分表示祖先或神灵的牌位，下半部分是摆放牌位的台子。"享"字的本义是向祖先或神明贡奉祭品。"厂"加上倒着写的"享"字，就是将向神灵或祖先供奉的祭品分发下去。远古时期，祭品不是等着坏掉，而是很快就被吃掉。

　　《论语·乡党》中记载："祭于公，不宿肉。祭肉不出三日。出三日，不食之矣。"翻译成白话文就是："祭祀朝廷的宗庙，祭祀完的祭肉一般不过夜，需要吃掉。假若祭肉过夜，也不能超过三天。凡是超过三天的祭肉，也就不再吃了。"古人可不鼓励浪费，祭品就是用来表示心意的，祭品本身还是给人吃的，吃祭品的人也不是一般人，而是相对重要的人，所以"厚"字引申为重视、推崇的意思。

　　"生"字在"黄帝和他的妃们：奇妙的部族融合之旅"一章中讲过，是指植物的生长。这里指农作物的生长。

　　"厚生"可以解释为：重视农作物的生长。

　　"和"字在"尧是怎样炼成的：强者的责任与担当"一章中讲过，是宣传或教授农作物的种植方法，也就是教导民众进行农业耕种。

"正德、利用、厚生惟和"可以解释为：校正选择的方向、使用获取的利益、关注农作物的生长也要依据对农业耕种的宣教情况而定。

"九"这里作概数词，表示各种。

"功"字在"尧说：破土而出的政治智慧"一章中讲过，是指加工制造过程中付出的努力，引申为功绩、成绩、成效、本领等义。

"叙"字的甲骨文写作"𝄞"，金文字形未找到，从甲骨文字形上看，从"又"，从"余"，"又"表示用手抓，"余"表示用柱子支撑的房屋。"叙"字的本义是修建居所。

"九功惟叙"可以解释为：各种加工制造都要适合居所的修建。

"歌"字的甲骨文字形未找到，金文写作"𝄞"，从"言"，从"可"。"可"字在"尧说：破土而出的政治智慧"一章中讲过，是大众的意思。"歌"字的本义是大众的话语，这里可以解释为大众的呼声。可能是因为加上韵律的话语更易在大众中传播，后来就把加上韵律在大众中传播的演唱形式称为歌。

"九叙惟歌"可以解释为：各种居所的修建都要契合大众的呼声。

"休"字的甲骨文写作"𝄞"，金文写作"𝄞"。从字形上看，似人依着树休息，因此有休息、停止的意思。这里是指驻守。

"戒之用休"可以解释为：要用驻守的办法进行武力警戒。

"董"字的甲骨文字形未找到，金文写作"𝄞"，从"重"，从"邑"。"重"字在"舜考：最重要的是人才"一章中讲过，本义是负重的人，引申为承担重任的人、分量大等义，加上"邑"字，就是城邑里承担重任的人。

"威"字的甲骨文字形未找到，金文写作"𝄞"。从"戌"，从"女"。"戌"字在"从时间说起：天干地支考"一章中讲过，字形似作物收获后叶子、枝蔓折断后的样子，是指过了成熟期的作物，这里是指过了成熟期的"女"，也就是年老的文明人。年老的人比较有威严、威信，引申为使人敬服的力量。

"董之用威"可以解释为：要用威势迫使城邑里的人们承担责任。

"劝"字的甲骨文字形未找到，金文写作"𝄞"，从"雚"，从"力"。"雚"字在"尧说：破土而出的政治智慧"一章中讲过，指猎鹰。"劝"字的本义是指努力驯服猎鹰，现在把这个过程称为熬鹰，熬鹰是一个比拼意志力的竞赛，人赢了，猎鹰就听人的话。由于这个过程是使得鹰去除野性、听从主人的过程，所以"劝"字就有说服、说明事理使人听从的意思。

"以"字指先进的耕作方式。

"九"这里作概数词，可以解释为各种。

"劝之以九歌"可以解释为：要用大众的语言劝导人们接受先进的耕作方式。

"俾"字在"尧说：破土而出的政治智慧"一章中讲过，是指将荒地变成可耕地的人，也就是指垦荒者。

"勿"字本义为召集群众的旗帜，引申为聚众的意思。

"坏"字的甲骨文字形未找到，金文写作"🝞"，由"🝠"和"🝡"组成。"🝠"是"郭"字的金文，表示城邑周边垒砌的城墙。"🝡"是"不"字的金文，表示不要、去除。"坏"字的本义是去除城墙，后来引申为被毁、损伤、不完美等义。这里是指拆除阻隔发展的藩篱。

"俾勿坏"可以解释为：要把垦荒者们聚集起来，一起拆除阻碍我们发展的藩篱。

这一段是禹对帝如何推广农业的建言。如果说前面的对话强调的是武治和法制，那么这一段对话强调的就是文治和德治。首先提出了"德惟善政，政在养民"的为政理念；然后阐述了物资使用和政事处理的基本原则，即物资使用要根据受教民众的行为表现而定，政事处理要以农业发展为中心；接着说明了具体的方法，那就是听取民意、休养生息、恩威并施、舆论引导，最后达到全体民众紧密团结、共同进步的目的。

整段译成白话文如下：

禹说："生活在河边宜耕区的帝常常说起如何向广大地区推广农业耕种的问题。想要在这个过程中选择正确的方向，就必须采取友善的政治治理方式，为政的立足点在于教养民众。水、火、金、木、土、谷六种物资要依据受教民众的行为表现来使用。校正选择的方向、使用获取的利益、关注农作物的生长也要依据对农业耕种的宣教情况而定。各种加工制造都要适合居所的修建，各种居所的修建都要契合大众的呼声。要用驻守的办法进行武力警戒，要用威势迫使城邑里的人们承担责任，要用大众的语言劝导人们接受先进的耕作方式，要把垦荒者们聚集起来，一起拆除阻碍我们发展的藩篱。"

舜是这样评价禹所说的话的："俞地平天成六府三事允治万世永赖时乃功"断句为：

"俞地平，天成。六府，三事，允治，万世永赖。时乃功！"

"俞"字在"尧说：破土而出的政治智慧"一章中讲过，有轻松、快速、顺利的意思。

"地"字在"从时间说起：天干地支考"一章中讲过，表示地球表面的土壤。这里是指相对于上天的地面，也就是人世间。

"平"字在"尧是怎样炼成的：强者的责任与担当"一章中讲过，是平复历法的意思。

"俞地平"可以解释为：顺利地在人世间平复历法。

"天"是指上天。

"成"字在"尧是怎样炼成的：强者的责任与担当"一章中讲过，本义是获得收成。引申为做好、做完的意思。

"天成"可以解释为：上天就会成就（我们）。

"六"在这里指前文中提到的"水、火、金、木、土、谷"六种物资。

"府"字的甲骨文字形未找到，金文写作"䧊"，由"冂""𠂇""貝"组成。"冂"在本章前文中讲过，是指开放空间的某个方向。"𠂇"是"付"字的金文，在"少典之变：帝出东方"一章中讲过，表示友善或者亲切地触摸。"貝"是"贝"字的金文，表示钱币。"府"字的造字来源应为拿着钱币去往某个地方，也就是财富的发放或分配。因为发放或分配的地方就是财富聚集的地方，所以后来引申为荟萃或聚集的地方，这种行为通常由官府进行，所以又指官吏处理公务的地方。

"六府"可以解释为：水、火、金、木、土、谷六种物资都能够进行合理的分配。

"三"在这里指"正德、利用、厚生"三项政事。

"事"字的甲骨文写作"🖐"，金文写作"🖐"。甲骨文字形由"🖐""𠂇"组成。"🖐"与"干"字比较相近，只不过把中间的横板变成了"口"字，也就是带有口令的木杆，可以理解为令牌。"𠂇"表示用手抓持。"事"字造字来源应为用手抓持令牌的行为，表示执行命令，引申为执行、做的意思。

"三事"可以解释为：正德、利用、厚生三项政事都有人去执行。

"允"字在"尧是怎样炼成的：强者的责任与担当"一章中讲过，是指从事农业生产的人。

"治"字的甲骨文和金文字形都未找到，篆文写作"𤀶"，从"水"，从"台"。"台"字在"传爻者：走得更稳"一章中讲过，是指农业人口。农民们最怕没水，有了水才会安定，所以"治"字的本义应为安定、太平。

"允治"可以解释为：从事农业生产的人们都能够安定太平。

"万"字这里作概数词，表示很多。

"世"字的甲骨文字形未找到，金文写作"𠀁""𠀁""𠀁"。"𠀁"是在"止"字的脚趾上各加上一个点，表示不再行走、停止。"𠀁"又在下面加上一个站立的人，表示人站立的停止，也就是人不能再站起来了，指人的一生。"𠀁"在"止"字的旁边加上"𠀁"，"𠀁"是"席"字的金文，甲骨文写作"𠀁"，从字形上看，就是有波形纹路的片状物，也就是现在所说的席子。席子通常用来铺炕或床等，停止在席子上，可以理解为永远安眠，也是指人的一生。"世"字的本义是指人的一生，引申为一个时代，因字形与"卅"字非常接近，所以有时也特指三十年，这里可以解释为世代。

"万世"就是很多世代。

"永"字在"尧是怎样炼成的：强者的责任与担当"一章中讲过，似人在河水中顺流而游，引申为持续不断、长、久远等义。

"赖"字的甲骨文字形未找到，金文写作"𠀁"，从"束"，从

"负"。"束"字的甲骨文写作"✲""✲",金文写作"✲"。从字形上看,是将"禾"或者"木"捆束起来,"禾"和"木"都是远古人重要的生活物资,捆束起来表示物资丰富。"负"字的甲骨文字形未找到,金文写作"✲",从"人",从"贝",从字形上看是人携带着钱币。"赖"字的造字来源应为物资和钱币丰富,既有东西又有钱,人就会有所依恃,因此"赖"字有依靠、依仗的意思。

"万世永赖"可以解释为:我们就能够世世代代有所依靠了。

"时"字在这里表示时令;"乃"字在这里表示总、全;"功"字在这里表示功劳、功绩。

"时乃功"可以解释为:这全是时令的功劳啊!

在这段话中,舜对禹的建言给予了充分肯定并进行了总结。他说:

"顺利地在人世间平复历法,上天就会成就(我们),水、火、金、木、土、谷六种物资都能够进行合理的分配,正德、利用、厚生三项政事都有人去执行,从事农业生产的人们都能够安定太平,我们就能够世世代代有所依靠了。这全是时令的功劳啊!"

到此为止,《大禹谟》中记录的第一个议题结束了。这里面记录了三个人的对话,分别是舜、禹和益。三个人在对话中所扮演的角色是不同的,禹通常作为话题的提出者引起话题,益对禹和舜的话进行补充说明,舜对禹所引起的话题进行评价和总结,进而提出目标和愿景。在"舜考:最重要的是人才"一章中说过,据《舜典》记载,舜任命禹为司空,居百揆之官辅佐政事,相当于首辅,是最有发言权的大臣,这一段就是很好的佐证。

下面开始讨论第二个议题。

"帝曰格汝禹朕宅帝位三十有三载耄期倦于勤汝惟不怠总朕师"断句为:

帝曰:"格汝禹。朕宅帝位三十有三载,耄期倦于勤。汝惟不怠,总朕师。"

"格"字在"尧说：破土而出的政治智慧"一章中讲过，是阻隔、区隔、区分的意思。

"汝"字在"尧是怎样炼成的：强者的责任与担当"一章中讲过，表示对某人或某类人的尊称。

"格汝禹"可以解释为：禹啊，我想把你从众人中选拔出来。

"朕"字在"尧说：破土而出的政治智慧"一章中讲过，本义是掌舵行舟，后来用作部族联盟领袖的自称，也就是掌舵人的意思。

"宅"字在"尧是怎样炼成的：强者的责任与担当"一章中讲过，本义为修建建筑测定农时，后来引申为住所、房子、居、住等义。

"载"字在"尧说：破土而出的政治智慧"一章中讲过，是指年。

"朕宅帝位三十有三载"可以解释为：我居帝位已经三十三年了。

"耄"字的甲骨文和金文字形都未找到，篆文写作""""从"老"，从"毛"。"老"字的甲骨文写作""""，金文写作""，看起来似弓着腰拄着拐杖的人，有的还在上面画了长长的头发。"老"字应指老年人。"耄"字本义应是指老年人的毛发，这里指年老或晚期。

"期"字在"尧是怎样炼成的：强者的责任与担当"一章中讲过，本义是指太阳运行的一个完整周期，这里是舜对自己执政期的称呼。

"倦"字的甲骨文和金文字形都未找到，篆文写作""，从"人"，从"卷"。"卷"字的甲骨文和金文字形也未找到，篆文写作""，在本章前文中讲"眷"字的时候说过，上半部分类似"米"字的部分很可能是篆文在固化部首时产生的，在理解字义时可暂不考虑。下半部分是两只手和一个蜷缩的人，表示用手把东西卷曲成像蜷缩的人一样的形状，也就是将东西弯转裹成圆筒形，或弯转裹成圆筒形的东西。加上"人"字，就表示人蜷缩成一团，引申为厌烦、疲倦的意思。

"于"字是紧密联系的意思。

"勤"字的甲骨文字形未找到，金文写作""，从"堇"，从"力"。"堇"字的甲骨文字形未找到，金文写作""""，是在

"黄"字下面加上"火"或者"土"。"黄"字表示帝所颁布的时令之令。从现存"堇"字的金文字形看,有的下半部分是"火",有的下半部分是"土",二者的比例差不多。如果是火的话,就是指像熊熊燃烧的烈火那样颁布时令之令;如果是土的话,就是向四方土地颁布时令之令。这两种理解都是可以接受的。"勤"字在"堇"字的基础上加上了"力"字,可理解为颁布并努力地推行时令。

"耄期倦于勤"从字面上理解就是:在执政的晚期,最令我感到疲倦的事是与努力颁布时令紧密联系的。可更通顺地解释为:在执政的晚期,最令我感到疲惫的事是向四方颁布并努力推行时令。

"汝""惟""不""怠"四个字在本章前文中都有解释,"汝惟不怠"可以解释为:你是适合消除人们的懈怠感的人。

"总"字的甲骨文和金文字形都未找到,篆文写作"🔣""🔣"。"🔣"比较好理解,上半部分是脑袋的后视图,下半部分是用头发编的辫子,有的字形又加上"心"字,就是把心思编织起来,也就是把思路汇拢起来。"总"字义为把头发或心思汇拢起来,引申为聚、束、系扎、全面、全部等义。

"师"字在"尧说:破土而出的政治智慧"一章中讲过,在这里指军队。

"总朕师"可以解释为:去总领我的军队吧。

这段话,舜说得很真诚,咱们再完整地看一下:

舜说:"禹啊,我想把你从众人中选拔出来。我居帝位已经三十三年了,在执政的晚期,最令我感到疲惫的事是向四方颁布并努力推行时令。你是适合消除人们的懈怠感的人,去总领我的军队吧。"

要注意,这里舜还没有将帝位传给禹,而是让他"总朕师",也就是摄政,这和尧对舜的传位方式很相似。

按儒家对圣人的要求,禹是要推辞一下的,传统的翻译也是这么认为的,但是静水译完下面这段话后,发现禹没有那么"虚伪",而是向舜推荐自己的助手。禹说道:"朕德罔克民不依皋陶迈种德德乃降黎民

怀之帝念哉念兹在兹释兹在兹名言兹在兹允出兹在兹惟帝念功"，断句为：

朕德罔克，民不依。皋陶迈种德，德乃降，黎民怀之。帝念哉，念兹在兹，释兹在兹，名言兹在兹。允出兹在兹，惟帝念功。

"朕""德""罔""克"四个字在本章前文中都讲过。"朕德罔克"可以解释为：掌舵人选择正确的方向，用法律规范人们，使其虔诚地接受天道。

"民"字在"尧是怎样炼成的：强者的责任与担当"一章中讲过，是指关注时令信息的人。

"不"字在这里表示阻隔。

"依"字的甲骨文写作"◎"，金文写作"◎"。从字形上看，似人包裹在衣服里。人穿上衣服是一种接受文明生活方式的表现，引申为顺从等义，这里可以解释为文明的生活方式。

"民不依"可以解释为：关注时令信息的人们却与文明的生活方式相阻隔了。

"皋陶"是人的名字，也是一位重要的大臣。

"迈"字的甲骨文字形未找到，金文写作"◎"，由"◎""◎"组成。"◎"表示行走，"◎"似用手抓住蝎子一类的毒虫。"迈"字可以解释为前去抓住毒虫。这里的"毒虫"是指阻碍人们接受文明生活方式的坏人。

"种"字的甲骨文字形未找到，金文写作"◎"。左半部分是"禾"字。右半部分由"辛""田""土""八"组成，"辛"表示经过粗加工的木材，"田"表示田地，"土"表示能长出植物的土地，"八"表示分开，从字形上看，可以理解为把田里的土挖开埋下木杆。"种"字造字来源应为把田里的土挖开栽下禾苗，因此有栽种的意思。

"德"在这里指帝所发布的方针政策。

"种德"就是栽种下帝所发布的方针政策，也就是将帝所发布的德政在当地传播下去。

"皋陶迈种德"可以解释为：皋陶前去抓住阻碍人们接受文明生活方式的坏人并将帝所发布的德政植于当地。

"乃"字在这里表示全。

"降"字在"尧说：破土而出的政治智慧"一章中讲过，是从高处向下走的意思。

"德乃降"可以解释为：德政得到完全贯彻。

"怀"字在"尧说：破土而出的政治智慧"一章中讲过，是想念、怀念的意思。

"之"字是前往的意思。

"黎民怀之"可以解释为：黎民百姓都怀念他的到来。

"帝念哉"可以解释为：帝常常说起如何向广大地区推广农耕的问题。

"兹"字在本章前文中讲过，是指染色后放在一起的丝线，用来表示斑斓绚丽的样子，这里是指农业蓬勃发展的样子。

"在"字在"尧是怎样炼成的：强者的责任与担当"一章中讲过，是存在的意思，这里指实现"兹"的状态。

"念兹在兹"可以解释为：说起农业蓬勃发展的样子并去实现它。

"释"字的甲骨文和金文字形都未找到，篆文写作"釋"。从"采"，从"睪"。"采"字在"尧说：破土而出的政治智慧"一章中讲过，是指采摘。"睪"字的甲骨文和金文字形都未找到，篆文写作"睪"，从"目"，从"大"，从"羊"，"睪"字的造字来源应为大人在观察羊。在"睪"字的基础上加上"采"字，就是指通过观察将适合的羊选出来，有拣选的意思，因为这种拣选要有具体的标准或依据，因此后来引申出解释说明的意思，这里是指解释"兹"的标准。

"释兹在兹"可以解释为：解释判定农业蓬勃发展的标准并去实现它。

"名"字的甲骨文写作"𠃉"，金文写作"𠰓"。从"夕"，从"口"。"夕"字的甲骨文写作"𠂆""𠂇"，金文写作"𠂆""𠂇"，中间没有点的字形占绝大多数。这个字和"月"字很相似，只不过"月"字的绝大多数字形中间是有点的，用于指示月亮本身。而"夕"字应指月出的时候，也就是傍晚。傍晚时分，光线昏暗，人们见面时彼此看不清楚，需要通过交谈确认身份，"名"字就是表示这个过程，引申出叫出、说出人或事物的称谓等义。

"名言兹在兹"可以解释为：见面时谈论农业蓬勃发展的样子并去实现它。

"允"是指从事农耕的人。

"出"字在"尧是怎样炼成的：强者的责任与担当"一章中讲过，是从房间里走出去的意思。

"允出兹在兹"可以解释为：从事农耕的人们出门进行农业生产并去实现农业蓬勃发展的局面。

"惟"字的本义是响应，这里可以解释为"与……一致"。

"功"在这里表示成效。

"惟帝念功"可以解释为：这些都要与帝所念及的成效相一致。

完整地看一遍禹对皋陶的推荐词：

掌舵人选择正确的方向，用法律规范人们，使其虔诚地接受天道，但是关注时令信息的人们却与文明的生活方式相阻隔了。皋陶前去抓住阻碍人们接受文明生活方式的坏人并将帝所发布的德政植于当地，德政得到完全贯彻，黎民百姓都怀念他的到来。帝常常说起如何向广大地区推广农耕的问题，说起农业蓬勃发展的样子并去实现它，解释判定农业蓬勃发展的标准并去实现它，见面时谈论农业蓬勃发展的样子并去实现它。从事农耕的人们出门进行农业生产并去实现农业蓬勃发展的局面，这些都要与帝所念及的成效相一致啊。

前半段话是对皋陶功绩的描述，后半段话是对舜的需求分析，用来证明皋陶是舜所需要的人。

舜说道："皋陶惟兹臣庶罔或干予正汝作士明于五刑以弼五教期于予治刑期于无刑民协于中时乃功懋哉"，断句为：

皋陶，惟兹臣庶，罔或，干予正。汝作士，明于五刑，以弼五教。

期于予治，刑期于无刑。民协于中，时乃功，懋哉。

"庶"字在"尧是怎样炼成的：强者的责任与担当"一章中讲过，本义是指在石灶上生火做饭，后来引申为在石灶上生火做饭的平民百姓，这里用引申义。

"兹臣庶"可以解释为：让大臣和庶民保持昂扬向上的精神状态。

"皋陶，惟兹臣庶"可以解释为：皋陶，你的任务是使大臣和庶民都保持昂扬向上的精神状态。

"或"字的甲骨文写作"𢦏"，金文写作"域""或"。甲骨文字形由"戈"字和代表城邑的方框组成，表示有武力保护的城邑。金文字形在甲骨文字形的基础上，在上下或四周加上线，表示有护墙和武力保护的城邑，"或"字是"国"字的本字，这里可以解释为邦国。

"罔或"可以解释为：用法律规范邦国。

"干"字在这里表示指引。

"予"字在"尧说：破土而出的政治智慧"一章中讲过，是穿过、经过的意思。

"正"字指向目标行进，引申为正确的意思。

"干予正"可以解释为：指引人民向正确的目标前进。

"作"字在"尧是怎样炼成的：强者的责任与担当"一章中讲过，本义是耕地、耕种、耕作，引申为劳作、制造、进行某种活动等义。

"士"字在"黄帝和他的大臣们：我们是有组织的"一章中讲过，本义是用尖锐的武器刺穿，这里可以解释为贯彻。

"汝作士"可以解释为：你要将耕作活动贯彻下去。

"五"字在这里作数词。

"刑"字在"尧说：破土而出的政治智慧"一章中讲过，是划分土地的意思。

"明于五刑"直译为：使民众昌明的行动要与五种划分土地的办法紧密结合。可以更直白地解释为：用五种划分土地的办法来使民众昌明。

"以"字在这里指先进的耕作方式。

"弼"字的甲骨文字形未找到，金文写作"

"、"

"。从字形上看似两个人侧身并排躺在席子上。躺在席子上休息可以恢复体力，与农耕、采猎活动相比，算是一种辅助活动，因此"弼"字引申为辅助的意思。

"教"字的甲骨文写作"

"，金文写作"

"。左半部分由"爻"字和"子"字组成，右半部分表示手拿教鞭的动作。"教"的造字本义应为手拿教鞭教导孩子学爻，引申为指导、训诲等义。

"以弼五教"直译为：推行先进的耕作方式还要辅以五种教化方式。可以更直白地解释为：用五种教化方式辅助先进耕作方式的推行。

"期"字在这里指整个过程。

"治"字在本章前文中讲过，是安定、太平的意思。

"期于予治"可以解释为：整个过程都要保持安定平稳。

"刑期于无刑"可以解释为：划分土地的过程要与还没有划分土地时的情况紧密结合。

"协"字在"尧说：破土而出的政治智慧"一章中讲过，是协同、协助的意思。

"中"字在"空间哲学：盘古有真相"一章中讲过，本义是指两面旗帜的中心地带，这里指中央。

"民协于中"可以解释为：接受帝令的民众们与中央保持紧密协同。

"时乃功"可以解释为：这全是时令的功劳。

"懋"字的甲骨文字形未找到，金文写作"

"，由"

""

"组成。"

"是"楙"字的金文，从字形上看，似两个木之间加上"矛"字，表示树木向上生长。加上"心"字，表示内心积极向上的状态。

"懋哉"可以解释为：保持积极向上的状态去大力推广时令吧。

这一段中，舜对皋陶提出了具体的要求：

舜说："皋陶，你的任务是使大臣和庶民都保持昂扬向上的精神状态。用法律规范邦国，指引人民向正确的目标前进。你要将耕作活动贯彻下去，用五种划分土地的办法来使民众昌明，用五种教化方式辅助先进耕作方式的推行。整个过程都要保持安定平稳，划分土地的过程要与还没有划分土地时的情况紧密结合。接受帝令的民众们与中央保持紧密协同，这全是时令的功劳，保持积极向上的状态去大力推广时令吧。"

对于舜提出的要求，皋陶给了积极的回应："帝德罔愆临下以简御众以宽罚弗及嗣赏延于世宥过无大刑故无小罪疑惟轻功疑惟重与其杀不辜宁失不经好生之德洽于民心兹用不犯于有司"，断句为：

帝德罔愆。临下以简，御众以宽；罚弗及嗣，赏延于世；宥过无大，刑故无小；罪疑惟轻，功疑惟重；与其杀不辜，宁失不经；好生之德，洽于民心；兹用，不犯于有司。

"愆"字的甲骨文和金文字形都未找到，篆文写作"㦉"，从"衍"，从"心"。"衍"字的甲骨文写作"㳂"，金文写作"㳂"，从"川"，从"行"，从字形上看，似河水向四面八方漫流，指河水泛滥。加上"心"字，就是心思泛滥，这里可以解释为肆意妄为。

"帝德罔愆"可以解释为：帝选择正确的方向，并用法律规范人们的肆意妄为。

"临"字的甲骨文字形未找到，金文写作"臨""臨"，从字形上看，似人低头看下面并排生长的作物。"临"字的本义就是从上向下检视。

"下"字在这里指下面的民众。

"以"字在这里指农业耕种。

"简"字在"传爻者：走得更稳"一章中讲过，本义是以竹记录月亮圆缺变化的规律，后来将削制成狭长的用于书写记录的竹片称为简。

"临下以简"可以解释为：检视下面从事农业耕种情况的记录。

"御"字的甲骨文写作"御""御"，金文写作"御""御"。"御"似文明人牵着缰绳，"御"似在后面赶着马，"御"表示人赶着马在行走，"％"表示人驯化马。"御"字的本义是指人驯化并驾驭马，引申为上级对下级的治理、统治、掌控的意思。

"宽"字的甲骨文和金文字形都未找到，篆文写作"㝯""㝯"。从篆文的字形上看，应指在房间中所见的范围，引申为范围、宽度等义。

"御众以宽"可以解释为：掌控民众从事农业耕种的范围。

"罚"字的甲骨文字形未找到，金文写作"㓝"，从"网"，从"言"，从"刀"。从字形上看，就是用网制约，用言训诫，用刀惩治，表示刑罚。

"弗"字在"尧说：破土而出的政治智慧"一章中讲过，从字形上看，是将两根棍子用绳子捆起来，表示约束或团结。

"及"字的甲骨文写作"㇔"，金文写作"㇔"。从字形上看，似用手抓住前面人的腿，表示从后头跟上、达到等。

"嗣"字的甲骨文写作"㇔"，金文写作"㇔""㇔"。甲骨文字形由"㇔""㇔""㇔"组成。"㇔"是正立的人，表示大人；"㇔"是"子"字，表示孩子；"㇔"是"册"字，表示用于书写记录的编串好的竹简。"嗣"字的甲骨文义为记载在册的大人和孩子，类似于宗谱，故有子孙后代、接续、继承等义。

"罚弗及嗣"可以解释为：刑罚的约束力要达到子孙后代。

"赏"字的甲骨文字形未找到，金文写作"㇔"，从"尚"，从"贝"。"尚"字表示散开、摊开。"赏"字就是将贝币散开，指地位高的人或长辈给地位低的人或晚辈财物。

"延"字的甲骨文写作"㇔"，金文写作"㇔"。甲骨文字形表示在道路上行进，金文字形加上"正"字，表示向着目标不断行进，因此有延长、伸展、延续的意思。

"于"字在这里表示紧密联系。

"世"字在这里表示世代。

"赏延于世"直译为：奖赏的延续要与世世代代紧密联系。可以更通顺地解释为：奖赏的延续要考虑到世世代代。

"宥"字的甲骨文字形未找到，金文写作"㇔"。从字形上看，是手里拿着肉待在房间里，也就是安心持有的意思。

"过"字的甲骨文字形未找到，金文写作"䢟"，"辶"表示在道路上行走，"㕦"表示迂回曲折的路线。"过"字本义应为在道路上迂回曲折地行走，因此引申为从此地到某地的意思，又因为在道路上迂回曲折地行走是一种费时费力的行走方式，故而引申为错误的意思。这里指错误。

"无"在这里表示没有、完全去除。

"大"在这里指"大人"，即部族领袖或者官员。

"宥过无大"可以解释为：安心持有过错的人中没有大人。可以更通顺地解释为：不要让部族领袖和官员安心犯错。

"刑"指划分土地。

"故"字的甲骨文字形未找到，金文写作"故"，由"古""攵"组成。"古"是"古"字的金文，在"《书》到用时方恨少：读真《书》与真读《书》"一章中讲过，是天干所言，也就是天道的意思；"攵"表示教导。"故"字本义应为教导天道。

"小"字在"黄帝和他的大臣们：我们是有组织的"一章中讲过，指"小人"，也就是平民。

"刑故无小"直译为：对划分土地的指导过程没有平民参与。可以更通顺地解释为：不要让平民参与划分土地的指导过程。

"罪"字的甲骨文和金文字形都未找到，篆文写作"䍛"，从"网"，从"非"。"非"字的甲骨文写作"非"，金文写作"非"，从字形上看，似两只相背的翅膀，指向不同方向飞的鸟。"罪"字就是用网罩住四散飞的鸟。引申为需要管制的行为，也就是犯法的行为。

"疑"字在本章前文中讲过，是疑惑、可疑的意思。

"轻"字的甲骨文和金文字形都未找到，篆文写作"輕"，从"车"，从"坙"，"坙"字的金文写作"坙""坙"，指织布机上的纵线。"轻"就是纺织这些丝线的车，也就是纺车。因为纺车纺线的过程看起来轻快便捷，所以"轻"字引申为用力小、负责少、分量小等义。

"罪疑惟轻"可以解释为：犯罪行为如果存在疑点就要使用较轻的刑罚。

"功""疑""惟""重"四个字在前文中都讲过,"功疑惟重"可以解释为:功劳如果存在疑点就要使用较重的奖励。

"与"字的甲骨文和金文字形都未找到,篆文写作"丂",类似的还有"與"字,这个字在本章前文中讲过,金文写作"舆",中间相握的两只手就是"与"字,"与"字的造字来源应为两手相握,引申为给、和、连接等义。

"其"字在"尧是怎样炼成的:强者的责任与担当"一章中讲过,本义是簸箕,引申为一个完整的周期。

"杀"字的甲骨文写作"杀",金文写作"杀",由"乂""巾"组成。从字形上看,似斩断动物的尾巴,表示猎杀动物,后来泛指使人和动物失去生命。

"辜"字的甲骨文字形未找到,金文写作"辜",从"古",从"辛","古"是天干所言,"辛"是指将树木去除枝丫粗加工的过程,"辜"字的本义应为按天道去除没用的枝丫,也就是依天道矫正的意思。"不辜"就是被阻隔在依天道矫正之外,也就是无法按照天道去矫正行为的人。

"与其杀不辜"直译为:给一个周期去杀害那些无法按照天道矫正行为的人。可以更通顺地解释为:一定时期内纵容杀害那些无法按照天道矫正自己行为的人。

"宁"字是平安、安定、安宁的意思。

"失"字是失去的意思。

"经"字在前文中讲过,本义是织布机上的经线。"不经"就是去除织布机上的经线,织布机上没有了经线,纬线就无处可依。这里是指无所依据。

"宁失不经"可以解释为:社会就会像织布机上去除了经线一样,因无所依据而失去安宁。

"好"字的甲骨文写作"好",金文写作"好",从"女",从"子"。"女"表示文明人,"子"表示孩子,二者结合,表示文明人的繁衍。种族繁衍,对远古人来说是再好不过的事情了,因此引申为优点多的、使人满意的、喜爱等义。

"生"字指植物生长，这里指农作物种植。

"之"字是前行的意思。

"德"字表示选择正确的方向。

"好生之德"可以解释为：喜好农作物种植并去选择正确的方向。

"洽"字的甲骨文和金文字形都未找到，篆文写作"洽"，从"水"，从"合"。"合"字的甲骨文写作"合"，金文写作"合"，上半部分是向下张开的口，下半部分是向上张开的口，表示两口相合。加上"水"字，表示水流汇合，引申为和谐的意思。

"洽于民心"可以解释为：与民心相连就会如同水流汇合一样和谐。

"兹"字本义是指染色后丝线五彩斑斓的样子，这里用来形容物资丰富的样子。

"用"字是使用的意思。

"兹用"可以解释为：用度丰盈。

"犯"字的甲骨文字形未找到，金文写作"犯"，左半部分是"犬"字，右半部分是一个蜷缩的人，表示犬侵犯人，故有侵害的意思。

"不犯"是阻止侵害的意思。

"于"字是与"……紧密联系"的意思。

"司"字从现存的字形看，甲骨文写作"司"，与"后"字是同一个字，金文写作"司""司""司"，有的字形在"后"字的基础上加上了"司"，"司"表示上下两只手解开绳结的动作，所以"司"有管理人口并解决纠纷的意思，也就是处理政务。

"有司"是有处理政务的人，因此表示政府的管理部门。

"不犯于有司"可以解释为：与管理部门保持紧密联系，就能够阻止侵害行为的发生。

在这段话中，针对舜提出的任务，皋陶汇报了自己的行动计划，概括起来就是：建规立矩、管控过程、赏罚有度、区别对待、宽仁施政、拒绝暴力、联系群众、共同富裕。翻译成白话文如下：

皋陶说："帝选择正确的方向，并用法律规范人们的肆意妄为。检视下面从事农业耕种情况的记录，掌控民众从事农业耕种的范围；刑罚的约束力要达到子孙后代，奖赏的延续要考虑到世世代代；不要让部族领袖和官员安心犯错，不要让平民参与划分土地的指导过程；犯罪行为如果存在疑点就要使用较轻的刑罚，功劳如果存在疑点就要使用较重的奖励；一定时期内纵容杀害那些无法按照天道矫正自己行为的人，社会就会像织布机上去除了经线一样，因无所依据而失去安宁；喜好农作物种植并去选择正确的方向，与民心相连就会如同水流汇合一样和谐。人们用度丰盈，与管理部门保持紧密联系，就能够阻止侵害行为的发生。"

舜听了皋陶的计划后，又对其进行了嘱咐："俾予从欲以治四方风动惟乃之休"，断句为：

俾予从欲，以治四方，风动惟乃之休。

"俾"字是垦荒者的意思。
"予"字是经过、穿过的意思。这里可以解释为迁移、迁徙。
"从"字是跟从的意思。
"欲"字的甲骨文和金文字形都未找到，篆文写作"慾"，从"谷"，从"欠"，"谷"字和"欠"字都在"尧是怎样炼成的：强者的责任与担当"一章中讲过，表示对谷物的渴望。
"俾予从欲"可以解释为：拓荒者跟从对谷物的渴望而进行迁徙。
"以"字表示先进的农业耕作方式。
"治"字是安定、太平的意思。
"方"字在"黄帝和他的妃们：奇妙的部族融合之旅"一章中讲过，本义是用刀加工，因为人们会依据用刀刻划的线条区分方位，所以引申为一边、一面、方向的意思。"四方"就是指各个方向。
"以治四方"可以解释为：先进的农业耕作方式使得四方安定。

"动"字的甲骨文写作"⟨图⟩"，金文写作"⟨图⟩"，从字形上看，似人拿着东西在路上行走，因此有运动、行动的意思。

"惟"字是"响应……""与……相一致"的意思。

"乃"字是一起、总、全的意思。

"之"字是前行的意思。

"休"字是停留、休息的意思。

"风动惟乃之休"可以解释为：这种如同风一样的迁徙活动与前进和停留的整体节奏是一致的。

这一段，舜重点强调了民众迁徙的原因、重要性和方式。翻译成白话文如下：

帝舜说："拓荒者跟从对谷物的渴望而进行迁徙，先进的农业耕作方式使得四方安定，这种如同风一样的迁徙活动与前进和停留的整体节奏是一致的。"

嘱咐完皋陶，舜接着对禹说："来禹降水儆予成允成功惟汝贤克勤于邦克俭于家不自满假惟汝贤汝惟不矜天下莫与汝争能汝惟不伐天下莫与汝争功予懋乃德嘉乃丕绩天之历数在汝躬汝终陟元后人心惟危道心惟微惟精惟一允执厥中无稽之言勿听弗询之谋勿庸可爱非君可畏非民众非元后何戴后非众罔与守邦钦哉慎乃有位敬修其可愿四海困穷天禄永终惟口出好兴戎朕言不再"，断句如下：

来禹降水，儆予成允，成功惟汝贤。克勤于邦，克俭于家，不自满，假惟汝贤。汝惟不矜，天下莫与汝争能。汝惟不伐，天下莫与汝争功。予懋乃德，嘉乃丕绩，天之历数在汝躬，汝终陟元后。人心惟危，道心惟微，惟精惟一，允执厥中。无稽之言勿听，弗询之谋勿庸。可爱非君？可畏非民？众非元后，何戴？后非众，罔与守邦？钦哉！慎乃有位，敬修，其可愿。四海困穷，天禄永终，惟口出好兴戎朕言不再。

"来"字在本章前文中讲过，是外来的意思。"来禹"就是外来的禹。舜把禹称为"来禹"是有原因的，在"舜考：最重要的是人才"一章中讲过，被放逐后的鲧选择了与舜合作的道路，禹也因此进入政权核心，对于舜来说，禹正是一个外来人。

"降水"是指从天而降的雨水，对于农耕文明来说，雨水可是上天宝贵的馈赠，这里可以解释为从天而降的甘霖。

"来禹降水"可以解释为：外来的禹啊，你就像从天而降的甘霖。

"儆"字在本章前文中讲过，义为教化未归化游牧部族者，这里是舜用来指代禹所从事的事业。

"予"字是穿过、经过的意思。

"成"字是成为的意思。

"允"字是指从事农业生产的人。

"儆予成允"可以解释为：教导那些游牧部族并将他们转化成从事农业生产的人。

"成功惟汝贤"直译为：成就功绩是和你的贤能相一致的。可以更通顺地解释为：都是因为你的贤能才成就了这样的功绩。

"克"字是虔诚地接受天道的意思。

"勤"字是颁布并努力推行时令的意思。

"于"字是紧密结合的意思。

"邦"字在"尧说：破土而出的政治智慧"一章中讲过，是邦国的意思。

"克勤于邦"可以解释为：虔诚地接受天道并依据各邦国的情况努力推行时令。

"俭"字的甲骨文和金文字形都未找到，篆文写作"儉"，从"人"，从"佥"。"佥"字在"尧说：破土而出的政治智慧"一章中讲过，本义是将兽骨或犁铧一类下端尖锐的物体捆束后竖立起来。"俭"字就是指人们将兽骨或犁铧一类下端尖锐的物体捆束后放置，将兽骨和犁铧捆束起来放置是为了保存好以便以后更好地使用，所以"俭"字引申为节省、不浪费等义。

"家"字的甲骨文写作"家"，金文写作"家"。"宀"表示房屋，"豕"是"豕"字的甲骨文，表示猪。"家"本义应为圈养猪，由于猪与牛、羊等需要放牧的家畜不同，猪主要是被圈养在人的居所附近，因此古人用这个字指人的固定居所，这里指家庭。

"克俭于家"可以解释为：虔诚地接受天道并依据家庭情况合理归置并节约使用物资。

"不"字在这里是去除的意思。

"自"字的甲骨文写作"🝢"，金文写作"🝣"，似人的鼻子。人们向他人表达"我"的时候，习惯于用手指指着鼻子，因此"自"字引申为自己的意思。

"满"字的甲骨文和金文字形都未找到，篆文写作"🝤"。从"水"，从"两"。"两"字的甲骨文字形未找到，金文写作"🝥"，中间的两个人形图案表示车轭，车轭是车辕前端用以扼牛马之颈的器具。"两"字就是内有双轭的轭套。轭套的上部呈向上凸起的弧形，"满"就是指水面如同轭套一样向上凸起的样子。大家都知道，由于表面张力的作用，当水倒满器皿的时候，水面是向上凸起的，"满"就是水充满容器的意思。

"不自满"可以解释为：去除了自我满足的情绪。

"假"字的甲骨文字形未找到，金文写作"🝦"。"🝧"表示向石崖上攀爬，"🝨"是一只向下伸的手，"🝩"是一只向斜上伸的手，从字形上看，"假"字的意思应为借助他人的力量向石崖上攀爬，因此有借助、借用的意思。

"假惟汝贤"可以解释为：借助他人达成目标，这都是因为你的贤能。

"矜"字的甲骨文和金文字形都未找到，篆文写作"🝪"，从"矛"，从"今"。"矛"字在"尧是怎样炼成的：强者的责任与担当"一章中讲过，是一种用来刺杀的有刃的进攻型武器。"今"字在前文中讲过，是向下说的意思。居高临下，嘴里说出的话像矛一样刺出，因此有自夸、自大的意思。

"不"字在这里是去除的意思。

"汝惟不矜"可以解释为：正因为你去除了浮夸之心。

"天下"就是天的下面，指所有人。

"莫"字在"黄帝和他的妃们：奇妙的部族融合之旅"一章中讲过，本义是指太阳隐没在草莽之中，也就是日暮的意思，因日落后四周一片漆黑，什么都看不清楚，所以引申为没有的意思。

"争"字的甲骨文写作"𭃂"，金文字形未找到，从甲骨文字形上看，似两只手在争夺一个物体，因此有争夺、互不相让的意思。

"能"字在"尧说：破土而出的政治智慧"一章中讲过，有本事、本领的意思。

"天下莫与汝争能"可以解释为：天下没有人能和你比本领。

"伐"字的甲骨文写作"𢻻"，金文写作"𢼒"，从"戈"，从"人"。从字形上看，就是用戈砍杀人的头部，因此有砍、武力、杀戮等义。

"汝惟不伐"可以解释为：正因为你不去侵伐别人。

"天下莫与汝争功"可以解释为：天下没有人能和你争夺功劳。

"予"字是穿过、经过的意思。

"懋"字在本章前文中讲过，是指内心积极向上的状态。

"予懋乃德"可以解释为：达到积极向上的状态是总的方针。

"嘉"字本义是指人们分配农业收获，引申为美、善、吉庆、喜庆等义。

"丕"字的甲骨文和金文字形都未找到，篆文写作"丕"，从字形上看，是在"不"字的下面加上一横。在讲"不"字的时候说过，下面部分表示植物的根须，在根须上加上一横表示指示，"丕"字的造字本义为植物的根须，引申为根本的意思。

"绩"字在"尧是怎样炼成的：强者的责任与担当"一章中讲过，是克服困难获取财物的意思。

"嘉乃丕绩"可以解释为：总体来说，农业收获是我们获取财物的根本方式。

"历"字在"尧是怎样炼成的：强者的责任与担当"一章中讲过，繁体字有两种写法，对应的甲骨文也有两种写法，一种表示经历，另一种表示历法，这里取历法的意思。

"数"字的甲骨文字形未找到，金文写作"✹""✹"。"✹"表示双手，"✹"是"首"字的金文，"✹"是"言"字的金文。"数"字的造字本义应为数人头，因此有计算的意思。

"躬"字在本章前文中讲过，是弯下身体的意思。弯下身体表示埋头苦干，现在仍用"哈下腰"来表示这种精神。

"天之历数在汝躬"可以解释为：上天运行历法的计算在于你的埋头苦干。可以更通顺地解释为：上天运行历法的计算与你的埋头苦干是分不开的。

"终"字的甲骨文写作"✹"，金文写作"✹"。从字形上看，似一段两端都打上绳结的绳子，表示从始至终。

"陟"字的甲骨文写作"✹"，金文写作"✹"。"✹"表示山地，"✹"是两个向上的"止"字，表示向上行走。"陟"字的本义是从山底向山上行走，和"降"字正好相反，表示向上行走。

"元"字在"尧说：破土而出的政治智慧"一章中讲过，是基础、初始的意思。

"后"字是指高级官员或者领袖。

"元后"就是最开始的领袖，也就是最高领袖的意思。

"汝终陟元后"可以解释为：你从始至终都跟随着最高领袖向上行进。

"危"字的甲骨文和金文字形都未找到，篆文写作"✹""✹"，从字形上看，似人在山顶或危崖之下，因此有不安全的意思。

"人心惟危"可以解释为：人的内心充满了不安全感。

"道"字在本章前文中讲过，指路线方针的选择。

"微"字的甲骨文写作"✹"，金文写作"✹"。这个字和本章前文讲过的"攸"字非常相似，不同之处在于，"攸"字的左半部分是"人"字，而"微"字的左半部分是披散着长头发的人。在我国古代，束发和披发是农耕文明和游牧部族主要的仪容差异之一，这种差异来源于二者日常生活和劳动方式的不同：游牧和采猎文明，人们在森林、旷野里行动，披发不会影响到人们的采猎和游牧活动；而农耕文明，人们被固化在土地上劳动，面朝黄土背朝天，披散着头发明显会影响到人们的劳作，因此要束发。"微"字的本义为教化披发者。

"道心惟微"可以解释为：制定路线方针的核心是要教化那些披散着头发的游牧部族的人。

"精"字的甲骨文字形未找到，金文写作"䊳"，从"米"，从"青"。"米"字的甲骨文写作"𣎆""𣏒"，从字形上看，很像谷穗，也就是谷物的籽实。"青"字的甲骨文字形未找到，金文写作"𤯆""𤯇"，从"井"，从"生"。"井"是指井田，"生"是指生长的作物，"青"字的本义是在井田里生长的作物。"精"字就是井田里生长农作物的籽实。农作物的籽实是人类最为需要的，因此引申为物质中最纯粹的部分。

"一"字在这里表示专一。

"惟精惟一"可以解释为：要把握住精髓并保持专一。

"允"字指从事农耕的人。

"执"字的甲骨文写作"𦥑"，金文写作"𢀜"。注意这个字和"虞"字的区别，"虞"字在"尧说：破土而出的政治智慧"一章中讲过，甲骨文写作"𤕲"，是一个站立的人接受帝令，而"执"字的甲骨文却是跪坐的人接受帝令，跪坐表示顺服，所以"执"字的本义是顺服地接受帝令。

"厥"字表示蒙昧不服从者。

"中"字是中间的意思。

"允执厥中"可以解释为：就会在那些蒙昧的不服从者中产生愿意恭敬地接受帝令的农耕人民。

"无"字是没有的意思。

"稽"字在"《书》到用时方恨少：读真《书》与真读《书》"一章中讲过，本义是向智者恭敬地说话。

"之"字是前行的意思。

"勿"字是聚众的意思。

"听"字的甲骨文写作"𦔻""𦔳"，金文写作"𦕅""𦕆"，从"耳"，从"口"，有的字形还是两个"口"，表示倾听众人发言，听字的本义应为听他人说话，这里可以解释为听取众人意见。

"无稽之言勿听"可以解释为：对于那些不恭敬的言语，要前去沟通并把民众聚集起来听取众人的意见。

"弗"字是约束或团结的意思。

"询"字的甲骨文字形未找到，金文写作"🈚"，从"言"，从"旬"。"旬"字在"尧是怎样炼成的：强者的责任与担当"一章中讲过，是十日的意思。"询"字本义是说十天，一直聊十天，什么都聊透了，所以"询"字就是详谈的意思，这里可以解释为深度沟通。

"谋"字在本章前文中讲过，本义是在结着美味果子的树下商量如何获得果实。引申为设法求得的意思。

"庸"字在"尧说：破土而出的政治智慧"一章中讲过，造字来源于选择木材修造木桶的过程，义为制造高端工具，这里引申为精妙的解决方式。

"弗询之谋勿庸"可以解释为：对于那些为保持团结而需要进行的深度沟通，要前去谋划并把民众聚集起来寻求精妙的解决方式。

"可"字是大众的意思。

"爱"字的甲骨文字形未找到，金文写作"🈚"。上半部分是一个张大嘴巴的人，下半部分是"心"字。张大嘴巴表示呼气，有呵护的意思，"爱"字的本义是呵护之心，引申为重视而加以保护、对人或事有深挚的感情等义。

"非"字在本章前文中讲过，本义是指鸟四散飞，引申为相背、不一致的行为，结合前文，这里指违背既定的路线方针。

"君"字在本章前文中讲过，是管理者的意思。

"可爱非君"可以解释为：大众会爱戴那些违背了既定路线方针的管理者吗？

"畏"字的甲骨文写作"🈚"，金文写作"🈚"。从字形上看，就是"鬼"手里拿着木棒。"鬼"字在"黄帝和他的大臣们：我们是有组织的"一章中讲过，是指生活在野外的野蛮人。这些人拿起棍棒，使人害怕，因此引申为害怕的意思。

"可畏非民"可以解释为：大众会畏惧那些违背了既定路线方针的

暴民吗？

"众"字是群众的意思。

"众非元后"可以解释为：群众背离了最高领袖。

"何"字在"尧说：破土而出的政治智慧"一章中讲过，是担负、承担的意思。

"戴"字的甲骨文和金文字形都未找到，篆文写作"🈳""🈳"，从"異"，从"戈"，从"十"。"異"字的甲骨文写作"🈳"，金文写作"🈳"。现代汉语中将"異"字和"异"字合并为"异"字，其实这两个字在造字本义上存在很大的差别。"异"字在"尧说：破土而出的政治智慧"一章中讲过，是共同使用先进农具的意思，而"異"字从字形上看，却是一个双手高举着"田"的正立的人，也就是信奉"田"的人，"田"表示野外，野外是从事采猎和游牧的地方，所以"異"字本义应为信奉采猎和游牧文化的人。"戈"字表示武力，"十"字表示时令，因此"戴"字应表示向信奉采猎和游牧文化的人大力推行时令。

"何戴"可以解释为：还能承担起向信奉采猎和游牧文化的人大力推行时令的责任吗？

"后非众"可以解释为：领袖背离了群众。

"罔"字是指规范人们行动的法律。

"与"字本义是两手相握，有给、连接等义。

"守"字的甲骨文字形未找到，金文写作"🈳"，从"六"，从"寸"。"六"表示夏至日全天日影的形状，这里指双臂张开成"六"字的形状，"寸"字是指手掌根部至手腕部。"守"字是指双臂张开用手护持，因此有保护、卫护的意思。

"邦"字是邦国的意思。

"罔与守邦"可以解释为：规范人们行为的法律还能给邦国以保护吗？

"钦哉"可以解释为：大力宣传并努力推行吧！

"慎"字的甲骨文和金文字形都未找到，篆文写作"🈳"，从"心"，从"真"。"真"字的甲骨文字形未找到，金文写作"🈳""🈳"，从"刀"，从"鼎"，"真"字的本义应为在鼎上刻写铭文，因为刻在青铜鼎上的铭文多为重要的真实事件，因此有与客观事实相符、本性、本源的意思。"慎"字表示内心真诚的意思。

"慎乃有位"可以解释为：内心真诚才能获得地位。

"敬"字是指教化未归化的游牧部族的人。

"修"字是指受教者的表现。

"敬修"可以解释为：教化那些游牧部族的人按照受教者的行为行事。

"其"字是指一个完整的周期。

"愿"字的甲骨文字形未找到，金文写作"🖼""🖼"。前一个字形由"元"和"心"组成，"元"字是初始的意思，因此前一个字形可以理解为内心的初始想法；后一个字由"原"和"心"组成，"原"字在"传爻者：走得更稳"一章中讲过，指源头，因此后一个字形可以理解为内心的源头。综合起来，"愿"字就是内心的初始想法、本来想法。

"其可愿"可以解释为：这个过程是大众内心的愿望。

"四海困穷"可以解释为：四海之内（还有很多）困顿而不得伸展（的人）。

"禄"字的甲骨文写作"🖼"，金文写作"🖼"。从字形上看，上半部分似架在井上的辘轳，下半部分似提水的容器，四周还有洒落的水滴。由于水是上天的馈赠，因此引申为福分的意思。

"永"字在"尧是怎样炼成的：强者的责任与担当"一章中讲过，在这里表示永远。

"天禄永终"可以解释为：上天恩赐的福分永远有始有终。

"兴"字的甲骨文写作"🖼"，金文写作"🖼""🖼"。从字形上看，似四只手抬着某样东西，所以有合力共举的意思。有的字形还加上"口"字，表示喊号子，使得更加协同，引申为举办、发动等义。

"戎"字在"统一战争：斗地主的最终结局"一章中讲过，是手持武器向指定目标打击或防范，引申为军队、军事的意思。

"不"字是阻隔的意思。

"再"字的甲骨文写作"🀆""🀆",金文写作"🀆"。这个字很难解,需要参考"冓"字。"冓"字的甲骨文写作"🀆",金文写作"🀆",就是把两个"再"字头碰头地连接在一起。由"冓"组成的字有很多,如"構"("构"字的繁体字)、"媾""講"("讲"字的繁体字)等。把"木"以"冓"的方式连接就组成了"构"字,因此"构"字有结合、组合、造的意思。把"女"以"冓"的方式连接就组成了"媾"字,因此"媾"字有交合、交好的意思。把"言"以"冓"的方式连接就组成了"讲"字,因此"讲"字有说、谈、商议的意思。"再"就是构成了"冓"字的基本组件,因为这些组件是可以重复利用的,所以"再"字就引申出重复、继续的意思。

"不再"就是阻隔了继续,这里指"朕言"无法继续传播。

"惟口出好兴戎朕言不再"可以解释为:说出好战之语的结果就是使掌舵人的话无法继续传播。

这段话很长,我们再来总结一下:

舜说:"外来的禹啊,你就像从天而降的甘霖,教导那些游牧部族并将它们转化成从事农业生产的人,都是因为你的贤能才成就了这样的功绩。虔诚地接受天道并依据各邦国的情况努力推行时令,虔诚地接受天道并依据家庭情况合理归置并节约使用物资,去除了自我满足的情绪,借助他人达成目标,这都是因为你的贤能。

正因为你去除了浮夸之心,天下没有人能和你比本领。正因为你不去侵伐别人,天下没有人能和你争夺功劳。使人们达到积极向上的状态是总的方针,总体来说,农业收获是我们获取财物的根本方式,上天运行历法的计算与你的埋头苦干是分不开的,你从始至终都跟随着最高领袖向上行进。

人的内心充满了不安全感,制定路线方针的核心是要教化那些披散着头发的游牧部族的人,要把握住精髓并保持专一,就会在那些蒙昧的不服从者中产生愿意恭敬地接受帝令的农耕人民。对于那些不恭敬的言语,要前去沟通并把民众聚集起来听取众人的意见。对于那些为保持团结而需要进行的深度沟通,要前去谋划并把民众聚集起来寻求精妙的解决方式。

大众会爱戴那些违背了既定路线方针的管理者吗？大众会畏惧那些违背了既定路线方针的暴民吗？群众背离了最高领袖，还能承担起向信奉采猎和游牧文化的人们大力推行时令的责任吗？领袖背离了群众，规范人们行为的法律还能给邦国以保护吗？大力宣传并努力推行吧！内心真诚才能获得地位，教化那些游牧部族的人按照受教者的行为行事，这个过程是大众内心的愿望。四海之内还有很多困顿而不得伸展的人，上天恩赐的福分永远有始有终，说出好战之语的结果就是使掌舵人的话无法继续传播。"

在这段话中，舜首先对禹进行了高度评价，把禹比作从天而降的甘霖，行教化之功，协家国之事，不自满，不侵伐，埋头苦干钻研历法，紧跟领袖不断进步。然后，对禹进行了嘱托，告诉他现在人心还不安定，导致这种情况是因为还存在很多从事游牧和采猎的人，因此政策的核心是要教化这些人，一定要把握精髓，保持专一，这样才能推广时令。对于反对意见和需要精密谋划的事，一定要进行沟通，听取众人的意见。接着，舜用一连串的反问句强调上下同欲、遵从既定路线方针的重要性。最后，舜分析了面对的困难，告诫禹无论何种情况，都不要轻言战争。

禹听完了舜的话后，说了八个字"枚卜功臣惟吉之从"，断句为：

枚卜功臣，惟吉之从。

"枚"字的甲骨文写作"𣏟"，金文写作"𣏟"，从字形上看，似用器械修剪树枝，这里是指像修剪树枝那样去除大臣身上的缺点，可以解释为修正。

"卜"字的甲骨文写作"丫"，金文写作"卜"，从字形上看，似占卜时龟甲或兽骨上裂开的纹路，表示占卜、卜问。

"枚卜功臣"可以解释为：修正有功大臣的缺点并对他们进行卜问。

"吉"字本义是不受阻碍地说出，这里可以解释为善于沟通。

"惟吉之从"可以解释为：让那些善于沟通的大臣跟从前往。

禹对舜的话心领神会，提出了具体的选人、用人标准。

帝曰："禹官占惟先蔽志昆命于元龟朕志先定询谋佥同鬼神其依龟筮协从卜不习吉"，断句为：

禹，官占惟先蔽志，昆命于元龟。朕志先定，询谋佥同，鬼神其依，龟筮协从，卜不习吉。

"官"字的甲骨文写作"🔲"，金文写作"🔲"，从"六"，从"师"。"六"字本义是夏至日全天日影的形状，因与房顶的形状接近，因此在造字时也可以表示房屋。"师"字指整齐排列的军队。军队是国家政权的象征，因此，有整齐排列军队的房间的地方就是政权所在地，因此有国家的、公家的等义。

"占"字的甲骨文写作"🔲""🔲"，金文字形未找到。从甲骨文字形上看，从"卜"，从"口"，有的字形在外面加上了龟甲或者兽骨的形状。"卜"是占卜、卜问的意思，加上"口"字就是表示对卜问情况的解释。

由于远古时期很多决策都要通过占卜进行，"官占"就是官方对占卜情况的解释，这种解释最后形成政令。

"先"字在"黄帝和他的大臣们：我们是有组织的"一章中讲过，本义是指前行的人，引申为时间在前面、次序在前面的意思。

"蔽"字的甲骨文和金文字形都未找到，篆文字形写作"🔲"，从"草"，从"敝"。"敝"字的甲骨文写作"🔲"，从字形上看，似手持器械分割成"巾"，"巾"字在"黄帝和他的大臣们：我们是有组织的"一章中讲过，是系挂在一起的布条或皮革。"蔽"字就是用草当作"巾"，也就是用草覆盖，因此有遮挡、隐藏的意思。

"官占惟先蔽志"可以解释为：官方通过对占卜情况的解释来说明发布政令时不要带有先见。

"昆"字的甲骨文字形未找到，金文写作"🔲"，从"日"，从

"比"，"比"字在"尧说：破土而出的政治智慧"一章中讲过，是两个人肩并肩站着，表示平等。"昆"字就是与"日"平等，表示最高。

"命"字是命令的意思。

"于"字是紧密联系的意思。

"元"字是初始的意思。

"龟"字的甲骨文写作"✿"，金文写作"🐢"，毫无疑问，是乌龟的意思。龟甲是远古时期占卜的主要用具之一，具体的卜算方式已无从知晓，从现存的考古证据来看，龟甲上刻有数字和卜辞，应为根据某种计算规则得出的某种结论。

"昆命于元龟"可以解释为：最终的命令要与初始的龟甲卜问情况紧密联系。

"定"字在"尧是怎样炼成的：强者的责任与担当"一章中讲过，是确定的意思。

"朕志先定"可以解释为：掌舵人的志向要先确定下来。

"询"字是深度沟通的意思。

"谋"字是商议并设法求得的意思。

"佥"字本义是将兽骨或下端尖锐的农具捆束后竖立起来，引申为聚集起来的人或物。

"同"字的甲骨文写作"𠙹"，金文写作"𠔼"，从"凡"，从"口"。"凡"字的甲骨文字形未找到，金文写作"凡"。这个"凡"就是前面讲"兴"字时，四只手合力抬着的东西，应该是某种需要众人合力才能做的工作或者使用的器具。"同"字在"凡"字的下面加上"口"字，表示在劳动时喊号子以保持动作一致。因此"同"字有共同、一致的意思。

"询谋佥同"可以解释为：通过深度沟通和谋划得到大家的赞同。

"鬼"字是指生活在野外的野蛮人。

"神"字在本章前文中讲过，这里指神灵。

"依"字在本章前文中讲过，是依顺的意思。

"鬼神其依"可以解释为：生活在野外的野蛮人和神灵就都能依顺。

"筮"字的甲骨文字形未找到，金文写作"❐"，由"❐"和"❐"组成。"❐"是四个草，只不过上面两个草是倒着写的；"❐"是两个交叉的"工"字，就是把加工好的草棍分开摆放，其实这也是古代占卜的一种方法，叫作"蓍筮"，是使用蓍草的一种占卜方式。

"协"字是协助、协同的意思。

"龟筮协从"可以解释为：用龟甲和蓍筮的占卜方式作为协助。

"习"字的甲骨文写作"❐"，金文写作"❐"。由"❐"和"❐"组成，"❐"是"羽"字，"❐"代表鸟巢，"习"字的本义是幼鸟在鸟巢中试飞，这里指不确定的行为。

"吉"字本义是不受阻碍地说出，这里指顺利施行。

"卜不习吉"可以解释为：占卜要去除那些不确定性因素才能顺利施行。

咱们再总结一下这段话，这段话非常重要！

舜说："官方通过对占卜情况的解释来说明发布政令时不要带有先见，最终的命令要与初始的龟甲卜问情况紧密联系。掌舵人的志向要先确定下来，然后通过深度沟通和谋划得到大家的赞同，这样，生活在野外的野蛮人和神灵就都能依顺，同时还要用龟甲和蓍筮的占卜方式作为协助，占卜要去除那些不确定性因素才能顺利施行。"

在这段话中，舜向禹传授了顺利施行政令的方法。首先，政令确定前不要贸然说出官方的意图，而是要结合龟甲卜算的情况提出。在政令确定的过程中，最高领袖先要有自己的见解，然后和大家沟通，求得认同，大多数人意见统一，野蛮人和神灵就会依顺，整个过程要用"龟筮"进行协助，这样就会去除不确定性因素，从而保证政令的顺利施行。可以认为，这就是远古时期决策过程的民主集中制。但这是一个有远古特色的民主集中制，最大的特点就是加入了"龟筮"。也许是因为通过"龟筮"进行占卜往往会得到一个明确的答案，所以后来"占卜"逐渐演变成对未来吉凶祸福进行推测的意思。

《大禹谟》中用六个字描述了禹听完这段话的反应——禹拜稽首固

辞，断句为：

> 禹拜稽首，固辞。

"拜"字的甲骨文字形未找到，金文写作"✦"，从"来"，从"手"。"来"字在本章前文中讲过，本义是指麦子，借用为由外向内，也就是外来的意思。"拜"就是手由外向内，也就是手心朝内的拱手动作，这里指古代的一种表示恭敬的礼节——拜手。拜手是古代汉族男子的一种跪拜礼，在下跪时，两手拱合，低头至与手心平，而不及地。

"稽"字本义是向智者恭敬地说话。"首"是脑袋的意思。"稽首"也是古代的一种跪拜礼，跪下并拱手至地，头也至地。

"禹拜稽首"可以解释为：禹向舜行跪拜礼。

"固"字的甲骨文字形未找到，金文写作"✦"，由"✦"和"✦"组成。"✦"是甲字的金文，"✦"是丁字的金文，这两个字在"从时间说起：天干地支考"一章中讲过，"甲"字是标定在某个范围的意思，"丁"字的本义就是固定或者标识用的楔子，"固"字的造字本义应为在标识好的地方用楔子固定，因此有结实、牢固、坚定、不变动等义。

"辞"字的甲骨文字形未找到，金文写作"✦"，从"司"，从"辛"。"司"字在本章前文中讲过，是处理政务的意思，"辛"字本义是指将树木去除枝丫的过程，因为在远古时期，这个过程非常辛苦，因此引申为辛苦的意思，"辞"字的本义是辛苦地处理政务。

"固辞"可以解释为：坚定地按照舜所说的去勤于政务。

舜接着说："毋惟汝谐。"

"毋"字的甲骨文字形未找到，金文写作"✦"，从字形上看，是在"女"的胸口上加上一横。与"毋"字相似的还有"母"字，"母"是在"女"的胸口加上两点，表示乳房，因此"母"表示成熟女性，尤指生育的女性，也因此引申为母亲的意思。在"女"的胸口上加上一横就是表示没有"母"中两点所表示的乳房，也就是胸口是平的，因此"毋"字是男人的意思，注意这里的"女"不是指女人，而是指文明人或顺民。

"谐"字在"尧说：破土而出的政治智慧"一章中讲过，是言语平等、公正的意思。

"毋惟汝谐"可以解释为：要让男人们都响应你的平等、公正的言辞。这句话从侧面体现了舜在位时期男女政治地位的差异。

舜对禹传授了执政经验后，放心地把权力交给了禹。《大禹谟》中是这样记述的："正月朔旦受命于神宗率百官若帝之初"，断句为：

正月朔旦，受命于神宗，率百官若帝之初。

"正"字本义是向着目标行进，正确、纠正、改正，"正月"就是指官方订正的一年的起始月。在我国古代，官方订正的第一个月是不同的。据说，商朝把夏朝规定的十二月算作每年的第一个月，而周朝又把十一月算作每年的第一个月。秦始皇统一中国后，又把十月算作每年的第一个月，直到汉武帝时，才恢复夏朝的月份排列法，一直沿用到现在。

"朔"字在"尧是怎样炼成的：强者的责任与担当"一章中讲过，指初一。

"旦"字的甲骨文写作"㫣"，金文写作"㫤"，从"日"，从"丁"，是指太阳刚刚钻出地平线，如楔子钉在地平线上的样子，因此有早晨、天亮的意思。

"正月朔旦"可以解释为：正月初一的早上。

"受"字是"授"字的本字，"授"字在"尧是怎样炼成的：强者的责任与担当"一章中讲过，本义是交接用船运送来的货物，引申为接受的意思。

"命"字是命令的意思。

"于"字是紧密联系的意思。

"神"字就是表示对能使农作物结出果实的生生之力的崇拜。后来引申为造物者、神灵、神奇的等义。

"宗"字的甲骨文写作"宗"，金文写作"宗"，从"宀"，从

"示"。"六"字本义是夏至日全天日影的形状，因与房顶的形状很接近，因此用来表示屋顶斜向两边分开的房屋。"示"字是为表示尊重或使众人看见而将物品置于高处的意思。"宗"字就是指供奉尊崇之物的房屋。

"神宗"就是指供奉神灵的宗庙。

"受命于神宗"直译为：接受与供奉神灵的宗庙紧密联系的命令。远古时期与神灵沟通的权力是统治权中的重要内容，因此这句话也可以解释为：接受与神灵沟通的权力。

"率"字的甲骨文写作"𤲸"，金文写作"𤲸"。甲骨文字形中，"巛"表示流水，"𠂆"表示绳索，金文字形又加上"彳"，表示行走。"率"字的本义应为在河水中拉纤而行，引申为带领、引导的意思。

"百"字在这里作概数词。

"官"字本义是政权所在地，这里指官员。

"若"字是指信奉农耕的文明人或文明人信奉农耕。

"帝"字是建立测天之干观测时令的意思。

"之"字是前行的意思。

"初"字的甲骨文写作"𧘇"，金文写作"𧘇"，从"衣"，从"刀"。"初"字的本义应为用刀制作衣服，因为穿上衣服是人类开始变得文明的标志，因此引申为开始的意思，这里用制作衣服指代文明。

"率百官若帝之初"可以解释为：带领百官信奉农耕、观测时令、走向文明。

"正月朔旦，受命于神宗，率百官若帝之初"可以解释为：

正月初一的早上，禹接受与神灵沟通的权力，带领百官信奉农耕、观测时令、走向文明。

禹摄政后，舜对禹下达了命令："咨禹惟时有苗弗率汝徂征"，断句为：

咨禹，惟时有苗弗率，汝徂征。

"咨"字在"尧是怎样炼成的：强者的责任与担当"一章中讲过，义为殷切地说。

"咨禹"可以解释为：禹啊，我殷切地告诉你。

"惟时"可以解释为：响应时令。

"有苗"在"舜考：最重要的是人才"一章中讲过，很可能是指丹朱部族。

"弗"字是约束的意思。

"率"字是带领、引导的意思。

"惟时有苗弗率"可以解释为：在响应时令这件事上，有苗部族需要约束和引导。

"徂"字的甲骨文和金文字形都未找到，篆文写作"祖""祖"，从"行"，从"且"，"且"字和"祖"字在甲骨文里是同一个字，"祖"字在"黄帝和他的妃们：奇妙的部族融合之旅"一章中讲过，是祭拜祖先的排位。"徂"字是指将队列排成像排位那样的队形，整齐地行进，这里表示整肃军队。

"征"字的甲骨文写作"㞢"，金文写作"延""徎"，从"正"，从"行"，表示向着目标行走，这里指征伐。

"汝徂征"可以解释为：你整肃军队去征伐他们吧。

"咨禹，惟时有苗弗率，汝徂征"可以解释为：

禹啊，我殷切地告诉你："在响应时令这件事上，有苗部族需要约束和引导，你整肃军队去征伐他们吧。"

前文在介绍《舜典》时提到过，舜在登位之初，就对有苗部族发起了征伐，看来到执政后期依然没有摆平，有苗部族还真是舜的心头之患。

禹接受了舜的命令后，又是如何做的呢？《大禹谟》中记载："禹乃会群后誓于师曰济济有众咸听朕命蠢兹有苗昏迷不恭侮慢自贤反道败德君子在野小人在位民弃不保天降之咎肆予以尔众士奉辞伐罪尔尚一乃心力其克有勋"，断句为：

禹乃会群后，誓于师曰："济济有众，咸听朕命。蠢兹有苗，昏迷不恭，侮慢自贤，反道败德，君子在野，小人在位，民弃不保，天降之咎，肆予以尔。众士奉辞伐罪，尔尚一乃心力，其克有勋。"

"乃"字是总的意思。

"会"字的甲骨文字形未找到，金文写作"🅐""🅑"。前一个字形从"合"，从"米"，表示把米合在一起，后一个字形表示把两堆米合在一起，所以"会"字有聚集的意思。

"群"字的甲骨文写作"🅐"，金文写作"🅑"。从字形上看，似手里拿着棍棒吆喝着把羊聚在一起，因此有聚在一起的人和物之义。

"后"字是高级官员或领袖的意思。

"禹乃会群后"可以解释为：禹把各部族领袖和高级官员召集起来。

"誓"字的甲骨文字形未找到，金文写作"🅐""🅑"，从"折"，从"言"。"折"字是用短斧将树木砍断的意思。"誓"字的本义应为如同用短斧砍断树木一样坚定的话语，引申为表示决心、依照说的话实施的意思。

"师"字是军队的意思。

"誓于师曰"可以解释为：发表关于军事活动的决定。

"济"字的甲骨文字形未找到，金文写作"🅐"，从"齐"，从"水"。"齐"字在"尧说：破土而出的政治智慧"一章中讲过，本义是指农作物整齐一致地生长。"济"字的本义应为水齐头奔流的样子。"济济"在这里是形容参会的"群后"如同齐头奔流的河水一样前来的样子。

"有众"是拥有民众的人，因为参会的是拥有很多民众的"群后"，所以这样称呼。

"济济有众"可以解释为：如同奔流而来的流水一样前来参会的各位领袖。

"咸"字是全部的意思。

"听"字是听取的意思。

"咸听朕命"可以解释为：都要听从掌舵人的命令。

"蠢"字的甲骨文和金文字形都未找到，篆文写作"[篆]"，从"春"，从"虫"。"蠢"字的本义应为春天到来时蛇虫苏醒的样子。

"兹"字本义是指丝线染色后斑斓绚丽的样子。在这里指"蠢"的行为活跃。

"有苗"指有苗部族。

"蠢兹有苗"可以解释为：蠢蠢欲动的有苗部族。

"昏"字的甲骨文写作"[甲]"，金文字形未找到，从"氏"，从"日"。"氏"字在"黄帝和他的妃们：奇妙的部族融合之旅"一章中讲过，是指划定的地域边界。日在边界之下，指太阳落在地平面以下，指天刚黑的时候，引申为神志不清、惑乱等义。

"迷"字的甲骨文字形未找到，金文写作"[金]"。从字形上看，似在四通八达的路口行走，因此有分辨不清、失去了辨别能力的意思。

"恭"字在"尧说：破土而出的政治智慧"一章中讲过，本义是恭迎苍龙七宿的意思，这里指恭迎天道。

"昏迷不恭"可以解释为：惑乱迷失阻碍了他们恭迎天道。

"侮"字的甲骨文字形未找到，金文写作"[金]"，从"人"，从"每"。"每"字在本章前文中讲过，指事物产生的本源或总体。"侮"字是"人"背对着"每"，因此就是背离了本源的人。

"慢"字的甲骨文和金文字形都未找到，篆文写作"[篆]"，从"心"，从"曼"。"曼"字的甲骨文写作"[甲]"，金文写作"[金]"，从字形上看，似在眼睛上下各放一只手，上面的手明显是手搭凉棚的动作，下面的手表示将眼睛周围的障碍物除去。"曼"字的本义应为放眼望去。"慢"字就是心看向远处，因此有傲慢、怠慢的意思。

"侮慢自贤"可以解释为：那些背离了本源的人傲慢而自以为贤能。

"反"字的甲骨文写作"[甲]"，金文写作"[金]"，由"厂""又"组成。"厂"代表崖壁，"又"表示用手抓取，"反"字本义应为抓住崖壁攀爬。因为这个动作是反向用力的，因此引申为相反、违背的意思。

"道"字在这里指路线的选择。

"败"字的甲骨文写作"❏",金文写作"❏"。甲骨文字形似两只手将贝掰开,金文字形似手拿棍棒将贝敲碎,因此有故意损坏的意思。"贝"是当时主要的货币之一,因此故意损坏"贝"是一种相当败家的举动。

"反道败德"可以解释为:选择了相反的道路,故意破坏正确的方针。

"君"字在本章前文中讲过,义为管理者。

"子"字的本义是孩子,或许是因为孩子纯真无邪、充满活力,古人将"子"用作对人的一种敬称,后来更是演变成对德才兼备的圣贤之人的称呼,如孔子、孟子、庄子、老子、孙子等。

"君子"就是指那些具有管理能力并且品德高尚的人。

"野"字在这里是朝野之外的意思。

"君子在野"可以解释为:具有管理能力且品德高尚的人在朝野之外。

"小人"在"黄帝和他的大臣们:我们是有组织的"一章中讲过,指代平民,这里可以解释为平庸的人。

"小人在位"可以解释为:平庸的人却位居朝堂。

"弃"字在"从时间说起:天干地支考"一章中讲过,本义是播撒种子。

"保"字的甲骨文写作"❏",金文写作"❏",从"人",从"子","子"在"人"后,义为将孩子放在身后保护,因此有保护的意思。

"民弃不保"可以解释为:农民播下种子却不去保护它们。

"咎"字的甲骨文写作"❏",金文写作"❏",从"各",从"人"。"各"字在"尧说:破土而出的政治智慧"一章中讲过,是进入的意思,"咎"字就是被人进入,因此有进入、侵入、惩罚、处分、怪罪的意思。

"之咎"就是前去侵入,有惩罚、处分、怪罪的意思。

"天降之咎"可以解释为:上天就会降下惩罚。

"肆"字的甲骨古文字形未找到，金文写作"𰀀"，从"金"，从"杀"，指用金属武器击杀。

"予"字是经过、通过的意思。

"以"字本义是农具，这里代指农业耕种。

"尔"字的甲骨文字形未找到，金文写作"𰀀""𰀀"。从字形上看，似一张支起的网，本义应为支起网。这里指像支起网那样进行管制。

"肆予以尔"可以解释为：杀过去，用农业耕种制度将他们管制起来。

"众"字是众人的意思。

"土"字本义是用尖锐的武器将物体刺穿，这里可以解释为突入。

"奉"字的甲骨文字形未找到，金文写作"𰀀"，从字形上看，似双手持举着丰茂的植物，恭敬地用双手持捧，引申为尊重、遵守等义。

"辞"字在本章前文中讲过，是辛苦地处理政务的意思，这里指官方的命令。

"伐"字在本章前文中讲过，有砍、武力、杀戮等义。

"罪"字也在本章前文中讲过，本义是用网罩住四散飞的鸟。引申为需要管制的行为，也就是犯法的行为。

"众土奉辞伐罪"可以解释为：众人突入，尊奉官方命令讨伐违法行为。

"尚"字是摊开、散开的意思。

"尔尚一乃心力"可以解释为：撒开法网是我们一致的心愿和努力的方向。

"勋"字在"尧说：破土而出的政治智慧"一章中讲过，本义是持鼎者，也就是掌握权力的人。

"其克有勋"可以解释为：完全地接受天道才会成为掌握权力的人。

这一段，描述了禹在讨伐有苗部族前召集"群后"并发表誓词的情况：

禹把各部族领袖和高级官员召集起来，发表关于军事活动的决定："如同奔流而来的流水一样前来参会的各位领袖，都要听从掌舵人的命令。蠢蠢欲动的有苗部族，惑乱迷失阻碍了他们恭迎天道，那些背离了本源的人傲慢而自以为贤能，选择了相反的道路，故意破坏正确的方针。具有管理能力且品德高尚的人在朝野之外，平庸的人却位居朝堂，农民播下种子却不去保护它们，上天就会降下惩罚，杀过去，用农业耕种制度将他们管制起来。众人突入，尊奉官方命令讨伐违法行为，撒开法网是我们一致的心愿和努力的方向，完全地接受天道才会成为掌握权力的人。"

在禹的口中，有苗部族确实不怎么样，不但不听话，而且内政昏聩、农耕废弛，必须采取强力手段进行纠正。其中提到的"君子在野，小人在位"和前文舜提出的"野无遗贤，万邦咸宁"的政治理念正好相反，这样的反面典型，需要严肃整治。

讨伐的结果如何？《大禹谟》中用了"三旬苗民逆命"六个字描述。断句为：

三旬，苗民逆命。

"旬"字是十日的意思。"三旬"就是三十日。
"逆"字本义是叛逆者领袖的行径，这里可以解释为不服从。
"苗民逆命"可以解释为：有苗部族依然不服从命令。
针对这种战事不力的局面，益向禹提出了自己的看法，《大禹谟》中记述："益赞于禹曰惟德动天无远弗届满招损谦受益时乃天道帝初于历山往于田日号泣于旻天于父母负罪引慝祗载见瞽瞍夔夔斋栗瞽亦允若至诚感神矧兹有苗"。断句为：

益赞于禹曰："惟德动天，无远弗届。满招损，谦受益，时乃天道。帝初于历山，往于田，日号泣于旻天，于父母，负罪引慝（tè），祗载见瞽瞍，夔（kuí）夔斋栗，瞽亦允若。至诚感神，矧（shěn）兹有苗。"

"赞"字的甲骨文和金文字形都未找到，篆文写作"赞"，从"先"，从"贝"。"先"字本义是指前行的人，引申为时间在前面、次序在前面等义。"赞"字的本义应为带着财礼前来进献。

"益赞于禹曰"可以解释为：益对禹献言道。

"动"字本义是人拿着东西在路上行走，有运动、行动的意思。

"惟德动天"可以解释为：与正确的方针保持一致，按天道行事。

"远"字在"空间哲学：盘古有真相"一章中讲过，造字本义是拿着衣服远行，引申为距离长的意思。

"弗"字在这里是约束、限制的意思。

"届"字的甲骨文和金文字形都未找到，篆文写作"届"。从字形上看，上半部分是"尸"字，表示尸体，下半部分是"凷"（kuài）字，表示入土。"届"字本义应为把尸体埋入土中，引申为生命或一段时间的终结。

"无远弗届"直译为：没有不能到达的远方。结合语境，可以更通顺地解释为：就没有达不成的目标。

"满"字在本章前文中讲过，可以解释为盈满。

"招"字在"尧说：破土而出的政治智慧"一章中讲过，本义是从坛子里打酒并递出的动作，这里可解释为招致。

"损"字的甲骨文和金文字形都未找到，篆文写作"损"，从"手"，从"员"，"员"字在"尧说：破土而出的政治智慧"一章中讲过，表示有圆口的鼎或者鼎的圆口。"损"字本义为用手从鼎内取东西，因此有减少的意思。

"满招损"可以解释为：盈满会招致减损。

"谦"字的甲骨文和金文字形都未找到，篆文写作"谦"，从"言"，从"兼"。"兼"字的甲骨文字形未找到，金文写作"兼"，从字形上看，似用一只手同时抓着两株禾苗，引申为同时进行几桩事情或占有几样东西。"谦"字就是共同说的意思，要想大家都能说上话，就要互相谦让，否则都争着抢着说，就谁都说不了，因此引申为谦让、谦逊的意思。

"受"字表示接受。

"益"字在本章前文中讲过,是溢出的意思,这里可以解释为增益。

"谦受益"可以解释为:谦逊会带来增益。

"时乃天道"可以解释为:时令是对天道的概括。

"初"字在本章前文中讲过,是开始文明的意思。这里可以解释为开始施行教化。

"历"字在"尧是怎样炼成的:强者的责任与担当"一章中讲过,这里取经历的意思。

"帝初于历山"可以解释为:舜施行教化是从遍历山川开始的。

"往"字在"尧说:破土而出的政治智慧"一章中讲过,是带着规矩前往的意思。

"往于田"可以解释为:到田野里推行规矩。

"号"字的甲骨文和金文字形都未找到,篆文写作"号"或"號"。前一个字形从"示",从"口",即在高处说话,有大声呼叫、宣扬、命令的意思。后一个字形在前一个字形的基础上加上"虎"字,表示像虎的咆哮一样高声呼叫。

"泣"字的甲骨文和金文字形都未找到,篆文写作"泣",从"水",从"立",本义应为水从人体竖直流下。这个"水"可能是泪水,也可能是雨水或者汗水,现在一般指泪水,但是动不动就哭,似乎不太符合舜的身份,这里应指舜奔波劳苦的样子,可解释为栉风沐雨。

"旻"字的甲骨文和金文字形都未找到,篆文写作"旻",从"日",从"文"。"文"是指有心人,指各级官吏。"旻"字就是指脑袋里装着太阳的官吏,这里可以解释为负责推广时令的官吏。

"父"字在"尧说:破土而出的政治智慧"一章中讲过,本义是对男子的尊称,后来引申为父亲。

"母"字本义是指成熟的女性,后来引申为母亲。

"于父母"可以解释为:与父母紧密联系。这里是指舜像父母那样关爱民众。

"日号泣于旻天，于父母"可以解释为：每天为使推广时令的官吏按天道行事而大声呼号、栉风沐雨，如同父母那样关爱民众。

"负"字本义是人携带着贝币，引申为承担。

"罪"是指需要约束的行为。

"引"字的甲骨文写作"𢎨""𢎨"，金文写作"𢎨"。从字形上看，似人拉弓，因此有拉、伸的意思。

"匿"字的甲骨文、金文、篆文字形都未找到，从现在的字形上看，从"匚"，从"心"。"匚"字的甲骨文字形未找到，金文写作"匚"，从字形上看，是在"若"的外面加上半包围的围墙，"若"是指信奉农耕的人，"匚"就是栖身在围墙中的信奉农耕的人。这可能与生活在"田"里的人和从事农耕的人的居住习惯有关，生活在"田"里的人由于其采猎、游牧的需要，居住地分散，而从事农耕的人由于需要彼此协作，聚居在一起，从考古证据来看，其聚居区外面多有栅栏、围墙或护城河一类的防御措施。"匿"字就是信奉农耕之心。

"负罪引匿"可以解释为：承担起将需要约束的行为引导到守规矩的农耕人民的行为之责。

"祇"字在本章前文中讲过，是共同担负的意思。

"载"字在"尧说：破土而出的政治智慧"一章中讲过，这里表示承载。

"见"字的甲骨文写作"见"，金文写作"见"。从字形上看，似一个长着大眼睛看东西的人，"见"字的本义应为看见。

"瞽"字在"尧说：破土而出的政治智慧"一章中讲过，本义是像鼓一样被蒙上的眼睛，有盲人的意思。

"叟"字的甲骨文写作"叟"，从字形上看，似手里擎着火把在山洞里搜索，"叟"字的造字本义应为搜索。

"祇载见瞽叟"可以解释为：与大家共同努力，使得在蒙昧中探索的人们看见光明。

"夔"字的甲骨文和金文字形都未找到，篆文写作"夔"，从"首"，从"止"，从"巳"。"夔"字含有两个"止"，一个是正着写的，一个是倒着写的，表示脚步蹒跚，"首"代表脑袋，一般幼儿的脑袋都显得格外大,"巳"是作物始生的样子,这里表示幼年。"夔"字应为幼儿走路时步履蹒跚的样子,这里指行路艰难。

"斋"字的甲骨文和金文字形都未找到,篆文写作"𥜦",从"示",从"齐",是一起祭拜的意思,这里是指众人祭拜时的虔诚。

"栗"字的甲骨文写作"✦"。从字形上看,是一种长着外生刺球形果实的树木。栗树主要分布于中国辽宁、北京、河北、山东、河南、广东等地,壳斗大,球形,外生刺,成熟时开裂而散出坚果,坚果2～3个生于壳斗中,半球形或扁球形,称为栗子。因为栗子外生刺,如人恐惧、激动时毛发竖起的样子,因此引申为恐惧、发抖,这里指小心谨慎、诚惶诚恐的样子。

"夔夔斋栗"可以解释为:行路艰难但是虔诚而谨慎。

"亦"字的甲骨文写作"✦",金文写作"✦",是在正立的人的腋窝处加上两点,表示人的两腋同时张开。引申为同样、也是。

"允"是指从事农耕的人。

"瞽亦允若"可以解释为:那些蒙昧的人也如从事农耕的人那样信奉农耕。

"至"字在"尧是怎样炼成的:强者的责任与担当"一章中讲过,是到的意思。

"诚"字的甲骨文和金文字形都未找到,篆文写作"𧨛",从"言",从"成"。"成"字是成熟、获得收成的意思。"诚"字就是成熟的话,因此有真实、诚意、实在等义。

"感"字的甲骨文字形未找到,金文写作"✦",从"咸",从"心"。"咸"字有感想、感情的意思,在"咸"字下加上"心",进一步强调内心的感受。

"至诚感神"可以解释为:达到用真诚感动神灵的程度。

"矧"字的甲骨文和金文字形都未找到,篆文写作"𢎝""𢎝",从字形上看,是在"引"字的基础上加上了"矢"字,表示引弓射箭。这里指向有苗部族传达令箭。

"矧兹有苗"可以解释为:就能够使有苗部族积极地接受命令。

禹对有苗部族的讨伐并不顺利,益对禹的建言颇有深意,体现了远古先民的政治智慧和诚信为本的传统美德，让我们再总结一下：

益对禹献言道："与正确的方针保持一致，按天道行事，就没有达不成的目标。盈满会招致减损，谦逊会带来增益，时令是对天道的概括。舜施行教化是从遍历山川开始的，到田野里推行规矩，每天为使推广时令的官吏按天道行事而大声呼号、栉风沐雨，如同父母那样关爱民众，承担起将需要约束的行为引导到守规矩的农耕人民的行为之责，与大家共同努力，使得在蒙昧中探索的人们看见光明，行路艰难但是虔诚而谨慎，那些蒙昧的人也如从事农耕的人那样信奉农耕。达到用真诚感动神灵的程度，就能够使有苗部族积极地接受命令。"

《大禹谟》中是这样描述禹听完益建言后的反应：禹拜昌言曰俞班师振旅帝乃诞敷文德舞干羽于两阶七旬有苗格。断句为：

禹拜昌言曰："俞！"班师振旅。帝乃诞敷文德，舞干羽于两阶，七旬有苗格。

"昌"字在"继承者：谜一样的男人们"一章中讲过，是言说太阳运行规律的意思。这里可以解释为对天道的阐释。

"禹拜昌言曰"可以解释为：禹拜谢益对天道的阐释并说道。

"俞"字本义是轻松、快速、顺利的意思，这里是禹对益的肯定，可以解释为：那就快去做吧。

"班"字的甲骨文字形未找到，金文写作"班"，是在两个"玉"字中间加上一个"刀"字，本义应为用刀具切割玉石，有分开的意思。

"师"字是军队的意思。

"班师"就是分开军队，也就是调动军队。

"振"字的甲骨文和金文字形都未找到，篆文写作"振"，从"手"，从"辰"。"辰"字在"从时间说起：天干地支考"一章中讲过，本义是东方苍龙七宿在春分时节的星象，加上"手"字就是表示在春分时节开始着手耕种。引申为奋起、兴起。

"旅"字的甲骨文写作"🏳"，金文写作"🏳"。从字形上看，似人排列整齐在旗帜下行走，指行军的队列。

"班师振旅"直译为：调动军队开始行军。可以更通顺地解释为：于是调动军队回返。

"诞"字的甲骨文字形未找到，金文写作"🉑"，从"言"，从"延"，"延"字在本章前文中讲过，有延长、伸展、延续的意思。"诞"字义为言语远播的意思。

"敷"字在本章前文中讲过，是散布的意思。

"文"字是各级官吏的意思。

"德"字是正确方向的意思，这里是指与有苗部族止戈亲睦的方针。

"帝乃诞敷文德"可以解释为：帝向各级官吏广泛发布所应遵循的友善方针。

"舞"字的甲骨文写作"🕺"，金文写作"🕺"。甲骨文字形似人双手拿着兽尾状物体舞动，金文字形又特别加入双脚，表示脚步的动作。"舞"字的本义应为跳舞、舞动。

"干"字是带有某种信息标识的杆子的意思。

"羽"字的甲骨文写作"🪶"，金文写作"🪶"，从字形上看，是指鸟的羽毛。

"两"字在本章前文中讲过，本义是内有双軛的軛套。

"阶"字的甲骨文和金文字形都未找到，篆文写作"🉑"，从"阜"，从"皆"。"阜"字表示山地，"皆"字在"尧说：破土而出的政治智慧"一章中讲过，本义是平等地说，引申为平、等。"阶"字本义应为在山地上开凿的阶梯，引申为等级、层次。

"两阶"是指如内有双軛的軛套那样平等而不可分。

"舞干羽于两阶"可以解释为：舞动用羽毛装饰的杆子，传递双方友好平等的愿望。

这种不动干戈传达友善的举动十分见效，《大禹谟》中写道："七旬有苗格。"

"格"字在"尧说：破土而出的政治智慧"一章中讲过，造字本义是木头进入，这里指有苗部族急迫前来和好的样子。

"七旬有苗格"可以解释为：七十天后，有苗部族主动前来和好。

这段文字记载了禹听取益的建言并采取的一系列行动。包括撤回军队、昭告各级官吏、主动表达诚意，最终有苗部族心悦诚服，主动前来和好。整段话翻译如下：

禹拜谢益对天道的阐释并说道："那就快去做吧！"于是调动军队回返。帝向各级官吏广泛发布所应遵循的友善方针，并舞动用羽毛装饰的杆子，传递双方友好平等的愿望。七十天后，有苗部族主动前来和好。

《大禹谟》至此完篇。全篇通过舜、禹、益、皋陶等人的对话和对讨伐有苗过程的记述清楚地传达了舜、禹时期的政治理念。但是仅仅有理念是不够的，还要有具体的政治行为，《禹贡》做了很好的补充。

《禹贡》篇以自然地理实体（山脉、河流等）为标志，将全国划分为9个区（即"九州"），并对每区（州）的疆域、山脉、河流、植被、土壤、物产、贡赋、民族、交通等自然和人文地理现象作了简要的描述。全篇共五个部分：第一部分，九州，描述了冀、兖、青、徐、扬、荆、豫、梁、雍九州的地理、人文概况。第二部分，导山，分九州山脉为四列，叙述主要山脉的名称、分布特点及治理情形。第三部分，导水，叙述九条主要河流和水系的名称、源流、分布特征，以及疏导的情形。第四部分，水功，总括九州水土经过治理以后，河川皆与四海相通，再无壅塞溃决之患。第五部分，五服，叙述在国力所及范围，以京都为中心，由近及远，分为甸、侯、绥、要、荒五服。从此，九州安定。

咱们在"尧说：破土而出的政治智慧"一章和"舜考：最重要的是人才"一章中讲过，禹的父亲鲧被尧任命为管理四方水土的要员，后因政治斗争被舜流放到羽山，再后来鲧选择了与舜合作的道路，并最终以禹进入舜的核心领导团队作为这种政治妥协的结果。禹很可能承袭了鲧治理四方水土的职责，并恪尽职守做出了突出贡献，民间历来就有"大禹治水，三过家门而不入"的传说。《禹贡》中记载了这种治水的最终结果。

《禹贡》开篇说："禹别九州，随山浚川，任土作贡。禹敷土，随山刊木，奠高山大川。"翻译成白话文就是：禹划分出九个州，跟随山脉的走势疏浚河流，根据土地的情况确定进贡的物资。禹遍历天下土地，行走高山，砍削树木作为路标，用高山大川奠定疆界。

接着文章中具体描述了冀、兖、青、徐、扬、荆、豫、梁、雍九州的划分方法和地理概况，这里就不一一详述了。

导山和导水概述了全国的山脉和河流走势，水功部分用"九州攸同，四隩既宅，九山刊旅，九川涤源，九泽既陂，四海会同。六府孔修，庶土交正，底慎财赋，咸则三壤，成赋中邦。锡土姓，祗台德先，不距朕行。"说明了根据山川河流走势进行疏导的结果，即九州由此统一了，四方的土地都已经可以居住了，九条山脉都伐木修路了，并且可以通行了，九条河流都疏通了水源，九个湖泽都修筑了堤防，四海之内进贡的道路都畅通无阻了。水、火、金、木、土、谷六府都治理得很好，各处的土地都要征收赋税，并且规定慎重征取财物赋税，要根据土地的上、中、下三等来确定。中央之国赏赐土地和姓氏给诸侯，敬重以德行为先，又不违抗中央发布的措施的贤人。

导山、导水、水功使原本彼此隔绝的地区联系起来，于是产生了一种新的区划方法，即五服，以京都为中心，每五百里为一服，并规定了每服应尽的义务：

国都以外五百里是甸服。离国都一百里远的，缴纳连秆的禾；二百里远的，缴纳禾穗；三百里远的，缴纳带稃的谷；四百里远的，缴纳粗米；五百里远的，缴纳精米。

甸服以外五百里是侯服。离甸服一百里远的，替天子服差役；二百里远的，担任国家的差役；三百里远的，担任侦查工作。

侯服以外五百里是绥服。离侯服三百里远的，考虑推行天子的政教；二百里远的，奋扬武威保卫天子。

绥服以外五百里是要服。离绥服三百里远的，约定和平相处；二百里远的，约定遵守条约。

要服以外五百里是荒服。离要服三百里远的，维持隶属关系；二百里远的，进贡与否流动不定。

大禹治水，治的不仅仅是水，更是生活在四方水土之上的民众，一种新的治理制度就这样产生了，这种制度使得中央对地方的管理得到了极大加强，国家机器的效率也得到了极大提升，一个新的时代即将到来，家天下的序幕正在徐徐拉开。

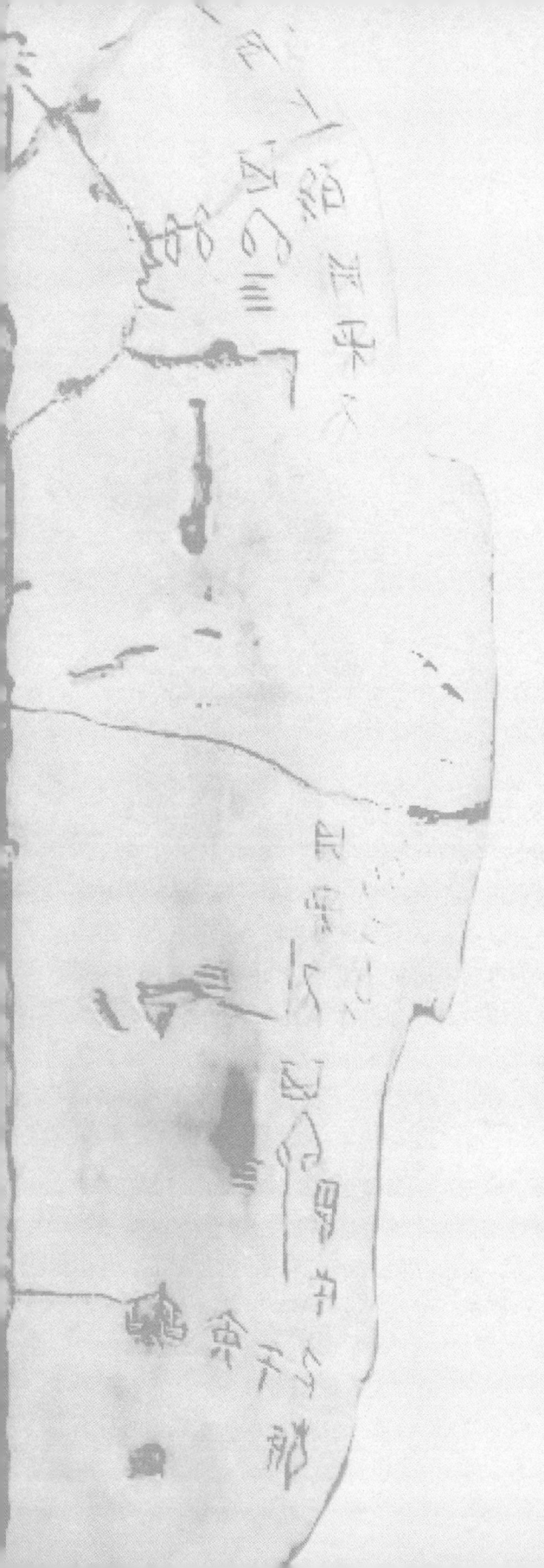

卷四

走向成熟

家天下：华夏合体

夏朝是中国史书中记载的第一个世袭制朝代，世袭是指某个专权一代继一代地保持在某个血缘家庭中的一种社会概念。在中国，开创中央政权世袭制度的是禹的儿子——启。

为什么偏偏是启呢？静水认为有两个原因：一是在大禹所在的时代，农业生产的发展使社会形成了稳定的血缘家庭，私有财物在家族中的世代传承很容易演化成国家权力在家族中的世代传承，世袭制在当时的社会环境下已经成为一种可以被大众接受的制度；二是在于"别九州"之后，中央对地方的控制力得到了加强，以前是靠人管理天下，因此管理天下的人必须是拥有高威望、高能力和高实力的"三高"人士，"别九州"后，是靠国家机器管理天下，因此管理天下的人最重要的不是个人素质，而是能够掌控国家机器。"家天下"正是在这种社会背景和政治背景下应运而生。

这个世袭制的朝代被称为"夏"，"夏"字的甲骨文写作"🀰"，金文写作"🀰""🀰"。甲骨文字形的左半部分是一个长着大大眼睛负手而行的人，右半部分是"在"字，表示存在。负手而行、四处查看、宣示存在，这一般是领导人才有的派头，因此"夏"字的甲骨文本义是领导者。"夏"字的金文字形从"页"，从"止"，从"又"，"页"字表示智者，"止"字表示行走，"又"在"夏"字里有多个，就是很多只手的形状，表示众人拥戴，因此"夏"字的金文字义是众人拥戴而行的智者。启以"夏"作为国号正是想彰显这种众望所归的领导地位。

"启"字在"尧说：破土而出的政治智慧"一章中讲过，是开启的意思。在前面的章节中多次提到，远古时期领袖的名字通常是对其主要功绩的概括，"启"也不例外，这个名字正是说明他开启了一个时代。但也正是因为他开启了这个时代，以后君主的名字就不再是对其主要功绩的概括了，因为君主的地位不再来自各部族的共同推举，而是来自继承。

人们无须像以前那样关注领袖的德能和功绩，因为关注与否不会影响到继承者的选择，君主继承者的选择是由上任君主及与其相关的政治势力决定的，其他人根本插不上嘴。君主名字来源的这个变化正是"公天下"向"家天下"转化的必然结果。

启还是很有能力的，毕竟开启一个时代不是一件轻松的事。据说禹死后，帝位继承者的争夺非常残酷，部族联合体议事会推举的继承者益和启发生了激烈的战争，战局一度对启非常不利。但是经过禹的经营，夏后氏根基更深、实力更强，在拥护者的支持下，启及其拥护者联合起来对益发动战争，打败了益，最终夺得领袖的权位。

启破坏传统的继承制度的行为招致了很多部族的不满，其中势力最大的是有扈氏，双方爆发了著名的"甘之战"。在开战前，启发表了慷慨激昂的战前动员，《尚书·甘誓》中有这样的记载："王曰嗟六事之人予誓告汝有扈氏威侮五行怠弃三正天用剿绝其命今予惟恭行天之罚左不攻于左汝不恭命右不攻于右汝不恭命御非其马之正汝不恭命用命赏于祖弗用命戮于社予则孥戮汝"，断句为：

王曰："嗟！六事之人，予誓告汝：有扈氏威侮五行，怠弃三正，天用剿绝其命，今予惟恭行天之罚。左不攻于左，汝不恭命；右不攻于右，汝不恭命；御非其马之正，汝不恭命。用命，赏于祖；弗用命，戮于社，予则孥戮汝。"

这段文字从行文风格上看，应该不是用甲骨文所进行的记述，而是后世所记，译文如下：

王说:"喂!六军将士们,我坚定地告诉你们,有扈氏凭借武力背弃五种正确的行为,怠弃三种正确的方向,因此上天发出了要彻底消灭他们的命令。车左的战士不从左面攻击敌人,就是不服从命令;车右的战士不从右面攻击敌人,就是不服从命令;御(驭)手不驾驭车马按正确的方向行进,就是不服从命令。服从命令的,将在祖先的神灵面前接受封赏;不服从命令的,将在社神面前接受惩罚,我将把你们变成奴隶或者杀掉。"

比较"别九州:仁政的'小时候'"一章中禹讨伐有苗部族的战前讲话,大家会发现二者之间的共同点和区别。二者都是首先叙述了被讨伐对象的不义之举,然后下达了讨伐的命令,但是禹对有苗的不义之举的叙述非常翔实,而启在叙述有扈的不义之举时却很笼统,只用了"威侮五行,怠弃三正"八个字;禹在下达讨伐命令时并未提出具体的作战方式和奖惩方法,而启却说得非常具体,奖惩也说得非常明确。

之所以出现这样的差异,静水认为有两个原因:一是受众对象不同,禹面对的是前来会盟的各部族领袖和高级官员,启面对的是其统领的六军将士。对于会盟的"群后",禹要把前因后果都说清楚,取得一致认同,而对于"六事之人",启不需要这么做,直接发布命令就可以了。二是启时期的王权得到了加强,禹发动战争需要借助"群后"的力量,而启用的是自己的军队,启时期以军队为代表的国家机器得到了很大加强,已经基本具备了国家的形态。

启剿灭有扈后,召集各部族领袖在都城阳翟(今河南省禹州市)举行了"钧台之享","钧台之享"是一次非常重要的会盟,这次会盟确立了启的"共主"地位,开始了我国历史上"家天下"的局面,一种崭新的政治形态得到了确立。

虽然是"家天下"了,但是关于继承者的问题一点都不少,据说在启执政晚年就发生了武观之乱,亦作五观之乱。武观是启的第五个儿子,今本《竹书纪年》中有:"(启)十一年,放王季子武观于西河。十五年,武观以西河叛,彭伯寿帅师征西河,武观来归。"《逸周书·尝麦》中亦有:"其在启之五子,忘伯禹之命,假国无正,用胥兴作乱,遂凶厥国。皇天哀禹,赐予彭寿,卑正夏略。"不受监管的权力散发着诱人的魅力,从此以后的几千年中,不知有多少人飞蛾扑火般地为此燃为灰烬。

最终继承启后位的是其子太康,但是太康明显被权力冲昏了头脑,整日游乐,不理政事,引起了人民的不满,导致夏部族权威削弱。东夷有穷部族领袖羿借太康外出狩猎数月不归之时,掌握了夏的政权,这就是太康失国的故事。

羿掌握政权后并没有自立为国家元首,而是立了太康的弟弟中康为帝,自己则摄行朝政,称作"后羿"。"羿"字的甲骨文和金文字形都未找到,篆文写作"𦐀",从"羽",从"弓"。"弓"是一种弹射武器,弹射的箭杆末端一般装有羽毛,以保持箭在飞行过程中的平衡和方向,这里的"羽"正是指箭羽。"弓"和"箭羽"表示拈弓搭箭的动作。在讲"黄"字的时候说过,"黄"是指帝发布的时令之箭,那么"羿"就是将这只时令之箭射出的人,也就是仅次于最高元首的人。其实"羿"这个称呼并不是在夏代才有的,据说神话传说中射日的羿就是尧的大臣,"羿"很可能是一种官职的名称。"羿"被称作"后羿"正是说明他是仅次于最高元首的人。

太康被羿驱逐后,他的五个弟弟和母亲来到洛河边,作《五子之歌》,追述大禹的告诫,表达对亡国的悔恨和哀悼。同样,这篇作品依然不是以甲骨文著述,从行文风格上看,应比《尚书·甘誓》产生得更晚。

中康在位时,曾发生了一场战争,《尚书·胤征》篇对此进行了记录。大致内容是:羲、和怠于值守、嗜酒、不顾荒乱,胤后奉命征讨,胤后在出征前发表了演讲,痛陈羲、和的过错,申明征讨的原因及依据,号召将士们前去惩戒。

在"尧是怎样炼成的:强者的责任与担当"一章中讲过,羲、和是尧任命的到四方推行时令的高级官员,这一职位很可能保持到了夏代初年。考虑到仲康在位时,实际的权力控制人是羿,很有可能是因为羲、和对后羿的作为不满,而招致后羿的征讨。所谓怠于值守、嗜酒、不顾荒乱只不过是一个借口罢了。也正因如此,胤后在出征前费了那么多口舌来说明出征的正义性。

中康死后，其子相继位。随后投奔斟鄩（zhēn xún）、斟灌二氏。从此，羿独承后位。大权在握的羿很快也昏了头，犯了和太康一样的错误，他荒废朝政，喜欢狩猎，废弃贤臣，重用寒浞（zhuó）。

寒浞，中康年间生于寒地，据说从小就是个惹事精，常常搅得四邻不得安宁，于是族长一怒之下将他驱逐出寒地。寒浞也不含糊，连父母都不道别，头也不回地出了寒地。离开故土的他听说有穷氏首领羿占领了夏的国都，便前去投奔。由于他聪明伶俐又勇武过人，很快便得到了羿的赏识并被委以重任，成为主政大臣。寒浞利用自己的主政地位，培植党羽，发展壮大自己的力量，羽翼逐渐丰满，最终杀掉羿，取而代之。

寒浞夺位后，对亲夏势力发动了一系列战争，先后灭掉斟灌氏和斟鄩氏，并围攻夏都帝丘，中康的儿子相率部拼死抵抗，但终因实力悬殊，兵败被杀，相的妻子怀着相的儿子从墙洞逃走至其母亲有仍氏家中避难，不久生下遗腹子少康。夏的统治区至此完全落入了寒浞的手中，结束了羿以来的国家分裂局面。

寒浞在位六十年，被少康击败，夏部族重新夺回了国家控制权，史称少康中兴。羿和寒浞统治期近百年，夏之所以能够历百年而中兴，一方面说明了夏部族的实力及影响力，另一方面也说明了早期的世袭制虽然还不稳固，但是已是大势所趋，不容动摇。

从禹算起，夏朝共传十四代，十七后，传至第十四后孔甲，《史记·夏本纪》记载："好方鬼神，事淫乱。夏后氏德衰，诸侯畔之。"夏又一次走向衰微。最后一任夏后就是著名的暴君桀。夏桀本名叫癸或者履癸，"桀"是他的谥号，谥号是后世对一个人物生平的概括性评价。由于夏桀是夏朝的最后一个统治者，所以"桀"自然不可能是什么美谥。"桀"字的甲骨文和金文字形都未找到，篆文写作"𤯅"，从字形上看，似两只脚站在树枝上，两只脚站在树枝上虽然站得高，但是站不稳，摔下来也摔得重，夏桀的"桀"正是取了这层意思。据《史记·律书》记载，夏桀"手搏豺狼，足追四马"，是个猛人，猛人通常好武，加之在其统治时期，夏与邦国关系已经破裂，桀常常四处征伐。

《史记·夏本纪》记载："桀不务德而武伤百姓，百姓弗堪。"民怨沸腾、邦国失和，夏的统治已经摇摇欲坠。

压倒夏王朝的最后一根稻草是商汤，其实桀本有机会解决掉商汤，史料记载他曾击败过商汤，并将其囚于夏台，但是后来不知道什么原因又将商汤释放了。由于商汤施政得法，很得民心，商族逐渐发展壮大，最终在鸣条之战中彻底击败桀，商族取代夏族成为新的统治部族。

夏王朝开创的国家管理体制得到了各部族的广泛认同，各部族也在夏王朝的统治下更紧密地结合在一起，成为一个更大的认识共同体，这个共同体以"夏"命名，称作"华夏"，也就是花团锦簇的领袖之族，这个名字沿用至今，成为此后生活在中华大地上的人们的共同称谓。但是，我们应该可以看出，夏王朝还处在部族联盟到封建国家的过渡期，国家管理制度还在不断地探索和完善，其间的经验和教训为后世留下了宝贵的财富。

商人的世界：玄鸟之玄

商朝（约公元前1600年—约公元前1046年）是中国历史上的第二个朝代，也是目前发现的第一个有同期文字记载的朝代，这个文字就是甲骨文。故而，在讲述商朝前，我们要先说说商朝的甲骨文。

甲骨文最早出土于河南省安阳市殷墟，因镌刻、书写于龟甲、兽骨上而得名。殷墟是商朝自盘庚至帝辛时期的国都，殷墟出土的甲骨文刻辞主要反映了这一时期的政治、经济、军事、文化等诸多方面的状况。但是，甲骨文作为一种文字，使用期应不仅仅限于这一时期，从现在的考古证据看，商朝的甲骨文已经是一种较为成熟的文字，并且沿用到周代早期。远古时期，一种较为成熟的文字不太可能在短时间内形成，而应是在较长的时间范围内逐渐丰富并完善而成的，这也是本书以甲骨文作为发现远古史工具的主要原因之一。

龟甲和兽骨应该不是甲骨文唯一的承载体，从前面章节中讲过的"册"字和"典"字来看，远古时期似有用竹木简作为刻写工具的情况，或许是由于竹木简相对于龟甲、兽骨更易腐化，我们并没有发现比甲骨文更早的以竹木简作为刻写工具的直接考古证据。出土的殷商时期的甲骨刻辞主要是卜辞，这与龟甲和兽骨同时也是占卜用具有很大关系，我们甚至可以推论，在商朝，人们习惯于把占卜的情况直接记录在用于占卜的龟甲和兽骨上，而还有很多其他方面的记述是不仅仅刻写在龟甲和兽骨上的。

下面我们就以一块现藏于中国国家博物馆的武丁卜骨为例，来一睹商朝甲骨文的真容。

这块卜骨长22.5厘米，宽19厘米，刻于商王武丁时期，是一块残断的牛肩胛骨下部，骨正、反面刻满长篇卜辞，字口涂朱，如图4-1和图4-2所示。

图4-1　武丁卜骨正面　　　　　　　图4-2　武丁卜骨背面

武丁卜骨正面较为完整的卜辞有三段，背面有两段。静水试解，以飨读者。其中没有准确的现代汉字字形与之对应的直接以甲骨原文字形的方式体现。

正面其一：癸卯卜㱿贞旬亡㕣王占曰㞢祟其㞢来艰五日丁未允㞢来艰……

正面其二：……王占曰㞢祟其㞢来艰气至七日己巳允㞢来艰自西𠂤止友角告曰䇂方出侵我示𡙇田十一人……

正面其三：癸巳卜㱿贞旬亡㕣王占曰㞢祟其㞢来艰气至五日丁酉允㞢来艰自西𡇬告曰土方征示我东啚𢆶二邑䇂方亦侵我西啚田……

背面其一：……王占曰㞢祟其㞢来艰气至九日辛卯允㞢来艰自北𡇬妻𡨦告曰土方侵我田十人……

背面其二：……东啚𢆶二邑王步自我祖丁司……月㞢壬寅王亦终月𡨦……

这五篇卜辞虽然完整度不同，但是结构非常相似，综合起来看，可以分成五个部分。

第一部分记录了占卜的时间，如"癸卯卜""癸巳卜"。商朝用干支记日，六十日一个循环，循序与我们今天还能看到的干支表相同。

第二部分记录了所"贞"之人。"贞"字的甲骨文写作"⿱"，金文写作"⿱"。甲骨文字形似刻有纹路的鼎，本义是指在鼎上刻画，在鼎上刻画是为了长久保存，因此有铭记的意思。金文字形在上面又加上了"卜"字，表示将占卜的情况刻画在鼎上，也就是将卜辞刻写记录下来。那么为什么要用"鼎"来类比呢？这就要从用甲骨占卜的过程说起了，甲骨占卜要经过整治、灼兆、判兆、刻辞、涂饰、刻兆、验兆、储藏八个过程。

整治也称为攻治，包括甲骨的取材、削、锯、切、错、刮、磨、穿孔、钻凿等工序。整治的目的是使甲骨更加平整，易于成兆，避免占卜时兆象显示不清或杂乱无章。其中，钻凿是一项重要的准备工作，钻是在甲骨的背面钻一个圆形的槽，凿是在钻槽的一侧凿出一个椭圆形的凿穴，也有的甲骨只凿不钻。经过钻凿的槽穴，其底部较原来的甲骨变得更薄。

灼兆并不是直接将龟甲放到火上去烤，而是用燃炽的木枝条或加热金属器在钻凿处灼烤，由于钻凿处的甲骨较薄，因此会爆裂，形成若干"卜"字形裂纹，这些裂纹被称作"兆"。"兆"字的甲骨文写作"⿱"，为两个相叠的"八"字，表示一系列分开的裂纹。

然后就是根据"兆"的情况，进行判断、解释并将这些解释和后续的验证情况记录下来进行涂饰和保存。

鼎是古代烹煮用的器物，作用和现在的锅比较相似，用火在下面加热来烹煮食物。与上面介绍的用甲骨占卜的过程对照，灼兆的过程与用鼎烹煮食物的过程非常相似，都是用火灼烧或加热其他物体。"贞"字是指将卜辞刻写记录下来，这里将其称为贞卜。因此"某某贞"就是指由某某来进行刻写记录的。

第三部分记录了卜问的内容，如"旬亡⿱"。"旬"字在"尧是怎样炼成的：强者的责任与担当"一章中讲过，是十日的意思。"亡"在"别九州：仁政的'小时候'"一章中讲过，是隐藏、隐匿的意思。"⿱"是在"卜"字的外面加上表示龟甲、兽骨的形状，卜字是占卜时裂纹的形状，表示占卜，"㞢"的本义应为用甲骨或兽骨进行占卜。"旬亡㞢"可以解释为：十日内隐藏在甲骨或兽骨中的征兆。

第四部分记载对所灼之"兆"的解释。这五段卜辞都是以"王占曰"开头，"占"字在"别九州：仁政的'小时候'"一章中讲过，表示对卜问情况的解释，"王占曰"就是王对卜兆解释说。

第五部分记载事后应验的情况。

这五部分并不是在所有的商朝卜辞中都会存在的，有的卜辞会省略一些内容。下面我们就通过这五段卜辞中最完整的一段（正面其三），来看看商朝的卜辞中究竟都写了什么。

这段刻卜可以断句为：癸巳卜，㱿贞：旬亡㞢？王占曰："㞢㞢，其㞢来艱。"气至五日丁酉，允㞢来艱自西。"沚聝告曰："土方征示我东鄙，𢦏二邑，𢀛方亦侵我西鄙田……"

"癸巳卜"可以解释为：癸巳这一天占卜。

"㱿贞"可以解释为：㱿进行贞卜。"㱿"应该是贞卜者的名字，在武丁时期的卜辞中经常出现，从字形上看，似手拿鼓槌敲击钟磬一类的乐器，这个人很有可能也是一位乐师。

"旬亡㞢"在前文中讲过，可以解释为：十日内隐藏在甲骨中的征兆。

"王占曰"也在前文中讲过，可以解释为：王对卜兆解释说。

"㞢"目前尚没有准确的现代汉字与之对应，因被认为与古汉语中"有"或"又"的用法相近，所以一直被当作"有"或"又"来解释。静水认为不妥，原因很简单，"有"字和"又"字在甲骨文中都有明确的字形，与"㞢"相差很大，远古时期应该不会产生这样的混淆。"㞢"与"生"字的甲骨文字形很接近，静水认为这个字是"生"字的抽象，就如在"少典之变：帝出东方"一章中讲过的，"太"是"大"的抽象，"少"是"小"的抽象一样，"㞢"亦为"生"的抽象，有显现出、多出的意思，是和"亡"字相对的字。如"十㞢五人"是十人多出五人，也就是十五人的意思。这里可以解释为显现出。

"杀"字在"别九州：仁政的'小时候'"一章中讲过，泛指使人和动物失去生命，这里可以解释为杀戮。

"㞢杀"可以解释为：显现出杀戮的迹象。

"其"字在"尧是怎样炼成的：强者的责任与担当"一章中讲过，本义是簸箕，引申为完整的周期或预期，这里指占卜预期的结果。

"来"字在"别九州：仁政的'小时候'"一章中讲过，是由外向内，这里可以解释为前来。

"𰀀"从字形上看，从"鼓"，从"女"，表示文明人（顺民）敲鼓示警。

"其㞢来𰀀"可以解释为：占卜的结果显现出有人前来示警。

"气"字的甲骨文写作"☰"，是用长短不同的三横表示漂浮的气体，金文写作"𠄞"，增强了气体的流动感。因为气体形态不固定，所以又用来表示非实体的、虚幻的事物。"气至"用来表示非实体之物的到达，这里指时间的到达，后来另造"迄"字表示这层意思。"迄"字的甲骨文和金文字形都未找到，篆文写作"𨒌"，就是在"气"字的基础上加上"行"字。

"丁酉"表示丁酉日，丁酉日在从癸巳日算起的第五天。

"气至五日丁酉"可以解释为：等到五日之后的丁酉日。

"允"字在"尧是怎样炼成的：强者的责任与担当"一章中讲过，是指从事农耕的人。

"自"字在"别九州：仁政的'小时候'"一章中讲过，似人的鼻子，引申为自己。

"西"在"空间哲学：盘古有真相"一章中讲过，是西面的意思。

"自西"就是自己的西面。

"允㞢来𰀀自西"可以解释为：从事农耕的人从西部前来示警。

"㳅"是在"止"字的四周加上三个点，应有涉水前行之义。"𢦏"右上部分为"戈"字，左下部分辨识不清，这里参照武丁时期的其他卜辞，疑为"或"。"㳅𢦏"是武丁时期重要的将领，很可能是"㳅"国的方伯，曾多次受命率兵攻打其他方国。

"告"字在"传爻者：走得更稳"一章中讲过，本义是庄重地说，引申为对人诉说、请求。

"㳅𢦏告曰"可以解释为：㳅𢦏诉说道。

"土方"为方国名称，在商朝卜辞中出现次数很多，应为商族的敌对方国。

"征"字在"别九州：仁政的'小时候'"一章中讲过，是征伐的意思。

"示"字本义是把东西放置在高处，表示尊重或让大家都看得到，这里可以解释为出现。

"我"字在"传爻者：走得更稳"一章中讲过，是第一人称代词。

"东"字在"空间哲学：盘古有真相"一章中讲过，表示东方。

"啚"字的甲骨文写作"🈳"，由"囗""🈳"组成，"囗"表示城邑，"🈳"是"廩"字的甲骨文，也写作"🈳"，是指由土墩支起的尖顶建筑物，很可能是瞭望塔。"啚"字本义应为有瞭望塔的城邑，因为瞭望塔多在边界用于示警作用，这里可以解释为边界的城邑。后来另造"鄙"字表示郊野之外。

"土方征示我东啚"可以解释为：土方出现在我们东部边界的城邑，要征伐我们。

"𢦔"是一个残字，参照背面其二的甲骨文，应为"𢦔"，是在"戈"字上加上"生"字，也就是产生"戈"。"戈"是武器，"𢦔"应为用武力攻击的意思。

"𢦔二邑"可以解释为：攻击两座城邑。

"𢀛方"应该也是一个方国的名称，是武丁时期的主要敌对方国之一。

"亦"字在"别九州：仁政的'小时候'"一章中讲过，本义是表示人的两腋同时张开，引申为同样、也是。

"侵"字的甲骨文写作"🈳"，"🈳"是"牛"字，"🈳"字在"伏羲和女娲：'人面蛇身'成繁华"一章中讲过，表示抽穗成熟的农作物。"侵"字本义是指牛糟蹋成熟的农作物，因此有侵犯的意思。

"西"字在"空间哲学：盘古有真相"一章中讲过，表示西方。

"𢀛方亦侵我西啚田……"可以解释为：𢀛方也侵犯我西部边界城邑的田地……从这块卜骨的其他几篇卜辞来看，后面应该有具体人数的记述，表示造成的人员伤亡情况，如背面其一的"土方侵我田十人"。

这段卜辞记述了在癸巳日对十日内将要发生的事情进行占卜，王对卜兆解释为，会产生杀戮，并得到了应验。虽然从现有的卜辞看，应验的占大多数，但是也有没应验的，请看图4-3中的这块卜甲。

这是一块龟甲，记述了"卜雨"的情况，左、右两边分别是从正、反两面卜问一个月内下雨的情况，中间是对卜问的验辞。卜辞如下：

癸巳卜，争贞：今一月雨？王占曰：丙雨。

癸巳卜，争贞：今一月不其雨？
旬壬寅雨，甲辰亦雨。

图4-3 记述"卜雨"情况的卜甲

翻译成白话文如下：

癸巳日占卜，争贞问：从今天开始一个月内能下雨吗？王对卜兆解释说：丙日下雨。

癸巳日占卜，争贞问：从今天开始一个月内预计不能下雨吗？
十日后的壬寅日下雨，甲辰日也下雨。

很明显，一个月内虽然下雨了，但是降雨并没有发生在王所说的丙日。

商代的卜辞行文简约、结构清晰、直述其事，可谓惜刻刀如金，为我们研究商代历史留下了宝贵的第一手资料。甲骨文研究领域的大师王国维先生就根据甲骨文资料，将商代君王世系考证得确然明晰，且与《史记》等古籍记述对照，吻合度很高。

商朝共经历17世31王，延续500余年，重要的节点事件有汤武革命、盘庚迁殷、武丁中兴、纣王自焚等。

商人的始祖名字叫契，《史记·殷本纪》中说，他的母亲叫简狄，是帝喾的次妃。简狄等三个人到河里去洗澡，看见燕子掉下一只蛋，简狄就捡来吞吃了，因而怀孕，生下了契。这明显是不靠谱的事。在"传爻者：走得更稳"一章中讲过，简狄是与帝喾部族融合的一个部族的名字，意思是用竹片记录月亮圆缺变化的狄族部族，而契就是这个部族的首领。

之所以出现吃蛋怀孕的传说，很可能与《诗经·商颂·玄鸟》中的"天命玄鸟，降而生商"有关。"玄"字在"继承者们：谜一样的男人们"一章中讲过，本义是指将丝线或布匹染色的过程，引申为变化，后来，人们将黎明天际黑而有赤、不断变化的颜色称为玄色。"玄鸟"可以理解为玄色的鸟或者变化莫测的鸟。"天命玄鸟"以前都解释为"上天命令玄鸟"，静水认为解释为"天命如玄鸟般降临"更为合适。"天命玄鸟，降而生商"可以解释为：天命如玄鸟般降临产生了商族。

那么问题来了，玄鸟到底是什么鸟？为何"商族"又偏偏叫商族呢？

关于玄鸟到底是什么鸟，自古以来莫衷一是，有说是燕子的，有说是凤凰的，还有说是鸱鸮（chī xiāo）（猫头鹰）的，其实想要搞清楚玄鸟到底是什么鸟并不难，关键是要搞清楚它和商族之间的关系。

《史记》中说，契辅佐禹治水有功，因此被舜封于商，也就是说，商族是因地得名。静水持不同看法，从前面章节介绍的各部族名称的来源看，远古时期人们并没有用地名命名族名的习惯，相反，地却经常因族而得名，商族也不例外。

"商"是商人对本族特点或特长的概括。"商"字在"从时间说起：天干地支考"一章中讲过，造字本义为通过讨价还价买卖放在"丙"上的木材，因此有买卖、生意的意思。商族人以"商"自称，正是要凸显其善于从事商业活动的特点。从事商品贸易就要四处行走，但是远古时期交通不便，因此，商族人以玄鸟作为图腾，希望自己能像玄鸟一样来去自由，而且"玄"字本身又含有变化之义，商人希望自己能够深谙商业活动中的变化之道。

玄鸟并不是一种具体的鸟,而是被商人寄予期许的抽象的鸟。

实际上,商族也是一个喜欢四处迁徙的部族。《史记》中记载:自契至汤,十四世八迁,最后定都于亳(今河南省商丘市),商汤建立商朝后,又先后经历了多次迁都。《竹书纪年》中记载:商王仲丁自亳迁于嚣、河亶甲自嚣迁于相、祖乙迁于庇(《史记》中记载祖乙迁于邢)、南庚"自庇迁于奄"、盘庚"自奄迁于北蒙,曰殷",直至盘庚迁殷(今河南省安阳市),商的都城才稳定下来,在此建都270年左右。

"殷"字的甲骨文在"尧是怎样炼成的:强者的责任与担当"一章中讲过,是用手抚摸隆起的孕妇腹部的动作,有深切关爱的意思。盘庚迁都后,将北蒙改为"殷",表达了对新都城寄予的厚望。从此以后,"商"又被称为"殷"。

自契至汤建国的这段时期被称作"先商"。契后,经历昭明、相土、昌若、曹圉(yǔ)、冥、王亥、王恒、上甲微、报乙、报丙、报丁、主壬(示壬)、主癸(示癸)至汤。期间经历了从部族至邦国再至王国的嬗变,史料中记载较多的有契孙相土、契的六世孙王亥、契的七世孙上甲微。《诗经·商颂·长发》中用"相土烈烈,海外有截"来形容相土的英明神武。

王亥是商族第一个用"王"称呼的领袖,据说他发明了用牛驾车的技术,大大提高了货物运输能力,从而发展了以物换物的商业贸易,使商族逐步强盛起来,这也印证了商族人善于行商的特点。甲骨文中,王亥的"亥"字上经常被冠以鸟形(商族的鸟图腾),写作" ",这是对其功绩的礼赞。

上甲微是王亥的儿子,史载,王亥在有易代部族被杀害,他的弟弟王恒并不打算为兄报仇,上甲微知道真相后,借兵为父报仇,并最终取得商族领袖的地位。商王以天(日)干为名就是从上甲微开始的,在商人祭祀祖先的周祭(周期性的祭祀活动)中,作为先公的首位,也是从上甲算起,可见其对商族的影响。

从考古意义上说,学术界对商代文化的划分大致有两种意见:一种意见是两分法,另一种意见是三分法。这两种分法内又有不同的划分方式，这些分法主要是依据考古发现的遗址进行区分的。静水在这里不以遗址进行划分，而是依据商代都城的稳定程度，以盘庚迁殷为分界，将商代划分为两个阶段。

自成汤建国至盘庚迁殷的这段时期称作"早商"。成汤（《史记》中称为"天乙"、甲骨文中称为"大乙"）死后由外丙（甲骨文中称为"卜丙"）即位，自外丙经仲壬至太甲（甲骨文中称为"大甲"）几代的执政时间都很短，商朝行政权实际掌握在伊尹手中。太甲即位后，不遵先法，暴虐乱德，伊尹便把他放逐到桐宫。及至三年悔过，伊尹又亲迎太甲回来继续执政，太甲修德，商朝的统治又呈现出清明气象，故称太甲为"太宗"。

太甲死后，传位于其子沃丁，其后历经太庚（甲骨文中称为"大康"）、小甲、雍己、太戊（甲骨文中称为"大戊"）四代（或认为先太戊后雍己），商朝统治曾一度衰落，直至太戊执政期间，商朝才再度兴盛起来，故称太戊为"中宗"。

太戊死后，传位于其子仲丁（甲骨文中称为"中丁"，或认为中丁自雍己手中夺得王位），其后经历外壬（甲骨文中称为"卜壬"）、河亶甲（甲骨文中称为"戋甲"）、祖乙、祖辛、沃甲（甲骨文中称为"羌甲"）、祖丁、南庚、阳甲（甲骨文中称为"象甲"），这一时期，废除嫡长子继位制而拥立诸弟兄及诸弟兄的儿子，这些人有时为取得王位而互相争斗，造成了连续九代的混乱，因此，诸侯没有人再来朝见。

阳甲死后，其弟盘庚即位，迁都于殷，商朝的国力再次得到恢复，故称盘庚为"世祖"。

自盘庚迁殷至帝辛失国的这段时期被称作"晚商"，盘庚死后，其弟小辛即位，商朝的国势又开始下降。小辛死后，其弟小乙即位，小乙死后，其子武丁即位。武丁即位后，任用贤能，修政行德，拓展疆域，这段时间，商朝的政治、经济、军事、文化都有了长足的发展，史称"武丁中兴"，商人也称武丁为"高宗"。武丁之后，经祖庚、祖甲、廪（lǐn）辛、庚丁、武乙、太丁（甲骨文中称为"文丁"）、帝乙，国势日衰，及至帝辛，宠爱美女，荒淫无度，残害忠臣，屠戮天下，终被周武王在牧野一战中击败，自焚于鹿台，帝辛被后世称为商纣王，商朝至此完结。

商朝与夏朝创立过程的最大的区别在于权力获取的方式不同，夏朝来源于启对禹权力的继承，虽发生过战争，也是继承权之争，但是商朝却是在"殷革夏命"的基础上建立的，是对旧有势力的颠覆。咱们在"别九州：仁政的'小时候'"一章中讲过，禹通过导山、导水、水功使原本彼此隔绝的地区联系起来，产生了一种新的政治区划方法——五服，以京都为中心，每五百里为一服，并规定了每服应尽的义务。

启正是在接纳原有服国的同时也被其他服国认同的基础上建立了夏朝，因此，至少在建立初期，夏朝是不可能拥有大量可自由支配的土地进行分封的。商人是通过战争征服建国的，获取了夏朝包括土地、人口在内的政治遗产，原有这些资源的掌管者被剥夺了权力，出现了暂时的权力真空，需要有新的管理者。为保障对征服区的控制，商朝在夏朝原有管理体制的基础上，实行了分封制，即封邦建国，从而产生了新的国家治理体系。

商朝在国家管理上实行内外服制。内服是商王的直接控制区，包括王邑和王畿。王邑是商朝的都城，在甲骨文有"大邑商"或"天邑商"的称谓，是商朝的政治、经济、文化中心，由商王及中央官员管理。王畿是国都周边商王的直接控制区，由商王任命的官员或分封的贵族、亲信进行管理。

由于商都屡次迁移，所以王畿的范围并不是一成不变的，大致范围应该在今河北南部、河南北部、山西南部及山东西部地区。王畿以外为外服，主要由各诸侯国和方国组成，此外还有商王朝为加强统治在诸侯国或方国内建立的军事或生产据点。在外服商王朝军事有效控制区范围内，分封有大量诸侯，这就是所谓的"封邦建国"。这些诸侯国与周边的方国犬牙交错，对方国起到了一定的制衡作用，诸侯国既要向商王纳贡又要承担拱卫商王的责任，这一区域大致扩展到北至河北北部，南至河南南部，西至山西汾河流域，东至山东东部。

外服商王朝军事有效控制区范围外是各个方国，这些方国，有的归附于商朝，有的和商朝结为联盟，还有的和商朝保持不稳定的关系，时而归附，时而敌对，所有这些一起构成了商朝形式上的版图，这个版图是一个不稳定的版图，终商一朝，都在变化之中。版图之外，还有很多方国，其中一些常常与商朝发生战争，比如前文中提到的土方、𢀛方。

与内外服制和分封制相适应，商朝的职官制度也以内外服划分，分为内服官和外服官。

内服官是在王邑和王畿内的官员，主要有政务性官员、事务性官员、宗教文化官员、武官和王室内廷官。

政务性官员由中央辅政官员和地方政务官员组成，前文中提到的伊尹就是商汤时期的最高辅政官员，后商汤又设左相，《帝王世纪》中记载："伊尹为丞相，仲虺（huǐ）为左相。"这种双相制度一直延续至武丁时期，武丁举傅说为太傅，从而形成了三公制，三公同为最高辅政官员。这种由单相而双相而三公的变化或许反映了王权与相权的斗争，商朝初期伊尹可以废立太甲，而商朝末期纣王可以对三公予取予夺。

《史记·殷本纪》中记载："以西伯昌、九侯、鄂侯为三公。九侯有好女，入之纣。九侯女不喜淫，纣怒，杀之，而醢（hǎi）九侯。鄂侯争之强，辨之疾，并脯鄂侯。西伯昌闻之，窃叹。崇侯虎知之，以告纣，纣囚西伯羑里。"三公的权力已名存实亡。最高辅政官之下还有被称作"多尹"或"多君"的辅政团体，在卜辞中经常出现，为王提供决策参考。商朝的地方政务依靠宗族进行管理，宗族的族长自然成了基层事务官员，参与政务的处理和执行，即卜辞中所见的族尹。

族既是个体生活的基本社会单元，也是国家治理的基本组织形式，当时的国家没有能力也没有精力直接管理每个人，对个体的管理就需要通过对社会成员具有强约束力的族来实现，家族成员对于族长既有血缘上的从属关系又有政治上的从属关系。

事务性官员是指负责农业、牧业、手工业、林业、仓储等具体事务的官员。卜辞中见有小藉臣、牛正、牛臣、羊司、豕司、牧、牧正、尹工、小丘臣、多宁、车小臣、五正、宗工等。

宗教文化官员大致可以分为三类：一是负责占卜的贞人、筮人；二是记录王朝历史的史官；三是乐舞之官。

商族是一个战斗的部族，纵观商族的发展史，以战建国，以战兴国，亦以战亡国，在甲骨文中我们看到的武官官职有师、亚、史、马（多马）、射（多射）等。

内廷官主要负责王室内务，卜辞中见有妇、宰、寝等。其中"妇"是商王的配偶，在卜辞中出现得比较多，尤以武丁时期为多，她们可以参加祭祀、统兵出征，有的还被赐予封地，在"周祭"祭谱中也有她们的祀位。

商朝的外服官大致可以分为三类，一是商王直接控制的据点内的官吏；二是商王分封的诸侯；三是归服商王朝的方国国君。商朝外服官称谓在卜辞中见有侯、甸、男、卫等。

"侯"字在"尧说：破土而出的政治智慧"一章中讲过，是指接受带有时令信息的令箭的部族首领，也就是接受王令的人。"甸"字的甲骨文字形未找到，金文写作"𤰔"，从"人"，从"田"，"田"字在"黄帝和他的大臣们：我们是有组织的"一章中讲过，指野外的土地，"甸"字本义在为在田野里的人，用在官职上，指在野外（王畿外）驻守的官员。"男"字的甲骨文写作"𤰔"，金文写作"𤰔"，从"田"，从"力"，本义应为在田野里用力，用在官职上，指在野外（王畿外）着力开拓的官员。

"卫"字的甲骨文写作"𧘂"，金文写作"𧙃"，从"行"，从"止"，从"方"。"方"字在"黄帝和他的妃们：奇妙的部族融合之旅"一章中讲过，本义是用刀加工，因为人们会依据用刀刻画的线条区分方位，所以引申为一边、一面、方向等义，商朝把周边的国家称为"方"。"卫"字的本义应为在方国四周巡查，也就是对方国进行防范和监视。

从四种官职称谓的不同，我们可以看出等级和职责的不同："侯"是直接接受王命的官员，同时也应该是王命的传达者；"甸"为在王畿外驻守的官员；"男"为在王畿外着力开拓的官员；"卫"应承担着对方国进行监视和防范的任务。侯、甸、男、卫可以认为是外服的诸侯，他们比王畿内分封的诸侯有更大的独立性，但是也要承担为王朝服役、为王朝戍边、向王朝进贡和随王进行军事行动的义务。在各级机构之外，商王朝还在各地建立了奠、戍、牧等生产和军事据点，构成了庞大的据点网络。

方国的稳定与否对于商朝具有重大的影响，因此历代商王对外服采取了一系列的控制措施，概括起来大致有如下几种方式。

一是军事威慑。商朝在外服所设的据点就是这种威慑政策的直接产物，这些据点可以对方国进行监控，可以对方国的行动做出快速的反应，可以更好地贯彻并传达商王的指令，某种程度上，这些据点可以看作从部族联盟制向中央集权制的过渡形态。此外，商朝还经常以田猎、巡边等方式对方国进行震慑。

二是武力征伐。对于不服从的方国，商朝可以直接或借助其他方国的力量对其进行军事打击。这种征伐贯穿着商朝的始终，最为突出的是武丁时期，对鬼方、土方、朔方、夷方、巴方、虎方等方国进行了持续的征伐，扩大并稳固了商朝的疆域。但是，我们应该可以看出，这种征伐是一把双刃剑，在获取征伐利益的同时也极大地损耗了商朝的国力，商朝灭亡就与纣王征伐东夷国力消耗过大有关，《左传·昭公十二年》中记载的"纣克东夷而陨其身"不无道理。商朝还对方国赐予军事征伐权，弥补王国军力的不足，纣王就曾对西伯（周文王）"赐弓矢斧钺，得专征伐"，《竹书纪年》中记载，周文王的父亲季历也曾在商王的支持下"伐西落鬼戎，俘十二翟王"。

三是采取抚揉手段。商王以赐予封爵、赏赐财物、军事援助、政治联姻等方式加强方国对商王朝的归属感。以周族为例，《诗经·大雅》中就有"文王嘉止，大邦有子。大邦有子，伣（qiàn）天之妹。文定厥祥，亲迎于渭。造舟为梁，不显其光"的记述，"大邦"是指商王朝，这段文字记载了文王迎娶商族女子的过程。而如前文所述，文王也被赐予西伯的爵位和军事征伐权。《竹书纪年》中还记载，季历（周文王的父亲）曾以军功被商王赐予地三十里、玉十瑴（gòu），马八疋（pǐ）。

四是进行文化传播。建立共同的文化认同，能够在意识形态上将整个国家结为一个有机的整体。这种文化传播体现在两个方面，一是礼制的传播，这一点可以从商朝青铜礼器的出土分布上得到佐证，商文化风格的青铜礼器出土范围很广，北到辽宁，南到江西，西到陕西，东到山东，都有出土。大家不要小看了礼制的作用，它代表了一种对社会等级制度和文化信仰的共同尊奉。二是人才交流，卜辞中见有方国派人到商都充当贞人的记载，"贞人"是一种神职人员，除了需要熟练的占卜技巧，还需要对天命观和商王祖先崇拜的认同，方国派来的贞人既是方国在商王朝的代表，又是学习商王朝先进文化的"公派留学生"。

经过历代商王的苦心经营，商朝的疆域东至大海，西达陕甘，北至蒙辽，南达江南，而实际上商文化的影响范围可能更大。

商朝初步建立起了法律制度，在开国之初就制定了《汤刑》，盘庚时为实现迁都的目的曾重正法度，祖甲时对《汤刑》进行了补充和修订。由于《汤刑》现已失传，具体内容不得而知，但从《尚书·汤誓》《尚书·伊训》《尚书·盘庚》等篇目中可知，商朝法律大概可以分为官刑、军事法以及包括针对造谣生事、违背王命、扰乱秩序在内的其他律条。从具体刑罚上看，分肉刑和徒刑两大类。

肉刑包括墨刑、劓刑、刖刑、宫刑、死刑五种。"墨"字的甲骨文和金文字形都未找到，篆文写作"墨"，从"黑"，从"土"。"黑"字的甲骨字形未找到，金文写作"黑""黑"，从字形上看，是一个脸上或者身上沾了很多污点的正立的人，可能是远古人在生火的过程中头靠近火堆，脸上和身上经常沾上黑色烟灰的缘故吧，"黑"字引申为黑色的意思，加上"土"，应指黑色的颜料。墨刑是在犯罪人的脸上刺字，然后涂上墨炭，来作为犯罪的标志。

劓刑是指对五官的残刑，甲骨文中见有"劓""劓"，"劓"从"刀"，从"自"，表示割掉鼻子；"劓"从"刀"，从"目"，表示挖掉眼睛；此外还有"耵"，也就是割掉耳朵。刖刑是砍掉犯人的脚的刑罚，甲骨文中见有"刖"，表示用刀砍掉脚。宫刑是割掉生殖器的刑罚，甲骨文中见有"宫"，这个大家一看就明白了吧。商朝的死刑分为两种：一种是用戈、钺、弓箭等武器直接杀死；另一种是用作牺牲，成为献祭的贡品，具体死法就要看献祭的方式了，有燎（烧死）、沉（溺死）、埋（活埋）、卯（对剖）等。

商朝的徒刑有徒役、囚禁、流放三种，从卜辞中看，商朝应该已经建有专门囚禁犯人的监狱。

在商人的精神世界中，"帝"占有崇高的地位。在"少典之变：帝出东方"一章中讲过，"帝"字造字源于建立测天之干的过程，用来作为对拥有天道解释权的最高领袖的称谓。商人对"帝"进行了进一步的抽象和升华，成为能够左右自然和社会现象的规律的统称。"帝"既能够降下风、雨、雷、电，又能够决定收成年景，还能够左右城邑安危、战争胜负、人世祸福。

甲骨卜辞中见有"帝"或"上帝"令雨、令风、令雷、令雹，也就是命令降雨、刮风、打雷、下冰雹，其中以令雨最多。这些自然现象与农业生产息息相关，特别是降雨，对于收成有决定性作用，反映出商人对农业生产的关注。商人也会直接卜问收成年景，甲骨文中经常出现卜问"我年"的情况，"年"字的甲骨文写作"𠂇""𠂉"，金文写作"𠂤""𠂥"，从"禾"，从"千"。"千"字在"数字迷云：测天工具的使用说明书"一章中讲过，是用杆树的针叶来表示比百更多的数量级，这里表示很多，很多禾则代表丰收，卜问"我年"就是卜问今年自己能否丰收。

甲骨卜辞中还见有"王乍邑，帝若"。"乍"字的甲骨文写作"𠂇"，金文写作"𠂤"，和"作"字的甲骨文和金文字形相同，"作"字在"尧是怎样炼成的：强者的责任与担当"一章中讲过，有劳作、制造、进行某种活动等义，"乍邑"应指建造城邑。"若"字在"继承者们：谜一样的男人们"一章中讲过，造字本义为信奉农耕的文明人或者文明人信奉农耕，引申为顺、善的意思。"王乍邑，帝若？"可以解释为：王建造城邑，帝认为可以吗？

商王在出征前往往要进行卜问，很多时候卜问的对象就是帝。比如图4-4中的这块卜骨。

图4-4　卜骨1

其中有这样的卜辞：辛亥卜，🖿贞：伐🖿方，帝受……"受"字在"尧是怎样炼成的：强者的责任与担当"一章中讲过，本义为交接用船运送来的货物，引申为给予或接受。这段卜辞的大致意思是：辛亥日占卜，由🖿进行贞问：征伐🖿方，帝会接受……吗？

再看图4-5中的这块卜骨。

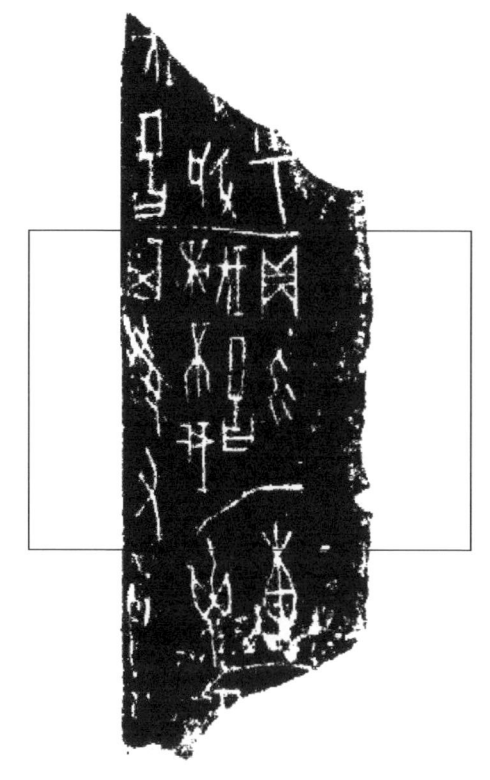

图4-5　卜骨2

卜骨中部有一段相对完整的卜辞，内容为：贞，勿伐🖿，帝不我其受又。"又"在这里有帮把手的意思，可解释为佑助。翻译成白话文为就是，贞问：聚众征伐🖿方，帝不会如我们预期那样接受佑助吗？

商人虽然崇拜"帝"，但却极少对其进行祭祀，这或许是因为在商人的心目中，"帝"是一种客观存在的规律，并不会因为祭祀而有所改变。

商人虽不祭祀帝，但是会祭祀"帝"的使臣们。甲骨卜辞中见有

"帝臣""帝五臣""帝五丰臣"等字样，商人很有可能认为帝是通过他的臣下作用于世间的，至于这些臣是什么，学术界观点并不统一，有说是日月星辰、风云雷雨一类的神灵，有说是东皇太一、东君、云中君、大司命、小司命一类的神仙，还有人认为是五行之神。

静水认为，"帝臣"或"帝五臣"应该是作用于世间的各种自然现象和事物的统称。"五"并不是一个确数词，而是指最接近帝的大臣，咱们在"数字迷云：测天工具的使用说明书"一章中讲过，"五"是表示安置"测天之干"的灵台的最顶层，是最接近于"测天之干"的地方，其上的大臣也是最接近于负责"测天"的帝的人。当"帝"被抽象和升华为支配世间万物的规律后，"帝臣"就成为直接受这种规律支配的作用于世间的自然现象和事物，加上"五"，是进一步说明这些"臣"和"帝"的关系。在商人的观念中，"帝"和"臣"的关系是现实统治阶层从属关系的映射。

"帝"既然看不见摸不着，还不为人的意志所支配，那么只能通过和那些看得见摸得着的帝廷大臣们搞好关系了。于是商人开始了频繁地和这些"大臣"沟通，沟通的方式就是祭祀。

卜辞中所见祭祀的对象包括风、云、雨、山岳、河流、土地以及四方等，祭祀的目的多与风调雨顺、五谷丰登有关，这说明了农业已经成为商代的支柱产业。适量的雨水是农作物生长的先决条件，因此卜雨的辞例最多，其中祈求下雨又占了绝大多数。

商人求雨之祭有直接求的，也有通过对祖先、河流、山岳、四方等进行间接求的。祭祀的方法有炊、舞、燎等。

炊字的甲骨文写作"䍃""䍃"，从字形上看，似一个两腿交叉的人立在火之上，有的字形在人的周围还加上小点，表示流出的汗水。有人说这是以火焚人，静水认为不妥，原因在于"炊"的对象多为"女"，咱们说过"女"是对友善的自己人的称呼，把自己人烧死恐怕说不过去吧，商人用人做牺牲时多用羌，这个后面还会再讲。炊祭应该是一种双腿交叉立于或坐于火堆边的祭祀方式。

请看图4-6中的这块卜骨。

图 4-6　卜骨 3

卜骨中部的卜辞为：戊申卜，其烄泳女，雨？翻译为白话文就是：戊申日占卜，通过泳女烄祭的方式来祭祀，会下雨吗？"泳女"可能是指泳地之人，也可能是指善于游泳的人。

"舞"字在"别九州：仁政的'小时候'"一章中讲过，是跳舞、舞动的意思。舞祭应该是用跳舞的方式进行祭祀。

"燎"字的甲骨文写作"✳""❋"，金文写作"❊"。甲骨文字形是在交叠的木周围加上小点，表示燃烧的火堆，有的字形还在下面加上"火"字进一步强调燃烧，金文字形继承了甲骨文字形，很像现在的篝火。燎祭应该是用点燃篝火的方式进行祭祀。

商人求雨有时不直接祭雨，而是向其他神灵祈求下雨，请看这段卜辞：戊申卜，❈贞，方帝，燎于土，❋，雨，卯上甲。这里的"方帝"指以帝祭的方式对四方进行祭祀，帝祭是商朝经常出现的一种祭祀方式，过程可能是效仿竖立天干测天的过程。"土"指商人的先祖相土，

"🐚"也是商人的先祖，具体不详，上甲是先祖上甲微。"卯"字咱们在"从时间说起：天干地支考"一章中讲过，本义是剖开、分开，这里是指祭祀的方式，即对牺牲进行对剖祭祀。这段卜辞的意思是：戊申占卜，由🐚进行贞问，帝祭四方，燎祭先祖相土、🐚，祈求下雨，卯祭上甲微。这段祈雨的卜辞祭祀的对象是方、土、🐚，希望借助四方和先祖的力量降雨。

商人祭雨所用的牺牲多为牲畜，卜辞中见有牛、羊等，有时还指定某种牛羊，如黄羊、白羊、小羊等。

从出土的卜甲和卜骨情况来看，商人揣摩"帝"的意志和对自然现象进行祭祀的卜辞在武丁时期最多，而在商朝末期的帝乙、帝辛时期最少，少到几乎看不到了，这说明至少在帝乙和帝辛时期，商人已经对自然界的运行规律有了一定的认识，他们意识到这些规律无法通过卜问和祭祀求得，相对于帝和风雨雷电、河流山川（姑且称为自然神吧），他们更相信人，或许他们还认为自己就能主宰这个世界。《史记·殷本纪》中记载："帝武乙无道，为偶人，谓之天神。与之博，令人为行。天神不胜，乃僇辱之。为革囊，盛血，昂而射之，命曰'射天'。"武乙是商朝的倒数第四任商王，及至最后两任商王，干脆以帝自称，分别叫作帝乙和帝辛。

相对于对帝和自然神崇拜热情的减弱，商人对祖先的祭祀却始终未减。卜辞表明，即使是在对自然神祭祀较多的武丁时期，对祖先的祭祀也要比对自然神的祭祀频繁和隆重得多。

商人对祖先的祭祀既有对某个祖先的单祭，又有对几个祖先的合祭，还有对自上甲以来先公、先王、直系先妣成体系周而复始的周祭。下面就以周祭为例看看商人是如何对祖先进行祭祀的。

之所以称为周祭，是因为这种祭祀是有周期的。一个完整的周期大概为36旬或者37旬，也就是大致一年的时间，大家都知道，一年是365天，周祭的周期很可就是一年的时间，因为祭祀是按旬安排的，所以需要用一旬的时间来进行调节。商人甚至用祀旬和干支共同纪日，在一些卜辞中，卜辞前用干支纪日，结尾署上周祭的祭旬，如隹十祀、隹王二十祀等。这就很好地弥补了用干支纪日只有六十种组合的缺陷，使每一日都能得到准确的表述。

周祭是一整套祖先祭祀制度,从晚商时期出土的卜辞看,周祭祭祀对象摒弃了上甲以前的远世祖先,祭祀自上甲以来的所有先公、先王及虽未即位但曾被立为太子的男性祖先,而对女性祖先,却只祭祀直系先王的法定配偶。所谓直系先王,是指时王的直系血亲祖先,这反映出商人重近世、轻远世、重直系、轻旁系的宗法观念。

从祭祀方式来看,周祭有五种祀典,分别是"彡""协""祭""㚔""彡"。"彡"是"羽"字的甲骨文,我们就称这种祭祀方式为"羽祭"吧。前文说过,商族的图腾是玄鸟,商人希望自己如飞鸟一样来去自由,羽祭应与商人的图腾崇拜有关,祭祀过程中很有可能要使用羽毛。"协"是"协"字的甲骨文,我们就称这种祭祀方式为"协祭"吧。"协"字在"尧说:破土而出的政治智慧"一章中讲过,是三个"力"字叠在一起,表示很多人一起用力,有协同、协助的意思,这种祭祀方式应为多人齐力完成。

"祭"是"祭"字的甲骨文,我们称这种祭祀方式为"祭祭"吧。"祭"字的甲骨文亦写作"祭",金文写作"祭",甲骨文字形似用手抓着一块滴血的肉,金文字形在下面又加上"示",表示祭祀,"祭"字的本义应为手拿生肉进行祭祀。"㚔"字静水还没找到合适的现代汉字与其对应,这里暂不作解释。"彡"字是"彡"字的甲骨文,我们称这种祭祀方式为"彡祭","彡"表示色彩、花纹,彡祭很有可能是用绘制某种图案的方式进行祭祀。

在周祭过程中,每种祀典都持续十旬左右的时间,羽祭和彡祭是单独进行的,而协祭、祭祭、㚔祭是交叉进行的。商朝以干支纪日,因此每日都有一个对应的干支名,而商族从上甲开始,王的名字中也含有一个天干名,周祭正是以这种对应关系来决定每天祭祀哪个祖先的,比如在甲日只能祭祀某个名字中含有"甲"字的先祖或先妣,甲日是每一旬的首日,上甲是第一个以天干为名的先祖,因此上甲总是第一个被祭祀。

商人在进行祭祀前要进行占卜,对祀典和每旬祭祀的占卜安排在上一旬的癸日进行,对每日祭祀的占卜安排在当日进行,商人把这些占卜情况记录在甲骨上,这也是我们今天能够对周祭制度有所了解的原因。

周祭只是商人祭祀祖先的一种制度,对祖先的祭祀还有很多,祭祀的对象也不囿于周祭的范围,祭祀的隆重程度总体上高于对自然神的祭祀,祭祀用的牺牲除用牛、羊、猪、犬等牲畜外,还经常使用人牲,人牲多用羌,"羌"字咱们在"少典之变:帝出东方"一章中讲过,是指不臣服的游牧部族人,这些羌人很可能是商人在对周边游牧部族进行征伐的过程中俘获的。请看图4-7中的这块卜骨。

图 4-7　卜骨 4

卜骨中部的卜辞为:庚辰卜,又升伐于上甲,三羌九小牢。其中的又、升、伐均为祭祀的方式。"牢"字的甲骨文写作"䍶",金文写作"䍶",是在"牛"字的外面加上下端开口的边框,表示圈养的牛,甲骨文和金文中中还见有"䍶""䍶"等字形,应表示圈养的羊。这段卜辞可以解释为:庚辰日占卜,对上甲进行又、升、伐祭,使用三个羌人和九头圈养的小牛。

再如图4-8中的这块卜骨。

278 或许这才是远古：
古汉字承载的远古信息

图 4-8　卜骨 5

卜骨上部的卜辞为：其又升大乙，羌五十人。这段卜辞可以解释为：想要用又、升的方式对大乙进行祭祀，使用五十个羌人。大乙就是成汤。

甲骨卜辞中还有很多合祭的情况，请看图4-9中的这块卜骨。

图 4-9　卜骨 6

卜骨下部卜辞为：贞，御自唐、大甲、大丁、祖乙，百羌百牢。这段卜辞可以解释为：贞，用御的方式对唐、大甲、大丁、祖乙进行祭祀，使用一百个羌人和一百只圈养的羊。

从以上卜辞可以看出，在祭祀过程中使用人牲非常普遍，据殷墟卜辞统计，商王祭祀共用人牲1.4万人，而在武丁时期使用人牲最多，总计用到9000多人，这可能与武丁时期对外征伐最多，因此俘获羌人也最多有关。

商朝的祭祀、占卜等宗教活动有着深刻的政治意义。通过这些活动，商王垄断了与"帝"沟通的权力，从而获得了对"天道"的最高解释权，成为神权的象征；通过这些活动，商朝统治集团建立并巩固了宗法制度，而宗法制度既是家天下的表现形式又为家天下的发展提供了制度基础。

这些活动还成为商文化的组成部分，随着商文化的扩张渗透到其他方国，成为共同意识形态的一部分；另外，由于在宗教活动中要制造礼器、观测天象、占卜记录，因此在客观上促进了科学、文化、手工业的发展，在文字、冶炼、铸造、天文、气象等方面体现得尤为明显。

所谓"国之大事，在祀与戎"，商族以武力夺取政权，自然知道军队对于国家的重要性。商朝的军事制度和政治制度是相适应的，政治制度的内外服制，决定了军事管理上实行内服和外服分级管理。内服军队由王族直属部队和内服各族军组成，外服军队由王派遣到各地的外服官员所属部队和商朝附属方国部队组成，商王拥有最高军权，除可以直接派遣内服军队外，还可以调遣外服军队。卜辞中常见有商王亲自出征或者派遣将领主持军事活动，如图4-10所示。

图4-10 卜骨7

卜辞内容为：丁酉卜，㱿贞，今告王共五千人征土方，受㞢右？这段卜辞可以解释为：丁酉日占卜，由㱿进行贞问，今天宣布王征集五千人征伐土方，能够得到佑助吗？

再如图4-11所示。

图4-11　卜骨8

卜辞内容为：庚戌卜，王其比犬师🦌辛亡🦌？这段卜辞可以解释为：庚戌日占卜，王想要和犬师一道专门去革除隐藏的战争。这里要注意，犬师并不是由犬组成的部队，而是由名字为"犬"的人率领的部队或者犬族人的部队。"🦌"是"叀"字的甲骨文，在"别九州：仁政的'小时候'"一章中讲过，"叀"字的本义是纺砖，引申为注意力集中、目标集中、独一、独自占有等义。

这两段卜辞，一段是对王亲自征召部队的卜问，另一段是对王和犬师一起出征的卜问。此外，卜辞中还见有王派遣尹、多尹、子、多子、妇主持军事行动的例子。"尹"字在前文中说过，是高级内服官员。"子"是指王的同宗贵族，商朝实行宗法制，大宗自然就是王宗，而与王有血缘关系但非王宗的贵族就构成了小宗，由于这些小宗子弟亦是王子王孙，因此被称作"子"，这也正是"子"姓的由来。

这些"子"们在商朝的政治生活中扮演着重要角色，是商朝主要的管理阶层之一。"妇"是指王的配偶，商朝最有名的妇就属武丁的配偶妇好了，卜辞中有很多关于妇好征兵、统兵、代行祭祀的记录，她曾参与了对羌方、土方、夷方、巴方等方国的征伐战。武丁对妇好非常倚重，甚至在妇好死后，都将她葬在王室宫殿区，而不是王陵区，或许他是希望早逝的妇好能够继续陪伴自己并保佑商朝的江山社稷吧。

妇好墓于1976年被考古工作者发掘，是殷墟唯一保存完整的王室墓葬，墓中出土各类青铜器、玉器、宝石器、骨器、牙雕、货贝等文物共计1928件。出土武器有戈、钺、镞等，代表军权的钺出土了4件，其中一件大钺长39.5厘米，刃宽37.5厘米，重达9千克，钺上饰双虎扑噬人头纹，铸有"妇好"二字铭文，更是统帅权的象征。妇好墓中还出土有后母辛鼎，应为子嗣为其母所铸，辛应是妇好的谥号，后世商王累世祭祀的妣辛即为妇好。

商朝除被王临时授命的统帅和将领外，还有各级军事行政官员。卜辞中见有师、亚、史、马（多马）、射（多射）等。甲骨卜辞中，师有时作为军队的泛称，如"王师""我师"，即王的军队、我的军队；有时作为军队的编制单位，如"王乍三师，右、中、左"，即王组建右、中、左三个师；有时又作为对师的长官的称呼，这种用法后面经常加上具体的人名，指某个具体的人。

"亚"字的甲骨文写作"✠""✢"，金文写作"✣"，表示居于四周，因不在中央，因此引申为次一等，用这个字表示军队官职，应指军队中仅次于统帅的官员，亚又有马亚、射亚。史是派驻在外的武官，立史就是任命史，在甲骨卜辞中有所记述，立史活动前要卜问，立史要举行仪式和祭祀，立史多由王或高官主持，从这点来看，史应为派往外地的高级武官。马应为负责战马或战车的官员，马也有多种，如马小臣、戍马、族马等，合称为多马。射应为负责射手队伍的官员，多个射卜辞中合称为多射。

商代的主要兵种有步兵、车兵、骑兵。步兵是最主要的兵种，步兵队列在甲骨文中称为"行"，为便于调度，行也分为右、中、左，甲骨文中还见有东行、西行、上行等称呼，此外还有大行，可能是对右、中、左三行的合称。车兵在商代的数量并不多，甲骨文中所记车兵多为六车，直接记载战车作战的卜辞也很少。从出土的商代车马中，只有约三分之一出有兵器，虽已形成较为固定的组合，但缺乏用于战车格斗的长兵器，主要杀伤武器为弓箭，据此可推测商代战车很可能主要用于指挥。出土的商代战车每车随葬两至三人，应为御者一人，武士一至二人。

殷墟考古亦发现战马，一同出土的还有装备有刀、镞、策（马鞭）等的武士，有的墓穴中还发现了犬，墓主生前应为一位骑马的武士，可作为商代存在骑兵的证据。冷兵器时代，弓箭在战争中发挥了重要作用，从商代存在"射"这个官职来看，应有专门的射手队伍，而这些射手也分布于步兵、骑兵、车兵中。商代军队兵种配备很可能是车、骑、步、射混编，一个师中同时存在这四个兵种，车兵负责战斗指挥，骑兵用于机动作战，步兵作为主要兵种，射兵进行远距离打击，从而形成多兵种的联合作战。

商代的武器装备大体可分为格斗兵器、远程武器和护具。格斗兵器主要有戈、矛、刀、钺等；远程武器主要是弓和箭；护具主要有盾、胄、甲等。

戈是将顶端尖锐、两侧开刃的戈头横装在柲（木质器柄）上的进攻性武器，盛行于商代至战国时期，至汉代仍有使用，但从秦代起就逐渐被戟和矛取代。戈有长短，长戈用于战车，短戈用于步兵。商代戈长度多在1.5米以下，为步兵近身格斗兵器，未发现用于战车的长戈。戈的结构见图4-12。

图 4-12 戈的结构

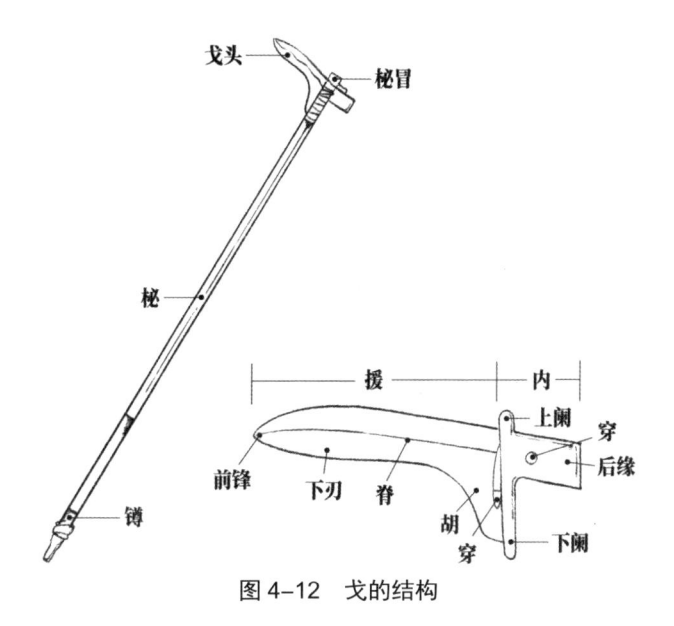

按安装柲的方式不同，商朝的戈分为有銎和无銎两种，銎是安柄的孔，使用时直接把柄的上端穿入銎中即可，就像是斧头的结构。有銎结构可以避免啄击时戈头松动和援（戈头两侧长条形锋刃）后陷，但在勾割时却容易脱落，在商后随着勾割功能的加强而渐渐式微。无銎戈又分为直内和曲内两种，"内"是戈头上与柲连接的部位。援下刃弯曲下垂的部位称为"胡"，胡上的孔称为"穿"，可以从"穿"中系绳对柲进行绑缚，从而加强戈头与柲的连接。援与内交接处的凸起部位称为"阑"，其作用是阻隔戈头，使其在啄击时不至于陷入柲中，内、援交接处突出援的部分称为上、下阑。

商代戈以青铜为主，此外还有铅戈和玉石戈，铅戈是名器，用于陪葬，玉戈主要用作礼器。

矛是商代主要的直刺型兵器，出土的商代早期铜矛数量并不多，但到晚期却大幅增加，可见随着冶炼铸造技术的发展，铜矛被越来越多地装备在军队中。从出土的矛柲看，商代的矛长度应在1.5米左右，依然为步兵近战武器。商代还出现了矛、戈结合的武器，即在戈柲的顶端装有矛头，既可啄击又可直刺，很可能是戟的前身。

商代刀的种类比较多，典型的有卷头刀和直柄刀。顾名思义，卷头刀是一种刀头上卷成弧刃的刀，刀头上卷不利于刺杀，但是可以有效地增加劈砍的杀伤力，因此属于劈砍武器。卷头刀的青铜刀体是安装在柲上的，因此刀体的背部有穿或銎，用以将刀体固定在柲上。直柄刀出土数量多于卷头刀，刀尖尖锐，刀柄平直，既可劈砍又可捅刺，刀背没有用于固定柲的銎或穿。

钺是由斧演化而来的劈砍武器，形状样式和斧很相似，尺寸较斧大，也分有銎和无銎两种。商代的钺除实战功能外，还成为军权的象征。从考古发现来看，墓中出土钺的数量和大小与墓主人的军事统帅权密切相关，如前文中提到的妇好墓青铜大钺。

弓矢是商代主要的远射武器，商代箭镞出土很多，多为青铜制，形制并不统一，分有翼无翼、有铤无铤。翼是镞两侧的翼状结构，商代箭镞总体发展呈两翼夹角增加、倒刺尖锐趋势，这样可以增大创面并不易拔出。铤是镞与箭杆的连接部件，多呈圆柱形，插入箭杆的凹槽中，并用麻裹缠，提高结合的牢固性，无铤的镞下有銎，箭杆插入镞内。可能是制弓的材料易于腐烂的原因，目前还没有商代弓出土的直接证据，但是我们可从甲骨文中猜想出商代弓的样子。"弓"字的甲骨文写作"₿"，上下渊（弓臂）和弣（把手）表现得非常明显，已经初步具备了成熟弓的形态。

商人战斗的时候自然忘不了要保护自己。商代的战甲以皮甲为主，早期皮甲有采用整块皮革制作的，但是因为这类皮甲穿着不便，并且难以保护肩臂等经常活动的地方，因此，皮甲在某些部位逐渐发展成由革片连缀而成。为增强皮甲的护卫强度，也有皮甲由多层皮革制成。

胄就是战盔，商代的胄主要由青铜制成，也有由青铜和皮革复合而成。正面开口，露出面部，左右护耳，护卫耳颈，顶有铜管，以插羽缨，前额饰有兽面纹，左、右及后端亦见有圆葵纹、蟠兽纹等纹路。

商代的盾多呈梯形，四周有木质边框，盾面由木板、皮革或二者复合组成，中间用一道或多道木条加固，有的盾面画有图案。甲骨文中见有"🨀""🨁"，为右手执戈、左手执盾的正面立人图案，其中可见盾的大致形状。甲骨文中盾的形状和甲骨文的"干"字相似，或许正是这个原因，盾又称为干，所谓"化干戈为玉帛"。

养兵是件特别费钱的事，商代实行兵民合一民军制，除保持一定数量的常备军外，战时兵员要从民众中征募，这个征募的过程在甲骨文中用登人、共人等。也正因如此，在《尚书·汤誓》中有"我后不恤我众，舍我穑事而割正夏"的抱怨，这段话是商族士兵对商汤伐夏桀的抱怨，主要是说：我们的君主不体恤我们，让我们舍弃了农事去征伐夏国。

国之大事讲完了，接下来讲讲商代的衣、食、住、行，看看商人是如何生活的。

一提起古代人的穿着，咱们通常会想到"宽袍大袖"，但是从出土的文物看，商人却未必如此。咱们先看图4-13～图4-15，这三幅图分别为妇好墓跪坐圆雕玉人像、传安阳出石雕立人像、安阳出圆雕孩童玉立人像。其中，妇好墓跪坐圆雕玉人像为贵妇雕像，传安阳出石雕立人像疑为中小贵族像或近侍像，安阳出土圆雕孩童玉立人像为孩童像。

图4-13　妇好墓跪坐圆雕玉人像　　图4-14　传安阳出石雕立人像

图 4-15　安阳出圆雕孩童玉立人像（正面）

　　图4-13中的贵妇双手抚膝跪坐，神态庄严倨傲。头辫长辫，盘于头顶，戴頍（kuǐ）形冠，冠前有横筒状卷饰，冠顶露发，冠左、右有对穿小孔，疑为插笄固冠之用。身着交领右衽窄口长袖衣，上被云纹，衣长及踝，束宽腰带，左腰插卷云形宽柄器，腹前悬条形蔽膝，足下着履。右衽是指左前襟掩向右腋系带，将右前襟掩覆于左前襟之下；蔽膝是指围在衣服前面的大巾，用以遮盖大腿至膝部，比围裙要窄。

　　图4-14中的立人双手拱至腰前，神态恭敬。头戴前高后低高巾帽，帽顶作斜面形。身着交领右衽窄口长袖衣，素而无华，前襟过膝，后裾齐足，束宽腰带，腹下悬斧式蔽膝。足下着高帮平底圆口素面鞋。

　　图4-15中的孩童双手分置腰际，头上梳左右总角，身着交领右衽窄口长袖短袍，衣长及臀，束腰带，下着齐足长宽裤，足下着软履。

　　从这三尊雕像中，我们可以对商人的衣着服饰有个大致的了解。虽然所雕人物的年龄、性别、社会等级、姿态都不同，但是服饰上表现出很多共同点，一是交领右衽，二是窄袖口，三是束带，这也构成了商代服饰的主要特色。

　　商代的服饰也是多样性的，这种多样性在很大程度上反映出商代的阶级差别。从服饰的材质上看，有麻、丝织品、皮革、粗葛等，上层社会衣料质地以丝织品、皮革居多，下层社会以麻、粗葛居多。从服饰纹样上看，上层社会衣着华丽，纹样繁复，多见菱形纹、云纹、雷纹等，颜色多见红、黑、白、黄四色，下层社会则衣着素朴，鲜有纹饰。

从前述三尊雕像可见，商人头上多有饰物，有戴帽子的，有插笄的，还有佩戴耳环等饰物的。商朝的冠制有布冠、弁（biàn）、冠卷、頍、巾帻（zhèng）、胄等。布冠，顾名思义，就是以布为冠，出土文物中见有齐罩于额头、发际、脑后的冠式。弁是一种状如两手相合的帽子，为男子穿礼服时所戴。卷冠是有卷状饰件的帽子，图4-13中贵妇所戴的横筒状卷饰即属此类。頍类似于现代的发带，是箍于发际的布条或革条。巾帻是以布裹于头上，可以做成帽式，图4-14中立人所戴之帽当属此类。胄是以皮或青铜制成的头盔，是战斗护首装备。

商人对自己的发型也很在意，从出土文物看，有扎辫子的，有高高梳起的，有秀发披肩的，有梳成双髻的，甚至还有发梢外翻成波浪状的。为固定发型或帽子，商人经常在头上插笄，有时候还插很多支，笄头多起修饰作用，有人形、鸟形、羊形、蝎形、锥形等。商人还用玉、石、贝等对帽子和头发进行装饰，使得自己看起来熠熠生辉。

商代有鞋子，但并不是所有人都穿鞋子，从出土的雕像看，很多雕像中的人物是光着脚的，穿鞋的只占20%左右。光脚者中既有权贵也有侍者、平民、奴隶，但是平民和奴隶光脚的占比明显高很多，几乎看不到穿鞋子的，这反映了当时的贫富和社会等级差距。鞋子式样有长筒靴、高帮履、圆口软鞋等，还有以树皮、草、麻等编成的鞋子。

商代社会各阶层的衣着区别已经非常明显，从服饰上很容易就能判定一个人所处的社会阶层，衣服已不仅仅是御寒遮羞的工具，而是逐渐发展成社会地位的标识。

商代人爱喝酒是出了名的，最出名的就是纣王，《史记·殷本纪》言其"以酒为池，县肉为林，使男女倮相逐其间，为长夜之饮"。这种喝法确实太过分了，《尚书·微子》中记载纣王的哥哥微子就对这种做法痛心疾首，言"沈酗于酒"是要亡国的。

"酒"字的甲骨文写作"󰀀"，金文写作"󰀁""󰀂"。甲骨文字形从"酉",从"彡",而不是现代汉字的从"水",从"酉"。"酉"字在"从时间说起:天干地支考"一章中讲过,是储物(尤以液体为多)的罐子或者坛子,"彡"在本章前文中讲过,表示色彩、花纹,这里表示罐子里储存的液体是有颜色的,商代的酒是用黍、稻等粮食酿成的,颜色类似于现在的黄酒、米酒,属于有颜色的液体,商人用罐子里有颜色的液体表示酒,就能够理解了。

金文字形省略了"彡",直接画了酒坛字,可见当时以坛酿酒或储酒已经非常普遍,不需要额外加上"彡"来进行说明。商代还有一种酒,称为"鬯(chàng)",甲骨文写作"🌿",金文写作"🌿",字形似内部盛有液体的卣(yǒu),卣是商代的一种盛酒器,大部分是圆形、椭圆形,底部有脚,器形见图4-16。甲骨卜辞中,鬯多用于祭祀,应为一种祭祀用的高档酒,后人对"鬯"的解释较多,又或认为"鬯"是一种以黑黍酿制并加入郁金草的香酒。

图4-16 提梁卣

《尚书·说命》中还提到一种酒,称为"醴(lǐ)"。《尚书·说命》记述了商王武丁和傅说之间的对话,其中有"若作酒醴,尔惟麹糵(niè)",曲糵是酿酒用的酒曲,这句话是说,如果要酿造酒醴,你就要发挥酒曲那样的作用。

"醴"字的甲骨文字形未找到,金文写作"醴",从"酉",从"礼"。"礼"字的甲骨文写作"豊""豐",金文写作"豊""禮",从甲骨文字形上看,下半部分是"鼓"字,表示击鼓奏乐,上半部分是两个"玉"字。"礼"字的本义应为击鼓奏乐,进献玉器,代表向神灵或祖先献礼的过程。"醴"就是献礼过程中使用的酒,后人也有认为"醴"是稻米酿成的浊甜酒。大家不要认为米酒在商朝是一种低档酒,相反,由于水稻历来在北方难以大规模种植,而从南方运来的成本又很高,因此稻米在商代很有可能是一种高档粮食,用它酿的酒自然也是一种高档酒。

商代的酒具非常讲究，饮酒器有爵、觚（gū）、角、觯（zhì）等，盛酒器有尊、罍（léi）、瓿（bù）、卣、兕觥（sì gōng）等，此外还有温酒器斝（jiǎ）、调酒器盉（hé）、把酒器斗等，器物材质主要为青铜、陶等。

爵是一种饮酒容器，并结合了斟酒、滤酒功能。"爵"字的甲骨文写作"𣝣"，金文写作"𣝤""𣝥""𣝦"，其最明显的特征是口沿向两侧伸出，前端半桶状是倒酒的"流"，后端尖首是配重的"尾"，流与杯口之间有双柱，用于悬挂滤酒网，中间为杯，一侧有鋬（pàn）（耳），鋬与流垂直，与双柱连线平行，与现在杯子的杯把的设计很相似，一般作三足，器形见图4-17。

觚也是一种酒杯，圈足，敞口，长身，口部和底部都呈现为喇叭状，无鋬，器形见图4-18。这种喇叭状敞口的设计可以防止向觚中倒酒时酒液溅出，在商代酒器中比较常见。

图4-17 青铜爵 　　　　　　　　**图4-18 青铜觚**

角的器形与爵相似，不同之处是口沿无柱，多有盖，器形见图4-19。

觯与下文将要介绍的尊器形相似，圆腹，侈口，圈足，形似小瓶，大多数有盖，器形见图4-20。《礼记·礼器》中有"尊者举觯，卑者举角"，可见觯是古代筵席中尊贵者的饮酒器。

图 4-19 青铜角 　　　　图 4-20 青铜觯

尊是一种大中型盛酒器,圈足,圆腹或方腹,长颈,敞口,口径较大。器形见图 4-21 和图 4-22。

图 4-21 三羊尊 　　　　图 4-22 四羊方尊

罍是一种大型盛酒器,有方形和圆形两种,圆形罍造型为敛口,广肩,丰腹,圈足或平底,肩部两侧有两耳或四耳,耳作环形或兽首形,下腹部一侧有穿鼻。器形见图 4-23 和图 4-24。

图 4-23 圆罍 　　　　图 4-24 方罍

瓿是一种小瓮，用于盛酒或水，也用于盛酱，圆体，敛口，广肩，大腹，圈足，带盖，有带耳和不带耳两种，亦有方形瓿。器形见图4-25。

卣已在前文提及，不再赘述。

兕觥是一种小型盛酒器，器盖作立体的动物形，腹椭圆，有流及鋬，前昂后低，圈足或三四足，器形见图4-26。

图 4-25　青铜瓿 　　　　图 4-26　兽面纹兕觥

"斝"字的甲骨文写作"䕃"，金文写作"䕃"。斝是一种可以温酒的容酒器，形似爵而大，无流无尾，仅在口缘上有两柱，用于悬挂滤酒网，与爵不同，斝的鋬与两柱连线垂直，便于从一侧提斝进行倾倒，腹有圆形而平底的，有腹部分裆，多见三足，也有少数体方而四角圆，四足，带盖器形，器形见图4-27。

"盉"字的甲骨文字形未找到，金文写作"䕃"，义为"禾"状器皿，亦即有禾穗状流的器皿。盉是调和酒、水的器具，用水来调和酒味的浓淡。盉一般是圆口，深腹，有盖，前有流，后有鋬（耳），下有三足或四足，盖和鋬之间有链相连接，器形见图4-28。

图 4-27　青铜斝 　　　　图 4-28　青铜盉

商代的酒具分类明确，制作精妙，尤以青铜器为甚，达到了青铜酒具制作的最高峰。商人这种对酒具的极致追求反映出商代嗜酒的社会风貌。

酿酒的主要原料是粮食，商代嗜酒的社会风气从一个侧面反映出商代粮食作物的生产得到了长足的发展。甲骨文中所见商代的粮食作物有粟、黍、麦、稻、秫等。粟、黍、麦在"别九州：仁政的'小时候'"一章中讲过，粟是指小米，黍是指黄米，麦是指麦子。

"稻"字的甲骨文写作"🌾"，金文写作"🌾"，甲骨文字形的上半部分是"米"字，表示谷穗，下半部分表示舂米桶，"稻"字表示谷穗需要经过舂捣的农作物；金文字形在舂米桶的上半部分加上"彡"，表示用手将米从舂米桶中掏取出来的动作。

在古代，水稻脱壳用"舂"，因此"稻"就是指水稻。商代甲骨卜辞中还见有"🌾"字，从"黍"，从"米"，应指类似于黍但是谷穗有所不同的旱地作物，静水认为这个字应对应现代汉字的"秫"字，表示高粱。此外，从考古资料看，商代也种植了大豆。

在商代，农业生产已经成为上下关注的焦点。卜辞中见有大量商王贞问农作物生长情况和收成情况的卜辞，如"贞禾亡害""受有年""贞我受黍年"等。商王还亲自下达命令指挥农业生产，卜辞中见有王令"裒（póu）田""协田""耤"等内容，就是王命令某些人到某处进行农业劳动，"裒田""协田""耤"是具体的劳作方式，将在后文详述。

商代还设置农官职位以管理农业生产，卜辞中见有"小耤臣""小刈臣"等官职。农业生产也是下层民众的主要工作，前文提到《尚书·汤誓》中有"我后不恤我众，舍我穑事而割正夏"，这段话是商族士兵对商汤伐夏桀的抱怨，可见，当时农业已经成为商民的主业。

农业发展离不开气候、土壤、水源。商人活动的核心区域在黄河中下游的河北、河南、山西、山东等地，也就是前文所称的王畿区。这一区域地貌以平原、山地、丘陵为主，土壤以黄土和冲积土为主。

竺可桢先生曾发表过《中国近五千年来气候变迁的初步研究》一文，他认为，公元前3000年至公元前1000年间，黄河下游年平均温度要比现在高2℃。另有研究表明，年平均温度每增1℃，北半球中纬度的作物带可在水平方向北移150千米至200千米。从甲骨卜辞记述的卜雨、卜雷情况来看,商代应该一年四季都有降雨,从对古土壤磁化率的研究来看,商时期的黄河中下游地区应比现在更温暖、更湿润,但是有商代降水并不均衡,一些被发掘的商代古墓墓底处于现在地下水位线之下,说明当时的地下水位应比现在要低,而地下水位的高低又是雨水丰歉的重要标志。

商朝的农具主要有镢（jué）、耒（lěi）、耜（sì）、犁铧（以）、铲、镰等。这些工具多由青铜、石、骨、木、蚌、陶等制成。

镢是一种刨地破土的工具,略呈窄长方形,下端有双面刃,顶中空,用以安装曲折形木柄,使用方法与今天的镢头很相似。出土文物中多见青铜器和石器,器形见图4-29。

图4-29　青铜镢

耒是一种起土工具,双齿,齿末端尖锥形,青铜耒顶中空,銎口长方形或椭圆形,用以安装木柄,似今天的双齿叉,器形见图4-30和图4-31。出土文物中见有青铜耒,没有发现木耒,但发现了青铜"空头条形端刃器",疑为套于木耒齿上的刃套。耒是商代常用农具,甲骨卜辞中见有"𢑥""𣍘"等字形,即指人持耒劳作的样子,这个字隶定为"耤"字,金文亦写作"𣍘""𣍘"。

图4-30　青铜耒1　　　　图4-31　青铜耒2

耜也是一种起土工具，和耒不同的是，耜的下端不是分叉的，功能类似于今天的铁锹，金沙遗址出土有晚商至西周时期的木耜，见图4-32。江西新干大洋洲出土有青铜锸，锸是安装在耜头上的金属刃套，器形见图4-33。"耜"字未发现甲骨文和金文字形，篆文写作"耜"，从"耒"，从"㠯"，"㠯"字在"尧是怎样炼成的：强者的责任与担当"一章中讲过，表示犁铧，"耜"就是指头像犁一样的耒。

图4-32　木耜 　　　　图4-33　青铜锸

犁铧是一种以人力或畜力牵引的耕地工具，劳动效率要比单人使用耒、耜高得多。从出土的文物来看，商代的犁铧应有木身石铧和木身铜铧两种。江西新干大洋洲出土的青铜犁铧，形似等边三角形，两侧薄刃，正面中部拱起，形成截面为钝角三角形的銎部，器形见图4-34。前文说过，

图4-34　青铜犁铧

犁铧甲骨文写作"㠯"（㠯），即是犁铧的形状。

铲是一种中耕农具。中耕是指对土壤进行浅层翻倒、疏松表层土壤，可以增加土壤通气性、提高地温，促进好气微生物活动和养分有效化、去除杂草、促使根系伸展、调节土壤水分状况。商代遗址和墓葬中出土的铲比较多，制造的原料有青铜、石、骨、蚌等，铲头多为方形，下端有刃，部分青铜铲上端有卷云形修饰，青铜铲的铲头顶中空，用以安装木柄，石铲和蚌铲铲头钻有孔洞，用于捆绑固定木柄，器形见图4-35～图4-37。

图 4-35 青铜铲（中、右）

图 4-36 卷云青铜铲　　图 4-37 石铲

镰是一种收割农具，作用和现在的镰刀差不多。出土的商代镰由青铜、石或蚌制成。青铜镰见有扁平长条形状，体薄，背平，单面刃，背脊增厚，弧曲成尖首，近内部有穿孔，以便固定在木柄上，器形见图4-38。石镰和蚌镰在商代遗址中发现较多，应是当时主要的收割工具，有曲背凹刃和曲背直刃两种器形，见图4-39和图4-40。

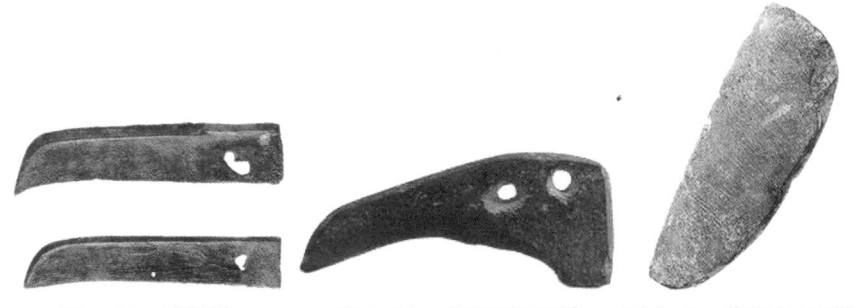

图 4-38 青铜镰　　图 4-39 曲背凹刃石镰　　图 4-40 曲背直刃石镰

商人在农业生产实践中，继承和创造了一套完整的生产技术，在甲骨卜辞和铭文中多有反映。

土地是最重要的农业资源，地力肥薄决定了农业产量，土质不同决定了适种作物。商代末期的《作册羽鼎》铭文中记述了"省田"的过程，见图4-41。

"省"字甲骨文写作"🙂"，金文写作"🙂"，从"生"，从"目"，造字本义应为用眼睛观察生长的作物，有察看的意思。"田"字在前文中讲过，指野外的土地。"省田"就是察看野外的土地。

《作册羽鼎》铭文内容为：庚午王令寝🙂省北田四品在二月作册羽史易🙂贝用作父乙尊🙂册。断句为：庚午，王令寝🙂省北田，四品。在二月，作册，羽史易🙂贝，用作父乙尊，🙂册。这段铭文可以解释为：庚午，王命令寝🙂察看北部的田地，定为四品田。在二月，记录在册，持羽令的官员送来赏赐的一袋子的贝币，用来制造父乙尊，🙂册。

图4-41 《作册羽鼎》铭文

这里的"寝"是商代的内廷官名，"🙂"为人名，一般认为是"农"字。"农"字的甲骨文写作"🙂"，金文写作"🙂"，字形与"🙂"有异，静水这里暂用铭文原字形。"作册"，就是制作册，也就是记录在册的意思。"羽"在这里释为羽令，也就是用羽毛做的令箭。

"史"字的甲骨文写作"🙂"，金文写作"🙂"，从字形上看，是用手拿着上面有"口"字的棍子，表示传达口令，这里指传达命令的官员。"🙂"从字形上看，似是捆扎的里面放有东西的袋子，这里表示一袋子。"贝"指贝币。暂找不到与"🙂"对应的现代汉字字形，可能表示制作册的人或制作册的方式。

在这段铭文中，商王命令自己的近臣去察看田地，确定田地的等级并记录在册，同时赏赐贝币铸造父乙尊进行纪念。可见，商王对宜耕地的重视。

"田"是未经开垦或开垦后抛荒的土地,要想进行作物种植就要垦荒。甲骨卜辞中见有"裒田""协田"。"裒"字在卜辞中有多种写法,比如"🔣""🔣""🔣",从字形上看,似用双手将土挖出,"裒田"就是将田里的土挖出,因此有垦荒的意思。"协"字在"尧说:破土而出的政治智慧"一章中讲过,从字形上看,由三个"力"字组成,有的下面还加上"口"字表示人口,也就是多人共同努力的意思,"协田"就是多人共同垦荒。

甲骨卜辞中见有王命令众人协田的内容,"(王)大令众人曰:'协田,其受年。'翻译过来就是"王命令众人说:'一起开垦田地,预期会带来丰收。'"可见商王为扩大农业生产,曾亲自下令组织大规模的垦荒活动。

对垦荒后土地的耕作,甲骨卜辞中用"耤",本章前文中讲过,"耤"是人持耒耕作的样子,甲骨卜辞中,"耤"后很少接田,即使有,也多以"旧"等字进行修饰,表示不是未经开垦的田。

田地经过开垦整理后,就可以种植作物了,甲骨卜辞中常用作物名称表示种植某种作物,如"贞王立黍,受年""王往致众黍"等。

种植后的田间管理是不可或缺的,商人用铲进行锄草、松土,以水渠引水进行灌溉,深切关注虫灾,祈求"宁🔣","🔣"应指蝗虫一类的害虫。

辛苦耕耘,终于到了收割的季节,甲骨卜辞中有"🔣""🔣""🔣""🔣"等字,"🔣"的左半部分是"禾"字,右上半部分是"辛"字的上半部分,表示将顶部除掉,右下半部分似镰刀的形状,禾的顶部就是穗,因此这个字表示收割农作物的穗。"🔣""🔣""🔣"是"利"字的甲骨文,从"禾",从"刀",刀割的部位接近于禾的根部,表示连禾秆一起收割。这两种收割方式在远古时期都存在,1978年在甘肃东乡林家马家窑文化遗址内的H9、H21两个窖穴内,发现捆扎成束的粟穗,应是直接收割穗头进行储存,待食用时进行脱粒;而连杆收割的禾稼不方便直接储存,就需要脱粒后再进行储存,磁山遗址出土的大批窖藏粟粒,就是脱粒后进行储存的。

商代的肉食主要来自两个方面：一是畜禽饲养，二是渔猎。

甲骨卜辞中的家畜有马、牛、羊、猪、犬、鹿等，家禽有鸡、鸭、鹅等。甲骨卜辞见有"✲""✲""✲"等字形，"✲"是牧羊，"✲"是牧牛，"✲"是牧马，这些字形都对应现代汉字的"牧"字。甲骨卜辞中还见有"✲""✲""✲""✲"等字形，"✲"是圈养羊，"✲"是圈养牛，圈的开口处有两竖表示牛羊进出的通道，这种设计可以防止牛羊拥挤将圈门损坏。"✲""✲"都表示圈养猪，这些字形对应现代的"家"字，在"别九州：仁政的'小时候'"一章中已经讲过，这里就不详述了。

为发展畜牧业，商代设有专门的牧场，甲骨文中见有"南牧""北牧""左牧""右牧""中牧"等，也有牧于某地的刻辞。与有主管种植业的官员一样，商代也设有牧官，这些官员被称作牧、亚牧、牧正等，此外还有专职管理某种家畜蓄养的官员，如牛正、牛臣、马小臣等。这些官员由王朝委任，并向商王汇报情况。商王有时也对牧场进行巡察，如卜辞中有"贞王勿往省牛于敦"，就是贞问王率众到敦地视察牧牛的情况。

畜牧业还为祭祀提供牲畜，商代的祭祀活动十分频繁，用牲量很大，多用牛、羊、猪、犬等牲畜。关于这个，在前文讲述祭祀的时候已经大致介绍了，没有发达的畜牧业很难提供稳定的牲畜供应。

畜牧业还为战争和农业提供畜力。在安阳殷墟发现有马坑和车马坑，马坑见有人马合葬和人马犬合葬，车马坑中既有战车也有代步乘车，多见两马驾一车和四马驾一车，可见马已经广泛用于战争和代步。前文中讲过王亥发明了用牛驾车运货，也是对畜力的应用。

渔猎是商人另一种获得肉食的方式，是对畜牧业的补充。甲骨卜辞中的狩猎方式有狩、焚、逐、阱、网、射等。"狩"字的甲骨文写作"✲"，金文写作"✲"，从"单"，从"犬"。"单"字的甲骨文写作"✲""✲""✲"，似猎叉一类的狩猎工具。"狩"的本义应是手持武器带着猎犬捕猎。"焚"字的甲骨文写作"✲""✲"，表示用火焚烧草木。"焚"作为一种捕猎方式应为焚烧草木驱赶猎物进行捕猎。

"逐"字的甲骨文写作"＊"，从"豕"，从"止"，表示追逐野猪。"逐"作为一种捕猎方式应为追逐猎物。"阱"字的甲骨文写作"＊""＊"，上半部分是"鹿"或"麋"字，下半部分表示陷阱。"阱"作为一种捕猎方式应为挖陷阱进行捕猎。"网"字在"少典之变：帝出东方"一章中讲过，是捕鸟、兽、鱼、鳖的工具。"网"作为一种捕猎方式，就是用网进行捕猎。"射"字的甲骨文写作"＊"，表示射箭。"射"作为一种捕猎方式就是用箭射击猎物。

　　甲骨卜辞中的这些狩猎方式既有单独使用的也有联合使用的，捕获的猎物包括虎、象、兕、鹿、豕、麋、狐、兔、鹰、雉、鱼等。有时捕获的数量很大，卜辞中见有在乙亥日用阱的方式一次捕获麋700头的记载，捕获鱼的数量更多，卜辞中见有在癸卯日捕获鱼3万条的记载。有时捕获的种类很多，卜辞中见有在乙未日用狩的方式一次捕获母虎2只、公虎2只、鹿21只、豕2只、麋127只、兔23只、雉7只的记载。

　　商代的捕猎活动非常普遍，并且经常是有组织地进行的，其中一些还是由商王亲自组织的。这种有组织的捕猎活动通常称为"田"，卜辞中言"田"而猎的有2700多条，占狩猎卜辞总数的一半以上。之所以称为田，应与捕猎的场所有关。前文说过，田是野外未经开垦的土地，商人在"田"中捕猎既有获得猎物和娱乐的目的，也有保护临近农田和便于垦荒的目的。由于捕猎活动特别是围猎需要多人合作进行，因此商王组织的田猎，客观上也有军事演习的效果。捕获的猎物除可食用外，兽骨、兽皮、兽筋等还为制造业提供了原料，可谓一举多得。

　　关于商代捕猎，有一个"网开三面"的故事，《史记·殷本纪》中记载："汤出，见野张网四面，祝曰：'自天下四方皆入吾网。'汤曰：'嘻，尽之矣！'乃去其三面，祝曰：'欲左，左。欲右，右。不用命，乃入吾网。'诸侯闻之，曰：'汤德至矣，及禽兽。'"

　　大致意思是：一天商汤外出游猎，看见郊野四面张着罗网，张网的人祝祷说："愿从天上来的，从地下来的，从四方来的，都进入我的罗网！"商汤听了说："哎，这样就把禽兽全部打光了！"于是把罗网撤去三面，让张网的人祝祷说："想往左边走的就往左边走，想向右边逃的就向右边逃。不听从命令的,就进我的罗网吧。"诸侯听到这件事,都说:"商汤真是仁德到极点了,就连禽兽都受到了他的恩惠。"这是商汤笼络诸侯的政治手段,不过却很生动地记载了用网捕猎的过程。

有饭有菜,有酒有肉,好像还缺了点味道。《尚书·说命》中有"若作和羹,尔惟盐梅","和羹"是美味的羹汤,"盐梅"自然就是调出这种羹汤的调料了。盐咸梅醋,从考古发现和古文献的记载来看,商代的调味品还可能包括香辛料花椒、甜味品饴糖等。

商代的饮食器具大致可以分为四类,除前面已经介绍的饮器外,还有炊器、食器、盛储器和餐具,从考古发现来看,主要材料为陶、木和青铜,陶器出土量较多,应为主要的日常使用器具。

炊具主要有鼎、鬲(lì)、甑(zèng)、甗(yǎn)等。

鼎,两耳,圆腹三足或方腹四足,分为有盖和无盖两种,腹下可生火,用于烹煮和盛放肉类,器形见图4-42和图4-43。可能是因为经常用来烹煮祭祀的牲畜,鼎后来上升为礼器,成为权力的象征。

图 4-42 后母戊鼎　　　　图 4-43 妇好圆鼎

鬲,一般为侈口(口沿外倾),有三个中空的足,便于炊煮加热,偶见四足,器形见图4-44。

甑,蒸食器,作用相当于蒸锅,使用时,与鬲通过镂空的箅(bì)相连,用来放置食物,利用鬲中的蒸汽将甑中的食物煮熟。多为圆形,有耳或无耳,器形见图4-45。

甗,蒸食器,是鬲和甑的组合,下半部分是鬲,上半部分是甑。器形见图4-46。

图 4-44　饕餮纹鬲　　　图 4-45　青铜汽柱甑　　　图 4-46　商兽面纹铜甗

食器主要有簋（guǐ）、豆等。

簋，用于盛放煮熟的食物的器皿，圆口，无耳或双耳，器形见图4-47。

豆，也是盛放煮熟的食物的器皿，圆底高足，上承盘体，器形见图4-48。

图 4-47　青铜兽面纹簋　　　　　图 4-48　白陶刻纹豆

簋、豆作为食器，与商代人的饮食息息相关，在很多和吃饭有关的字里都可以找到他们的影子。例如，"食"字的甲骨文写作"🥣"，金文写作"🥣"，上半部分是一张朝下的口，下半部分是装满食物的簋或者豆，表示人在食器上就餐；再如"飨"字，甲骨文写作"🥣"，金文写作"🥣"，左右两边是两个跪坐的人，中间是盛满食物的簋或者豆，表示二人或多人就餐。

盛储器主要有瓮、罐、壶、盘等。

瓮，主要用来盛水或酒，器形较大，圆腹，器形见图4-49。

罐的种类较多，用途也较多，功能主要有汲水、烧煮、储物等，典型器形见图4-50～图4-52。

图 4-49 商兽面纹十字孔青铜瓮 　　图 4-50 汲水罐

图 4-51 白陶罐 　　图 4-52 深腹罐

壶，盛酒器或盛水器，商朝有断面为扁圆形，深腹下垂，带扁方形贯耳和圈足的壶，也有长颈鼓腹的圆壶，器形见图4-53和图4-54。

图 4-53 目雷纹壶 　　图 4-54 兽面纹壶

盘，敞口，圈足，商代多无耳。盘主要用于盛水，商周时期宴前饭

后要行沃盥之礼，周代多与匜（yí）一起使用，用匜舀水浇手，用盘承污水。但从考古发现来看，殷墟出土的陶盘内有动物肢骨，商代或也用来盛放食物，器形见图4-55。

商代人在保留手抓进食习惯的基础上，已经开始使用餐具，出土的餐具有梠（sì）、匕、勺、斗、瓒（zàn）、箸等。餐具多由骨、角、木、青铜、玉等制成。

图4-55 妇好青铜盘

梠，扁条形或曲体形，前端有浅凹槽，用于掏取食物，器形见图4-56。

匕，与梠相似，不同之处在于柄和头有明显的分界，器形见图4-57。

图4-56 梠

图4-57 匕

勺，用于挹酒舀汤，商代的勺头多呈瓢形或半球形，勺柄从勺头的口缘部位引出，器形见图4-58。

斗，与勺相似，不同之处在于斗头多呈直筒形、鼓形或方形，较勺头深，斗柄从斗头的中部或下部引出，器形见图4-59。

图 4-58 勺

图 4-59 斗

瓒，与斗相似，江西新干大洋洲出土有实物，柄从瓒头底部向斜上引出，器形见图4-60。

箸，就是筷子。曾在殷墟出土青铜箸三双，器形见图4-61。

图 4-60 瓒 　　　　　　图 4-61 箸

此外，从考古发现来看，还有刀、叉等餐具。

由于祭祀和飨宴的原因，商代人对饮食器的质量和品位非常重视，饮食器成为祭祀和飨宴礼仪的一部分，成了礼器。这些礼器精工细作、纹饰繁复，有的还刻有铭文。透过这些器皿，我们仿佛看见了商人祭祀时的庄严肃穆和饮宴间的觥筹交错。

商人的聚居区称为邑，最大的邑自然是王邑，目前发现的商代王邑有四座，分别为商代前期的河南偃师商城、郑州商城，商代中晚期的河南安阳洹北商城、殷墟商城。其中以殷墟商城规模最大，为盘庚迁殷之所。

殷墟商城坐落于洹水南岸，初建面积约12平方千米，经历代增建，范围扩大到30平方千米。宫室宗庙区在洹水弯道南侧小屯村一带，面积近70万平方米，北面和东面依托洹水弯道，西面和南面挖有深壕，深壕北端与洹水连通，再东折通达洹水，构成宫室安全屏障。宫室宗庙区内分布有王宫、王庭、宗庙、祭祀场所及手工作坊、甲骨窖穴、居所、墓葬等建筑，著名的妇好墓就出土于这一区域。

在宫室宗庙遗址中，共发现建筑基址53座，分为甲、乙、丙三组，这些基址组合复杂，主次有别，主体建筑居中，附属建筑左右对应，聚为宏大而作用功能各异的建筑群体。甲组基址庄重繁华，有的屋内有灶，应为商王及附属臣僚的居所；乙组基址以北段高台聚焦，附近密布祭祀坑，应为宗庙朝堂建筑群；丙组基址大多有台无础，土台上残存有玉璧、人牲、兽牲、柴灰、燎牲、谷物、陶器、空坑等八种不同的祭祀遗迹，应为祭祀之所。甲组基址位于乙组基址北部，具有"前朝后寝"的功能配置。

殷墟考古发掘证实，宫殿建筑以土木材料为主，史册上称为"茅茨土阶""四阿重屋"式宫殿建筑风格。"茅茨"就是用茅草做的屋顶；土阶就是把土夯实，形成方方的高台，然后把建筑建造在上面。"四阿重屋"即指屋顶的形制为四面斜坡形、双重屋檐。殷墟宫殿夯土地基最厚的达3米左右，夯土台基高出地表1米左右，在其四周之上放置石柱础或铜柱础，柱础之上立木柱，并用梁、檩、椽（chuán）等相互纵横联结成"柱网结构"。网状的梁、檩再与版筑土墙相连，混为一体。房顶椽上盖芦苇编织物，其上置草拌泥，泥上压盖茅草。这样的建筑既坚固稳实又可防水御寒，对后世的建筑风格影响深远。妇好墓中出土有妇好青铜偶方彝，体呈长方形，中空，造型似一座宏伟的殿堂，房顶、屋椽、台基都很形象，应为仿照当时宫殿而造的器皿，器形见图4-62。

图4-62 妇好青铜偶方彝

殷墟宫殿宗庙遗址中还见有凹字形基址，包括北、南、西三排夯土建筑基址。三排建筑基址的整体呈凹字形，缺口向东，构成半封闭状的建筑群，似为四合院结构。基址内出土铜盉一件，鋬下有"武父乙"三字铭文，该铭文当指殷代国王武丁之父小乙。据此推测，该房基的年代不晚于武丁早期。

除了宫殿宗庙夯土基址外，殷墟遗址内还发现有铸铜、制玉、制骨、制陶作坊遗址。这些作坊很可能是当时的王室制器场所，甲骨文中见有"多工""百工"，应是这类手工业从业者。

宫殿宗庙遗址代表了商代官署的建筑风格，为上层人士的居所和活动场所，而普通民众自然是造不起这样的房子的。殷墟遗址西部发现有半地穴式建筑群，出土有大量生活器具，应为平民、奴隶的居所。

甲骨文中出现了名目繁多的建筑物名称，如宫、室、宗、宅、寝、穴、京、仓、廪、郭、户、门等。

"宫"字的甲骨文写作"𠆢"，金文写作"𠆢"，从"∩"，从"吕"。"∩"表示房顶斜向两边分开的房屋，"吕"是"吕"字的甲骨文，"吕"字在"别九州：仁政的'小时候'"一章中讲过，指人的脊椎，这里用来指如脊椎一样重叠的样子。"宫"字的本义是屋梁层叠的建筑群。

"室"字的甲骨文写作"𠆢"，金文写作"𠆢"，从"∩"，从"至"，是人到达的房屋，指房屋的内部，因此有房间、屋子的意思。

"宗"字在"别九州：仁政的'小时候'"一章中讲过，指供奉尊崇之物的房屋，可以是宗庙、神殿一类的建筑。

"宅"字在"尧是怎样炼成的：强者的责任与担当"一章中讲过，本义为测定农时建筑，后来引申为住所、房子。

"寝"字的甲骨文写作"𠆢"，金文写作"𠆢"，从"∩"，从"秝"。"秝"在"伏羲和女娲：'人面蛇身'成繁华"一章中讲过，表示抽穗成熟的农作物，农作物成熟，谷穗会下垂，"寝"字的意思是可以如成熟谷穗一样倒下的房间，就是睡觉的房间。

"穴"字的甲骨文写作"𠆢"，本义是指洞穴，商周时期也用来称呼前文提到的平民居住的半地穴式建筑。

"京"字在"别九州：仁政的'小时候'"一章中讲过，是有塔楼样屋顶的高耸建筑物。

"仓"字在"黄帝和他的大臣们：我们是有组织的"一章中讲过，是储存谷物的建筑物。

"廪"字在本章前文中讲过，指由土墩支起的尖顶建筑物，很可能是瞭望塔。

"郭"字在"别九州：仁政的'小时候'"一章中讲过，是城邑周边垒砌的城墙。

"户"字的甲骨文写作"日"，金文字形未找到，从字形上看，似单扇的门，商代平民住的"穴"多用单扇门。

"门"字的甲骨文写作"門"，金文写作"門"，从字形上看，似双扇的门，商代宫廷和贵族建筑多用双扇门。

总在家里窝着，不是商人的性格，商人喜欢行商、出游、征战，这就需要更好的道路和交通工具，商人为此做出了不懈努力，尤其是王邑内的道路系统，堪称典范。商代前期的都城偃师，城内道路纵横交错、主次相配，构成四通八达的交通网络。主干路宽阔平直，路面坚硬细密，夯土厚实，中间略鼓，两面稍低，便于排水，道路两边有木盖盖顶的石壁排水沟，主干路出城后还有宽4.5米的顺城路。洹北商城发现有路面宽度达8.35米的双向车道。殷墟商城发现有路面宽达10米以上，最宽处达24米的双向多车道，路面用碎陶片合土夯实，质地坚硬。可见，商代虽屡次迁都，但对王邑内的道路系统建设却始终保持着高标准。

商代还有以王邑为中心通向四面八方的官道，这些官道一方面是出于传达政令和征战的需要，另一方面也为全国各地乃至各方国之间的商贸和交流提供了基础设施。为了保障道路系统的安全畅通，商代在道路沿线建有兵站、驿舍等路政系统。

道路与交通工具是相互适应的，就如同我们现在称道路宽度为几车道一样，商代道路的宽度很可能是按照商代车的宽度设计的。从考古发现来看，商代车轨距离在2.2米左右，轴长3米左右，那么4.5米宽的道路应能容得下两辆车错行，属于双向二车道，10米宽的道路就相当于双向四车道了。商代的车为独辀车，所谓独辀车就是只有一根车杠的车，杠端有衡和轭用于套缚牛马，形制见图4-63。

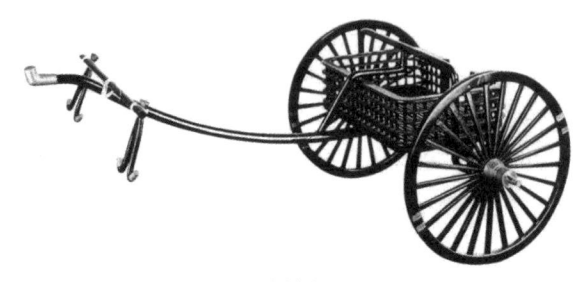

图4-63　独辀车（复原图）

　　因为是独辀，所以不可能以单马牵引，出土的商代车都是一车双马。这也可以从甲骨文和金文字形中得到佐证。"车"字的甲骨文写作"🚗"，金文写作"🚗"，一看就知道是独辀车。再看"辇"字，甲骨文写作"🚗"，金文写作"🚗"，为双人立于独辀车上。辀前衡和轭组成的轭套称为"两"，金文写作"🚗"，由于一个"两"内有两副轭，所以后来引申为两个。甲骨卜辞中见有"🚗"字，字形似把马拴在栅栏上，由于骑马出行，进入驿舍时要将马拴住，所以在甲骨卜辞中，这个字又表示驿舍。甲骨卜辞中还见有"🚗"，字形似把牛拴在栅栏上，在甲骨卜辞中，这个字经常用作量词。

　　商代的马车分为战车和乘用车，马车的制造工艺代表了当时最高的制造业水平，单是基础配件种类就有几十种，再加上制作时要考虑车的平衡性和舒适度等其他因素，制作起来相当复杂，正因如此，马车成为一种身份的象征，是上层社会的专享交通工具。出土的商代马车中，见有髹（xiū）漆彩绘，甚至镶有象牙宝石，可谓尽显奢华。商代的马车一般可乘坐2~3人。相对于马车，甲骨卜辞中显示的牛车数量更多，但是由于其主要用来运送货物，比较笨重，故而权贵们通常不用来作为陪葬物。

　　吃穿住行的内容至此已讲完，本章内容主要是围绕甲骨卜辞和出土文物展开的，力求还原一个真实的商代，多了些平实的记述，少了些大家耳熟能详的传奇。下一章说一说一个在逆境中砥砺前行并最终崛起的部族——周族。

周族的崛起：生民之族的天道选择

"周"字的甲骨文写作"囲""冊"，金文写作"囲""𠂤""田"。从字形上看，似在田亩上种满了庄稼，有的字形省略了中间表示庄稼的点，有的字形在下面加上"口"字，进一步强调解决吃饭问题。周族以"周"为名，正表明其以农业立族的特点。

周族的始祖叫弃，也叫后稷，在"传爻者：走得更稳"一章中曾有提及，传说是帝喾的长子，帝喾元妃姜嫄的儿子。当然，在"传爻者：走得更稳"一章中曾说过，静水认为姜嫄不是一个人，而是对最先归化的游牧部族或游牧部族领袖的称呼，弃也不是姜嫄的儿子，而是姜嫄部族的领袖。

传说中，弃的出生有一个传奇的故事。《史记·周本纪》中记载："姜原出野，见巨人迹，心忻然说，欲践之，践之而身动如孕者。居期而生子，以为不祥，弃之隘巷，马牛过者皆辟不践；徙置之林中，适会山林多人，迁之；而弃渠中冰上，飞鸟以其翼覆荐之。姜原以为神，遂收养长之。初欲弃之，因名曰弃。"大意是说：姜嫄在野外看见巨人的脚印，感觉很好奇，就踩了一下，于是便怀孕了。到了日子生下一个儿子，觉得不吉利，便把他扔到了狭窄的小巷，路过的牛马都躲避而不践踏；又扔到山林里，正巧当时山林里人很多；再扔到冰上，鸟飞过来用翅膀覆护他。姜嫄认为这太神奇了，便决定将他抚育长大。因为最初想要抛弃他，故将其取名为弃。

或许这才是远古：
古汉字承载的远古信息

《诗经·大雅·生民》是周人对其先祖的礼赞，开篇写道："厥初生民，时维姜嫄。生民如何？克禋克祀，以弗无子。履帝武敏歆，攸介攸止，载震载夙，载生载育，时维后稷。"传统观点认为这一段是写姜嫄神奇受孕的过程，特别是"履帝武敏歆"一句，认为是踩到帝的大脚趾印而有受孕的感应，这里"武"被解释为脚印，"敏"被认为同"拇"，即大脚趾，"歆"被解释为有所感应的样子。静水认为这样的解释有些牵强，还是看看用甲骨文原义如何解释吧，里面的大多数字在前文中都说过，翻译起来并不费劲。

"厥"是指生活困顿的蒙昧者；"初"字的本义为用刀制作衣服，穿上衣服是人类开始文明的标志，因此有开始文明的意思；"生"是指农作物的生长；"民"是指关注时令信息的人。"厥初生民"可以解释为：生活困顿的蒙昧者开始走向文明，种植农作物并成为关注时令信息的人。

"时"字的本义是太阳的运行，引申为时间、时令；"维"字的本义是拴、系。"时维姜嫄"可以解释为：那些时令信息与我们姜嫄部族密切相关。

"如"字的本义是对顺从者说话，有听从命令的意思；"何"是担负、承担的意思。"生民如何"可以解释为：从事农业生产活动的民众听从命令并承担责任。

"克"是虔诚接受天道的意思；"禋"字的甲骨文字形未找到，金文写作"禋"，从"示"，从"西"，从"土"，在"空间哲学：盘古有真相"一章中讲过，远古时期都是男人狩猎，女人采摘，"西"就是盛放采摘果实的包。"禋"字的本义应为对土里产出的东西进行祭祀，也就是对农业收获进行祭祀。

"祀"字的甲骨文写作"祀"，金文写作"祀"，从"示"，从"巳"，"巳"字在"从时间说起：天干地支考"一章中讲过，是指种子刚刚生根发芽的样子，"祀"字的本义为对刚刚生根发芽的种子进行祭祀，也就是对刚刚生长的农作物进行祭祀。春耕秋收，可以认为"禋"为秋祭，"祀"为春祭。"克禋克祀"可以解释为：虔诚地接受天道而进行秋祭，虔诚地接受天道而进行春祭。大家要知道，这种祭祀活动并不是迷信，而是表达对美好愿望的期许，并让民众们对农业生产充满虔敬之心。

"以"字表示先进的农业生产方式；"弗"从字形上看，是将两根棍子用绳子捆起来，有约束、矫正的意思；"无子"就是没有种子，也就是没有农业收获。"以弗无子"可以解释为：用先进的农业生产方式来矫正农业歉收的情况。

"履"字的甲骨文字形未找到，金文写作"🖼"，从"足"，从"页"，"页"字表示智者或领袖，加上"足"字表示跟随智者或领袖，因此有跟随、追随的意思。考虑到帝喾以及尧、舜和姜嫄部族的关系，这里的"帝"应指帝喾、尧和舜。"武"指军事行动。"履帝武"可以解释为：追随着帝进行军事行动。

"敏"字本义是抓住事物的本源，引申为快速、灵活。"歆"字的甲骨文和金文字形都未找到，篆文写作"🖼"，从"音"，从"欠"，"音"是声音，"欠"是人张大嘴巴的样子。"歆"字的本义应为大声地发出声音，这里指大声地发表意见。"敏歆"可以解释为：把握要旨而发出号令。

"攸"字是受教者的意思；"介"字的甲骨文写作"🖼"，金文写作"🖼"，是在"刀"的两边画上小点，表示用刀刻画分割，小点表示掉下的碎屑；"止"字表示行走、行动。"攸介攸止"可以解释为：为受教者划定界限，指导受教者如何行动。

"载"是装载、承载的意思。"震"字的甲骨文写作"🖼"，金文写作"🖼"，甲骨文字形从"辰"，从"止"，并在"止"的四周画上小点。在"从时间说起：天干地支考"一章中讲过，"辰"字本义是春分时节东方苍龙七宿完全展现在天际的星象，"止"字的四周加上小点表示在水中行走。"震"字的本义为春分时节，雨水渐丰，人们开始出行劳作。金文字形在"辰"的四周加上"雷"，进一步强调了春雷滚滚，春雷不仅震动了大地，也振奋了劳动人民的精神。

"夙"字的甲骨文写作"🖼"，金文写作"🖼"，字形似人双手持月，表示天未亮就劳动。"载震载夙"可以解释为：承担着唤醒人们在春分时节开始耕作和早起劳作的责任。

为何天未亮就要起来劳动呢？因为农时不等人，错过了农时就错过了收成。这句话是教导人们要辛勤劳作，不要懈怠。

在"黄帝和他的妃们：奇妙的部族融合之旅"一章中讲过，"育"字专指人产子。"载生载育"可以解释为：承担着使农作物生长和种族繁衍的责任。

"时维后稷"可以解释为：时令信息和我们的领袖后稷紧密相连。"后稷"就是前面提到的弃，是姜嫄部族的领袖，这里的"后"是对领袖的尊称。"稷"字的甲骨文和金文字形都未找到，篆文写作"耰"，从"禾"，从"田"，从"八"，从倒写的"止"，"八"表示分开，倒写的"止"表示倒着行走，右半部分的"田""八""止"加起来表示双腿分开倒着在田里劳作，倒着劳作是人插秧、翻地时经常采取的动作，这里代指农业劳动，加上"禾"字就是表示农业劳作产出的粮食。"稷"最开始应是粮食的通称，后来也专指某种农作物，现在说法不一。"后稷"就是掌管农业的领袖。

可能大家会有些疑惑，周族的族名明明是周，为什么又成了姜嫄？原因很简单，姜嫄是帝喾对周族的称呼，或者说姜嫄是帝喾封的，相当于周族是归顺的游牧部族的老大。当然，周族那时可能也不叫"周"，"周"是他们从事并精通农业生产后对自己的称呼，义为精通农业生产的部族。而这个开创了周族的人便是当时的领袖——弃，因为其精通农业，被后来的尧举为"农师"，被舜任命为后稷。后稷作为各"姜"族的老大，不遗余力地推广农业，这也正是这首诗所颂扬的内容。

《诗经·大雅·生民》开篇便说，人们从蒙昧走向文明，进行农业生产，要依照时令行事，而这个时令信息与我们姜嫄部族是密切相关的。姜嫄既然是帝喾任命的"姜"老大，当然也是直接接受帝所授时令之箭的人，其他的"姜"们要通过姜嫄接受时令信息，有了这个时令信息，人们才能依农时耕作。

接着诗中描述了"姜嫄"是如何发挥领导作用的。他发布号令让民众承担起责任；他号召民众遵循天道并对农业生产表达虔敬之心；他指导人们使用先进的农具提高产量；他跟随着帝征战并发布号令；他为受教者订立规矩并指导他们的行动；他教导人们不要惰怠，辛勤劳作；

他告诉人们要承担起农业生产和种族繁衍的责任；他就是姜嫄部族的领袖——后稷。

通过用甲骨文原义来解释这段诗，我们可以发现这段诗根本就不是写姜嫄如何怀孕而产下弃的。我们的祖先是在发自内心地歌颂自己的先祖，而不是为自己先祖的来路不明找一个冠冕堂皇的理由。

《诗经·大雅·生民》告诉我们的远不止这些，诗中接着写道："诞弥厥月，先生如达。不坼不副，无菑无害，以赫厥灵。上帝不宁，不康禋祀，居然生子。"

"诞"字在"别九州：仁政的'小时候'"一章中讲过，是言语远播的意思，这里是指"姜嫄"部族对其他"姜"们的训导远播。"弥"字的甲骨文字形未找到，金文写作"🦴"，篆文写作"🦴"，从"弓"，从"尔"。"弓"是用于发射箭矢的武器，"尔"字在"别九州：仁政的'小时候'"一章中讲过，本义是支开的网，"弓"支开就是指弓拉满的状态，这里用弓拉满来比喻训导扩散，这里可以解释为弥散。"厥"是指困顿未开化的部族，"月"就是月亮。"诞弥厥月"可以解释为：后稷的训导如月光般在未开化的部族中弥散。

"先"字的本义是指前行的人，引申为时间在前面、次序在前面等义。"生"字指农作物的生长。"如"字指听从命令的人。"达"字的甲骨文字形未找到，金文写作"🦴"，"🦴"是"羊"字，"🦴"表示在路上行走，"🦴"是"草"字的简写，"达"字的本义为羊在路上行走到有草的地方，有到达的意思。"先生如达"可以解释为：最先开始从事农业生产的人听命到达。

"坼"字的甲骨文和金文字形都未找到，篆文写作"🦴"，从"土"，从"斥"。"斥"字的甲骨文和金文字形也都未找到，篆文写作"🦴"，由广字头和倒写的"大"字组成，广字头表示一定的范围，倒写的"大"字表示不服从、分裂。"斥"字的本义是在一定范围内裂开。加上"土"字就是指土在一定范围内裂开，因此有土地干涸龟裂的意思。

"副"字的甲骨文和金文字形都未找到，篆文写作"🦴""🦴"，从"畐"，从"刀"。"畐"字的甲骨文字形未找到，金文写作"🦴"

"囧",从字形上看,似刻有纹路的"酉","酉"是储物的罐子,加上"刀",就是指用刀将"酉"剖开,有的字形是在两个"酉"之间加上刀,进一步表明一分为二,将储物的罐子剖开,自然就是不打算再用了,也就是没有需要储藏的物资,这里指物资短缺。"不坼不副"可以解释为:土地不再干涸龟裂,物资也不再短缺匮乏。

"菑"字的甲骨文和金文字形都未找到,从现代字形上看,似在田上长满草,《说文解字》中解释为"古文从田,巛声,小篆又加草耳。不耕田者,不耕而才耕之田也"是有道理的。"害"字在"尧说:破土而出的政治智慧"一章中讲过,字形似在伸出的舌头上割一刀,应为古代的一种割舌刑罚,引申为伤害的意思。"无菑无害"可以解释为:没有荒废的土地,没有残酷的伤害。

"以"字是指先进的农具,这里指先进的耕作方式。"赫"字的甲骨文写作"♠",从字形上看,似正立的人双手各提着一堆火,双手拿着熊熊燃烧的火焰,自然吸引眼球,因此"赫"字有明显、显著、盛大的意思。"灵"字通常被认为是"靈"字的简体字,但是这两个字的字形实在是相差太大,其实上"ヨ"下"火"的"灵"字自古就有,《广韵》中注"灵,小热貌",上面的"ヨ"是"又"字的变体,表示用手抓取,"灵"字的本义应为用手抓取火,相对于"赫"的双手持火,"灵"自然就甘拜下风了。"以赫厥灵"可以解释为:先进的耕作方式相对于落后的生产方式取得了显著的成效。

"上帝"在"商人的世界:玄鸟之玄"一章中讲过,是指左右自然和社会现象的规律的统称。"宁"字在"别九州:仁政的'小时候'"一章中讲过,是安定、安宁的意思,这里指不是居有所常。"上帝不宁"可以解释为:上帝并非居有所常。

"康"字的甲骨文写作"羔",金文写作"甫",上半部分是双手持杆,下半部分是两排点。"康"表示用农具击打谷物去除谷壳的过程,后来引申为谷糠,因为去除谷壳人们就能更好地享用谷物,因此引申为安宁、安乐、健康,这里是指粮食充盈而带来的安乐。"不康禋祀"可以解释为:不会因为我们进行禋祀之祭而粮食充盈、生活安乐。

在"商人的世界:玄鸟之玄"一章中讲过,商人很少对"帝"进行祭祀，而是对"帝臣"进行祭祀，在他们的认识里，"帝"代表的规律不会因人的祭祀而改变，"姜嫄"部族要上溯到帝喾时期，可见这种认识起源更早于商代。这使我想起了《道德经》中的一句话——"天地不仁，以万物为刍狗"，这句话是说：天地并不居于常态，他对待万物就如对待用草扎出的狗一样平等无差。老子的思想和周族先祖的认识可谓一脉相承。

既然"禋祀"不能带来"康"，那么什么能带来呢？诗中接着给出了答案。这个答案就是"居"。"居"字的甲骨文字形未找到，金文写作"居"，上半部分是安坐的人，下半部分是"古"字。"古"字在"《书》到用时方恨少：读真《书》与真读《书》"一章中讲过，是天干所言，也就是天道的意思。安坐在天道上，就是安守天道的意思。

"然"字的甲骨文字形未找到，金文写作"然"，从"肉"，从"火"，从"犬"，从字形上看，可以理解为带着猎犬在火上烤肉，有安然惬意的意思。"居然生子"可以解释为：安守天道才能安然惬意，才能使农作物生长成熟。

接下来诗中用大篇幅记述了"诞"的具体内容。原文如下：

诞寘之隘巷，牛羊腓字之。诞寘之平林，会伐平林。诞寘之寒冰，鸟覆翼之。鸟乃去矣，后稷呱矣。实覃实訏，厥声载路。

诞实匍匐，克岐克嶷，以就口食。蓺之荏菽，荏菽旆旆，禾役穟穟，麻麦幪幪，瓜瓞唪唪。

诞后稷之穑，有相之道。茀厥丰草，种之黄茂。实方实苞，实种实褎。实发实秀，实坚实好，实颖实栗。即有邰家室。

诞降嘉种，维秬维秠，维糜维芑。恒之秬秠，是获是亩；恒之糜芑，是任是负。以归肇祀。

诞我祀如何？或舂或揄，或簸或蹂；释之叟叟，烝之浮浮；载谋载惟，取萧祭脂，取羝以軷；载燔载烈，以兴嗣岁。

卬盛于豆，于豆于登。其香始升。上帝居歆。胡臭亶时。后稷肇祀，庶无罪悔，以迄于今。

"寘（zhì）"字的甲骨文和金文字形都未找到，篆文写作"圚"，从"网"，从"直"。"直"字的甲骨文写作"丨"，金文写作"㿠"，就是"德"字路中间的那只眼睛，"德"是选定方向前行，"直"是选定方向，加上"网"，就是选定方向撒网，这里是指"诞"所投向的领域。

"隘"字的甲骨文和金文字形都未找到，篆文写作"隘""𨺅"，前一个字形从"阜"，从"益"，"阜"指山地，"益"指溢出，所以"隘"是指山地中的溢水道，也就是山谷、山涧。后一个字形左右是山地，中间是口和两条尾巴，表示两山间野兽通过的隘口。

"巷"字的甲骨文和金文字形都未找到，篆文写作"𨙵"，两边是"邑"，表示聚居地，中间是"共"，表示共同，"巷"字表示聚居地中人们共同使用的道路，这里表示人类居住地附近。"诞寘之隘巷"可以解释为：教导人们如何在山间谷地和人类居住地附近耕种。

"腓"字的甲骨文和金文字形都未找到，篆文写作"腓"，从"肉"，从"飞"。"飞"字的金文写作"飞"，是两只翅膀的形状，"腓"是指像翅膀形状的肉，也就是小腿肉。"字"字的甲骨文字形未找到，金文写作"字"，"字"的本义是腹中有子，可理解为怀孕，这里是指牛羊垂下的腹部。"牛羊腓字之"可以解释为：牛羊的小腿和垂下的腹部。

在隘巷耕种与牛羊的小腿和垂下的腹部有什么关系呢？因为隘巷本就狭窄，又是牛羊通过的路径，很可能践踏到庄稼，小腿和垂下的肚子就是指容易损坏庄稼的部位。这句话可以更直观地解释为：要注意不要让牛羊等牲畜践踏到庄稼。

"平"字在"尧说：破土而出的政治智慧"一章中讲过，本义是平复历法，引申为不倾斜、无凹凸。"林"字的甲骨文写作"林"，金文写作"林"，由两个"木"字组成，指树林。"平林"是指平地的树林。"诞寘之平林"可以解释为：教导人们如何在平地的树林中耕作。

"会"字在"别九州：仁政的'小时候'"一章中讲过，是聚集的意思；"伐"是砍伐的意思。"会伐平林"可以解释为：聚集起来砍伐平地的树木。是啊，平坦的林地虽然土质好，但是都长着树木，不把树木砍掉怎么耕种呢？

"寒"字的甲骨文字形未找到，金文写作"㝢"，上半部分表示人在房间内并在四周铺上草进行御寒，下半部分的两横表示结冰的水，"寒"字是寒冷的意思。"冰"字的甲骨文字形未找到，金文写作"冫"，左边表示流动的水，右边表示凝固，指水凝固。"诞寘之寒冰"可以解释为：教导人们在寒冷的季节该如何做。

"覆"字的甲骨文和金文字形均未找到，篆文写作"覆"，上半部分像扣着的罩盖，下半部分是"复"字。"复"字的甲骨文写作"𡕒"，金文写作"𡕒"，从"郭"，从"止"，"郭"表示城墙，"止"是倒着写的，表示向回走，"复"字的本义应为返回城池。"覆"字就是罩盖返回，也就是用盖子盖上，因此有遮盖、蒙的意思。"鸟覆"是像鸟那样覆盖，是指鸟卧在鸟巢里孵蛋的样子，这里用来形容从事祭祀活动时小心恭谨的样子。

"翼"字的甲骨文字形未找到，金文写作"翼""翼"，从字形上看，似一个戴着面具正立的人，此人头插羽毛，双足分开，双臂举起，双手摊开，这装扮一看就是在从事祭祀活动，或许是因为披上羽装张开双臂的动作状如鸟张开双翅，"翼"字后来引申为翅膀。"鸟覆翼之"可以解释为：要像鸟孵蛋那样小心恭谨地从事祭祀活动。冬季是农闲季节，人们有大把的时间，正好进行祭祀活动。

"乃"字是全部、都、总的意思。"去"字在"别九州：仁政的'小时候'"一章中讲过，本义是大人管理人口，引申为从己方到另一方，这里用引申的意思。"鸟乃去"是指鸟一起离去，这里指如同鸟一起离开鸟巢那样迅速采取行动。"矣"字的甲骨文字形未找到，金文写作"矣"，从"丩"，从"矢"。"丩"字的甲骨文写作"丩"，似绳丝缠结之状，有缠绕之义。下面的"矢"字上面带着一个圆点，表示令箭。"矣"字义为缠绕着令箭，表示迅速箭行事。"鸟乃去矣"可以解释为：如同鸟一起离开鸟巢那样迅速采取行动。

"呱"字的甲骨文和金文字形都未找到，篆文写作"呱"，从"口"，从"瓜"。"瓜"字的甲骨文未找到，金文写作"瓜"，似藤蔓上结着的瓜。"呱"字是指嘴巴张得像瓜一样形状的样子，表示大声呼喊、号召。"后稷呱矣"可以解释为：后稷号召民众迅速行事。这里进一步交代了后稷的地位，他是号召大家依帝令行事的人。

"实"字的甲骨文字形未找到，金文写作"⬚""⬚"，"⌒"表示房屋，"⬚"表示种上农作物的田地，"⬚"是"鼎"字，鼎是远古时期的主要烹煮器具之一。有房住，有地种，有锅吃饭，这是一派农耕文明安居乐业的景象。

"覃"字甲骨文字形未找到，金文写作"⬚"，"⬚"是西字，表示物资，"⬚"表示某种敞口尖足的器皿。"覃"字表示器皿里放满了物资，有物资丰足义。"吁"字的甲骨文和金文字形都未找到，篆文写作"⬚"，从"言"，从"于"。"于"的字形似榫卯结构，表示紧密结合、适合、适当。"吁"字是言语恰当、没有争执的意思。"实覃实吁"可以解释为：安居乐业使得物资丰腴，安居乐业使得民众和睦。

"厥"表示困顿蒙昧的人。"声"字的甲骨文写作"⬚"，"⬚"表示手拿锤棒击打乐器，"⬚"是"耳"字，表示听，"⬚"是"口"字，表示口中发出的声音，"声"字是指乐器、话语等耳朵能听到的声音。"载"是承载的意思。

"路"字的甲骨文字形未找到，金文写作"⬚"，从"足"，从"止"，从"口"。"足"强调是脚踩的，"止"表示行走，"口"表示人口，"路"字本义是人们行走的道路。"厥声载路"可以解释为：困顿蒙昧者欢欣的鼓乐和赞扬声充满了道路。

"匍"字的甲骨文字形未找到，金文写作"⬚"，是在"甫"字的外面加上弯曲的手臂，在"别九州：仁政的'小时候'"一章中讲过，这个弯曲的手臂表示在一定范围内，"甫"字是人工种植花草或草本农作物的意思，"匍"字是在一定范围或特定区域种植草本农作物的意思。

"匐"字的甲骨文和金文字形都未找到，篆文写作"⬚"，"畐"字本章前文中讲过，字形似储物的罐子，在外面加上弯曲的手臂，表示在一定范围内储存所获。因草本植物植株较矮，有些还有贴地生长的藤蔓，因此"匍匐"后来引申为爬行。"诞实匍匐"可以解释为：教导人们如何在特定区域种植草本农作物并储存所获，以安居乐业。

"克"是虔诚接受天道的意思。"岐"字的甲骨文和金文字形都未找到,篆文写作"岐",从"山",从"支",表示山地产出或有所产出的山。

"嶷(yí)"字的甲骨文和金文字形都未找到,篆文写作"嶷",从"山",从"疑","疑"字在"别九州:仁政的'小时候'"一章中讲过,有迟疑、疑惑、不知所往的意思,加上"山"字,就是令人疑惑、不知所往的山。"克岐克嶷"可以解释为:在有所产出的山区虔诚地接受天道,在令人疑惑、不知所往的山区也要虔诚地接受天道。从这句话来看,"匍匐"所说的一定范围内应指山区。

"就"字的甲骨文字形未找到,金文写作"就",从"又",从"京"。"京"是有塔楼样屋顶的高耸建筑物,"就"的本义应为修建"京",引申为从事、靠近等义。"食"字的甲骨文写作"食",金文写作"食",上面是口,下面是装满食物的器皿,"食"字义为吃东西。"以就口食"可以解释为:用先进的农业生产方式解决人们的吃饭问题。

"蓺(yì)"字的甲骨文写作"蓺",金文写作"蓺",从字形上看,似人双手拿着植物幼苗。"蓺"字可以解释为精心种植、培育。"荏"是一种一年生草本植物,种子通称"苏子",可榨油,嫩叶可食,亦称"白苏",可生吃,气味香,主要分布在陕西、甘肃、宁夏等地区。"菽"是豆类植物的总称。"蓺之荏菽"可以解释为:精心地种植荏菽。

"旆(pèi)"字的甲骨文和金文字形都未找到,篆文写作"旆",本义是古代旌旗末端形如燕尾的垂旒,这里用来形容荏菽挂满果实的样子。"荏菽旆旆"可以解释为:荏菽挂果如垂旒。

"役"字的甲骨文写作"役",金文字形未找到,从甲骨字形上看,似手持皮鞭抽打人,因此有役使之义,这里是指像挥动皮鞭一样在风中摇曳的禾穗。"穟(suì)"字的甲骨文和金文字形都未找到,篆文写作"穟",从"禾",从"遂"。"遂"字的甲骨文字形未找到,金文写作"遂",表示手里拿满东西(甚至还有漏出的)行走。"穟"字就是禾拿满了东西行走,这里是指禾穗饱满的样子。"禾役穟穟"可以解释为：种植禾谷，禾穗饱满沉甸甸。

"麻"字的甲骨文未找到，金文写作"𢈼"，从字形上看，"厂"表示山崖，"丫"表示植物的茎秆，"]{"表示分开，"麻"是指生长在山崖边皮与茎容易分离的植物，也就是现在所称的麻类植物，包括亚麻、苎麻等，茎皮纤维通常亦称"麻"，可用来制绳、织布。

"麦"是指麦子。"幪（méng）"字的甲骨文和金文字形都未找到，现代字形从"巾"，从"蒙"。"蒙"字的甲骨文写作"𠔼"，字形上半部分似帽子的形状，下半部分是"隹"字，"隹"字在"尧说：破土而出的政治智慧"一章中讲过，表示驯化的鸟，"蒙"和"维""唯"一样，也是表示驯化鸟的过程，古人驯化刚捕获的鸟兽，通常将它们的眼睛罩住，以避免它们看到陌生环境而恐惧挣脱，后来引申为遮盖、未开化、愚昧等义。加上"巾"表示用巾遮盖。"幪幪"在这里形容麻麦生长茂密，遮人视线的样子。"麻麦幪幪"可以解释为：种植麻麦，麻麦茂密遮人眼。

"瓞（dié）"字的甲骨文和金文字形都未找到，篆文写作"瓞"，是在"瓜"字的旁边画上弯曲的曲线，应指瓜蔓上结满了瓜。"唪（fěng）"字的甲骨文和金文字形都未找到，篆文写作"唪"，从"口"，从"奉"。"奉"字在"别九州：仁政的'小时候'"一章中讲过，本义为恭敬地用双手持捧。加上"口"表示双手拢在嘴边大声呼喊，这里指对"瓜瓞"的大声赞叹。"瓜瓞唪唪"可以解释为：种植瓜儿，瓜蔓结瓜令人叹。

这一段讲述了后稷教导大家在山地丘陵地区种植草本农作物，以解决人的口粮的过程，种植的植物包括苴、荏、禾、麻、麦、瓜，都取得了大丰收。

"穑（sè）"字的甲骨文和金文字形都未找到，篆文写作"穑"，从"禾"，从"啬"。"啬"字的甲骨文写作"𠶷""𤲸"，金文写作"𠷎"，上半部分是"禾"或者"来"，表示谷类作物，下半部分似储存谷物的仓库，"啬"字应为仓储谷物的意思。"啬"字应为"穑"字的本字，后来加上"禾"，进一步强调是对谷类农作物进行仓储。"诞后稷之穑"可以解释为：后稷教导人们如何去获得并仓储谷物。

"相"字的甲骨文写作"[甲]""[甲]"，金文写作"[金]"，从"目"，从"木"，本义是观察树木，引申为观察。"道"字在"别九州：仁政的'小时候'"一章中讲过，造字本义为在路口选择行走的方向或者引领他人选择方向。"有相之道"可以解释为：通过观察去选择正确行动方向。

"茀（fú）"字的甲骨文和金文字形都未找到，篆文写作"[篆]"，从"草"，从"弗"。"弗"字是捆束的意思，"茀"字表示把草捆束，这里指清除杂草。"丰"字在"传爻者：走得更稳"一章中讲过，是指土埂上高耸的树木。

"茀厥丰草"直译为：清除蒙昧人们的树木和杂草。这里有双关义，对于采猎游牧文明，杂草和树木是放牧和采摘的必需品；但对于农耕文明，却是开垦田亩必须除去的障碍，这里用树木和杂草比喻厥人心中杂草树木一样不正确的观念。这句可以解释为：清除蒙昧者心中如杂草般滋生的不正确观念。

"种"在"别九州：仁政的'小时候'"一章中讲过，是种植的意思。"黄"字在"黄帝和他的妃们：奇妙的部族融合之旅"一章中讲过，是携带天道信息的令箭，颁布这种命令是帝的专有权力，因此也可以理解为帝的命令。"茂"字的甲骨文字形未找到，金文写作"[金]"，从"草"，从"伐"，表示砍去茂密的杂草，这里用来比喻坚决去除原有的不正确观念。"种之黄茂"可以解释为：种植下接受帝令并坚决去除原有的不正确观念的信念。

解决了态度问题，就要开始实际操作了，这个操作的总体原则就是"实"。"实"字在本章前文中讲过，是指有房住、有田种、有锅吃饭的农业文明生产生活状态，即所谓的安居乐业。

"方"字在"黄帝和他的妃们：奇妙的部族融合之旅"一章中讲过，本义是用刀加工，因为人们会依据用刀刻画的线条区分方位，所以引申为一边、一面、方向，这里是指划分方位。"实方"可以解释为：（实现）安居乐业需要所行有方。

"苞"字的甲骨文字形未找到，金文写作"[金]"，篆文写作"[篆]"，从"草"，从"包"。"包"字的甲骨文写作"[甲]"，金文写作"[金]"，形似被胎膜包裹的胎儿。加上"草"字表示植物含苞待放的样子。"实苞"可以解释为：（实现）安居乐业需要知道如何孕育籽实。

"实种"可以解释为：（实现）安居乐业需要知道如何耕种。

"褎（xiù）"字的甲骨文和金文字形都未找到，篆文写作"褎""褎"，从"衣"，从"又"，从"禾"，字形似穿着衣服采摘禾。"实褎"可以解释为：（实现）安居乐业需要知道如何采收作物。

"发"字在"别九州：仁政的'小时候'"一章中讲过，本义应为双足向前奔跑投掷标枪或套索，引申为放、射、散开、开始行动等义。"实发"可以解释为：（实现）安居乐业需要知道如何开始行动。

"秀"字的甲骨文和金文字形都未找到，篆文写作"秀"，从"禾"，从"乃"。"乃"字之前讲过，是套索的形状，"秀"本义应为捆束起来的禾，禾捆成捆，表示收成后的谷物。"实秀"可以解释为：（实现）安居乐业需要知道如何捆扎谷物。

"坚"字的甲骨文字形未找到，金文写作"坚"，篆文写作"坚"，从"臣"，从"又"，从"土"。这个字和"贤"字有些相似，不同之处是将"贤"字下面的"贝"换成了"土"，"贤"字在"别九州：仁政的'小时候'"一章中讲过，是指能够获取财物的大臣，"坚"字应为能够管理土地的大臣。"实坚"可以解释为：（实现）安居乐业需要能够管理土地的大臣。

"好"字在"别九州：仁政的'小时候'"一章中讲过，从"女"，从"子"。"女"表示文明人，"子"表示孩子，表示文明人的繁衍。"实好"可以解释为：（实现）安居乐业需要我们进行种族繁衍。

"颖"字的甲骨文和金文字形都未找到，篆文写作"颖"，从"采"，从"页"。"采"表示采摘，"页"字字形似长着大脑袋的人，通常表示智者，"颖"字可理解为精通农业采收的智者，引申为聪明。这里表示精通农业采收的智者。"实颖"可以解释为：（实现）安居乐业需要精通农业采收的智者。

"栗"字在"别九州：仁政的'小时候'"一章中讲过，本义为栗子树，因为栗树果实外生刺，如人恐惧、激动时毛发竖起的样子，因此引申为恐惧、发抖，这里指小心谨慎、诚惶诚恐的样子。"实栗"可以解释为：（实现）安居乐业需要保持戒惧之心。

"即"字在"尧说：破土而出的政治智慧"一章中讲过，是指人进食。"邰"在"传爰者：走得更稳"一章中讲过，意思是从事农耕者的城邑。"家"字在"别九州：仁政的'小时候'"一章中讲过，指人的固定居所，这里指家庭。"室"字在"商人的世界：玄鸟之玄"一章中讲过，指房屋的内部，有房间、屋子的意思。"即有邰家室"可以解释为：解决了吃饭问题就会拥有城邑、家庭和房屋。

"降"字在"尧说：破土而出的政治智慧"一章中讲过，本义是从高处向下走，引申为从高往低，这里是指播种时种子由上往下落的过程。"嘉"字在"别九州：仁政的'小时候'"一章中讲过，本义是分配农业收获，因为这个过程充满喜悦，因此引申为美、善、吉庆、喜庆等义。"诞降嘉种"可以解释为：教导人们如何播种能够带来丰收的农作物。

这些能带来的丰收的农作物包括秬（jù）、秠（pī）、穈（mén）、芑（qǐ）。"维秬维秠，维穈维芑"直译为：这些是和秬、秠相联系的，这些是和穈、芑相联系的。可以更通俗地解释为：要种下秬、秠，要种下穈、芑。

"恒"字的甲骨文字形未找到，金文写作"　"，左边是"心"字，右边是在"月"字的上下各画上两横，表示月亮的升落，由于月亮的升落运动是恒常不变的，因此引申出恒常的意思，加上"心"字，表示心恒常不变。"恒之秬秠"可以解释为：持之以恒地去种植秬、秠。

"是"字的甲骨文字形未找到，金文写作"　""　"。前一个字形由"☉""＋""↙"组成。"☉"是"日"字；"＋"是"七"字，表示春分时节；"↙"是"止"字，表示行走。后一个字形在"七"的一端画上手，表示抓取。"是"字的本义应为在春分时节开始行动。因为春分时节天气转暖，雨水渐丰，正是着手耕种的最佳时机，因此"是"字有适合、认为对等义，这里表示按节令行事。

"获"字的甲骨文写作"　"，金文写作"　"，字形似用手抓住鸟，有得到、猎获禽兽的意思。"亩"字的甲骨文字形未找到，金文写作"　"，从"田"，从"每"。"田"字在"黄帝和他的大臣们：

我们是有组织的"一章中讲过，指野外的土地。"每"字在"别九州：仁政的'小时候'"一章中讲过，是在"母"字的头上加上一株生长的植物，表示植物生长之源。在"每"字的基础上加上"田"，表示刚刚长出农作物的田地，也就是荒地刚刚变为农田。"是获是亩"可以解释为：按时令行事就会有所收获，按时令行事就会使荒地变为良田。

"恒之糜苣"可以解释为：持之以恒地种植糜、苣。

"任"字在"别九州：仁政的'小时候'"一章中讲过，指对人的任用。"负"字在"别九州：仁政的'小时候'"一章中讲过，指人携带着钱币。"是任是负"可以解释为：按时令行事就能正确用人，按时令行事就能获得财富。

"归"字的甲骨文写作"🧿"，金文写作"🧿"，由"🧿""🧿"组成。"🧿"是"师"字，本义是排列整齐的籽实。"🧿"表示成熟的谷物。"归"字本义为成熟谷物的籽实，成熟谷物的籽实是要被收获归仓的，所以后来引申为归集、返还等义。

"肇"字的甲骨文字形未找到，金文写作"🧿"，由"🧿""🧿""🧿"组成。"🧿"是"户"字的金文，表示单扇的门，由于远古时期普通人家的住宅多为单扇门，所以"户"字引申为人家；"🧿"表示教化；"🧿"表示手拿起笔书写。"肇"字的本义是用笔启发、教化普通民众，这里可以解释为启迪民智。"以归肇祀"可以解释为：先进的农业生产方式带来的丰硕成果启迪了民智并以虔敬之心进行祭祀。

"如何"表示听从命令并承担责任。"诞我祀如何"可以解释为：教导人们如何在祭祀过程中听从命令并承担责任。

"或"字在"别九州：仁政的'小时候'"一章中讲过，表示有护墙和武力保护的城邑。"舂"字的甲骨文写作"🧿"，金文写作"🧿"，字形似双手持杵在石臼中舂米。"揄"字的甲骨文和金文字形都未找到，篆文写作"🧿"，从"手"，从"俞"。"俞"字在"尧说：破土而出的政治智慧"一章中讲过，本义为顺水行舟，引申为顺利、快速。加上"手"，表示手部轻快的动作，应该是指某种轻扬手臂的劳动动作，可能是舀米。"或舂或揄"可以解释为：在安全的城邑里舂米，在安全的城邑中舀米。

"簸"字的甲骨文和金文字形都未找到，篆文写作"𫸊"，从"竹"，从"其"，从"又"，表示用手端着竹簸箕颠动，指用簸箕颠动米粮，扬去糠秕和灰尘。"蹂"字的甲骨文和金文字形都未找到，篆文写作"𫸋"，从"足"，从"柔"。"柔"字的甲骨文和金文字形也都未找到，篆文写作"𫸌"，从"矛"，从"木"，是指装着木柄的矛。"柔"字加上"足"字，是指足部像矛那样戳点的动作，就是用脚踩踏，这里应指某种劳动动作，很可能是酿酒时脚踩制曲的过程。"或簸或蹂"可以解释为：在安全的城邑中簸谷扬糠，在安全的城邑中脚踩制曲。

"释"字在"别九州：仁政的'小时候'"一章中讲过，本义是指通过观察将适合的羊选出来，有拣选的意思，这里指祭祀时选取用牲的过程。"叟"字在"别九州：仁政的'小时候'"一章中讲过，是搜索的意思。"叟叟"用来形容选取祭祀用牲时快速敏捷的样子。"释之叟叟"可以解释为：捉取用牲急匆匆。

"烝"字在"尧说：破土而出的政治智慧"一章中讲过，是蒸煮的意思。"浮"字的甲骨文字形未找到，金文写作"𫸍"，从"水"，从"孚"。"孚"是指鸟孵卵。"𫸍"是指鸟像孵卵那样漂浮在水面，有漂、游荡的意思。"浮浮"是指蒸汽浮动的样子。"烝之浮浮"可以解释为：蒸煮食物热腾腾。

"载"字在"尧说：破土而出的政治智慧"一章中讲过，是承载的意思，这里形容如同承载在车上的货物或人一样聚在一起。"谋"字在"别九州：仁政的'小时候'"一章中讲过，是设法求得的意思。"惟"字在"别九州：仁政的'小时候'"一章中讲过，是响应、契合的意思。"载谋载惟"可以解释为：人们一起谋划，彼此契合。

"取"字的甲骨文写作"𫸎"，金文写作"𫸏"，字形似用手揪着耳朵，这可能和远古时期的获胜者通常把战败者或死者的耳朵割下的行为有关，因此有捕、拿、斩获敌人首级等义。

"萧"字的甲骨文和金文字形都未找到，篆文写作"𫸐"，从"草"，从"肃"。"肃"字的甲骨文字形未找到，金文写作"𫸑"，上半部分是用手拿着笔，下半部分是在"亚"字的中间点上两个点。

"亚"字在"商人的世界：玄鸟之玄"一章中讲过，是居于四周的意思，在中间点上两点，就是指四周的中间，也就是中部。"肃"字的本义是在中间书写，在中间书写的是重要的话，因此引申为恭敬、庄重、严正。在"肃"字上加上"草"，就是指庄重的草，这里是指祭祀时用的草，古代祭祀时要用专门的草，比如周天子就曾让楚国专门进贡用于祭祀的包茅。

"祭"字在"商人的世界：玄鸟之玄"一章中讲过，本义是手拿着生肉进行祭祀。"脂"字的甲骨文和金文字形都未找到，篆文写作"脂"，从"肉"，从"旨"。"旨"字的甲骨文写作"旨"，金文写作"旨"，字形似用勺子取食放入口中。"脂"字表示把肉放入口中或者放入口中的肉。"取萧祭脂"可以解释为：选取专门用于祭祀的草并用美味的肉食进行祭祀。

"羝（dī）"字的甲骨文字形未找到，金文写作"羝"，篆文写作"羝"，金文字形从"氐"，从"羊"，篆文字形从"氐"，从"羊"。"氐"字在"黄帝和他的妃们：奇妙的部族融合之旅"一章中讲过，本义为划定边界，如果用在某类人身上就应该是按地域划分聚居在一起的人，这里是指被人挑选出来用于祭祀并单独圈养的羊。可能是因为祭祀用牲多为雄性，后来"羝"字成为对公羊的称呼。篆文字形从"氐"，从"羊"，应为篆文对甲骨文和金文进行规范的过程中的误写。"以"指先进的农具。

"軷"字的甲骨文和金文字形都未找到，篆文写作"軷"，从"车"，从"犮"。"犮"字的甲骨文和金文字形都未找到，篆文写作"犮"，是在"犬"字的腿部画上一个指事符号（ ），用于表示犬腿部的动作，也就是拔腿奔跑的动作。"軷"字就是指车子开拔。"取羝以軷"可以解释为：取来牲羊和农具，并用车子运过来。

"燔"字的甲骨文和金文字形都未找到，篆文写作"燔"，从"火"，从"番"。"番"字的甲骨文字形未找到，金文写作"番"，从"米"，从"田"，指野外可以生长谷物的田地。"燔"字义为用火焚烧野外可以生长谷物的田地，也就是烧荒。

"烈"字的甲骨文和金文字形都未找到，篆文写作"烈"，从

"列",从"火"。"列"字的甲骨文和金文字形也都未找到,篆文写作"劃",从"肖",从"刀"。"肖"字的甲骨文字形未找到,金文写作"𠂤",从"小",从"肉",也就是小块肉的意思。"列"字是在"肖"字的基础上加上"刀"字,就是用刀将肉切成小块的意思。"烈"字又在"列"下面加上"火",就是用火烤用刀切的小块肉的意思,因此"烈"的本义应为烤肉。"载燔载烈"可以解释为:人们一起烧荒,一起烤肉。

"兴"字在"别九州:仁政的'小时候'"一章中讲过,本义是合力共举,引申为举办、发动等义。"嗣"字在"别九州:仁政的'小时候'"一章中讲过,本义为记载在册的大人和孩子,有子孙后代、接续、继承等义。"岁"字在"尧是怎样炼成的:强者的责任与担当"一章中讲过,从字形上看似一株挂满果实或种子的作物。远古时期,人们一年收获一季,所以"岁"可以理解为农耕民族的一年,也就是现在所说的农历年。"嗣岁"是指下一年。"以兴嗣岁"可以解释为:让我们合力共举,用先进的农业生产方式带来下一年的丰收。

"卬"字的甲骨文和金文字形都未找到,篆文写作"卬",字形似一人抬头向上,一人低头向下,指位低者抬头看向位高者,因此有高抬的意思。

"盛"字的甲骨文写作"𤿞",金文写作"盛",从"皿",从"成",甲骨文字形还在"皿"的四周加上小点,表示溢出。"成"字在"从时间说起:天干地支考"一章中讲过,字形似农作物收获后叶子、枝蔓垂落的样子,代表采收过后的农作物,收获后就会有粮食,这里用来指代收获后的各种粮食。"盛"字的本义是将收获的粮食满满地放入器皿中,引申为把东西放进去,容纳、丰富、兴旺等义。"豆"字在"少典之变:帝出东方"一章中讲过,是一种高脚的盛放食物的器皿。"卬盛于豆"可以解释为:将丰收的果实满满地盛放在豆中。

"登"字在"少典之变:帝出东方"一章中讲过,本义是双手捧着装满食物的容器向上或向前走,引申为进献。"于豆于登"可以解释为:手捧着豆登上高高的祭坛。

"其"字在"尧是怎样炼成的:强者的责任与担当"一章中讲过,

本义是簸箕，簸箕是扬谷去秕、扬米去糠等的器具，扬谷去秕和扬米去糠是农业生产最后的工序，因此"其"字又表示一个完整的周期或预期。"香"字的甲骨文写作""""，金文字形未找到，从"口"，从"禾"，有的字形还在"禾"的四周加上小点，表示谷物的籽实，"香"字本义是指品尝谷物，引申为味道好。

"始"字的甲骨文字形未找到，金文写作""""，从"女"，从"以"，表示使用先进农具的文明人，有的字形还加上"口"，表示人口，由于从事农业劳动是我们祖先认为的文明之始，因此引申为开始。"升"字在"舜考：最重要的是人才"一章中讲过，字形似用长柄勺盛着液体提起，引申为提升。"其香始升"可以解释为：预想中的香气开始升腾。

"歆"字在本章前文中讲过，本义为大声地发出声音，这里指大声号令。"上帝居歆"可以解释为：上帝安守天道而号令四方。

"胡"字的甲骨文和金文字形均未找到，篆文写作""""，左半部分的""""，应为"牛"和"口"的组合，篆文书写方式是对甲骨文的变异和合并，右半部分的""表示肉，"胡"字的本义为牛口下的垂肉，也就是喉咙的部位，引申为品尝食物时吞咽的动作。

"臭"字的甲骨文写作""，金文字形未找到，甲骨文字形的上半部分是一个鼻子，下半部分是一条犬，表示犬的鼻子，因犬的嗅觉特别灵敏，故引申为用鼻子辨别气味。"亶"字的甲骨文和金文字形都未找到，篆文写作""，从字形上看，似装满谷物的谷仓，引申为实在、确实、诚然等义。"胡臭亶时"可以解释为：我们吃到的美味和闻到的芳香确实都是因为时令。

"后稷肇祀"可以解释为：后稷启迪民智而进行祭祀。

"庶"字在"尧是怎样炼成的：强者的责任与担当"一章中讲过，本义是在房屋中的石灶上生火做饭，后来引申为在石灶上生火做饭的平民百姓。"罪"字在"别九州：仁政的'小时候'"一章中讲过，指需要管制的行为，这里指不恰当的行为。"悔"字的甲骨文和金文字形都未找到，篆文写作""，从"心"，从"每"。"每"字在"别九州：仁政的'小时候'"一章中讲过，指事物产生的本源或总体，加上

"心"表示内心深处的心理活动，因为人们的悔恨之情是发自内心的，因此引申为悔恨。"庶无罪悔"可以解释为：百姓们便不再因行为不当而悔恨懊恼。

"迄"字在"商人的世界：玄鸟之玄"一章中讲过，有到、至的意思。"以迄于今"可以解释为：先进的农业生产方式得以流传至今。

让我们总结一下《诗经·大雅·生民》全诗内容：

生活困顿的蒙昧者开始走向文明，他们种植农作物并成为关注时令信息的人，那些时令信息与我们姜嫄部族密切相关。从事农业生产活动的民众听从命令并承担责任，虔诚地接受天道而进行秋祭，虔诚地接受天道而进行春祭。用先进的农业生产方式来矫正农业歉收的情况，追随着帝进行军事行动，把握要旨而发出号令。为受教者划定界限，指导受教者如何行动，承担着唤醒人们在春分时节开始耕作和早起劳动的责任，承担着使农作物生长和种族繁衍的责任。时令信息和我们的领袖后稷紧密相连。

后稷的训导如月光般在未开化的部族中弥散，最先开始从事农业生产的人听命到达。土地不再干涸龟裂，物资也不再短缺匮乏，没有荒废的土地，没有残酷的伤害。先进的耕作方式相对于落后的生产方式取得了显著的成效。上帝并非居有所常，不会因为我们进行禋祀之祭而粮食充盈、生活安乐，安守天道才能安然惬意，才能使农作物生长成熟。

后稷教导人们如何在山间谷地和人类居住地附近耕种，要注意不要让牛羊等牲畜践踏到庄稼；后稷教导人们如何在平地的树林中耕作，要把人们聚集起来砍伐平地的树木；后稷教导人们在寒冷的季节该如何做，要像鸟孵蛋那样小心恭谨地从事祭祀活动。如同鸟一起离开鸟巢那样迅速采取行动，后稷号召民众迅速行事。安居乐业使得物资丰腴，安居乐业使得民众和睦，困顿蒙昧者欢欣的鼓乐和赞扬声充满了道路。

后稷教导人们如何在特定区域种植草本作物并储存所获，以安居乐业。在有所产出的山区虔诚地接受天道，在令人疑惑、不知所往的山区也要虔诚地接受天道。用先进的农业生产方式解决人们的吃饭问题。精心地种植荏菽，荏菽挂果如垂旒。种植禾谷，禾穗饱满沉甸甸。种植麻麦，麻麦茂密遮人眼。种植瓜儿，瓜蔓结瓜令人叹。

后稷教导人们如何去获得并仓储谷物，通过观察去选择正确的行动方向。清除蒙昧者心中如杂草般滋生的不正确观念，种植下接受帝令并坚决去除原有的不正确观念的信念。实现安居乐业需要知道所行有方；实现安居乐业需要知道如何孕育籽实；实现安居乐业需要知道如何耕种；实现安居乐业需要知道如何采收作物；实现安居乐业需要知道如何开始行动；实现安居乐业需要知道如何捆扎谷物；实现安居乐业需要能够管理土地的大臣；实现安居乐业需要我们进行种族繁衍；实现安居乐业需要精通农业采收的智者；实现安居乐业需要保持戒惧之心。解决了吃饭问题就会拥有城邑、家庭和房屋。

后稷教导人们如何播种能够带来丰收的作物。要种下秬、秠，要种下穈、芑。持之以恒地去种植秬、秠，按时令行事就会有所收获，按时令行事就会使荒地变为良田。持之以恒地种植穈、芑，按时令行事就能正确用人，按时令行事就能获得财富。先进的农业生产方式带来的丰硕成果启迪了民智并以虔敬之心进行祭祀。

后稷教导人们如何在祭祀过程中听从命令并承担责任。人们在安全的城邑里舂米，在安全的城邑中舀米；在安全的城邑中簸谷扬糠，在安全的城邑中脚踩制曲。人们捉取用牲急匆匆，蒸煮食物热腾腾。人们一起谋划，彼此契合，选取专门用于祭祀的草并用美味的肉食进行祭祀。人们取来牲羊和农具，并用车子运过来，人们一起烧荒，一起烤肉，让我们合力共举，用先进的农业生产方式带来下一年的丰收。

将丰收的果实满满地盛放在豆中，手捧着豆登上高高的祭坛，预想中的香气开始升腾。上帝安守天道而号令四方，我们吃到的美味和闻到的芳香确实都是因为时令。后稷启迪民智而进行祭祀，百姓们便不再因行为不当而悔恨懊恼，先进的农业生产方式得以流传至今。

弃时代的周族主要生活在今关中平原的武功、扶风、岐山一带，这里位于渭河中上游，土地肥沃、灌溉便利，具有得天独厚的农耕条件，是周族的肇兴之地。因此，即使后来被迫离开祖地，周族依然心心念念于此，将这个地方称为"周原"。"原"字在"传爻者：走得更稳"一章中讲过，是指源头，"周原"即周族发源之地。

弃之后的周族领袖台玺、叔均、不窋（kū）基本继承了弃的职位，成为当时主管农业的高级官员。但是天有不测风云，不窋时期发生了一件大事，就是在"家天下：华夏合体"一章中讲过的太康失国。可能是出于羿的武力压迫，不窋率部族北上，迁居今甘肃庆阳。之所以选择庆阳为迁居地，与庆阳的地质环境有关。此地系黄河中下游黄土高原沟壑区，土层厚达百余米，虽然不及关中平原的平畴沃野，但是巨塬之上也是宜耕之所，因此庆阳素有"陇东粮仓"之称。

不窋率周族迁居此地，除了开荒种地发展农业外，还大力发展饲养业，养猪、养牛、养鹅，据说不窋还教民众改地穴式居住为窑洞居住，总之要想活得好，就得因地制宜、与时俱进。

但是，这么好的地方怎么能没有主人呢？庆阳在夏商时期属鬼方势力范围。周族在这里种地，让游牧部族鬼方情何以堪？因此周族在庆阳待得并不安生，为了保证部族安全，不窋修建了不窋城。即使这样，不窋的孙子公刘还是向南迁居于豳（bīn），即今陕西彬县、旬邑县一带。因庆阳在豳之北，所以庆阳古称北豳。

"豳"字的甲骨文和金文字形都未找到，篆文写作"豳"，从"山"，从"豕"，义为在山中养猪，从此字的字形上看，公刘应该在此发挥地理优势，大力发展了饲养业。豳位于渭北旱塬，黄土高原塬梁丘陵沟壑地貌，塬面破碎，沟壑密布，可谓"山大沟多塬窄长，二山五沟三分田"，耕种条件不及庆阳。

但即使如此，公刘亦在继承后稷、不窋之志的基础上开创了新的局面，使周族走上了复兴之路。《史记·周本纪》中记载："公刘虽在戎狄之间，复修后稷之业，务耕种，行地宜，自漆、沮渡渭，取材用。行者有资，居者有蓄积，民赖其庆。百姓怀之，多徙而保归焉。周道之兴自此始，故诗人歌乐思其德。"

公刘之后，周族经庆节、皇仆、差弗、毁隃、公非、高圉（yǔ）、亚圉、公叔祖类八任领袖，至古公亶父，再次南迁至岐山。南迁岐山，很有可能是三方势力博弈的结果。

一方面，周族一直有回到周原的强烈欲望，无论是北豳还是豳，农耕条件都不如周原,经过十余代发展,原有的土地已经不能满足周族的需要,周族迫切需要新的土地。周族在豳地还经常受到游牧部族的袭扰,更加剧了其回归周原的渴望。

另一方面,豳地周边的游牧部族也对周族这颗钉子欲拔之而后快。你想啊,本来是自由牧场,现在变成了农田和饲养场,再想进去放牧是不可能了,想要赶,又赶不走,不但赶不走,周族还在不断地扩大领地,吸收并同化周边的小部族,这也着实让人头疼。

就在周族和戎狄互相伤害的时候,另一支力量登场了,那就是商。在击败了夏之后,商朝也面临着维护疆域稳定的问题,为此,商朝频繁用兵,尤其是对西北部的鬼方、土方,征伐不断。但是打仗是件耗费国力的事情,整不好会把自己搭进去,尤其是到了商朝晚期,国力下降,持续用兵已不太现实,商朝迫切需要同盟为其分忧解难。

周族回归周原,同时满足了周族、商族和戎狄三方面的诉求,可谓一举三得。对于周族来说,回到了祖地,也就获得了新生,不再受侵扰之苦,不再有地狭之恼;对于商族来说,获得了在西北部边疆的同盟,可以借他人之力稳定边疆;对于戎狄来说,钉子自己走了,终于解决了"外来物种"入侵的难题。

当然,这次南迁有一个前提,就是周族和商族要建立起信任。建立信任的过程我们不得而知,最终的结果是商朝允许周族进入周原,并向其授予军事征伐权,周族接受商王的领导,成为商朝的属国。

周族回归周原发生在商朝晚期的武乙时代,当时商国势日衰,对西部控制力已大为减弱,这就给周族的发展提供了大好时机。率部回归的古公亶父被后世尊为周太王,也就是周王朝的奠基人,可见对其的评价之高。其实从他的名字就可以看出端倪,其中的"古公""父"都是尊称,"古公"是言说天道、公正无私的掌权者;"父"字在"尧说:破土而出的政治智慧"一章中讲过,字形似手拿石斧劳动的样子,由于远古时期砍、砸这样的劳动主要由有力气的男人进行,所以后来"父"字被作为对男子的尊称,再后来引申为父亲。这里有开国之父的意思。

回归岐山的古公亶父首先要考虑如何站稳脚跟。为此,他采取了一系列措施。一是修内政,《史记·周本纪》中记载古公亶父回归岐山后"乃贬戎狄之俗，而营筑城郭室屋，而邑别居之，作五官有司。民皆歌乐之，颂其德"。二是稳后方，加强与附近各族交好，与原已住在渭水流域的姜姓部族联姻。三是联强殷，为打消商朝对自己的猜忌，古公亶父甚至早早地就把自己的接班人选定为娶了商贵族女子为妻的小儿子季历。四是抗戎狄，抗戎狄既是商朝交给周族的政治任务，也是周族从商朝手中获得资源的筹码，周族利用商朝授予的征伐权进行了一系列征伐，迅速扩张自己的势力范围。古公亶父在站稳脚跟后，目光投向了更远的东部，《诗经·閟宫》说："后稷之孙，实维大王。居岐之阳，实始翦商。"商朝即将成为周族的下一个猎物。

古公亶父有三个儿子，大儿子叫泰伯，二儿子叫虞仲，三儿子叫季历。史料记载，泰伯和虞仲知道父亲欲传位于季历，便故意避让，迁居吴地，按当地的风俗断发纹身，建立吴国。也有人认为，泰伯、虞仲入吴，其实是周族的政治安排，想要在商朝的后方建立根据地，为翦商做准备。

季历即位后，继续施行仁政、发展农业、训练军队。季历以商朝女婿的身份对戎狄大动干戈。史料记载，其先后伐西落鬼戎、燕京之戎、余无之戎、始呼之戎、翳徒之戎，歼灭了东邻的程国，打败了义渠等北方一带的戎人，征服了周围许多较小的戎狄部族，许多诸侯前往归顺，使周族成为商朝西部的强大方国。商王文丁时，封季历为"西伯"，成为西方诸侯之长。

周族的强大引起了商朝的不安，商王文丁借封赏之由，将季历召于殷都并杀之。季历虽死，但周族根基已稳、羽翼已丰，接任的姬昌将更难对付。

姬昌就是周文王，周武王姬发的父亲，《封神演义》里的西伯侯，一个为周王朝的建立几乎做好了所有准备的人。如果说古公亶父、季历给周族带来了国力强盛，那么姬昌给周族带来的就是商朝内大多数部族的拥戴和可以管理王朝的人才储备，使得周族从一个西部边陲的附属小邦正式走入了政治舞台的中心。

周文王在内政外交上都显示出了高超的政治智慧，《史记·周本纪》中记载："西伯曰文王，遵后稷、公刘之业，则古公、公季之法，笃仁，敬老，慈少。"这种讲求仁政的治理方式，使周族统治区域形成良好的社会风气和社会秩序，与商纣王残暴统治下的社会风貌形成了鲜明的对照，得到了周族以外广大地区诸侯和民众的普遍认同。姬昌礼贤下士，为了接待前来面试的人才都顾不上吃饭，各路能人纷纷投周。比如，孤竹国的国君继承者伯夷、叔齐，听说姬昌善于敬养老人，一起投奔了他。另外还有姜尚、太颠、闳夭、散宜生、鬻（yù）子、辛甲大夫等人，这些人在后来都做出了大贡献。

当然，并不是所有人都认同周族的理念，有些人就是羡慕、嫉妒、恨，比如与周族紧挨着的崇族领袖崇侯虎就倍感危机。他向纣王进言道："西伯积善累德，诸侯皆向之，将不利于帝。"于是纣王将姬昌囚禁在羑（yǒu）里。羑里在今河南省安阳市汤阴县北，与商都临近，据说姬昌在这里被囚禁了七年。闳夭等人很担心，就去搜求有莘氏的美女，骊戎的彩色骏马，有熊的九套驾车之马，以及其他种种珍奇之物，通过殷的宠臣费仲进献给纣王。

纣王大喜，不但放了姬昌，而且还赐予弓箭斧钺，使其重新获得了征伐权。或许是觉得对不住姬昌，最后为了推脱责任，还把"锅"都扣在了崇侯虎的头上。纣王糊涂了，西伯却不糊涂，为了麻痹纣王，也为了笼络天下，姬昌献上洛水以西的土地，并请求纣王废去炮烙之刑。在得到纣王允许后，姬昌便回到了西岐。

回到西岐的姬昌开始积极为翦商做准备，一方面密谋修德笼络天下，《史记·周本纪》中记载："西伯阴行善，诸侯皆来决平。于是虞、芮之人有狱不能决，乃如周。入界，耕者皆让畔，民俗皆让长。虞、芮之人未见西伯，皆惭，相谓曰：'吾所争，周人所耻，何往为，只取辱耳。'遂还，俱让而去。诸侯闻之，曰：'西伯盖受命之君。'"

大意是说，西伯（姬昌）暗自行善，诸侯都来请他裁决是非。当时虞、芮两国的人有讼事不能裁决，便前往周族。他们进入周族的境界，看到种田的人都互让田界，人民都以谦让长者为美德。虞、芮两国的人还没见到西伯，已觉惭愧，相互说："我们所争的，正是周人所耻，还去干什么，去了只是自取羞辱罢了。"于是返回，互相谦让而去。诸侯听说后，都说："西伯当是受有上天之命的君主。"

另一方面，姬昌对周围的敌对势力进行毁灭性打击，彻底去除后顾之忧。先后伐犬戎、密须、耆国、邗、崇侯虎。灭崇后，姬昌在崇地建丰邑，并将都城从岐下迁于此，称为丰京。丰京位于沣水西岸，即今陕西省西安市西南。对于周族的军事动向，商朝大臣祖伊非常担心，并提醒纣王，而此时的纣王已经彻底膨胀了，只说了句："不是有天命助我吗？他能怎么样！"

姬昌密谋翦商的过程中还有一位重要人物，此人便是大名鼎鼎的姜尚姜子牙。据《史记·齐太公世家》记载，姜子牙是东海边上的人，祖先曾做四岳之官，因辅佐大禹治水有功，被封于吕，因此姜尚也被称为吕尚。姜尚进入周政治集团的核心团队应在姬昌从羑里返回西岐之后。

关于姜尚投周，《史记·齐太公世家》中记载了三种说法，第一种说法是某日姬昌出猎前进行占卜，卜到"所获非龙非彲，非虎非罴；所获霸王之辅"，于是出猎，在渭河北岸遇到姜尚非常规垂钓，二人相谈甚欢，姬昌说："自我国先君太公（姬昌的爷爷古公亶父）就说：'定有圣人来周，周会因此兴旺。'说的就是您吧？我们太公已经盼望您很久了"，因此称姜尚为"太公望"。二人一同乘车而归，尊姜尚为太师。这就是所谓"姜太公钓鱼，愿者上钩"的由来。

第二种说法就没这么传奇了，说姜尚博学多闻，曾为纣王做事。纣王无道，他就离开了。四处游说列国诸侯，未得知遇之君，最终归周。

第三种说法是说姬昌被囚羑里期间，大臣散宜生、闳夭久闻吕尚之名而召请他，三人共谋救出姬昌。

虽然三种说法不一，但是自从姜尚进入周后，周族关于翦商的准备速度明显加快，《史记》中说，至迁都丰京，天下三分之二的诸侯都归心向周，多半是姜尚谋划筹策的结果。

姬昌于迁都丰京次年离世，在位大概五十年，太子姬发即位，就是周武王。周武王基本沿用了周文王的政治班底，以姜尚为师，周公为傅，召公、毕公、散宜生、太颠、闳夭等人辅佐。

为了更好地理解周初的政治格局，静水给大家简单介绍一下这几位的关系。姜尚刚才已经介绍过了，不过此时他老人家和周武王还多了层翁婿关系，姜尚的女儿邑姜做了周武王的王后，姜尚自然就是周武王的老丈人。周公名叫姬旦，是周武王的四弟，也是一位了不起的人物，用现代的眼光来看，此人是位杰出的政治家、哲学家、军事家、诗人，是伟大的周王朝的缔造者之一，影响力甚至延及至今，比如我们常说的周公解梦、周公之礼，都是他。

召公名叫姬奭（shì），是周族重要的宗室成员，也是周初的政治常青树，历文、武、成、康四世，可谓功勋卓著。毕公名叫姬高，是周武王的异母弟，后来辅佐周成王、周康王开创了著名的成康之治。散宜生、太颠、闳夭等人都是周文王时期招纳的能臣。从这些关系中，我们就可以看出，周武王的政治班底是一个团结在周武王周围，用血缘关系、亲缘关系和君臣关系联系起来的核心领导团队。

周武王九年（公元前1047年），周武王率军东进，来到了黄河南岸的盟津（今河南省孟津县西北），举行誓师仪式，即"盟津之誓"。据说这次自发到会的诸侯有八百人之多，史称"八百诸侯会盟津"。"盟津之誓"是灭商的一次演习和总动员，通过这次演习，周的盟主地位得到了确认和巩固。万事俱备，只欠东风，心中有数的周武王在等待着最后的时机。

两年后，东风终于来了。一方面，殷商集团进一步分裂，纣王杀比干，囚箕子，太师疵、少师彊投周；另一方面，商朝在对东夷的战争中，自身实力被极大削弱，《左传》中记载"纣克东夷而陨其身"，于是周武王起兵。《史记》中记载，周武王十一年十二月的戊午日，军队全部渡过盟津，诸侯都来参加，周武王因作《太誓》，向众人宣告纣王的罪行，申明自己替天行道的意志，号召三军一鼓作气，灭掉殷商。

次年二月，周武王兵至商都郊外的牧野，纣王仓促应战，然而纣王的军队却无心作战，甚至倒戈攻纣，纣王败后退入城中，登上鹿台，自焚而死。周武王进城后，首先安抚百姓，然后砍掉纣王和他的两个宠妃的头示众。次日再次进城时，周武王的弟弟振铎布列"常车"，周公旦手持大钺，毕公手持小钺，夹立在周武王的两边。散宜生、太颠、闳夭都持剑环卫周武王。

进城后，周武王站在社庙南面大卒的左边，左右的人们都跟着他。

毛叔郑端着"明水",卫康叔封铺草席,召公奭帮助拿彩帛,师尚父牵祭牲。尹佚朗读竹简上的祭文说:"殷的末代子孙季纣,废弃先王的美德,蔑视神明,不去祭祀,对商城中的百姓昏乱暴虐,这些皇天上帝都已知道得清清楚楚。"于是周武王拜手稽首两次,说:"承受大命,革除殷所受之命,得到上天所降光明之命。"周武王又拜手稽首两次,然后出城。

天下初定,周武王命纣的儿子武庚治理殷民并派弟弟管叔鲜、蔡叔度进行监管。命召公释放箕子出狱;命毕公释放百姓出狱;命南宫扩散鹿台巨桥之钱粮赈济贫苦民众;命南宫括、史佚搬走象征最高权力的九鼎和宝玉;命闳夭为比干之墓培土为冢;命宗祝祭享于军中。然后撤兵回到西方。

周武王的这一系列举动可以概括为夺殷商之权,治殷商之民,笼天下之心,树中正之道。至此,一个崭新的政权成为中华大地的主宰。

周族历尽磨难而不改其志,身处困境而自强不息,遵循天道而明土地生养之德,广利天下而行教化万邦之道。在他的母体里即将孕育出一个新的生命,而这个生命的诞生意味着中华农耕文明长大成人。

周易降生：中华农耕文明成熟的标志

没错，我们在"周族的崛起：生民之族的天道选择"一章末所说的那个生命就是《周易》。他孕育在周族的母体中，吸收着流淌在周人血脉中的中华农耕文明的养分。他的呱呱坠地，标志着中华农耕文明已经长大成人。就如人长大后会娶妻生子，繁育后代，我们的先人在《周易》的基础上衍生出各种各样的哲思，因此，《周易》历来被认为是"群经之首，大道之源"。这里的群经指的是各种先秦经典，包括儒、道、法、墨等诸子百家的著述；这里的大道指的是支配万事万物存在和运行的规律。一部书被冠以这样的评价，可见其历史地位之高。

但是，很不幸，现在已经鲜有人知道《周易》到底写了些什么。人们用春秋以后古汉语和现代汉语的逻辑看《周易》的卦辞、爻辞，都是读不通、读不懂的，于是《周易》便被蒙上了一层神秘的面纱。

"易"字在"尧是怎样炼成的：强者的责任与担当"一章中讲过，指变化的规律，"周易"就是周族人认为的万事万物的变化规律。我们之所以读不通，是因为这是一部用甲骨文的语言逻辑创作的书，这部书在总结过往历史的基础上提炼出了一系列指导人们行为的准则，涉及政治、经济、军事、科技、文化等方方面面，大到治国理政，小到修身养性，可谓包罗万象。

尤其可贵的是，这些规律并不是固定的，而是可以随着卦象、爻象变化而进行演化的，这就使得人们在遵循这些规律行动时更具有可操作性，甚至可以根据行为是否符合这些规律而作出吉凶的判断，也因于此，《周易》成为一本预测之书。

自《周易》后，我们的文明找到了可指导行为的文字性依据，人们开始在他的基础上根据社会现状利用发散性思维，寻求解决问题的方法，正所谓"龙生九子，各有不同"，在他出世后的几百年间便形成了诸子百家争鸣的局面。我们的文明在这些哲学思想中不断地筛选，选择最适合农耕文明发展的理论，最后形成了以儒家思想为主，兼容诸子百家的哲学体系。我们的农耕文明也就进入了成熟期。

某种意义上说，这本书重点讲述的就是"中华农耕文明的小时候"。就如同我们小时候喜欢用图画表达意思一样，中华农耕文明的小时候也是这样，画着画着就产生了甲骨文。甲骨文是一种图形文字，人们可以望文生义，如果说远古人不识字，静水并不认同。他们可能不会写，但是至少在看见一个字时，是能够知道大致意思的。

关于汉字的演变，我们在"《书》到用时方恨少：读真《书》与真读《书》"一章中讲过，这里就不再赘述了。《周易》就是用甲骨文写就的，并且极有可能是我们已知的最后一部通篇用甲骨文书写成的著作。

从考古发现来看，周代甲骨文的使用集中在西周初年，至春秋时期已不再使用。另外，从《左传》中关于对《周易》的记载来看，在春秋初年，《周易》已为天下所知。因此《周易》的成书时间应在西周或更早。

关于《周易》的成书时间，传统上有两种说法，一是孔子在《易传·系辞》中说的：

《易》之兴也，其于中古乎？作《易》者，其有忧患乎？
《易》之兴也，其当殷之末世，周之盛德邪？当文王与纣之事邪？是故其辞危。危者使平，易者使倾。

可见他老人家并不知道《周易》的具体成书时间，只是推测成书时间可能在周文王时期。

二是司马迁在《史记》中说的：

西伯盖即位五十年。其囚羑里，盖益易之八卦为六十四卦。
昔西伯拘羑里，演周易。

司马迁认为《周易》是周文王囚禁在羑里时期所作。因为司马迁在史学界的崇高地位，这种观点对后世影响颇大。但是这种说法似乎站不住脚。首先，八卦演为六十四卦应在周文王之前。古代有三部《易》，分别是《连山易》《归藏易》《周易》，《周易》是最晚出现的一部《易》，另外两部《易》现已失传。

一般认为《连山易》出于夏，《归藏易》出于商，《周易》出于周，据传这三部《易》都是六十四卦，只不过卦序不同，可见六十四卦是《易》的基本结构，而不是周文王从八卦推演出来的，周文王推演的有可能是新的卦序，这里的"周易"不应打上书名号，是指周人推演的新的卦序。再者，从《周易》卦辞和爻辞的写作口吻来看，很多都是以胜利者的姿态去总结前朝得失，而周文王为商之西伯，此时离胜利尚早，不应采取这种姿态。另外，从《周易》的卦辞和爻辞的内容来看，似乎还提到了对殷商遗族的管理和对平定"三监之乱"的总结，这些都发生在周建国以后的周武王和周成王时期，而周成王以后的历史事件却未见提及。

基于以上分析，静水认为《周易》的成书时间应在周武王或周成王时期。那就让我们再次穿越回三千年前，看看《周易》到底是如何诞生的。

周武王平定天下后，实行的是比商更彻底的分封制。在"商人的世界：玄鸟之玄"一章中讲过，商的基本政体是内外服制，内服是商王的直接控制区，外服是分封的诸侯区，外服之外是方国，当然方国和外服之间在地理位置上是犬牙交错的，方国与商朝的关系极不稳定，时而归附，时而敌对，缺少稳定的认同。周拥有比商更好的分封资源。一是在灭商的过程中，周与诸侯间建立了更为稳定的认同关系，诸侯都以周为共主，这真的要感谢纣王，没有他与诸侯方国间的敌对关系，这种认同关系真的很难建立；二是周有更多的可供分封的土地和人口资源，商朝经过历代征伐，直接控制区要比夏末的控制区大得多，这些都为周的分封制提供了物质基础。

周的分封制是由周王将特定区域的土地和人民授予诸侯国国君，诸侯又将自己的国土分封给子孙。周天子由嫡长子世袭继承，其他庶子作为小宗分封为诸侯。诸侯内部也采用嫡长子继承制，国君由嫡长子世袭继承，其余庶子作为小宗分封为卿大夫。卿大夫在各自封地里又是同姓宗族的大宗，其封爵仍由其嫡长子世袭继承，其余庶子作为小宗分封为士。这样，根据宗法制和分封制，便形成天子、诸侯、卿大夫、士等各级贵族组成的金字塔式等级制机构。各等级之间既有血缘上的大小宗关系，也有管辖上的上下级关系。

周初分封的对象主要有三类。

一是姬姓宗室。这部分所占比例最大。《荀子·儒效》中记载："（周公）兼制天下，立七十一国，姬姓独居五十三人。"比如周武王之弟周公封于鲁，弟鲜封于管，弟度封于蔡，召公封于燕。

二是功臣集团。这部分在周初时期所占比例并不大，后世逐渐增多。比如姜尚封于齐，姜尚次子封于纪。

三是历代帝王的后代。比如黄帝后裔封于祝，尧后裔封于蓟，舜后裔封于陈，大禹后裔封于杞，商族后裔封于宋。这里要重点说一下宋，由于周灭商后，商族的实力依然很强大，对商民既要安抚又要保持警惕。周武王封纣王的长子武庚于宋，以保商之祭祀，安抚商民。同时将自己的兄弟鲜、度、处分别封于宋周边的管、蔡、霍，用以监视武庚，称为三监。

周初的分封既是一次权力的重新分配，也是一次对社会组织关系的重构，其目的就是要保证周朝的政权和社会稳定，这种制度和井田制一起将社会各阶层紧密地连接起来，并经过不断固化和仪式化形成了所谓的周礼。

周朝在统治观念上还进行了一次伟大的创新，即"天下观"。"天下观"是对天道的普遍认同的一次抽象，周王自称为"天子"，也就是天的儿子，代表"天"对天下进行管理。读过前面的章节，我们就知道，自黄帝起，由于农耕文明发展的需要，先祖们逐步形成了以遵循天道为行为准则的共识。周朝将这种共识升华成为为统治者服务的政治意识，周朝是普遍共识的代言者，周朝的统治也就具有了道义上的合法性。从此以后，中华大地的历代统治者都以天子自居。

周武王在成就了霸商大业后的第四年病逝。其长子诵继位，就是周成王。周武王离世时，周成王年幼，不能独理朝政，这就为周朝留下了巨大的权力真空。周朝的权力制度是天子之下三公，即太师、太傅、太保，他们直接对天子负责，是政策的制定者、王令的传达者、王权的卫护者。三公之下是冢宰，冢宰之下是司徒、司马、司空等文武百官，他们都是王命的执行者。

周武王时，姜尚为太师，代表功臣集团；周公为太傅兼太宰，代表行政官僚集团；召公为太保，代表宗室集团。三大势力团结在武王周围，既相互扶持又相互制衡，形成了稳定的政治局面。周武王的离世，使得三大势力失去了核心，谁来摄政便成了一个敏感的话题。

这时候，周公站了出来，按说周公摄政在情理上也说得通，一来周公本就协助周武王理政，二来周公是周成王的亲叔叔。但是有人不满意，最不满意的就是管叔鲜："老二没了，怎么说也该轮到我老三了，你老四姬旦也不懂得谦让谦让，况且我姬鲜可是重兵在握。"于是管叔鲜便联合蔡叔度、霍叔处和商遗族首领武庚，公然搞起了对抗。周公并不畏惧，因为他不但是周文王儿子中公认的最有才能的，而且是经历过大风大浪的人。

《史记》中记载，周公是奉周成王的王命进行讨伐的，以当时的政治形势来看，周公的这次出征是要得到姜太公和召公的支持的，否则后院起火就自身难保了。而姜太公和召公支持这次出征自然也有其政治深意，这个且留待后表。

仗打得很顺利，周公诛武庚、管叔，放蔡叔，贬霍叔为民，让微子启继承殷的后嗣，封国于宋，又收集殷遗民封给了小弟封，让他做卫康叔。

仗虽然打赢了，但是周公发现自己回不去王城了。周成王派人送来了"嘉禾"以示嘉奖，据说是一株二茎同穗的禾谷。周公一看就明白了，这分明是在告诉他两层含义：一是周成王已由姜太公和召公共同辅佐，齐心协力，王权稳固；二是为了周朝大业，你我就分而治之吧。知道为什么当初姜太公和召公同意周公征伐三监了吧？只要你出了王城，王城就不是你说了算了，不管你摄政存的什么心，都不能威胁到成王的核心地位，更不可能破坏嫡长子继承的宗法制。顺便说一下，周成王是姜尚的外孙，姜尚是名副其实的太公。

回不去王城，周公的位置就尴尬了。三监甫定，民意未平，加之东有淮夷之乱，西又故地难回，周公成了无根之萍。既然如此，那就先站稳脚跟吧，先把东方经营好再说。东方安定后，周公写了首言辞恳切又暗藏机锋的诗回报周成王，这首诗的名字叫《诗经·豳风·鸱鸮》。原文如下：

鸱鸮鸱鸮，既取我子，无毁我室。恩斯勤斯，鬻子之闵斯。
迨天之未阴雨，彻彼桑土，绸缪牖户。今女下民，或敢侮予。
予手拮据，予所捋荼，予所蓄租。予口卒瘏，曰予未有室家。
予羽谯谯，予尾翛翛，予室翘翘。风雨所漂摇，予维音哓哓。

鸱鸮就是猫头鹰。这首诗的大意是：

猫头鹰啊！猫头鹰！
你已经夺走了我孩子，
就别再毁坏我家室。
那样恩爱！那样勤劳！
养育孩子多么令人怜惜。

趁着天还没有下雨，
寻取那桑树下的泥土，
修缮好我的门户。
如今你手下的那些人，
也可能要来把我欺辱。

我的手已因操劳而拮据,
我采那茅草来把巢补,
还要把那些茅草储藏起来。
我的嘴已积劳已成疾,
哎!我还没有安定的居所。

我的羽毛已经凋零,
我的尾巴已经残破,
我的屋子摇摇欲坠。
在风雨的飘摇中,
我只能发出惊恐的鸣叫。

这诗写得好凄凉,看着都让人心酸,不过背后的意思却是:我老人家为了周族的大业操碎了心,如今却连个家都没有,你们这些人既然夺了我的权,就给我个挡风遮雨的家吧。

周公想要个家,这是件大事。人家周公又没干什么错事,相反干的都是利国利民的大好事,这要求不过分。最关键的是,周公此时手握行政权和兵权,也得罪不起。既然这样,那就给周公修个家吧,不过不能在丰镐。

洛邑是个好地方,居天下之中,周武王时期就有营建洛邑的打算,《史记》中载:"成王在丰,使召公复营洛邑,如武王之意"。又载:"周公复卜申视,卒营筑,居九鼎焉。曰:'此天下之中,四方入贡道里均。'"洛邑就这样建成了,开城祭祀由周成王亲自主持。《尚书·洛诰》中记述了这一过程。

《尚书·洛诰》是从记述周公向周成王汇报营建洛邑时的占卜吉兆开始的,这里的周公自称为"朕",大家知道"朕"字的本义是掌权者,一般是君主的自称,可见当时周公确实是掌权者,几乎可以和周成王平起平坐。

接着,周成王盛赞周公的举动,并表示愿意诚心接受周公的教诲。

周公便就如何治国理政对周成王进行了一番教导和嘱托。周成王再次表示真心遵从教导。

接下来，正题来了。周成王对周公说，我要到丰镐就位了，您就留在洛邑，继续辅助我吧，尤其是要做好亲睦殷民的工作。周公表示遵从王命并对王派使慰问表示感谢。

整个谈话过程双方礼数有加，和对方说话前都要"拜手稽首"，也就是跪拜磕头。

这次谈话明确了两件事，一是周公还政周成王，二是周成王承诺周公主东。

周成王七年十二月戊辰日，周成王在洛邑举行冬祭，向先王报告岁事，用一头红色的牛祭周文王，也用一头红色的牛祭周武王。周成王命令作册官宣读册文，报告周文王、周武王，周公将继续住在洛邑。助祭诸侯在杀牲祭祀先王的时候都来到了，周成王命令周公继续治理洛邑，作册官将这件大事告喻天下。这就是周公还政。

家是有了，不过这个家并不好待。周公刚刚还政，就有人向周成王打小报告，说周公有篡权之心，权都交了还篡什么权，如真有其人那是着实该打。而此时周公所居之洛邑东有手握征伐权的姜太公，西有经营稳固的周成王、召公，洛邑只能在中间受夹板气。周公害怕了，还是找个安全又不招人猜疑的地方待着吧，想来想去，周公去了自己的支持者南部小邦楚国。这就是周公奔楚。

周公奔楚后，周朝的政治局势发生了微妙的变化。周公实力大损，太公在自己的封地齐搞得有声有色，召公也隐隐有做大的趋势，原本团结在王权周围的三大势力集团因为缺少了彼此制约随时存在抛弃周成王的可能。周成王也害怕了，思来想去，周公摄政以来真的挑不出毛病，还是把四叔接回来吧。

周成王向周公伸出了橄榄枝，回来吧，给你比照王的待遇。周公很高兴，终于可以再次为国尽力了，虽然受了一些不公正的待遇，但是自己的行为也有不对的地方，有些事确实做过了，招人猜忌也正常。现在侄儿大了，自己也老了，时不我待，抓紧时间完成未竟的事业吧。

先拿不服的开刀。《史记·周本纪》中记载："召公为保，周公为师，东伐淮夷，残奄，迁其君薄姑。成王自奄归，在宗周，作多方。"这次东征由周成王亲征，周公、召公合力辅助，派出了宗室最强阵容，这一安排本身就向外界昭示，周成王已亲自主政而且是得到了两大主要权力集团的支持。

周公是一个有理想的人，他想建立一个有秩序的和谐社会。早在摄政期间，他就着手变革殷礼、建立周礼。这种制度后来被叫作礼乐制度，而礼乐制度又催生出礼乐文化。商代虽然也有礼乐，但是占统治地位的是卜巫文化。占卜本身就有很大的随意性和偶然性，这就使得很难用某种制度去规范人们的行动，卜兆的解释者实际上成为规则的制定者。但在很多时候王就是卜兆的解释者，因此王权基本得不到约束。

但是礼乐文化不同，他是一整套规则清晰的社会制度和行为规范，上至天子，下至庶民，各有其等级尊卑秩序，各有其正确的行为方式，各安天命。这种正确的方式被统称为"德"，提出"以德配天""敬天保民"的思想。"德"字在"尧说：破土而出的政治智慧"一章中讲过，本义是泛指选择正确的方向，这里被固化为人们共同生活及行为的准则和规范、品行、品质。从此以后"德治"成为几千年来基本的国家治理观念，而改朝换代也有了一个新的解释——有德者居之。

周公所创之礼乐制度内容相当宽泛，既有祭祀、朝觐、封国、巡守等国之大事，也有饮食、起居、祭祀、丧葬等生活琐事。我们熟知的"周公之礼"就是这种制度之一，周公这个关于婚娶的"礼"是一整套制度，包括纳采、问名、纳吉、纳征、请期、亲迎、敦伦七个环节，并且对每个环节都进行了细化，作了具体细致的规定，这些合称"婚义七礼"。这些"礼"潜移默化地规范着人们的行为，使社会变得井然有序。

"乐"是"礼"的表达形式和载体。周人礼乐制度之"乐"用的都是"雅乐"，即宗周丰镐的京畿之乐，其目的在于扩大周文化的影响，用音乐的形式将周礼推广到各族各地。

如果说周礼是针对所有人的，是对社会各阶层人的行为规范。那么周公还可能写了部专门给后世周王室核心成员看的书，这部书就是本篇主角——《周易》。

前文讲过，周文王推演了新的卦序，这个卦序始于乾、坤，而终于既济、未济。

"乾"字的甲骨文和金文字形都未找到，篆文的典型字形写作"𩰫""𩰲"，第一个字形由"屮""日""示""气"组成，"屮"代表草木，"日"是"日"字，"示"是"示"字，"气"是"气"字，从这个字形上看，"乾"字的本义是太阳带来的能够使草木生长的气。第二个字形把"示"字变为"火"字，并在两边都加上气，进一步强调能够带来热量的气，现在我们一般把这种"气"称为阳气，所以"乾"字的本义应为太阳带来的能使草木生长的阳气。

而在乾卦爻辞中，《周易》的作者巧妙地用"龙"在天空显现的状态来表示这种阳气生发的过程，这里的"龙"不是作为远古神兽的龙，而是"二月二，龙抬头"里的那个龙，也就是东方苍龙七宿。在"龙的传人：飞龙在天亦在心"一章中讲过东方苍龙七宿在古人心中的重要性，因为它的出现代表着春耕时节的到来。

初爻以"潜龙"开始，即东方苍龙七宿即将出现，也就东方苍龙七宿中的角宿即将出现在初昏时分的天际。由于岁差（太阳的视位置在相同季节的固定时间的背景恒星会以每72年一度的角速率，在黄道带星座之间缓缓退行，大约每过2100年就会退行30度），远古时期，"龙抬头"出现得要比现在早一些，按西周初年距今3100年推算，那时的"龙抬头"要比现在早一个半月左右。"龙"即将抬头的这段时期正是春季备耕时期，所以"潜龙"是指春耕前的备耕阶段。

初爻至五爻分别阐释了在不同时节，农业生产所应该采取的行动，而这些时节是以东方苍龙七宿在天空中的不同星象来辨别的。同时，这些过程也隐喻了周族发展的历程，以及在各个时期采取的行动。上爻以"亢龙"结束，"亢"字在"龙的传人：飞龙在天亦在心"一章中讲过，甲骨文字形似被锁链拴住双腿的人，锁链呈绷直的状态，表示在反抗、对抗、抗争，"亢"字是"抗"字的本字，有反抗、对抗的意思。"亢龙"就是对抗龙，也就是不按东方苍龙七宿的指引行事。

而这句爻辞的判辞是"有悔"，"悔"字在"周族的崛起：生民之族的天道选择"一章中讲过，甲骨文本义是内心深处的活动，因为相对于其他情绪，悔恨之情尤其会让人们感到发自内心，因此"悔"字引申为悔恨。"亢龙，有悔"可以解释为：不按东方苍龙七宿的指引行事，就会招致悔恨。

"坤"字的甲骨文和金文字形都未找到，篆文写作"坤"，从"土"，从"申"。"申"字在"从时间说起：天干地支考"一章中讲过，字形似农作物枝蔓伸展结出果实的样子，表示结出果实。"土"字在"传爻者：走得更稳"一章中讲过，指生长出东西的土地。"坤"字的本义应为能够生长出作物并能使作物成熟的土地。

坤卦在时令叙述上承接乾卦，从土地问题入手，阐述了土地的生养之德和对国家的重要性，为了土地甚至不惜发起一场战争，并教导子孙要永远牢记。坤卦初爻承接乾卦末爻，以"履霜"（即地面结霜）开始，上爻以"龙战于野"，即东方苍龙七宿再一次出现结束。乾、坤二卦构成了完整的一年周期。

"既济"的字面意思是已经完成，"未济"的字面意思是还没完成，两卦构成了一个循环，即事业虽然成功，但还有新的事业需要我们继续完成。

《周易》六十四卦卦序安排得相当巧妙，卦辞、爻辞亦是精炼慧达、哲思深远。至于书中到底写了些什么，且看下部书——《易观》，静水将为你抽丝剥茧，还原一个你不知道的《周易》。